U0725735

前沿科技·人工智能系列

人工智能复杂网络的同步控制

杨世菊　唐亮贵　张万里　著

電子工業出版社
Publishing House of Electronics Industry
北京·BEIJING

内容简介

复杂网络是将现实世界中的生物系统、经济系统、社会系统等抽象为由节点和连线组成的网络。本书致力于介绍复杂网络的历史渊源、基本概念、同步及人工智能复杂网络，并详细介绍不同类型复杂网络的同步控制方法。全书共分 11 章，分别为绪论、T-S 模糊复杂网络的快速固定时间二部同步、脉冲控制 T-S 模糊复杂网络的快速固定时间二部同步、基于量化耦合随机复杂网络的预设时间二部同步、具有非线性耦合项和模糊状态相关项的复杂网络固定时间同步、具有非线性耦合项的复杂网络状态相关脉冲同步、通过脉冲控制和自适应控制具有时滞和扰动项的复杂网络指数同步、T-S 模糊耦合网络的实用有限时间同步、不连续耦合网络的有限时间同步、变时刻脉冲控制有向图复杂网络的二部同步、部分耦合复杂网络的牵制脉冲控制同步及其在图像加密中的应用。

本书适合高等院校控制类专业的研究生和高年级本科生，以及从事控制相关工作的科研人员阅读。

图书在版编目（CIP）数据

人工智能复杂网络的同步控制 / 杨世菊，唐亮贵，张万里著. -- 北京：电子工业出版社，2025. 9.
（前沿科技）. -- ISBN 978-7-121-51133-2

Ⅰ. TP18；TP393

中国国家版本馆 CIP 数据核字第 20256Y1V07 号

责任编辑：张　剑（zhang@phei.com.cn）
印　　刷：三河市双峰印刷装订有限公司
装　　订：三河市双峰印刷装订有限公司
出版发行：电子工业出版社
　　　　　北京市海淀区万寿路 173 信箱　邮编：100036
开　　本：787×1092　1/16　印张：12.25　字数：283 千字
版　　次：2025 年 9 月第 1 版
印　　次：2025 年 9 月第 1 次印刷
定　　价：88.00 元

凡所购买电子工业出版社图书有缺损问题，请向购买书店调换。若书店售缺，请与本社发行部联系，联系及邮购电话：（010）88254888，88258888。

质量投诉请发邮件至 zlts@phei.com.cn，盗版侵权举报请发邮件至 dbqq@phei.com.cn。

本书咨询联系方式：zhang@phei.com.cn。

前言

复杂网络是一种为了理解现实世界复杂系统而抽象出来的模型，它将现实世界中的生物系统、经济系统、社会系统等复杂系统中的实体抽象成节点，将实体之间的关系抽象成连线。复杂网络是由数量巨大的节点和节点之间错综复杂的连线共同构成的网络。现实世界中的许多网络，如万维网、交通网络、通信网络、神经网络等都可以用复杂网络模型去描述。复杂网络的同步描述了在具有复杂拓扑结构的系统中，如何通过节点之间的相互作用实现状态一致性或行为协调，是解释自然界中许多协同现象的基础。复杂网络的同步在人工智能、通信网络、社交网络、生物学和神经科学、物理学和工程学，以及社会学和经济学等多个领域中都有重要的应用。

复杂网络同步的研究不仅可以揭示自然界中众多协调现象的内在机制，还可以为设计更加高效和稳定的人工智能系统提供理论指导和技术方案。人工智能复杂网络的同步在物理学、工程学、社会学、经济学等领域有广泛的应用。在物理学中，复杂网络的同步可以用于描述和分析耦合振荡子或振动系统的行为。在工程学中，复杂网络的同步可以应用于控制系统、信号处理和通信系统等领域。在社会学中，人与人之间的行为和观点的一致性可以影响信息传播、意见形成和决策过程，通过研究和模拟社交网络中的同步现象，可以更好地理解社交网络的动态特性和演化规律。在经济学中，复杂网络的同步可以用于描述和预测金融市场的波动和风险传播，复杂网络同步现象的研究对于金融风险管理和市场调控具有实际意义。

本书从不同类型复杂网络入手，基于不同的同步控制方法，研究了各类复杂网络的同步问题，内容涉及通信、控制、人工智能等领域，覆盖面广，内容充实，有着重要的理论意义和巨大的应用价值。本书围绕复杂网络系统的同步与控制问题开展研究，具体内容如下所述。

第 1 章主要介绍了复杂网络的历史渊源，复杂网络的基本概念，复杂网络的同步，人工智能复杂网络，以及本书用到的几种不同控制方法的概述，包括脉冲控制、状态反馈控制、自适应控制、量化控制、牵制控制。

第 2 章详细介绍了 T-S 模糊复杂网络的快速固定时间二部同步。通过设计一个合适有效的控制器，借助李雅普诺夫稳定性理论，建立比较系统，得到了使 T-S 模糊复杂网络快速固定时间二部同步的充分条件，且相关同步时间的估计值仅与 T-S 模糊复杂网络系统的参数有关，与系统的初始状态无关，实现了 T-S 模糊复杂网络系统与给定的孤立节点系统的二部同步。

第 3 章基于脉冲控制方法，详细介绍了脉冲控制 T-S 模糊复杂网络的快速固定时间二部同步。与通过纯脉冲控制的 T-S 模糊复杂网络的固定时间二部同步不同，本章采用两步控制过程（第一步为脉冲控制，第二步为快速固定时间控制）来分析 T-S 模糊复杂网络的二部同步，脉冲控制器和快速固定时间控制器都被设计成模糊逻辑系统。在这种情况下，脉冲不必具有同步效应，即脉冲控制增益条件可以是 $|1+d_i^{\varrho}|\geqslant 1$，也可以是 $|1+d_i^{\varrho}|<1$。利用脉冲控制理论，借助李雅普诺夫稳定性理论、不等式分析方法和比较系统法，通过设计对应的控制器，得到了基于 T-S 模糊复杂网络的快速固定时间二部同步条件及同步时间的估计值。

第 4 章介绍了具有随机扰动和量化耦合随机复杂网络的预设时间二部同步。采用了全新的极大值李雅普诺夫函数方法，通过设计一种全新的量化控制器，实现复杂网络的预设时间二部同步。

第 5 章介绍了具有非线性耦合项和模糊状态相关项的复杂网络固定时间同步。利用图论和李雅普诺夫稳定性理论，设计了模糊逻辑控制器来保证固定时间同步。此外，模糊状态的不确定性可以发生在节点的局部动力学和不同节点的互连中，这是一个对现有结果的重要扩展。

第 6 章介绍了具有非线性耦合项的复杂网络状态相关脉冲同步。在状态相关脉冲控制下，利用 B–等价方法，实现复杂网络的同步。首先，在不加入脉冲控制器的情况下，讨论了带有非线性耦合项的复杂网络的固定时间同步问题，并利用图论和李雅普诺夫稳定性理论，设计了能够实现固定时间同步的状态反馈控制器。然后，在同一网络中加入状态相关的脉冲控制器，并研究了该复杂网络的局部同步和全局同步问题。与固定时刻脉冲控制不同，该类脉冲控制系统的脉冲时刻未预先给定，而是依赖于系统的状态，因此不同的初始值会导致不同的脉冲时刻。接着，基于 B–等价方法，提出了几个重要的假设，以确保误差系统的每个解恰好与每个脉冲面相交一次，并将状态相关脉冲控制的误差系统转化为固定时刻脉冲控制的误差系统，证明了固定时刻脉冲误差系统与状态相关脉冲误差系统具有相同的稳定性。最后，利用图论、不等式分析方法和数学归纳法，给出了保证误差系统收敛到零点的充分条件。

第 7 章介绍了基于脉冲控制和自适应控制的复杂网络指数同步。本章设计了两种控制策略：量化脉冲控制方案和量化自适应控制方案。量化脉冲控制方案侧重于在关键时刻施加控制脉冲，以促进系统快速达到同步状态。与传统的连续控制方案相比，脉冲控制方案可以显著减少控制的频率和强度，从而降低控制成本。在量化脉冲控制方案中，采用了基于 1–范数的解析方法，这种方法可以导出实现指数同步的充分条件，这些条件包括系统的耦合强度、时变时滞的上界、扰动的有界性及控制策略等。这些条件为实现同步提供了明确的指导，并为系统的稳定性和鲁棒性提供了理论保障。量化自适应控制方案的核心在于动态调整控制参数，以适应系统状态的实时变化，这种控制策略可以根据系统的当前状态和同步误差，自动调整控制力度，从而在保证同步性能的同时，减少对控制能量的消耗。量化自适应控制方案的关键在于如何平衡量化误差和控制精度，以实现最佳的控制效果。

第 8 章介绍了 T-S 模糊耦合网络的实用有限时间同步。通过构建一个既包含线性耦合又包含非线性耦合的系统（非线性耦合可表示为非线性相对状态耦合和非线性绝对状态耦合），改进并推导出一个实用有限时间稳定性引理，实现了 T-S 模糊耦合网络的实用有限时间同步。

第 9 章利用随机变量实现线性耦合、非线性耦合或部分通信网络的切换，研究基于不连续激活函数的一类不连续耦合网络的有限时间同步。利用伯努利随机变量，不连续耦合网络实现了在三种不同控制系统之间的切换，并基于微分包含理论和李雅普诺夫函数方法，考虑自适应间歇控制来建立不连续耦合网络的有限时间同步准则，并设计状态反馈控制器来实现预设时间同步。

第 10 章介绍了变时刻脉冲控制有向图复杂网络的二部同步。本章首先将 B-等价方法应用到有向图的变时刻脉冲复杂网络中，将其简化为固定时刻脉冲复杂网络，并且可以估计变时刻脉冲控制系统中的跳算子与简化网络中相应的跳算子之间的联系。其次通过设计合适的控制器来实现有向图复杂网络的二部同步。最后利用 1-范数解析技术，导出若干假设，以保证耦合误差节点的每个解与每个不连续脉冲曲面精确相交一次，并且给出在数学归纳法下保证二部同步的几个充分条件。

第 11 章介绍了部分耦合复杂网络的牵制脉冲控制同步及其在图像加密中的应用。与传统的脉冲控制方法不同，阶跃函数法将同步分析过程分为两部分，第一部分是单跨阶跃函数，第二部分是多跨阶跃函数。然后分析了基于阶跃函数方法的部分耦合复杂网络牵制脉冲控制同步。基于阶跃函数的同步分析方法没有要求李雅普诺夫函数在每一个脉冲区间内都是单调的或连续的，在此基础上，利用重组方法和脉冲控制理论构造了一个比较系统，并给出了保证系统稳定性的几个新的充分条件。

本书的第 2、3、5、6、10、11 章由杨世菊博士牵头撰写，第 1 章由唐亮贵博士牵头撰写，第 4、7、8、9 章由张万里博士牵头撰写，所有章节内容均由李传东教授、申渝教授、何希平教授、秦华锋教授及李洪飞副教授指导和把关。感谢本课题组的研究生阮冬梅、黄婷婷、何宏森、唐艺婷、李钰提等所做的资料收集、文献检索与整理工作。

本书受到重庆工商大学人工智能学院学科建设项目（228/60281500709）、重庆工商大学“基于变时刻脉冲控制的时滞复杂网络固定时间同步研究”项目（950519203）、重庆市自然科学基金项目（CSTB2024NSCQ-MSX0008）、重庆市教育委员会重点项目（KJZD-

K202400801）、四川省自然科学基金青年项目（2024NSFSC1488）的资助。

作者在写作过程中参考了若干已经出版的有关复杂网络同步方面的文献，谨向这些文献的作者表示感谢。

鉴于作者水平有限，书中难免有疏漏和不足之处，敬请广大读者批评指正。

杨世菊

于重庆工商大学

2024 年 9 月

目录

第 1 章

绪论

1.1 复杂网络概述

1.1.1 复杂网络的历史渊源

复杂网络研究的起源可追溯至 18 世纪瑞士数学家欧拉（Euler）在论文“Solutio Problematis ad Geometriam Situs Pertinentis”中对著名的“Königsberg 七桥问题”的研究[1]。1736 年，欧拉首次运用图论的概念与方法，将被普雷格尔河（Pregel River）分割成的四片陆地抽象为图论中的“节点”，分别用 *A*、*B*、*C*、*D* 表示，而连接这四片陆地之间的七座桥梁则被抽象为“边”，分别用 *a*、*b*、*c*、*d*、*e*、*f*、*g* 表示，从而构建出一个具有 4 个节点和 7 条边的网络模型，如图 1-1 所示，开启了运用网络理论来模拟、解析现实世界复杂网络的新思路，为日后复杂网络学科的建立与发展奠定了坚实的基础。

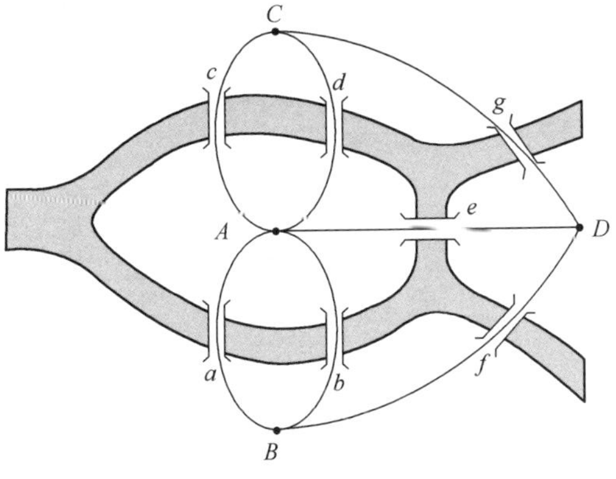

图 1-1　Königsberg 七桥问题图示

20 世纪 60 年代，匈牙利数学家 Paul Erdos 与 Alfred Renyi 建立的随机图论（Random Graph Theory）开创了复杂网络理论的系统性研究[2]。他们提出的 ER 随机图模型，通过随机连接节点的方式构建网络，并能够精确地解析许多网络的平均性质，如边数分布、度分布、聚类系数、平均路径长度等，为研究复杂网络提供了重要的参考。与以往规整有序、具有明显对称性和周期性的传统网络模型不同，随机网络模型能够更准确地捕捉和描述网络的多样性和不确定性，如节点间连接的随机性、网络的生长过程等。

然而，现实世界中复杂系统往往是不规则的，它不是随机网络，也不符合随机网络的特性，采用随机图论对复杂网络进行研究具有一定的局限性。直至 1998 年，美国物理学家 Watts 和 Strogatz 发现从完全规则网络向完全随机网络的过渡中，只要在规则网络中引入少许的随机性就可以产生具有小世界特征的网络模型，即 WS 小世界模型[3]。该模型模拟了实际复杂网络中的高聚类系数与低平均路径长度特征，揭示了现实世界许多复杂网络中普遍存在的“六度分隔”现象，即任意两个节点之间通常只需经过少数几步就能相互联系。

1999 年，Barabasi 和 Albert 提出了 BA 无标度网络模型[4]，揭示了幂律分布的产生机理。与传统的复杂网络模型中节点度分布较为均匀的假设不同，无标度网络揭示了大量实际网络（如电力网络[5]、社交网络[6]、交通网络[7]等）中节点度分布呈现出幂律分布规律，即网络规模不断扩大，新节点更倾向于与连接度高的中心节点相连，这对复杂网络基础理论研究产生了深远的影响，也为复杂网络在各个应用领域（如信息传播、疾病防控、社会经济分析等）的拓展与深化提供了强有力的理论支撑。

国内学者对国外复杂网络理论研究的介绍最早始于汪小帆在国外杂志上发表的一篇文章[8]。同时，汪小帆等人在 2006 年出版了学术著作《复杂网络理论及其应用》[9]，文中对国内外复杂网络研究所取得的重要成果进行了分析，并探索了复杂网络的同步等问题。自此，国内学者开启了复杂网络研究的热潮[10-15]。近年来，随着人工智能（Artificial Intelligence，AI）技术的飞速发展，复杂网络的研究也得到了新的推动。对复杂网络的科学探索也发生了重要的转变，其理论研究不再局限于数学领域，人们开始考虑将复杂网络应用到物理学、计算机科学、生物学、社会学、经济学等多个学科领域，其理论和方法被广泛应用于解决各种实际问题，如生物网络中的蛋白质相互作用分析[16]、生态系统稳定性研究[17]、社交网络中的信息传播与舆论演化[6]、电力网络和交通网络的可靠性评估与优化[10]等，促进了不同学科之间的交叉与融合。

1.1.2 复杂网络的基本概念

1. 复杂网络的定义

关于什么是复杂网络，目前在学术界还没有一个统一的定义。钱学森对于复杂网络给出了一种严格的定义：具有自组织、自相似、吸引子、小世界、无标度中部分或全部性质的网络称为复杂网络。从构成要素定义：由大量节点借助丰富多样的连线相互连接形成的网络体系可视为复杂网络。从系统角度定义：复杂网络也可以看作一个复杂系统，复杂网络中的节点和边相互影响，共同决定了复杂网络的整体行为和功能。从数学模型角度定义：复杂网络可以用图论中的图来进行数学建模，图 $G=(V,E)$，其中，V 是节点集合，E 是边集合[9]。由此可见，复杂网络是一个跨学科的概念，它与物理学、数学、计算机科学、生物学、社会学等众多学科相互交叉。在不同学科中，复杂网络的概念被赋予了不同的含义和应用。

简而言之，复杂网络就是呈现高度复杂性的网络，一般具有以下特性。

（1）小世界特性，又称为六度分隔理论。该特性指出社会中任意两个人之间平均通过六个中间人就可以建立联系。

（2）无标度特性，即节点的度数（与该节点相连的边的数量）呈现幂律分布。无标度特性表明复杂网络中会出现少量度很大的节点，它们与许多节点连接，可以称之为中心节点，而大多数节点的度很小，只与很少的节点连接。也就是说，节点之间的连接状况具有严重的不均匀分布性。

（3）集群特性，即集聚程度。集聚程度的意义是网络集团化的程度。例如，社交网络中总是存在熟人圈或朋友圈，其中的每个成员都认识其他成员。

2. 网络的图表示

一个具体网络可抽象为一个由节点集合 V 和边集合 E 组成的图 G，$G=(V,E)$，其中，V 表示网络中所有节点构成的集合，$V=\{v_1,v_2,\cdots,v_N\}$；E 是边的集合，表示节点之间的关系。对于网络中的任意节点 i 和 j，用 (i,j) 表示这两个节点之间的边，若 $(i,j)=(j,i)$，即节点之间的边没有方向，称为无向网络（Undirected Network），否则称为有向网络（Directed Network）。如果给网络的每条边都赋予相应的权值 a_{ij}，则形成加权网络（Weighted Network），否则称为无权网络（Unweighted Network），无权网络也可以看作网络的每条边权值均为 1 的网络[18]。

图论中各个节点之间的关系可以通过矩阵来描述，定义图 G 的邻接矩阵为 $\boldsymbol{A}$，即

$$\boldsymbol{A}=\begin{bmatrix} a_{11} & \cdots & a_{1N} \\ \vdots & & \vdots \\ a_{N1} & \cdots & a_{NN} \end{bmatrix}$$

式中，$a_{ij}\geqslant 0$，表示边 (i,j) 的权值，对角线元素均为 0，若 $(i,j)\in E$，$i\neq j$，则 $a_{ij}>0$，否则 $a_{ij}=0$。对于有向网络，$\boldsymbol{A}$ 为非对称矩阵；对于无向网络，$\boldsymbol{A}$ 为对称矩阵。若无向网络中的节点之间有边连接，则 $a_{ij}=1$，否则 $a_{ij}=0$。

在邻接矩阵的基础上，定义图 G 的拉普拉斯矩阵 $\boldsymbol{L}$ 为

$$\boldsymbol{L}=\begin{bmatrix} l_{11} & \cdots & l_{1N} \\ \vdots & & \vdots \\ l_{N1} & \cdots & l_{NN} \end{bmatrix}$$

式中，$\boldsymbol{L}=\boldsymbol{D}-\boldsymbol{A}$，$\boldsymbol{D}=\mathrm{diag}(d_1,d_2,\cdots,d_N)$ 且 $d_i=\sum_{j=1}^{N}a_{ij},i=1,2,\cdots,N$。

$$l_{ij}=\begin{cases} \sum_{j=1}^{N}a_{ij}, & i=j \\ -a_{ij}, & i\neq j \end{cases}$$

1.1.3 复杂网络的同步

同步理论起源于对自然界中同步现象的观察和模拟，如萤火虫的闪光同步、夏日雨后青蛙的齐鸣、心脏细胞的节律协调和鸟群飞翔等。1665 年，物理学家 Huygens 发现两个钟摆经过一段时间后会以相同的节奏摆动，自此开启了科学界对同步的研究。1967 年，Winfree 在“Biological Rhythms and the Behavior of Populations of Coupled Oscillators”文献中对振子耦合系统的同步现象进行了描述[19]。直至 20 世纪 80 年代，Kuramoto 才从数学上进一步对同步行为进行了定义[20]。1990 年，美国海军实验室的 Pecora 和 Carroll 提出了“驱动-响应”同步方法[21]，进一步引发了动力系统同步的研究热潮。

复杂网络同步的研究，从简单的系统同步到网络节点间的内同步，再到网络间的外同步，最后从双层网络同步过渡到多层网络同步。目前，复杂网络的同步控制机制可描述为：假设存在一个孤立节点，该孤立节点与复杂网络的其他节点不存在耦合作用，当 $t\to\infty$ 时，如果复杂网络中所有的节点与该孤立节点的状态达到一致，则可说明复杂网络中的所有节点实现了同步。典型的复杂网络同步类型主要有完全同步[22]、相位同步[23]、广义同步[24]、簇同步[25]、指数同步[26]等，这一类复杂网络的同步控制协议是使得系统误差在无穷时间内达到渐近稳定状态。在实际工程中需要网络节点在短时间内达到状态一致，如机器人编队控制、无人机的协同控制等需要在有限时间内完成，进而提出了有限时间同步[27-30]的概念。为了解决系统同步时间与初始值的依赖关系，Polyakov 在 2012 年首次提出了固定时间稳定性理论[31]。然而固定时间同步的时间上界不能根据实际情况而改变，为了根据实际工程需要预先设置网络达到同步的时间，预定时间同步方法被提出，该方法不依赖于系统及控制器参数[32-33]。

1.1.4 人工智能复杂网络

21 世纪，人工智能技术取得了革命性的突破，将人工智能技术应用到复杂网络，有如下优点：①人工智能技术能够全方位、多目标地刻画复杂网络的几何性质，克服了传统理论模型只能刻画有限拓扑特征的局限性；②以强化学习为代表的人工智能算法，仅需要知道复杂网络的基本拓扑特征，无须知道对应的优化方程组的具体信息即可对目标进行优化[34]。复杂网络科学与人工智能的结合，将加速复杂网络科学的发展。

1. 分析人工智能系统的内在结构

通过对人工智能系统内部节点度分布、聚类系数、社区结构、中心性指标等关键参数进行深入研究，可以揭示人工智能系统内各组件间错综复杂的连接模式、层次分明的关系结构及模块化的组织形态，具体如下。

（1）节点度分布反映了复杂网络中各个节点的连接数量及其分布规律，有助于识别高度连接的中心节点与孤立边缘节点，从而理解人工智能系统内信息流通的集中程度和分散趋势。

（2）聚类系数衡量了节点邻居之间形成紧密子群的程度，高聚类系数意味着存在高度局部化的交互和信息共享，这在人工智能系统中可能对应于功能相关的模块或子系统。

（3）社区结构通过识别复杂网络中节点群组间的相对隔离和内部紧密联系，揭示了人工智能系统内潜在的模块划分和功能分区，有助于理解人工智能系统的组织逻辑和分工协作。

（4）中心性指标（如度中心性、接近中心性、介数中心性等）用于识别在复杂网络中占据重要位置的节点，这些节点可能对应于信息流的关键通道、人工智能系统运行的瓶颈环节或具有全局影响力的控制单元。

2. 模拟人工智能系统的动态行为

复杂网络模型可用于仿真人工智能系统的动态演变过程，如神经网络的学习过程、多智能体系统的协作演化过程、大规模数据集上的信息扩散过程等。通过构建动力学模型，如耦合振荡模型、同步模型、博弈模型等，研究者可以探究在不同输入条件、参数调整或外部环境扰动下，人工智能系统将如何达到稳定状态、经历过渡过程及响应外部刺激。从而揭示学习过程中神经网络权重更新的集体行为和模式形成机制，预测多智能体系统在复杂环境下的合作策略演化和群体决策动态，理解信息在大规模数据集上的传播模式、热点形成及影响范围。

3. 设计和评估鲁棒控制策略

复杂网络模型在人工智能系统中还被用于设计和评估鲁棒控制策略，旨在提升人工智能系统的抗干扰能力、故障恢复能力和对未知环境的适应能力，研究重点如下。

（1）网络鲁棒性边界的探索，确定人工智能系统在何种程度的节点失效或攻击下仍能保持基本功能。

（2）故障传播规律的研究，揭示故障如何在复杂网络中蔓延，以及如何通过调整复杂网络结构来限制其影响范围。

（3）最优节点干预策略的制定，确定在特定情况下对哪些节点施加控制或进行调整能最有效地稳定人工智能系统或引导其向期望的状态演化。

4. 研究信息在人工智能系统内的传播规律

复杂网络模型，如传染病模型、信息级联模型、意见动力学模型等，被广泛应用于理解信息在复杂网络结构中的扩散、过滤、聚合过程。这些复杂网络模型在社交网络分析、知识图谱挖掘、传感器网络监控等领域有直接的应用。

（1）在社交网络分析中，复杂网络模型可以帮助预测信息的传播路径、影响范围及用户间观点的形成与演化过程，为设计有效的信息推送策略、舆情监测系统提供理论支持。

（2）在知识图谱挖掘中，复杂网络模型可用于揭示知识元素之间的关联传播、知识融合与更新机制，助力知识推理和推荐系统的构建。

（3）在传感器网络监控中，复杂网络模型可用于模拟数据在传感器节点间的传播过程，优化数据采集、数据融合与数据异常检测算法。

5. 在机器学习领域的应用

机器学习是人工智能的一个核心子领域，它让计算机系统能够自动地从数据中学习模式和规律，而不需要明确的程序。复杂网络为机器学习提供了新的建模视角和解决方案。

（1）高阶相关性与非线性依赖：复杂网络可以捕捉数据点之间的非线性关系和高阶交互效应，如通过图神经网络（Graph Neural Network，GNN）模型将数据点表示为复杂网络中的节点，利用节点间的边信息进行特征学习，从而揭示深层次的结构信息。

（2）模型参数的空间结构：复杂网络方法可以揭示深度学习模型参数之间的隐含关系，如权重矩阵的低秩结构、稀疏性等，为复杂网络模型的压缩、正则化、初始化等提供依据。

（3）新型学习算法与优化策略：基于复杂网络的深入研究，研究者开发出了一系列新的学习算法，如基于图的半监督学习、基于网络嵌入的表示学习等。同时，受复杂网络启发的梯度下降规则（如考虑复杂网络结构的加权梯度下降）能够改进优化效率，特别是在大规模、异质性数据集上的训练效果。

综上所述，复杂网络理论与方法在人工智能领域扮演着至关重要的角色，从人工智能系统结构解析、动态行为模拟到控制策略设计、信息传播规律研究，再到机器学习算法创新，其应用广泛且深入，极大地推动了人工智能技术的发展与应用实践。

1.2 控制方法概述

近年来，随着人工智能技术的迅速发展，特别是在系统科学和控制领域，研究者们对于复杂网络的同步控制问题表现出了浓厚的兴趣。复杂网络模型作为一种描述多种系统内部相互作用和互联的数学模型，广泛应用于生物学、社会学、工程学等多个领域。例如，在生物神经网络中，神经元之间的相互作用可以通过复杂网络模型来建模；在社会学中，个体之间的社交关系可以被视为一个复杂网络系统；在工程领域中，多个子系统之间的协调工作也可以通过复杂网络模型来描述和分析。为了更好地理解和控制这些复杂网络的行为，研究者们采用脉冲控制（Impulsive Control）、状态反馈控制（State Feedback Control）、自适应控制（Adaptive Control）、量化控制（Quantized Control）、牵制控制（Pinning Control）、间歇控制、事件触发控制等不同的控制方法对复杂网络的同步控制进行了研究。这些方法各有特点，但都旨在通过精确调节网络中各节点的状态，达到整体同步的目的。

1.2.1 脉冲控制

脉冲控制方法在人工智能领域的研究中扮演着重要角色，脉冲控制常用于机器人关节电动机的驱动，通过传感器获取环境信息后，人工智能算法规划出最优路径，然后利用脉冲控制精确地驱动轮子电动机，使机器人沿着规划路径行驶。脉冲控制在工业生产设备中广泛应用，如人工智能系统可以通过分析产品的质量缺陷数据，利用机器学习算法找到与脉冲控制相关的因素（如脉冲频率、脉冲宽度等），进而调整脉冲控制参数，提高产品质量和生产效率。脉冲控制系统出现于20世纪50年代，2001年，Yang给出了由常微分方程确定的脉冲控制系统的理论基础，并研究了这种脉冲控制系统的存在性和稳定性[35]，脉冲控制是基于脉冲微分方程（Impulsive Differential Equation）的控制方法，脉冲微分方程是一种描述在某些特定时刻系统状态发生瞬间变化的数学模型。因此，在一个脉冲控制系统中，至少有一个状态变量在至少一个时刻要发生冲击性突变。

定义1.1[35]　假设P是一个非脉冲控制系统，它的状态变量为$x\in\mathbb{R}^n$；$T=\{\tau_k\}$，表示脉冲控制时刻的集合，其中，$\tau_k\in\mathbb{R}^+$，$\tau_k<\tau_{k+1}$，$k=1,2,\cdots$；$U(k,x)\in\mathbb{R}^n$，$k=1,2,\cdots$，是控制律。在每个脉冲时刻τ_k，控制系统的状态发生脉冲变化：$x(\tau_k^+)=x(\tau_k)+U(k,x)$。如果在这种控制律下，输出$y=g(t,x):\mathbb{R}^+\times\mathbb{R}^n\to\mathbb{R}^m$，当$k\to\infty$时，趋于目标值$y^*\in\mathbb{R}^m$，则称这种方法为脉冲控制。脉冲控制系统可以分为以下三种类型。

类型Ⅰ：

$$\begin{cases}\dot{x}(t)=f(t,(x(t))), & t\neq\tau_k(x(t))\\ \Delta x(t)=U(k,y(t)), & t=\tau_k(x(t))\\ y(t)=g(t,x(t))\end{cases}\tag{1.1}$$

式中，$x(t)$和$y(t)$分别表示状态变量和输出；$U(k,y(t))$是脉冲控制律。在这类系统中，控制输入是通过某些状态变量的“突然跳跃”（Sudden Jump）来实现的。这意味着在某些特定时刻，脉冲控制系统的状态变量会突然改变，这种突然改变就是脉冲控制的一种体现。

类型Ⅱ：

$$\begin{cases}\dot{x}(t)=f(t,x(t),\bar{u}(t)), & t\neq\tau_k(x(t))\\ \Delta x(t)=U(k,y(t)), & t=\tau_k(x(t))\\ y(t)=g(t,x(t),\bar{u}(t))\end{cases}\tag{1.2}$$

式中，$x(t)$和$y(t)$分别表示状态变量和输出。这类系统有两个控制输入，即脉冲控制输入$U(k,y(t))$和连续控制输入$\bar{u}(t)$。

类型Ⅲ：

$$\begin{cases}\dot{x}(t)=f(t,x(t),\bar{u}(t)), & t\neq\tau_k(x(t))\\ \Delta x(t)=J_k(x(t)), & t=\tau_k(x(t))\\ y(t)=g(t,x(t),\bar{u}(t)), & \bar{u}(t)=\gamma(t,y(t))\end{cases}\tag{1.3}$$

式中，$x(t)$和$y(t)$分别表示状态变量和输出。这类系统的控制机构本身是脉冲控制的，而控制输入$\bar{u}(t)$是连续的。

数学上具有脉冲影响的演化过程可由以下方程描述：

$$\begin{cases}\dot{x}(t)=f(t,x(t)), & (t,x(t))\notin\Sigma_t\\ \Delta x(t)=J_t\circ x(t)-x(t), & (t,x(t))\in\Sigma_t\end{cases}\tag{1.4}$$

式中，$\Sigma_t\in\mathbb{R}^+\times\mathbb{R}^n$；$J_t$ 称为跳跃算子（Jumping Operator），$J_t\circ x(t)=x(t^+)$。根据脉冲时刻的选择特点，脉冲微分方程相应地可以分为三种基本类型。

类型Ⅰ：

如果脉冲发生在固定时刻，方程（1.4）可以写为

$$\begin{cases}\dot{x}(t)=f(t,x(t)), & t\neq\tau_k\\ \Delta x(t)=J_k(x(t)), & t=\tau_k\end{cases}\tag{1.5}$$

类型Ⅱ：

如果脉冲发生的时刻与系统的状态有关，即当系统的轨迹达到超表面 $\aleph(t,x(t))=0$ 时，状态发生“跳跃”，则方程（1.4）可以写为

$$\begin{cases}\dot{x}(t)=f(t,x(t)), & \aleph(t,x(t))\neq 0\\ \Delta x(t)=J(t,x(t)), & \aleph(t,x(t))=0\end{cases}\tag{1.6}$$

类型Ⅲ：

如果方程（1.4）不含时间变量 t，则系统变成一个不连续的动力学系统：

$$\begin{cases}\dot{x}(t)=f(x), & x\neq\Sigma\\ \Delta x=J(x), & x=\Sigma\end{cases}\tag{1.7}$$

1.2.2 状态反馈控制

状态反馈控制是基于系统的状态变量来设计控制器的方法，它通过将系统的状态变量反馈到控制器中，以实现对系统的控制。1960 年，Kalman 首次提出了状态反馈控制的思想[36]，其核心在于如何设计合适的状态反馈机制，使得系统能够根据当前状态和目标状态之间的差异来自动调整其行为，从而实现同步控制。基本原理是通过反馈增益矩阵，将系统的状态变量线性组合后反馈到控制器的输入端。现代控制理论基于状态空间建模，对于连续的线性时不变系统，其状态空间可表述为

$$\begin{cases}\dot{x}=\boldsymbol{A}x+\boldsymbol{B}u\\ y=\boldsymbol{C}x\end{cases}\tag{1.8}$$

式中，x 是状态变量；$\boldsymbol{A}$ 是系统矩阵；$\boldsymbol{B}$ 是输入矩阵；u 是控制输入；y 是输出变量；$\boldsymbol{C}$ 是输出矩阵。

状态反馈控制律可表示为

$$u=-\boldsymbol{K}x\tag{1.9}$$

式中，$\boldsymbol{K}$ 表示状态反馈控制增益。根据式（1.8）和式（1.9）可得闭环系统方程为

$$\begin{cases}\dot{x}=(\boldsymbol{A}-\boldsymbol{B}\boldsymbol{K})x\\ y=\boldsymbol{C}x\end{cases} \tag{1.10}$$

状态反馈控制方法可以根据系统的性能要求，通过极点配置、最优控制等方法来确定合适的状态反馈控制增益矩阵，进而调整系统的稳定性、响应速度等性能。

1.2.3 自适应控制

自适应控制[37]的概念最早可以追溯到20世纪50年代，它的目标是设计一种能够自动调整自身参数的控制器，以适应系统的动态变化、不确定性和外部干扰，从而实现系统性能优化和稳定运行。自适应控制方法具有多样性，包括模型参考自适应控制、自校正控制和递推自适应控制等，最常用的是模型参考自适应控制。

假设被控对象的状态方程和输出方程为

$$\begin{cases}\dot{x}(t)=\boldsymbol{A}x(t)+\boldsymbol{B}u(t)\\ y(t)=\boldsymbol{C}x(t)+\boldsymbol{D}x(t)\end{cases} \tag{1.11}$$

式中，$x(t)$是状态变量；$u(t)$是输入变量；$y(t)$是输出变量；$\boldsymbol{A}$是系统矩阵；$\boldsymbol{B}$是输入矩阵；$\boldsymbol{C}$是输出矩阵；$\boldsymbol{D}$是直接传输矩阵。

那么参考模型的状态方程和输出方程可构造为

$$\begin{cases}\dot{x}_{\mathrm{m}}(t)=\boldsymbol{A}_{\mathrm{m}}x_{\mathrm{m}}(t)+\boldsymbol{B}_{\mathrm{m}}r(t)\\ y_{\mathrm{m}}(t)=\boldsymbol{C}_{\mathrm{m}}x_{\mathrm{m}}(t)\end{cases} \tag{1.12}$$

式中，$x_{\mathrm{m}}(t)$是参考模型的状态变量；$r(t)$是参考模型的输入；$\boldsymbol{A}_{\mathrm{m}}$、$\boldsymbol{B}_{\mathrm{m}}$、$\boldsymbol{C}_{\mathrm{m}}$分别表示参考模型的系统矩阵、输入矩阵、输出矩阵。

在自适应控制中，控制律通常表示为

$$u(t)=-\boldsymbol{K}(t)x(t) \tag{1.13}$$

式中，$u(t)$是控制输入；$\boldsymbol{K}(t)$是随时间变化的控制增益矩阵；$x(t)$是系统的状态变量。

1.2.4 量化控制

在控制理论中，量化控制[38]可以被看作一种特殊的非线性控制策略，它是一种将连续控制信号或状态值离散化的控制策略，主要通过量化器将信号映射为有限的离散值，以适应数字化或资源受限的系统。这种控制方法的核心在于处理由信号量化引起的误差，同时保持系统的稳定性及其他性能。量化控制的设计需要考虑量化级别，这通常与量化误差的大小和所需的通信带宽相关。

量化操作可以用以下公式表示：

$$u(t)=Q(\boldsymbol{K}x(t)) \tag{1.14}$$

式中，$u(t)$是量化后的控制输入；$Q(\cdot)$是量化函数；$\boldsymbol{K}$是控制增益矩阵；$x(t)$是系统的当前状态。量化误差$e_q(t)$可以定义为量化控制输入和实际控制输入之差，$e_q(t)=u(t)-$

$\boldsymbol{K}x(t)$。

1.2.5 牵制控制

牵制控制[39]主要用于复杂网络的控制，其基本思想为：通过有选择地对复杂网络中的少部分节点施加控制信号，来影响整个复杂网络系统的动态行为，从而使得复杂网络系统达到期望的状态，如稳定状态、同步状态等。在牵制控制中，重点关注的是如何选择牵制节点（施加控制信号的节点）和设计控制律。

对于一个动态网络，其节点的状态方程可表示为

$$x_i(t)=f(t,x_i(t))+\sum_{j=1}^{N}a_{ij}g(x_j(t)) \tag{1.15}$$

式中，$x_i(t)=(x_{i1}(t),x_{i2}(t),\cdots,x_{in}(t))$，是第 i 个节点的状态变量；$f(x_i(t))$是节点自身的动态函数；$g(\cdot)$是相邻节点的耦合函数；a_{ij}是节点 i 和节点 j 之间的连接权重，如果第 i 个节点和第 j 个节点之间存在连接，则 $a_{ij}>0$，否则 $a_{ij}=0$；N 是节点数量。

当施加牵制控制时，假设对 l 个节点进行控制，对 $N-l$ 个节点不施加控制，则控制后的状态方程变为

$$x_i(t)=f(t,x_i(t))+\sum_{j=1}^{N}l_{ij}g(x_j(t))+u_i(t) \tag{1.16}$$

对于被牵制的节点 $i\in\Omega$（Ω 是牵制节点的集合），$u_i(t)$是外部控制输入；对于非牵制节点 $i\notin\Omega,u_i(t)=0$。

1.3 本章小结

本章首先介绍了复杂网络的历史渊源，复杂网络的基本概念，复杂网络的同步问题。然后介绍了人工智能复杂网络及其基本应用。最后，对本书用到的几种控制方法进行了概述。

参考文献

[1] EULER L. Solutio Problematis ad Geometriam Situs Pertinentis. Commentarii Academiae Scientiarum Imperialis Petropolitanae [D]. 1736, 8: 128-140.

[2] ERDOS P, ALFRED R. On the Evolution of Random Graphs [J]. Transactions of the American Mathematical Society, 1984, 286: 257-257.

[3] WATTS D J, STROGATZ S H. Collective Dynamics of "small-world" networks [J]. Nature, 1998, 393 (6684): 440-442.

[4] BARABASI A L, ALBERT R. Emergence of Scaling in Random Networks [J]. Science, 1999, 286 (5439): 509-512.

[5] FALOUTSOS M, FALOUTSOS P, FALOUTSOS C. On Power-Law Relationships of the Internet Topology [J]. Acm Sigcomm Computer Communication Review, 1997, 29 (4): 251-262.

[6] HOFMAN J M, SHARMA A, WATTS D J. Prediction and Explanation in Social Systems [J]. Science, 2017: 355.

[7] 吴文祥，黄海军．固定需求交通网络的一般系统最优模型与性质 [J]. 管理科学学报，2015，18 (12): 58-67.

[8] WANG X F. Complex Networks: Topology, Dynamics and Synchronization [J]. International Journal of Bifurcation & Chaos in Applied Sciences & Engineering, 2002, 12 (5): 885-916.

[9] 汪小帆，李翔，陈关荣．复杂网络理论及其应用 [M]. 北京：清华大学出版社，2006.

[10] 王光增，曹一家，包哲静，等．一种新型电力网络局域世界演化模型 [J]. 物理学报，2009，58 (6): 3597-3602.

[11] 陈关荣，汪小帆，李翔．复杂网络引论 [M]. 北京：高等教育出版社，2012.

[12] 郭进利．复杂网络和人类行为动力学演化模型 [M]. 北京：科学出版社，2013.

[13] 何铮．复杂网络在管理领域的应用研究 [M]. 成都：电子科技大学出版社，2013.

[14] 张美平．科学引文网络分析及其应用研究 [D]. 成都：电子科技大学，2015.

[15] 王正武，王杰，黄中祥．控制城市道路交通网络级联失效的关闭策略 [J]. 系统工程，2016 (2): 103-108.

[16] 韩跃，冀俊忠，杨翠翠．基于多标签传播机制的蛋白质相互作用网络功能模块检测 [J]. 模式识别与人工智能，2016，29 (6): 548-557.

[17] 李鑫．基于复杂网络的生态系统稳定性研究 [D]. 镇江：江苏大学，2015.

[18] BONDY J A, MURTY U S R. Graph Theory with Applications [M]. London: Macmillan, 1976.

[19] WINFREE A T. Biological Rhythms and the Behavior of Populations of Coupled Oscillators [J]. Journal of Theoretical Biology, 1967, 16 (1): 15-42.

[20] KURAMOTO Y. Chemical Turbulence [M]. Berlin, Heidelberg, Springer, 1984.

[21] PECORA L M, CARROLL T L. Synchronizaiton in Chaotic Systems [J]. Physical Review Letters, 1990, 64 (8): 821-824.

[22] LIN W, HE Y B. Complete Synchronization of the Noise-perturbed Chua's Circuits [J]. Chaos: An Interdisciplinary Journal of Nonlinear Science, 2005, 15 (2): 023705.

[23] ROSENBLUM M G, PIKOVSKY A S, KURTHS J. Phase Synchronization of Chaotic Oscillators [J]. Physical Review Letters, 1996, 76 (11): 1804.

[24] RULKOV N F, SUSHCHIK M M, TSIMRING L S, et al. Generalized Synchronization of Chaos in Directionally Coupled Chaotic Systems [J]. Physical Review E, 1995, 51 (2): 980.

[25] LI Y Y, LU J Q, ALOFI A, et al. Impulsive Cluster Synchronization for Complex Dynamical Networks with Packet Loss and Parameters Mismatch [J]. Applied Mathematical Modelling, 2022, 112: 215-223.

[26] CHEN Y G, WANG Z D, SHEN B, et al. Exponential Synchronization for Delayed Dynamical Networks via Intermittent Control: Dealing with Actuator Saturations [J]. IEEE Transactions on Neural Networks and Learning Systems, 2018, 30 (4): 1000-1012.

[27] XU C, YANG X, LU J, et al. Finite-time Synchronization of Networks via Quantized Intermittent Pinning Control [J]. IEEE Transactions on Cybernetics, 2017, 48 (10): 3021-3027.

[28] LUO Y, YAO Y, CHENG Z, et al. Event-triggered Control for Coupled Reaction-diffusion Complex Network Systems with Finite-time Synchronization [J]. Physica A: Statistical Mechanics and its Applications, 2021, 562: 125219-125238.

[29] SHEN J, CAO J D. Finite-time Synchronization of Coupled Neural Networks via Discontinuous Controllers [J]. Cognitive Neurodynamics, 2011, 5 (4): 373-385.

[30] REN Y, JIANG H, LI J, et al. Finite-time Synchronization of Stochastic Complex Networks with Random Coupling Delay via Quantized Aperiodically Intermittent Control [J]. Neurocomputing, 2021, 420: 337-348.

[31] POLYAKOV A. Nonlinear Feedback Design for Fixed-time Stabilization of Linear Control Systems [J]. IEEE Transactions on Automatic Control. 2012, 57 (8): 2106-2110.

[32] HU C, HE H, JIANG H. Fixed/Preassigned-time Synchronization of Complex Networks via Improving Fixed-time Stability [J]. IEEE Transactions on Cybernetics, 2021, 51 (6): 2882-2892.

[33] LIU X, HO D W, XIE C. Prespecified-time Cluster Synchronization of Complex Networks via a Smooth Control Approach [J]. IEEE Transactions on Cybernetics, 2020, 50 (4): 1771-1775.

[34] 刘家臻，王寰东，丁璟韬，等．人工智能时代下的复杂网络 [J]. 指挥与控制学报，2024，10 (03): 255-263.

[35] YANG T. Impulsive Control Theory [M]. Berlin, Heidelberg, Springer, 2001.

[36] KALMAN R E. On the General Theory of Control Systems [J]. In Proceedings First International Conference on Automatic Control, 1960: 481-492.

[37] ÅSTRÖM K J. Theory and Applications of Adaptive Control—A Survey [J]. Automatica, 1983, 19 (5): 471-486.

[38] BICCHI A, MARIGO A, PICCOLI B. On the Reachability of Quantized Control Systems [J]. IEEE Transactions on Automatic Control, 2002, 47 (4): 546-563.

[39] YU W, CHEN G, LU J, et al. Synchronization via Pinning Control on General Complex Networks [J]. SIAM Journal on Control and Optimization, 2013, 51 (2): 1395-1416.

第2章

T-S 模糊复杂网络的快速固定时间二部同步

2.1 引言

复杂网络是由大规模动态节点与复杂拓扑结构构成的数学模型，复杂网络节点具有异质性与非线性，复杂网络拓扑结构具有复杂性，因此，对非线性复杂网络同步动力学研究具有一定的挑战性[1-2]。Takagi 和 Sugeno 提出的 T-S 模糊模型[3]被证实是一种比较实用的处理非线性系统的模型，该模型可以通过建立合适的模糊模型来表示高度非线性复杂网络系统，从而使得非线性复杂网络系统的全局输出具有良好的线性特性。因此，采用 T-S 模糊模型对复杂网络进行建模，构造 T-S 模糊复杂网络模型，可以降低对复杂网络动力学的分析难度。

针对 T-S 模糊复杂网络的控制问题，目前大多数文献重点聚焦于网络的同步性问题[4-5]。在实际生活中，人们往往希望同步控制能够尽可能快地实现，尤其是在一些工程和社会经济领域，在有限的时间内实现同步将有效降低能源消耗，提高经济效益。因此，提出了有限时间同步控制方法[6]。然而，该方法的有限时间同步结果依赖于复杂网络系统的初始状态，若系统的初始状态未知，其应用将受到限制。为了克服有限时间同步的局限性，Polyakov 提出了一种固定时间控制方法[7]。为了缩短控制时间，节约控制成本，研究人员进一步提出了快速固定时间同步的概念[8-10]，快速固定时间同步比传统固定时间同步的收敛速度更快，使得复杂网络能够在短时间内达到同步的效果。

根据上述分析，本章研究有向图 T-S 模糊复杂网络的快速固定时间二部同步（Bipartite Synchronization）问题。首先，通过 T-S 模糊模型的 If-Then 规则，对复杂网络进行建模，构造出 T-S 模糊复杂网络模型。然后，通过设计固定时间控制器，借助李雅普诺夫（Lyapunov）稳定性理论，建立比较系统，得到 T-S 模糊复杂网络固定时间同步的充分条件，实现 T-S 模糊复杂网络模型与目标节点同步。最后，得到同步时间的估计值，该值仅与系统参数有关，而与系统的初始状态无关。

2.2 模型描述与预备知识

带控制器的T-S模糊复杂网络可描述为

$$\text{规则}\varrho\text{:If } z_1(t)\text{ 是 }\Omega_\varrho^1, z_2(t)\text{ 是 }\Omega_\varrho^2,\cdots,z_\mu(t)\text{ 是 }\Omega_\varrho^\mu,\text{Then}$$

$$\dot{\boldsymbol{x}}_i(t)=\sum_{\varrho=1}^{r}h_\varrho(\boldsymbol{z}(t))\left[\boldsymbol{A}_\varrho\boldsymbol{x}_i(t)+\boldsymbol{B}_\varrho f(\boldsymbol{x}_i(t))-\epsilon\sum_{j=1}^{N}|\ell_{ij}|(\boldsymbol{x}_i(t)-\text{sign}(\ell_{ij})\boldsymbol{x}_j(t))+\boldsymbol{u}_i^\varrho(t)\right] \tag{2.1}$$

$$\dot{\boldsymbol{s}}(t)=\sum_{\varrho=1}^{r}h_\varrho(\boldsymbol{z}(t))\left[\boldsymbol{A}_\varrho\boldsymbol{s}(t)+\boldsymbol{B}_\varrho f(\boldsymbol{s}(t))\right] \tag{2.2}$$

式中，N是复杂网络的节点数；$\boldsymbol{x}_i(t)$和$\boldsymbol{s}(t)$表示状态向量，且$\boldsymbol{x}_i(t),\boldsymbol{s}(t)\in\mathbb{R}^n$，$\boldsymbol{x}_i(t)=(x_{i1}(t),x_{i2}(t),\cdots,x_{in}(t))^{\mathrm{T}}$，$\boldsymbol{s}(t)=(s_1(t),s_2(t),\cdots,s_n(t))^{\mathrm{T}}$，$\boldsymbol{x}_i(0)$，$\boldsymbol{s}(0)$是T-S模糊复杂网络的初始状态；$f(\cdot):\mathbb{R}^n\to\mathbb{R}^n$是连续奇函数；$\boldsymbol{A}_\varrho,\boldsymbol{B}_\varrho\in\mathbb{R}^{n\times n}$是常数矩阵；$\epsilon>0$，表示节点间的耦合强度；$\boldsymbol{\mathcal{L}}=(\ell_{ij})_{N\times N}$，表示与有向图$\mathcal{G}$相关的邻接矩阵，对于任意的节点$i\in\mathcal{N}$，$\mathcal{N}=\{1,2,\cdots,N\}$，都有$\ell_{ii}=0$；如果存在节点$j$到节点$i$的有向通信连接，则$\ell_{ij}\neq0$（$i\neq j$）；如果$\ell_{ij}>0$，表示节点$i$和节点$j$是合作关系，如果$\ell_{ij}<0$，表示节点$i$和节点$j$是竞争关系；$\boldsymbol{z}(t)=(z_1(t),z_2(t),\cdots,z_\mu(t))^{\mathrm{T}}$表示前提变量；$\boldsymbol{u}_i^\varrho(t)$是待设计的模糊控制器；$\Omega_\varrho^\hbar$（$\varrho=1,2,\cdots,r;\hbar=1,2,\cdots,\mu$）表示模糊集，且

$$h_\varrho(\boldsymbol{z}(t))=\frac{\xi_\varrho(\boldsymbol{z}(t))}{\sum_{\varrho=1}^{r}\xi_\varrho(\boldsymbol{z}(t))},\quad \xi_\varrho(\boldsymbol{z}(t))=\prod_{\hbar=1}^{\mu}\Omega_\varrho^\hbar(z_\hbar(t))\geqslant0,\quad \sum_{\varrho=1}^{r}\xi_\varrho(\boldsymbol{z}(t))>0$$

式中，$\Omega_\varrho^\hbar(z_\hbar(t))$是隶属度函数，且满足$\sum_{\varrho=1}^{r}h_\varrho(\boldsymbol{z}(t))=1$，$h_\varrho(\boldsymbol{z}(t))\geqslant0$。

假设 2.1 如果有向图$\mathcal{G}$中的节点可以分为两个非空子集Γ_1、Γ_2，且满足$\Gamma_1\cap\Gamma_2=\varnothing$和$\Gamma_1\cup\Gamma_2=\Gamma$，使得当$\gamma_i,\gamma_j\in\Gamma_k$（$k\in\{1,2\}$）时，$\ell_{ij}\geqslant0$；当$\gamma_i\in\Gamma_k$，$\gamma_j\in\Gamma_l$（$k\neq l$, $k,l\in\{1,2\}$）时，$\ell_{ij}\leqslant0$，其中$\Gamma=\{\gamma_1,\gamma_2,\cdots,\gamma_N\}$表示包含有向图$\mathcal{G}$中的所有节点的集合。

根据假设2.1，定义对角矩阵$\boldsymbol{\mathcal{W}}=\text{diag}(\omega_1,\omega_2,\cdots,\omega_N)$，其中$\omega_i\in\{1,-1\}$。如果$\gamma_i\in\Gamma_1$，则$\omega_i=1$，如果$\gamma_i\in\Gamma_2$，则$\omega_i=-1$。此处存在一种特殊情况，即当$\boldsymbol{\mathcal{W}}=\boldsymbol{I}_N$时，固定时间二部同步就退化为经典的固定时间同步。因此，本章的分析结果可以改善某些现有固定时间同步结果。

假设 2.2 $f(\cdot)$表示非线性连续奇函数，满足利普希茨（Lipschitz）条件，即存在常数$\eta>0$，使得不等式$\|f(\boldsymbol{\xi}_1)-f(\boldsymbol{\xi}_2)\|\leqslant\eta\|\boldsymbol{\xi}_1-\boldsymbol{\xi}_2\|$成立。

定义 2.1 若存在$t_0>0$（t_0不依赖于$\boldsymbol{x}(0)=(x_1(0),x_2(0),\cdots,x_N(0))^{\mathrm{T}}$和$\boldsymbol{s}(0)$），使得

$$\lim_{t\to t_0}\|\boldsymbol{x}_i(t)-\omega_i\boldsymbol{s}(t)\|=0,\quad \|\boldsymbol{x}_i(t)-\omega_i\boldsymbol{s}(t)\|\equiv0,\quad t>t_0$$

则称复杂网络［式（2.1）］固定时间二部同步于目标节点［式（2.2）］。

引理 2.1[10] 如果系统为

$$\dot{r} = -\alpha r^{\frac{1}{2}+\frac{m_1}{2m_2}+\left(\frac{m_1}{2m_2}-\frac{1}{2}\right)\mathrm{sign}(|r|-1)} - \beta r^{\frac{m_3}{m_4}} \tag{2.3}$$

系统参数满足 $\alpha>0$，$\beta>0$，m_1、m_2、m_3、m_4 为正奇数，$m_1>m_2$，$m_3<m_4$，则系统［式（2.3）］是固定时间稳定的，稳定时间为

$$T=\frac{1}{\alpha}\frac{m_2}{m_1-m_2}+\frac{m_4}{m_4-m_3}\frac{1}{\alpha}\ln\left(1+\frac{\alpha}{\beta}\right)$$

引理 2.2[11] 设 $Z_1,Z_2,\cdots,Z_N\geqslant 0$，$0<p_1\leqslant 1$，$p_2>1$，则

$$\sum_{i=1}^{N} Z_i^{p_1} \geqslant \left(\sum_{i=1}^{N} Z_i\right)^{p_1},\quad \sum_{i=1}^{N} Z_i^{p_2} \geqslant N^{1-p_2}\left(\sum_{i=1}^{N} Z_i\right)^{p_2}$$

引理 2.3[12] 设 $v_1,v_2,\cdots,v_n\geqslant 0$，$0<\iota<l$，则

$$\left(\sum_{i=1}^{n}|v_i|^l\right)^{1/l} \leqslant \left(\sum_{i=1}^{n}|v_i|^{\iota}\right)^{1/\iota},\quad \left(\frac{1}{n}\sum_{i=1}^{n}|v_i|^{\iota}\right)^{1/\iota} \leqslant \left(\frac{1}{n}\sum_{i=1}^{n}|v_i|^{l}\right)^{1/l}$$

2.3 有向图 T-S 模糊复杂网络的快速固定时间二部同步

在本节中，利用李雅普诺夫稳定性理论，通过构造比较系统，实现有向图 T-S 模糊复杂网络的快速固定时间二部同步，设计的控制器为

$$\boldsymbol{u}_i^{\varrho}(t) = -\lambda_i^{\varrho}(\boldsymbol{x}_i(t)-\omega_i\boldsymbol{s}(t))-\alpha(\boldsymbol{x}_i(t)-\omega_i\boldsymbol{s}(t))^{\frac{1}{2}+\frac{m_1}{2m_2}+\left(\frac{m_1}{2m_2}-\frac{1}{2}\right)\mathrm{sign}(\psi(t)-1)}-\beta(\boldsymbol{x}_i(t)-\omega_i\boldsymbol{s}(t))^{\frac{m_3}{m_4}} \tag{2.4}$$

式中，$\lambda_i^{\varrho}>0$，是一个待定常数；参数 $\alpha>0$，$\beta>0$，可调；m_1、m_2、m_3、m_4 为正奇数，且 $m_1>m_2$，$m_3<m_4$；$\psi(t)=\sum_{i=1}^{N}(\boldsymbol{x}_i(t)-\omega_i\boldsymbol{s}(t))^{\mathrm{T}}(\boldsymbol{x}_i(t)-\omega_i\boldsymbol{s}(t))$。

设有向图 $\mathcal{G}$ 的拉普拉斯矩阵 $\overline{\boldsymbol{\mathcal{L}}}=(\overline{\ell}_{ij})_{N\times N}$，则 $\overline{\ell}_{ij}=-\ell_{ij}$（$i\neq j$），$\overline{\ell}_{ii}=\sum_{j=1,j\neq i}^{N}|\ell_{ij}|$。显然，如果存在 $\ell_{ij}<0$，则拉普拉斯矩阵 $\overline{\boldsymbol{\mathcal{L}}}$ 不能保证行和为零，这意味着拉普拉斯矩阵与无向图生成的矩阵不同。则复杂网络［式（2.1）］可表示为

$$\dot{\boldsymbol{x}}_i(t) = \sum_{\varrho=1}^{r} h_{\varrho}(\boldsymbol{z}(t))\left[\boldsymbol{A}_{\varrho}\boldsymbol{x}_i(t)+\boldsymbol{B}_{\varrho}f(\boldsymbol{x}_i(t))-\epsilon\sum_{j=1}^{N}\overline{\ell}_{ij}\boldsymbol{x}_j(t)+\boldsymbol{u}_i^{\varrho}(t)\right] \tag{2.5}$$

定义 $\boldsymbol{L}=(l_{ij})_{N\times N}=(|\ell_{ij}|)_{N\times N}$，令 G 和 $\overline{\boldsymbol{L}}=(\overline{l}_{ij})_{N\times N}$ 分别表示与 $\boldsymbol{L}$ 关联的图和拉普拉斯矩阵。显然 G 是一个无向图，$\overline{\boldsymbol{L}}$ 是一个行和为零的矩阵。取 $\overline{\boldsymbol{x}}_i(t)=\omega_i\boldsymbol{x}_i(t),i\in\mathcal{N}$，由于 $f(\cdot)$ 是连续奇函数，可得 $\omega_i f(\boldsymbol{x}_i(t))=f(\overline{\boldsymbol{x}}_i(t))$，因此

$$\dot{\bar{\boldsymbol{x}}}_i(t)=\begin{cases}\sum_{\varrho=1}^{r}h_\varrho(\boldsymbol{z}(t))\Big[\boldsymbol{A}_\varrho\bar{\boldsymbol{x}}_i(t)+\boldsymbol{B}_\varrho f(\bar{\boldsymbol{x}}_i(t))-\epsilon\sum_{j=1}^{N}\bar{l}_{ij}\bar{\boldsymbol{x}}_j(t)-\\ \lambda_i^\varrho(\bar{\boldsymbol{x}}_i(t)-\boldsymbol{s}(t))-\alpha(\bar{\boldsymbol{x}}_i(t)-\boldsymbol{s}(t))^{\frac{m_1}{m_2}}-\beta(\bar{\boldsymbol{x}}_i(t)-\boldsymbol{s}(t))^{\frac{m_3}{m_4}}\Big], & \psi(t)\geqslant 1\\ \sum_{\varrho=1}^{r}h_\varrho(\boldsymbol{z}(t))\Big[\boldsymbol{A}_\varrho\bar{\boldsymbol{x}}_i(t)+\boldsymbol{B}_\varrho f(\bar{\boldsymbol{x}}_i(t))-\epsilon\sum_{j=1}^{N}\bar{l}_{ij}\bar{\boldsymbol{x}}_j(t)-\\ \lambda_i^\varrho(\bar{\boldsymbol{x}}_i(t)-\boldsymbol{s}(t))-\alpha(\bar{\boldsymbol{x}}_i(t)-\boldsymbol{s}(t))-\beta(\bar{\boldsymbol{x}}_i(t)-\boldsymbol{s}(t))^{\frac{m_3}{m_4}}\Big], & \psi(t)<1\end{cases}\tag{2.6}$$

设 $\boldsymbol{e}_i(t)=\bar{\boldsymbol{x}}_i(t)-\boldsymbol{s}(t)$，$f(\boldsymbol{e}_i(t))=f(\bar{\boldsymbol{x}}_i(t))-f(\boldsymbol{s}(t))$，可得

$$\begin{aligned}\dot{\boldsymbol{e}}_i(t)=&\sum_{\varrho=1}^{r}h_\varrho(\boldsymbol{z}(t))[\boldsymbol{A}_\varrho\boldsymbol{e}_i(t)+\boldsymbol{B}_\varrho f(\boldsymbol{e}_i(t))-\epsilon\sum_{j=1}^{N}\bar{l}_{ij}\boldsymbol{e}_j(t)-\lambda_i^\varrho\boldsymbol{e}_i(t)-\\&\alpha\boldsymbol{e}_i^{\frac{1}{2}+\frac{m_1}{2m_2}+\left(\frac{m_1}{2m_2}-\frac{1}{2}\right)\mathrm{sign}(\psi(t)-1)}(t)-\beta\boldsymbol{e}_i^{\frac{m_3}{m_4}}(t)]\end{aligned}\tag{2.7}$$

由定义 2.1 可知，如果存在常数 $t_0>0$，使得 $\boldsymbol{e}_i(t_0)=0$，且当 $t>t_0$ 时，$\boldsymbol{e}_i(t)\equiv 0$ 成立。根据 $\omega_i^2=1$，可得 $\lim\limits_{t\to t_0}\|\boldsymbol{x}_i(t)-\omega_i\boldsymbol{s}(t)\|=0$，以及当 $t>t_0$ 时，$\|\boldsymbol{x}_i(t)-\omega_i\boldsymbol{s}(t)\|\equiv 0$，则复杂网络［式（2.1）］可固定时间二部同步于目标节点［式（2.2）］。因此，根据控制器［式（2.4）］可得如下定理。

定理 2.1 若假设 2.1 与假设 2.2 都成立，控制器［式（2.4）］中的控制增益 λ_i^ϱ 满足

$$\boldsymbol{\Lambda}_\varrho\geqslant\|\boldsymbol{A}_\varrho\|\boldsymbol{I}_N+\eta\|\boldsymbol{B}_\varrho\|\boldsymbol{I}_N+\epsilon\boldsymbol{\Phi}^{\mathrm{s}}\tag{2.8}$$

式中，$\boldsymbol{\Lambda}_\varrho=\mathrm{diag}(\lambda_1^\varrho,\lambda_2^\varrho,\cdots,\lambda_N^\varrho)$ $(\varrho=1,2,\cdots,r)$；$\boldsymbol{\Phi}^{\mathrm{s}}=(\boldsymbol{\Phi}+\boldsymbol{\Phi}^{\mathrm{T}})/2$，$\boldsymbol{\Phi}=(\phi_{ij})_{N\times N}$ $(i,j=1,2,\cdots,N)$，$\phi_{ii}=-\bar{l}_{ii}$，$\phi_{ij}=|\bar{l}_{ij}|$ $(i,j\in\mathcal{N},i\neq j)$。

则复杂网络［式（2.1）］固定时间内同步于目标节点［式（2.2）］，且同步时间 T 估计为

$$T=\frac{1}{\theta}\frac{m_2}{m_1-m_2}+\frac{m_4}{m_4-m_3}\frac{1}{\theta}\ln\left(1+\frac{\theta}{\beta}\right)\tag{2.9}$$

式中，$\theta=\alpha(nN)^{(1-m_1/m_2)/2}$。

证明：定义李雅普诺夫函数为

$$v(t)=\sum_{i=1}^{N}\boldsymbol{e}_i^{\mathrm{T}}(t)\boldsymbol{e}_i(t)\tag{2.10}$$

根据式（2.7）和式（2.10）可得

$$\begin{aligned}\dot{v}(t)=&2\sum_{i=1}^{N}\sum_{\varrho=1}^{r}h_\varrho(\boldsymbol{z}(t))\boldsymbol{e}_i^{\mathrm{T}}(t)[\boldsymbol{A}_\varrho\boldsymbol{e}_i(t)+\boldsymbol{B}_\varrho f(\boldsymbol{e}_i(t))-\epsilon\sum_{j=1}^{N}\bar{l}_{ij}\boldsymbol{e}_j(t)-\\&\lambda_i^\varrho\boldsymbol{e}_i(t)-\alpha\boldsymbol{e}_i^{\frac{1}{2}+\frac{m_1}{2m_2}+\left(\frac{m_1}{2m_2}-\frac{1}{2}\right)\mathrm{sign}(\psi(t)-1)}(t)-\beta\boldsymbol{e}_i^{\frac{m_3}{m_4}}(t)]\end{aligned}\tag{2.11}$$

根据假设 2.2，可推出

$$\boldsymbol{e}_i^{\mathrm{T}}(t)\boldsymbol{B}_\varrho f(\boldsymbol{e}_i(t))\leqslant\eta\|\boldsymbol{B}_\varrho\|\cdot\|\boldsymbol{e}_i(t)\|^2 \tag{2.12}$$

根据式（2.11）和式（2.12）可得

$$\begin{aligned}\dot{v}(t)\leqslant\ &2\sum_{i=1}^{N}\sum_{\varrho=1}^{r}h_\varrho(\boldsymbol{z}(t))(\|\boldsymbol{A}_\varrho\|\|\boldsymbol{e}_i(t)\|^2+\eta\|\boldsymbol{B}_\varrho\|\|\boldsymbol{e}_i(t)\|^2-\epsilon\bar{l}_{ii}\|\boldsymbol{e}_i(t)\|^2+\\&\epsilon\sum_{j=1,j\neq i}^{N}|\bar{l}_{ij}|\|\boldsymbol{e}_i(t)\|\|\boldsymbol{e}_j(t)\|-\lambda_i^\varrho\|\boldsymbol{e}_i(t)\|^2)-2Y(t)\\=\ &2\sum_{\varrho=1}^{r}h_\varrho(\boldsymbol{z}(t))\,\hat{\boldsymbol{e}}^{\mathrm{T}}(t)(\|\boldsymbol{A}_\varrho\|\boldsymbol{I}_N+\eta\|\boldsymbol{B}_\varrho\|\boldsymbol{I}_N+\epsilon\boldsymbol{\Phi}^{\mathrm{s}}-\boldsymbol{\Lambda}_\varrho)\,\hat{\boldsymbol{e}}(t)-2Y(t)\end{aligned} \tag{2.13}$$

其中，$\hat{\boldsymbol{e}}(t)=(\|\boldsymbol{e}_1(t)\|,\|\boldsymbol{e}_2(t)\|,\cdots,\|\boldsymbol{e}_N(t)\|)^{\mathrm{T}}$，则有

$$Y(t)=\alpha\sum_{i=1}^{N}\sum_{j=1}^{n}\boldsymbol{e}_{ij}^{\frac{3}{2}+\frac{m_1}{2m_2}+\left(\frac{m_1}{2m_2}-\frac{1}{2}\right)\mathrm{sign}(\psi(t)-1)}(t)+\beta\sum_{i=1}^{N}\sum_{j=1}^{n}\boldsymbol{e}_{ij}^{1+\frac{m_3}{m_4}}(t) \tag{2.14}$$

接下来，分两种情况对 $Y(t)$ 进行讨论。

情况一：当 $\sum_{i=1}^{N}\|\boldsymbol{e}_i(t)\|^2\geqslant1$，即 $v(t)\geqslant1$ 时，根据引理 2.2 可得

$$\begin{aligned}Y(t)&=\alpha\sum_{i=1}^{N}\sum_{j=1}^{n}\boldsymbol{e}_{ij}^{1+\frac{m_1}{m_2}}(t)+\beta\sum_{i=1}^{N}\sum_{j=1}^{n}\boldsymbol{e}_{ij}^{1+\frac{m_3}{m_4}}(t)\\&\geqslant\alpha(nN)^{\frac{1}{2}\left(1-\frac{m_1}{m_2}\right)}\left(\sum_{i=1}^{N}\boldsymbol{e}_i^{\mathrm{T}}(t)\boldsymbol{e}_i(t)\right)^{\frac{1}{2}\left(1+\frac{m_1}{m_2}\right)}+\beta\left(\sum_{i=1}^{N}\boldsymbol{e}_i^{\mathrm{T}}(t)\boldsymbol{e}_i(t)\right)^{\frac{1}{2}\left(1+\frac{m_3}{m_4}\right)}\end{aligned} \tag{2.15}$$

情况二：当 $\sum_{i=1}^{N}\|\boldsymbol{e}_i(t)\|^2<1$，即 $v(t)<1$ 时，根据引理 2.2 和引理 2.3 可得

$$\begin{aligned}Y(t)&=\alpha\sum_{i=1}^{N}\sum_{j=1}^{n}\boldsymbol{e}_{ij}^{2}(t)+\beta\sum_{i=1}^{N}\sum_{j=1}^{n}\boldsymbol{e}_{ij}^{1+\frac{m_3}{m_4}}(t)\\&\geqslant\alpha\sum_{i=1}^{N}\boldsymbol{e}_i^{\mathrm{T}}(t)\boldsymbol{e}_i(t)+\beta\left(\sum_{i=1}^{N}\boldsymbol{e}_i^{\mathrm{T}}(t)\boldsymbol{e}_i(t)\right)^{\frac{1}{2}\left(1+\frac{m_3}{m_4}\right)}\\&\geqslant\alpha(nN)^{\frac{1}{2}\left(1-\frac{m_1}{m_2}\right)}\sum_{i=1}^{N}\boldsymbol{e}_i^{\mathrm{T}}(t)\boldsymbol{e}_i(t)+\beta\left(\sum_{i=1}^{N}\boldsymbol{e}_i^{\mathrm{T}}(t)\boldsymbol{e}_i(t)\right)^{\frac{1}{2}\left(1+\frac{m_3}{m_4}\right)}\end{aligned} \tag{2.16}$$

因此，根据上述两种情况的讨论，可得

$$Y(t)\geqslant\begin{cases}\alpha(nN)^{\frac{1}{2}\left(1-\frac{m_1}{m_2}\right)}\left(\sum_{i=1}^{N}\boldsymbol{e}_i^{\mathrm{T}}(t)\boldsymbol{e}_i(t)\right)^{\frac{1}{2}\left(1+\frac{m_1}{m_2}\right)}+\beta\left(\sum_{i=1}^{N}\boldsymbol{e}_i^{\mathrm{T}}(t)\boldsymbol{e}_i(t)\right)^{\frac{1}{2}\left(1+\frac{m_3}{m_4}\right)}, & \psi(t)\geqslant1\\\alpha(nN)^{\frac{1}{2}\left(1-\frac{m_1}{m_2}\right)}\sum_{i=1}^{N}\boldsymbol{e}_i^{\mathrm{T}}(t)\boldsymbol{e}_i(t)+\beta\left(\sum_{i=1}^{N}\boldsymbol{e}_i^{\mathrm{T}}(t)\boldsymbol{e}_i(t)\right)^{\frac{1}{2}\left(1+\frac{m_3}{m_4}\right)}, & \psi(t)<1\end{cases} \tag{2.17}$$

显然，$v(t)=\psi(t)$，根据式（2.8）和不等式（2.14）~不等式（2.16）可得

$$\dot{v}(t)\leqslant -2Y(t)$$

$$\leqslant\begin{cases}-2\alpha\,(nN)^{\frac{1}{2}\left(1-\frac{m_1}{m_2}\right)}v^{\frac{1}{2}\left(1+\frac{m_1}{m_2}\right)}(t)-2\beta v^{\frac{1}{2}\left(1+\frac{m_3}{m_4}\right)}(t), & v(t)\geqslant 1\\ -2\alpha\,(nN)^{\frac{1}{2}\left(1-\frac{m_1}{m_2}\right)}v(t)-2\beta v^{\frac{1}{2}\left(1+\frac{m_3}{m_4}\right)}(t), & v(t)<1\end{cases}\tag{2.18}$$

建立以下比较系统：

$$\begin{cases}\dot{\mathcal{V}}(t)=\begin{cases}-2\alpha\,(nN)^{\frac{1}{2}\left(1-\frac{m_1}{m_2}\right)}\mathcal{V}^{\frac{1}{2}\left(1+\frac{m_1}{m_2}\right)}(t)-2\beta\mathcal{V}^{\frac{1}{2}\left(1+\frac{m_3}{m_4}\right)}(t), & \mathcal{V}(t)\geqslant 1\\ -2\alpha\,(nN)^{\frac{1}{2}\left(1-\frac{m_1}{m_2}\right)}\mathcal{V}(t)-2\beta\mathcal{V}^{\frac{1}{2}\left(1+\frac{m_3}{m_4}\right)}(t), & 0<\mathcal{V}(t)<1\\ 0, & \mathcal{V}(t)=0\end{cases}\\ \mathcal{V}(0)=\sum_{i=1}^{N}\boldsymbol{e}_i^{\mathrm{T}}(0)\boldsymbol{e}_i(0)\end{cases}\tag{2.19}$$

显然，如果存在常数 $T>0$，对于任意 $t\geqslant T$，都有 $\mathcal{V}(t)\equiv 0$ 成立，则对于任意 $t\geqslant T$，$v(t)\equiv 0$ 也成立。

设 $r(t)=\mathcal{V}^{(1-m_3/m_4)/2}(t)$，则 $\dfrac{2m_4}{m_4-m_3}\dot{r}(t)\mathcal{V}^{\frac{m_4+m_3}{2m_4}}(t)=\dot{\mathcal{V}}(t)$，且

$$\begin{cases}\dot{r}(t)+\dfrac{m_4-m_3}{m_4}\theta r^{\frac{2m_4}{m_4-m_3}\left(\frac{m_1+m_2}{2m_2}-\frac{m_4+m_3}{2m_4}\right)}(t)+\dfrac{m_4-m_3}{m_4}\beta=0, & r(t)\geqslant 1\\ \dot{r}(t)+\dfrac{m_4-m_3}{m_4}\theta r(t)+\dfrac{m_4-m_3}{m_4}\beta=0, & r(t)<1\end{cases}\tag{2.20}$$

采用类似于引理 2.1 的计算方法，收敛时间 T 可估计为

$$T=\frac{1}{\theta}\,\frac{m_2}{m_1-m_2}+\frac{m_4}{m_4-m_3}\,\frac{1}{\theta}\ln\left(1+\frac{\theta}{\beta}\right)\tag{2.21}$$

式中，$\theta=\alpha(nN)^{\frac{1-m_1/m_2}{2}}$。因此，复杂网络［式（2.1）］固定时间内同步于目标节点［式（2.2）］。定理 2.1 证毕。

2.4 实验结果与分析

本节采用含有 8 个节点，11 条边的有向图复杂网络进行仿真，其拓扑结构如图 2-1 所示。取 $\Gamma_1=\{1,2,3,4,5\}$，$\Gamma_2=\{6,7,8\}$，$\boldsymbol{\mathcal{W}}=\mathrm{diag}\{1,1,1,1,1,-1,-1,-1\}$，有向图复杂网络［式（2.1）］的拓扑结构满足假设 2.1。

根据有向图 $\mathcal{G}$ 的拓扑结构，可得 T-S 模糊复杂网络模型为

$$\begin{aligned}\dot{\boldsymbol{x}}_i(t)=\sum_{\varrho=1}^{2}h_\varrho(\boldsymbol{z}(t))\big[&\boldsymbol{A}_\varrho\boldsymbol{x}_i(t)+\boldsymbol{B}_\varrho f(\boldsymbol{x}_i(t))-\\ &\epsilon\sum_{j=1}^{8}|\ell_{ij}|(\boldsymbol{x}_i(t)-\mathrm{sign}(\ell_{ij}\boldsymbol{x}_j(t)))\big],\ i=1,2,\cdots,8\end{aligned}\tag{2.22}$$

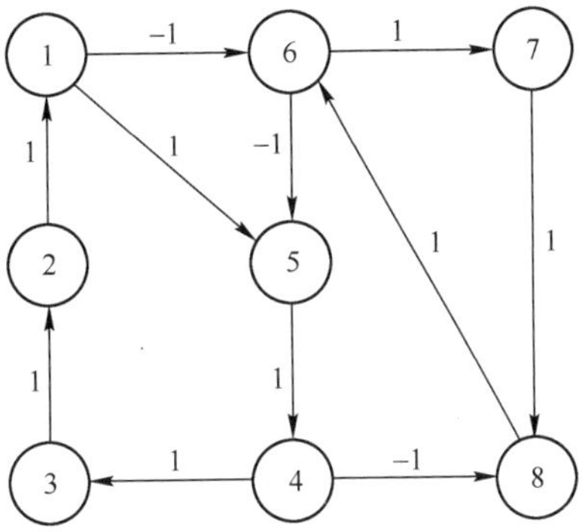

图2-1　含有8个节点和11条边的有向图$\mathcal{G}$的拓扑结构

$$\dot{\boldsymbol{s}}(t)=\sum_{\varrho=1}^{2}h_{\varrho}(\boldsymbol{z}(t))[\boldsymbol{A}_{\varrho}\boldsymbol{s}(t)+\boldsymbol{B}_{\varrho}f(\boldsymbol{s}(t))] \tag{2.23}$$

令$\boldsymbol{s}(t)=(s_1(t),s_2(t),s_3(t))^{\mathrm{T}}$，$f(\boldsymbol{s}(t))=(|s_1(t)+1|-|s_1(t)-1|,0,0)^{\mathrm{T}}$，$z(t)=s_1(t)$，取$\varrho=1,2$，则有

$$h_1(z(t))=\begin{cases}\dfrac{1}{2}(1-(\cos(z(t)))^2), & z(t)\neq 0\\ 1, & z(t)=0\end{cases}$$

$$h_2(z(t))=\begin{cases}\dfrac{1}{2}(1+(\cos(z(t)))^2), & z(t)\neq 0\\ 0, & z(t)=0\end{cases}$$

$$\boldsymbol{A}_1=\begin{bmatrix}1 & 10 & 0\\ 1 & -1 & 1\\ 0 & -15.5 & 0\end{bmatrix},\quad \boldsymbol{A}_2=\begin{bmatrix}-3 & 9 & 0\\ 1 & -1 & 1\\ 0 & -13 & 0\end{bmatrix},\quad \boldsymbol{B}_1=\boldsymbol{B}_2=\begin{bmatrix}3 & 0 & 0\\ 0 & 0 & 0\\ 0 & 0 & 0\end{bmatrix}$$

显然，$f(\cdot)$是奇函数，当$\eta=2$时，假设2.2成立。取初始值$\boldsymbol{s}(0)=(0.3,0.5,0.7)^{\mathrm{T}}$，目标节点［式（2.23）］的混沌轨迹如图2-2所示。

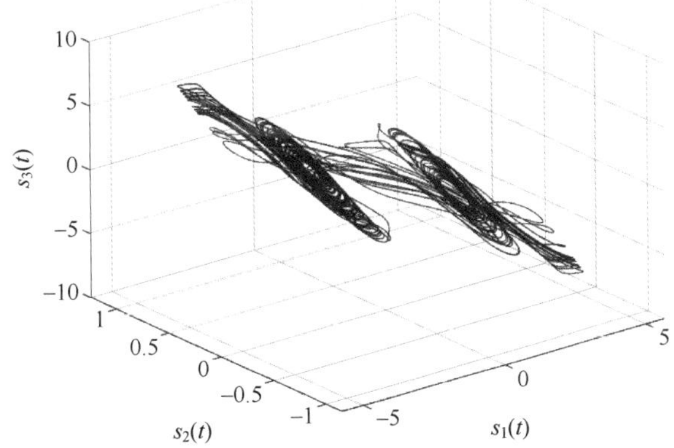

图2-2　目标节点［式（2.23）］的混沌轨迹

在本节数值仿真中，满足条件 $\lambda_i^{\varrho} \geq \|\boldsymbol{A}_{\varrho}\|+\eta\|\boldsymbol{B}_{\varrho}\|+\epsilon\lambda_{\max}(\boldsymbol{\Phi}^{s})$，定理 2.1 成立。通过计算，取 $\lambda_i^1=25$，$\lambda_i^2=22$，$\alpha=5$，$\beta=5$，$m_1=5$，$m_2=3$，$m_3=1$，$m_4=3$，耦合强度 $\epsilon=0.1$，$\boldsymbol{x}(0)$ 从 $(-10,10)$ 中随机选取。

根据定理 2.1，在控制器［式（2.4）］的作用下，T-S 模糊复杂网络模型［式（2.22）］在收敛时间 $t=1.1229$s 内与目标节点［式（2.23）］实现同步，状态变量 $\boldsymbol{s}(t)$ 和 $\boldsymbol{x}_i(t)$ $(i=1,2,\cdots,8)$ 的轨迹如图 2-3 所示，其中不带星号的曲线表示分量 $s_1(t)$，$s_2(t)$ 和 $s_3(t)$ 的轨迹，带星号曲线表示分量 $x_{i1}(t)$，$x_{i2}(t)$ 和 $x_{i3}(t)$ 的轨迹。

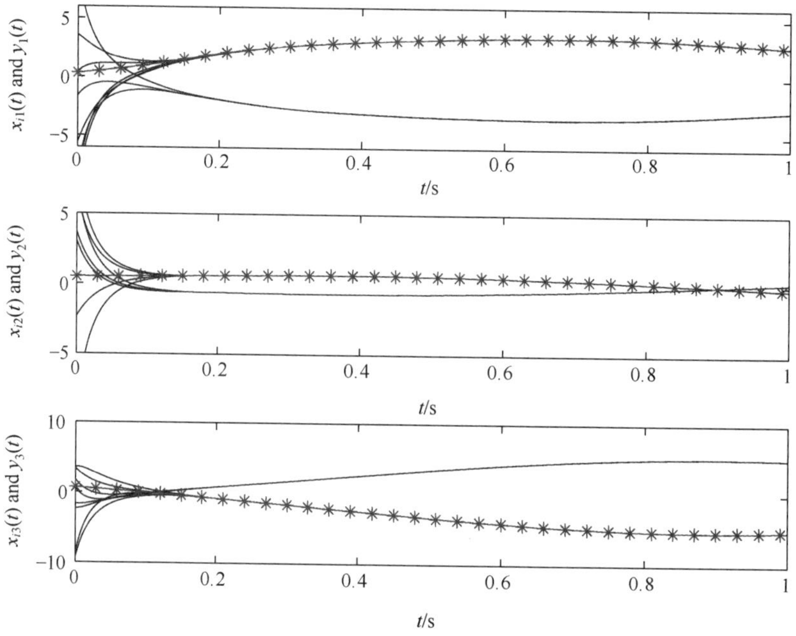

图 2-3　在固定时间控制器［式（2.4）］的作用下，T-S 模糊复杂网络模型［式（2.22）］与目标节点［式（2.23）］的状态轨迹

2.5　本章小结

本章讨论了有向图 T-S 模糊复杂网络的快速固定时间二部同步问题。与现有的一些文献相比，本章设计的固定时间控制器能够使网络更快速地实现同步，且同步时间的估计值仅与系统参数有关，而与系统的初始状态无关。

参考文献

［1］LU R，YU W，LU J，et al. Synchronization on Complex Networks［J］. IEEE Transactions on Neural Networks and Learning Systems，2014，25（11）：2110-2118.

[2] TANG Q, QU S, ZHANG C, et al. Effects of Impulse on Prescribed-time Synchronization of Switching Complex Networks [J]. Neural Networks, 2024, 174: 106248.

[3] TAKAGI T, SUGENO M. Fuzzy Identification of Systems and Its Applications to Modeling and Control [J]. IEEE Transactions on Systems, Man and Cybernetics, 1985, 1: 116-132.

[4] HUANG C, ZHANG X, LAM H K, et al. Synchronization Analysis for Nonlinear Complex Networks with Reaction-diffusion Terms Using Fuzzy-model-based Approach [J]. IEEE Transactions on Fuzzy Systems, 2020, 29 (6): 1350-1362.

[5] GONG S, GUO Z, WEN S. Finite-time Synchronization of TS Fuzzy Memristive Neural Networks with Time Delay [J]. Fuzzy Sets and Systems, 2023, 459: 67-81.

[6] GRIGORIANTS N M, MOROZOV N I. Stability of Motion over a Finite Interval of Time [J]. Samoletostroenie Tekhnika Vozdushnogo Flota, 1978, 43: 103-106.

[7] POLYAKOV A. Nonlinear Feedback Design for Fixed-time Stabilization of Linear Control Systems [J]. IEEE Transactions on Automatic Control, 2011, 57 (8): 2106-2110.

[8] WANG X, CAO J, WANG J, et al. A Novel Fast Fixed-time Control Strategy and Its Application to Fixed-time Synchronization Control of Delayed Neural Networks [J]. Neural Processing Letters, 2022, 54 (1): 145-164.

[9] WANG X, CAO J, YANG B, et al. Fast Fixed-time Synchronization Control Analysis for a Class of Coupled Delayed Cohen-Grossberg Neural Networks [J]. Journal of the Franklin Institute, 2022, 359 (4): 1612-1639.

[10] NI J, LIU L, LIU C, et al. Fast Fixed-time Nonsingular Terminal Sliding Mode Control and Its Application to Chaos Suppression in Power System [J]. IEEE Transactions on Circuits and Systems II: Express Briefs, 2016, 64 (2): 151-155.

[11] HARDY G H, LITTLEWOOD J E, PÓLYA G. Inequalities [M]. Cambridge: Cambridge University Press, 1952.

[12] BHAT S P, BERNSTEIN D S. Continuous Finite-time Stabilization of the Translational and Rotational Double Integrators [J]. IEEE Transactions on Automatic Control, 1998, 43 (5): 678-682.

第 3 章

脉冲控制 T-S 模糊复杂网络的快速固定时间二部同步

3.1 引言

复杂网络中相邻节点之间通过边进行连接，这种连接关系可以通过图论的概念和方法进行描述。如果复杂网络的节点和边构成的图是无向图，则称之为无向图复杂网络；如果复杂网络的节点和边构成的图是有向图，则称之为有向图复杂网络。有向图复杂网络相邻节点之间同时存在竞争和合作的关系，因此节点之间信息交流的边的权值就会同时存在正值和负值。有向图复杂网络的连接关系使其具有二部同步行为。二部同步的概念是由意大利学者 Altafini 于 2013 年在文献［1］中首次提出的。二部同步意味着将网络的所有节点分成两个非空子集 Γ_1 和 Γ_2，其中一个子集的状态达到相同的量，而另一个子集的状态达到相反的量，即一部分节点同步到目标节点 $s(t)$，剩下的节点同步到 $-s(t)$。关于复杂网络二部同步的研究参见文献［2］~文献［5］等。

第 2 章指出 T-S 模糊模型可以用一系列的“If-Then”规则来描述非线性系统，以表示局部线性动力学。利用 T-S 模糊模型构造的 T-S 模糊复杂网络既具有复杂网络的特点，又具有 T-S 模糊模型的特点。本章将采用另一种控制方法——脉冲控制来研究有向图 T-S 模糊复杂网络的快速固定时间二部同步[5]。本章对 T-S 模糊复杂网络的二部同步控制过程分为两步，第一步为脉冲控制，第二步为快速固定时间控制，并且本章提出的脉冲控制器和快速固定时间控制器都被设计为模糊逻辑系统。本章提出的脉冲控制器不必具有同步效应，即脉冲控制增益条件可以是 $|1+d_i^{\varrho}|\geqslant 1$，也可以是 $|1+d_i^{\varrho}|<1$。基于此，本章将利用脉冲控制理论，借助李雅普诺夫稳定性理论和比较系统法，实现有向图 T-S 模糊复杂网络的快速固定时间二部同步及其同步时间的估计。

3.2 模型描述与预备知识

有向图 T-S 模糊复杂网络可描述为

规则ϱ：If $z_1(t)$是Ω_ϱ^1，$z_2(t)$是Ω_ϱ^2，$\cdots$，$z_\mu(t)$是Ω_ϱ^μ，Then

$$\begin{aligned}\dot{\boldsymbol{x}}_i(t) = &\sum_{\varrho=1}^{r} h_\varrho(\boldsymbol{z}(t))[\boldsymbol{A}_\varrho \boldsymbol{x}_i(t) + \boldsymbol{B}_\varrho f(\boldsymbol{x}_i(t)) - \\ &\epsilon\sum_{j=1}^{N}|\ell_{ij}|(\boldsymbol{x}_i(t) - \mathrm{sign}(\ell_{ij})\boldsymbol{x}_j(t)) + \boldsymbol{u}_i^\varrho(t)]\end{aligned} \tag{3.1}$$

$$\dot{\boldsymbol{s}}(t) = \sum_{\varrho=1}^{r} h_\varrho(\boldsymbol{z}(t))[\boldsymbol{A}_\varrho \boldsymbol{s}(t) + \boldsymbol{B}_\varrho f(\boldsymbol{s}(t))] \tag{3.2}$$

式中，N表示网络节点数；常数矩阵$\boldsymbol{A}_\varrho,\boldsymbol{B}_\varrho\in\mathbb{R}^{n\times n}$；$\boldsymbol{x}_i(t)=(x_{i1}(t),x_{i2}(t),\cdots,x_{in}(t))^{\mathrm{T}}$表示第$i$个节点的状态，$\boldsymbol{x}_i(0)$是 T-S 模糊复杂网络［式（3.1）］的初始状态；$\boldsymbol{s}(t)=(s_1(t),s_2(t),\cdots,s_n(t))^{\mathrm{T}}$表示目标节点的状态，$\boldsymbol{s}(0)$是目标节点［式（3.2）］的初始状态；$f(\cdot):\mathbb{R}^n\to\mathbb{R}^n$是连续奇函数；耦合强度$\epsilon>0$。$\boldsymbol{\mathcal{L}}=(\ell_{ij})_{N\times N}$是与 T-S 模糊复杂网络［式（3.1）］的有向图$\mathcal{G}$相关的邻接矩阵，其中$i\in\mathcal{N},\mathcal{N}=\{1,2,\cdots,N\}$，满足$\ell_{ii}=0$。如果从节点$j$到节点$i$存在有向通信连接，则$\ell_{ij}\neq0$（$i\neq j$），否则$\ell_{ij}=0$。若$\ell_{ij}>0$，表示节点$i$和节点$j$是合作关系，耦合项$|\ell_{ij}|(\boldsymbol{x}_i(t)-\mathrm{sign}(\ell_{ij})\boldsymbol{x}_j(t))$等价于$\ell_{ij}(\boldsymbol{x}_i(t)-\boldsymbol{x}_j(t))$；若$\ell_{ij}<0$，表示节点$i$和节点$j$是竞争关系，耦合项$|\ell_{ij}|(\boldsymbol{x}_i(t)-\mathrm{sign}(\ell_{ij})\boldsymbol{x}_j(t))$就变为$-\ell_{ij}(\boldsymbol{x}_i(t)+\boldsymbol{x}_j(t))$。$\boldsymbol{z}(t)=(z_1(t),z_2(t),\cdots,z_\mu(t))^{\mathrm{T}}$表示前提变量，$\Omega_\varrho^\hbar(\varrho=1,2,\cdots,r,\ \hbar=1,2,\cdots,\mu)$表示模糊集。

$$h_\varrho(\boldsymbol{z}(t)) = \frac{\xi_\varrho(\boldsymbol{z}(t))}{\sum_{\varrho=1}^{r}\xi_\varrho(\boldsymbol{z}(t))},\quad \xi_\varrho(\boldsymbol{z}(t)) = \prod_{\hbar=1}^{\mu}\Omega_\varrho^\hbar(z_\hbar(t)) \geqslant 0,\quad \sum_{\varrho=1}^{r}\xi_\varrho(\boldsymbol{z}(t)) > 0$$

式中，$\Omega_\varrho^\hbar(z_\hbar(t))$表示隶属度函数，满足$\sum_{\varrho=1}^{r}h_\varrho(\boldsymbol{z}(t))=1$，$h_\varrho(\boldsymbol{z}(t))\geqslant0,\varrho=1,2,\cdots,r$。模糊控制器$\boldsymbol{u}_i^\varrho(t)$可设计为

$$\boldsymbol{u}_i^\varrho(t)=\begin{cases} d_i^\varrho(\boldsymbol{x}_i(t)-\omega_i\boldsymbol{s}(t))\delta(t-t_k), & t\leqslant\tau \\ -\lambda_i^\varrho(\boldsymbol{x}_i(t)-\omega_i\boldsymbol{s}(t))-\alpha(\boldsymbol{x}_i(t)-\omega_i\boldsymbol{s}(t))^{\frac{1}{2}+\frac{m_1}{2m_2}+\left(\frac{m_1}{2m_2}-\frac{1}{2}\right)\mathrm{sign}(\psi(t)-1)} & \\ -\beta(\boldsymbol{x}_i(t)-\omega_i\boldsymbol{s}(t))^{\frac{m_3}{m_4}}, & t>\tau \end{cases} \tag{3.3}$$

式中，d_i^ϱ表示脉冲控制增益；$\delta(t)$表示狄拉克函数。当$t\neq0$时，$\delta(t)=0$，且$\int_{-\infty}^{+\infty}\delta(t)\mathrm{d}t=1$。$t_k$表示脉冲发生的时刻，满足$0=t_0<t_1<t_2<\cdots<t_k<\cdots<t_\sigma$（$\sigma$表示$\tau$时刻前的脉冲个数），$\lim_{k\to+\infty}t_k=+\infty$。$\lambda_i^\varrho>0$表示待定控制项，可调参数$\alpha>0$，$\beta>0$。$m_1\sim m_4$为正奇数，满足$m_1>m_2$，$m_3<m_4$。$\psi(t)=\sum_{i=1}^{N}(\boldsymbol{x}_i(t)-\omega_i\boldsymbol{s}(t))^{\mathrm{T}}(\boldsymbol{x}_i(t)-\omega_i\boldsymbol{s}(t))$。

假设 3.1　有向图$\mathcal{G}$中的节点可以分为两个非空子集Γ_1、Γ_2，满足$\Gamma_1\cap\Gamma_2=\varnothing$和$\Gamma_1\cup\Gamma_2=\Gamma$，$\Gamma=\{\gamma_1,\gamma_2,\cdots,\gamma_N\}$表示包含有向图$\mathcal{G}$中所有节点的集合。当$\gamma_i,\gamma_j\in\Gamma_k$（$k\in\{1,2\}$）时，$\ell_{ij}\geqslant0$；$\gamma_i\in\Gamma_k$，$\gamma_j\in\Gamma_l$（$k\neq l$，$k,l\in\{1,2\}$）时，$\ell_{ij}\leqslant0$。

定义对角矩阵$\boldsymbol{\mathcal{W}}=\mathrm{diag}(\omega_1,\omega_2,\cdots,\omega_N)$，其中，$\omega_i\in\{1,-1\}$。当$\gamma_i\in\Gamma_1$时，$\omega_i=1$；

当 $\gamma_i \in \Gamma_2$ 时，$\omega_i=-1$。

本章的控制过程分为两步：当 $0\leqslant t\leqslant T_1$ 时，采用脉冲控制；当 $t>T_1$ 时，采用固定时间控制，其控制过程如图 3-1 所示。

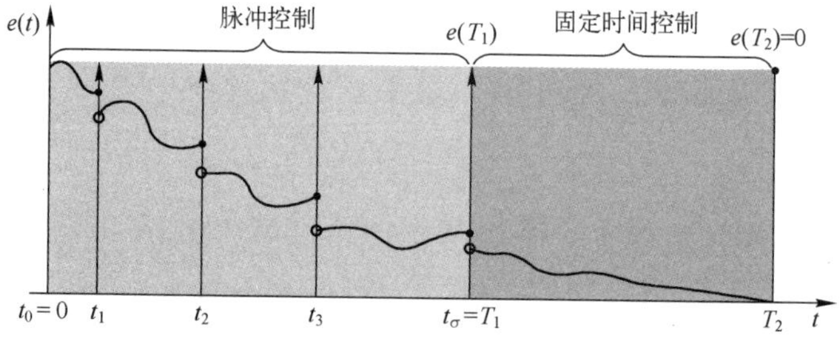

图 3-1　T-S 模糊复杂网络的控制过程

第一步：当 $0\leqslant t\leqslant T_1$ 时，有向图脉冲控制 T-S 模糊复杂网络模型描述为

$$\begin{cases}\dot{\boldsymbol{x}}_i(t)=\sum\limits_{\varrho=1}^{r}h_\varrho(\boldsymbol{z}(t))\left[\boldsymbol{A}_\varrho\boldsymbol{x}_i(t)+\boldsymbol{B}_\varrho f(\boldsymbol{x}_i(t))-\epsilon\sum\limits_{j=1}^{N}|\ell_{ij}|(\boldsymbol{x}_i(t)-\mathrm{sign}(\ell_{ij})\boldsymbol{x}_j(t))\right], & t\neq t_k\\ \Delta\boldsymbol{x}_i(t_k)=\sum\limits_{\varrho=1}^{r}h_\varrho(\boldsymbol{z}(t))d_i^\varrho[\boldsymbol{x}_i(t)-\omega_i\boldsymbol{s}(t)], & t=t_k\end{cases} \tag{3.4}$$

式中，$\Delta\boldsymbol{x}_i(t_k)=\boldsymbol{x}_i(t_k^+)-\boldsymbol{x}_i(t_k^-)$，$\boldsymbol{x}_i(t_k^+)$ 与 $\boldsymbol{x}_i(t_k^-)$ 分别表示在脉冲时刻 t_k 处的右左极限，满足 $\boldsymbol{x}_i(t_k^+)=\lim\limits_{t\to t_k+0}\boldsymbol{x}_i(t)$，$\boldsymbol{x}_i(t_k^-)=\lim\limits_{t\to t_k-0}\boldsymbol{x}_i(t)$。本章假定 $\boldsymbol{x}_i(t)$ 左连续，即 $\boldsymbol{x}_i(t_k^-)=\lim\limits_{t\to t_k^-}\boldsymbol{x}_i(t_k)$。

第二步：当 $t>T_1$ 时，有向图脉冲控制 T-S 模糊复杂网络模型描述为

$$\begin{cases}\dot{\boldsymbol{x}}_i(t)=\sum\limits_{\varrho=1}^{r}h_\varrho(\boldsymbol{z}(t))\left[\boldsymbol{A}_\varrho\boldsymbol{x}_i(t)+\boldsymbol{B}_\varrho f(\boldsymbol{x}_i(t))-\epsilon\sum\limits_{j=1}^{N}|\ell_{ij}|(\boldsymbol{x}_i(t)-\mathrm{sign}(\ell_{ij})\boldsymbol{x}_j(t))+\boldsymbol{u}_i^\varrho(t)\right]\\ \boldsymbol{u}_i^\varrho(t)=-\lambda_i^\varrho(\boldsymbol{x}_i(t)-\omega_i\boldsymbol{s}(t))-\alpha(\boldsymbol{x}_i(t)-\omega_i\boldsymbol{s}(t))^{\frac{1}{2}+\frac{m_1}{2m_2}+\left(\frac{m_1}{2m_2}-\frac{1}{2}\right)\mathrm{sign}(\psi(t)-1)}-\beta(\boldsymbol{x}_i(t)-\omega_i\boldsymbol{s}(t))^{\frac{m_3}{m_4}}\end{cases} \tag{3.5}$$

设 $\overline{\mathcal{L}}=(\overline{\ell}_{ij})_{N\times N}$ 表示有向图 $\mathcal{G}$ 的拉普拉斯矩阵，满足 $\overline{\ell}_{ij}=-\ell_{ij}\ (i\neq j)$，$\overline{\ell}_{ii}=\sum\limits_{j=1,j\neq i}^{N}|\ell_{ij}|$。

定义矩阵 $\boldsymbol{L}=(l_{ij})_{N\times N}=(|\ell_{ij}|)_{N\times N}$。令 G 与 $\overline{\boldsymbol{L}}=(\bar{l}_{ij})_{N\times N}$ 分别表示与矩阵 $\boldsymbol{L}$ 关联的图和拉普拉斯矩阵。$\overline{\boldsymbol{L}}$ 是行和为零的矩阵。

设 $\overline{\boldsymbol{x}}_i(t)=\omega_i\boldsymbol{x}_i(t)$，满足 $\omega_i\in\{-1,1\}$，由此可得 $\omega_i^2=1$，$\omega_i\overline{\boldsymbol{x}}_i(t)=\boldsymbol{x}_i(t)$，$\omega_i f(\boldsymbol{x}_i(t))=f(\overline{\boldsymbol{x}}_i(t))$，式（3.4）可改写为

$$\begin{cases}\dot{\overline{\boldsymbol{x}}}_i(t)=\sum\limits_{\varrho=1}^{r}h_\varrho(\boldsymbol{z}(t))\left[\boldsymbol{A}_\varrho\overline{\boldsymbol{x}}_i(t)+\boldsymbol{B}_\varrho f(\overline{\boldsymbol{x}}_i(t))-\epsilon\sum\limits_{j=1}^{N}\bar{l}_{ij}\overline{\boldsymbol{x}}_j(t)\right], & t\neq t_k\\ \Delta\overline{\boldsymbol{x}}_i(t_k)=\sum\limits_{\varrho=1}^{r}h_\varrho(\boldsymbol{z}(t))\left[d_i^\varrho(\overline{\boldsymbol{x}}_i(t)-\boldsymbol{s}(t))\right], & t=t_k\end{cases} \tag{3.6}$$

式（3.5）可改写为

$$\begin{cases}\dot{\bar{\boldsymbol{x}}}_i(t)=\sum\limits_{\varrho=1}^{r}h_\varrho(\boldsymbol{z}(t))\left[\boldsymbol{A}_\varrho\bar{\boldsymbol{x}}_i(t)+\boldsymbol{B}_\varrho f(\bar{\boldsymbol{x}}_i(t))-\epsilon\sum\limits_{j=1}^{N}\bar{l}_{ij}\bar{\boldsymbol{x}}_j(t)+\bar{\boldsymbol{u}}_i^\varrho(t)\right]\\ \bar{\boldsymbol{u}}_i^\varrho(t)=-\lambda_i^\varrho(\bar{\boldsymbol{x}}_i(t)-\boldsymbol{s}(t))-\alpha(\bar{\boldsymbol{x}}_i(t)-\boldsymbol{s}(t))^{\frac{1}{2}+\frac{m_1}{2m_2}+\left(\frac{m_1}{2m_2}-\frac{1}{2}\right)\mathrm{sign}(\psi(t)-1)}-\beta(\bar{\boldsymbol{x}}_i(t)-\boldsymbol{s}(t))^{\frac{m_3}{m_4}}\end{cases}\tag{3.7}$$

设 $\boldsymbol{e}_i(t)=\bar{\boldsymbol{x}}_i(t)-\boldsymbol{s}(t)$，$f(\boldsymbol{e}_i(t))=f(\bar{\boldsymbol{x}}_i(t))-f(\boldsymbol{s}(t))$。当 $0\leqslant t\leqslant T_1$ 时，脉冲控制误差网络描述为

$$\begin{cases}\dot{\boldsymbol{e}}_i(t)=\sum\limits_{\varrho=1}^{r}h_\varrho(\boldsymbol{z}(t))\left[\boldsymbol{A}_\varrho\boldsymbol{e}_i(t)+\boldsymbol{B}_\varrho f(\boldsymbol{e}_i(t))-\epsilon\sum\limits_{j=1}^{N}\bar{l}_{ij}\boldsymbol{e}_j(t)\right], & t\neq t_k\\ \Delta\boldsymbol{e}_i(t_k)=\sum\limits_{\varrho=1}^{r}h_\varrho(\boldsymbol{z}(t))d_i^\varrho\boldsymbol{e}_i(t), & t=t_k\end{cases}\tag{3.8}$$

当 $t>T_1$ 时，误差网络可描述为

$$\begin{cases}\dot{\boldsymbol{e}}_i(t)=\sum\limits_{\varrho=1}^{r}h_\varrho(\boldsymbol{z}(t))\left[\boldsymbol{A}_\varrho\boldsymbol{e}_i(t)+\boldsymbol{B}_\varrho f(\boldsymbol{e}_i(t))-\epsilon\sum\limits_{j=1}^{N}\bar{l}_{ij}\boldsymbol{e}_j(t)+\bar{\boldsymbol{u}}_i^\varrho(t)\right]\\ \bar{\boldsymbol{u}}_i^\varrho(t)=-\lambda_i^\varrho\boldsymbol{e}_i(t)-\alpha\boldsymbol{e}_i^{\frac{1}{2}+\frac{m_1}{2m_2}+\left(\frac{m_1}{2m_2}-\frac{1}{2}\right)\mathrm{sign}(\psi(t)-1)}(t)-\beta\boldsymbol{e}_i^{\frac{m_3}{m_4}}(t)\end{cases}\tag{3.9}$$

根据式（3.9）可得

$$\begin{cases}\dot{\boldsymbol{e}}_i(t)=\sum\limits_{\varrho=1}^{r}h_\varrho(\boldsymbol{z}(t))\left[\boldsymbol{A}_\varrho\boldsymbol{e}_i(t)+\boldsymbol{B}_\varrho f(\boldsymbol{e}_i(t))-\epsilon\sum\limits_{j=1}^{N}\bar{l}_{ij}\boldsymbol{e}_j(t)-\lambda_i^\varrho\boldsymbol{e}_i(t)-\alpha\boldsymbol{e}_i^{\frac{m_1}{m_2}}(t)-\beta\boldsymbol{e}_i^{\frac{m_3}{m_4}}(t)\right], & \psi(t)\geqslant 1\\ \dot{\boldsymbol{e}}_i(t)=\sum\limits_{\varrho=1}^{r}h_\varrho(\boldsymbol{z}(t))\left[\boldsymbol{A}_\varrho\boldsymbol{e}_i(t)+\boldsymbol{B}_\varrho f(\boldsymbol{e}_i(t))-\epsilon\sum\limits_{j=1}^{N}\bar{l}_{ij}\boldsymbol{e}_j(t)-\lambda_i^\varrho\boldsymbol{e}_i(t)-\alpha\boldsymbol{e}_i(t)-\beta\boldsymbol{e}_i^{\frac{m_3}{m_4}}(t)\right], & \psi(t)<1\end{cases}\tag{3.10}$$

即

$$\begin{aligned}\dot{\boldsymbol{e}}_i(t)=\sum_{\varrho=1}^{r}h_\varrho(\boldsymbol{z}(t))\Big[&\boldsymbol{A}_\varrho\boldsymbol{e}_i(t)+\boldsymbol{B}_\varrho f(\boldsymbol{e}_i(t))-\epsilon\sum_{j=1}^{N}\bar{l}_{ij}\boldsymbol{e}_j(t)-\lambda_i^\varrho\boldsymbol{e}_i(t)\\&-\alpha\boldsymbol{e}_i^{\frac{1}{2}+\frac{m_1}{2m_2}+\left(\frac{m_1}{2m_2}-\frac{1}{2}\right)\mathrm{sign}(\psi(t)-1)}(t)-\beta\boldsymbol{e}_i^{\frac{m_3}{m_4}}(t)\Big]\end{aligned}\tag{3.11}$$

假设 3.2 非线性函数 $f(\cdot)$ 是一个连续奇函数，满足利普希茨条件，即存在常数 $\eta>0$，使得不等式 $\|f(\boldsymbol{\xi}_1)-f(\boldsymbol{\xi}_2)\|\leqslant\eta\|\boldsymbol{\xi}_1-\boldsymbol{\xi}_2\|$ 成立。

引理 3.1[6] 如果系统为

$$\dot{r}=-\alpha r^{\frac{1}{2}+\frac{m_1}{2m_2}+\left(\frac{m_1}{2m_2}-\frac{1}{2}\right)\mathrm{sign}(|r|-1)}-\beta r^{\frac{m_3}{m_4}}\tag{3.12}$$

参数满足 $\alpha>0$，$\beta>0$，$m_1\sim m_4$ 为正奇数，且 $m_1>m_2$，$m_3<m_4$，则系统［式（3.12）］固定时间稳定，稳定时间为

$$T=\frac{1}{\alpha}\frac{m_2}{m_1-m_2}+\frac{m_4}{m_4-m_3}\frac{1}{\alpha}\ln\left(1+\frac{\alpha}{\beta}\right)$$

引理 3.2[7] 令 $Z_1,Z_2,\cdots,Z_N\geqslant 0$，$0<p_1\leqslant 1$，$p_2>1$，则有

$$\sum_{i=1}^{N} Z_i^{p_1} \geqslant \left(\sum_{i=1}^{N} Z_i\right)^{p_1}, \quad \sum_{i=1}^{N} Z_i^{p_2} \geqslant N^{1-p_2}\left(\sum_{i=1}^{N} Z_i\right)^{p_2}$$

引理 3.3[8] 令 $v_1,v_2,\cdots,v_n\geqslant 0$，$0<\iota<l$，则有

$$\left(\sum_{i=1}^{n} |v_i|^l\right)^{1/l} \leqslant \left(\sum_{i=1}^{n} |v_i|^\iota\right)^{1/\iota}, \quad \left(\frac{1}{n}\sum_{i=1}^{n} |v_i|^\iota\right)^{1/\iota} \leqslant \left(\frac{1}{n}\sum_{i=1}^{n} |v_i|^l\right)^{1/l}$$

3.3 脉冲控制有向图 T-S 模糊复杂网络的快速固定时间二部同步

本节将结合脉冲控制和快速固定时间控制，分析有向图 T-S 模糊复杂网络的快速固定时间二部同步问题。

定理 3.1 若假设 3.2 成立，存在函数 $\boldsymbol{v}:\mathbb{R}^n\to\mathbb{R}^+$ 和常数 $\xi>0$，满足以下条件。

(1) $D^+\boldsymbol{v}(\boldsymbol{e}_i(t))\leqslant 2\sup\limits_{\varrho\in[1,r]}\{h_\varrho(\boldsymbol{z}(t))\lambda_{\max}^{\varrho}\}\boldsymbol{v}(\boldsymbol{e}_i(t))$，$t\neq t_k, k\in\mathbb{Z}_+$。

(2) $\boldsymbol{v}(\boldsymbol{e}_i(t_k^+))\leqslant\gamma_k\boldsymbol{v}(\boldsymbol{e}_i(t_k))$，$k\geqslant 1$。

(3) $2\sup\limits_{\varrho\in[1,r]}\{h_\varrho(\boldsymbol{z}(t))\lambda_{\max}^{\varrho}\}(t_k-t_{k-1})\leqslant -\ln(\xi\gamma_k)$。

(4) $\|\boldsymbol{A}_\varrho\|\boldsymbol{I}_N+\eta\|\boldsymbol{B}_\varrho\|\boldsymbol{I}_N+\epsilon\boldsymbol{\Delta}^\vartheta\leqslant\boldsymbol{\Lambda}_\varrho$。

式中，$\lambda_{\max}^{\varrho}$ 表示矩阵 $\|\boldsymbol{A}_\varrho\|\boldsymbol{I}_N+\eta\|\boldsymbol{B}_\varrho\|\boldsymbol{I}_N+\epsilon\boldsymbol{\Delta}^\vartheta(1\leqslant\varrho\leqslant r)$ 的最大特征值；$\boldsymbol{\Lambda}_\varrho=\mathrm{diag}(\lambda_1^\varrho,\lambda_2^\varrho,\cdots,\lambda_N^\varrho)$；$\boldsymbol{\Delta}^\vartheta=(\boldsymbol{\Delta}+\boldsymbol{\Delta}^{\mathrm{T}})/2$，$\boldsymbol{\Delta}=(\delta_{ij})_{N\times N}$，满足 $\delta_{ii}=-\bar{l}_{ii}$，$\delta_{ij}=|\bar{l}_{ij}|$，$j\neq i$；$\gamma_k=\sup\limits_{\varrho\in[1,r]}\{h_\varrho(\boldsymbol{z}(t_k))(1+d_i^\varrho)^2\}$。在脉冲控制和快速固定时间控制的作用下，有向图 T-S 模糊复杂网络［式（3.1）］可固定时间同步于目标节点［式（3.2）］，收敛时间可估计为

$$T=t_{\sigma+1}-\frac{\ln\{N\xi^\sigma\boldsymbol{v}_0^{-1}\|\boldsymbol{e}(t_{\sigma+1})\|^2\}}{2\sup\limits_{\varrho\in[1,r]}\{h_\varrho(\boldsymbol{z}(t))\lambda_{\max}^{\varrho}\}}+\frac{1}{\varpi}\left[\frac{m_2}{m_1-m_2}+\frac{m_4}{m_4-m_3}\ln\left(1+\frac{\varpi}{\beta}\right)\right] \tag{3.13}$$

式中，$\|\boldsymbol{e}(t_{\sigma+1})\|=\sup\limits_{i\in[1,N]}\|\boldsymbol{e}_i(t_{\sigma+1})\|$，$\varpi=\alpha(nN)^{(m_2-m_1)/(2m_2)}$。

证明：

第一步：当 $0\leqslant t\leqslant\tau$ 时，定义李雅普诺夫函数为

$$\boldsymbol{v}(t)=\sum_{i=1}^{N}\boldsymbol{e}_i^{\mathrm{T}}(t)\boldsymbol{e}_i(t) \tag{3.14}$$

当 $t\in(t_{k-1},t_k]$ 时，有

$$\dot{\boldsymbol{v}}(t)=2\sum_{i=1}^{N}\sum_{\varrho=1}^{r}h_\varrho(\boldsymbol{z}(t))\boldsymbol{e}_i^{\mathrm{T}}(t)\left[\boldsymbol{A}_\varrho\boldsymbol{e}_i(t)+\boldsymbol{B}_\varrho f(\boldsymbol{e}_i(t))-\epsilon\sum_{j=1}^{N}\bar{l}_{ij}\boldsymbol{e}_j(t)\right] \tag{3.15}$$

根据假设 3.2 可得

$$\boldsymbol{e}_i^{\mathrm{T}}(t)\boldsymbol{B}_\varrho f(\boldsymbol{e}_i(t))\leqslant\eta\|\boldsymbol{B}_\varrho\|\cdot\|\boldsymbol{e}_i(t)\|^2 \tag{3.16}$$

$$
\begin{aligned}
-\boldsymbol{e}_i^{\mathrm{T}}(t)\epsilon\sum_{i=1}^{N}\bar{l}_{ij}\boldsymbol{e}_j(t) &= -\epsilon\boldsymbol{e}_i^{\mathrm{T}}(t)\bar{l}_{ii}\boldsymbol{e}_i(t)-\epsilon\boldsymbol{e}_i^{\mathrm{T}}(t)\sum_{j=1,j\neq i}^{N}\bar{l}_{ij}\boldsymbol{e}_j(t)\\
&\leqslant -\epsilon\bar{l}_{ii}\|\boldsymbol{e}_i(t)\|^2+\epsilon\sum_{j=1,j\neq i}^{N}|\bar{l}_{ij}|\cdot\|\boldsymbol{e}_i(t)\|\cdot\|\boldsymbol{e}_j(t)\|
\end{aligned}
\tag{3.17}
$$

根据不等式（3.16）和不等式（3.17），式（3.15）可改写为

$$
\begin{aligned}
\dot{v}(t) &\leqslant 2\sum_{i=1}^{N}\sum_{\varrho=1}^{r}h_\varrho(\boldsymbol{z}(t))\Big[\|\boldsymbol{A}_\varrho\|\cdot\|\boldsymbol{e}_i(t)\|^2+\eta\|\boldsymbol{B}_\varrho\|\cdot\|\boldsymbol{e}_i(t)\|^2-\epsilon\bar{l}_{ii}\|\boldsymbol{e}_i(t)\|^2+\\
&\quad\epsilon\sum_{j=1,j\neq i}^{N}|\bar{l}_{ij}|\cdot\|\boldsymbol{e}_i(t)\|\cdot\|\boldsymbol{e}_j(t)\|\Big]\\
&\leqslant 2\sum_{i=1}^{N}\sum_{\varrho=1}^{r}h_\varrho(\boldsymbol{z}(t))\big[\|\boldsymbol{A}_\varrho\|\boldsymbol{I}_N+\eta\|\boldsymbol{B}_\varrho\|\boldsymbol{I}_N+\epsilon\boldsymbol{\Delta}\big]\|\boldsymbol{e}_i(t)\|^2\\
&= 2\sum_{i=1}^{N}\sum_{\varrho=1}^{r}h_\varrho(\boldsymbol{z}(t))\big[\|\boldsymbol{A}_\varrho\|\boldsymbol{I}_N+\eta\|\boldsymbol{B}_\varrho\|\boldsymbol{I}_N+\epsilon\boldsymbol{\Delta}^{\vartheta}\big]\|\boldsymbol{e}_i(t)\|^2\\
&\leqslant 2\sup_{\varrho\in[1,r]}\{h_\varrho(\boldsymbol{z}(t))\lambda_{\max}^{\varrho}\}v(t)
\end{aligned}
\tag{3.18}
$$

式中，$\lambda_{\max}^{\varrho}$表示矩阵$\|\boldsymbol{A}_\varrho\|\boldsymbol{I}_N+\eta\|\boldsymbol{B}_\varrho\|\boldsymbol{I}_N+\epsilon\boldsymbol{\Delta}^{\vartheta}$（$1\leqslant\varrho\leqslant r$）的最大特征值。

式（3.18）表明

$$
v(t)\leqslant v(t_{k-1}^{+})\mathrm{e}^{2\sup\limits_{\varrho\in[1,r]}\{h_\varrho(z(t))\lambda_{\max}^{\varrho}\}(t-t_{k-1})},\quad 1\leqslant\varrho\leqslant r
\tag{3.19}
$$

当$t=t_k$时，根据式（3.14）可得

$$
\begin{aligned}
v(t_k^{+}) &= \frac{1}{2}\sum_{i=1}^{N}\boldsymbol{e}_i^{\mathrm{T}}(t_k^{+})\boldsymbol{e}_i(t_k^{+})\\
&\leqslant \frac{1}{2}\sum_{i=1}^{N}\sum_{\varrho=1}^{r}h_\varrho(\boldsymbol{z}(t_k))\big[(1+d_i^{\varrho})\boldsymbol{e}_i^{\mathrm{T}}(t_k)(1+d_i^{\varrho})\boldsymbol{e}_i(t_k)\big]\\
&\leqslant \sup_{\varrho\in[1,r]}\{h_\varrho(\boldsymbol{z}(t_k))(1+d_i^{\varrho})^2v(t_k)\}\\
&= \gamma_k v(t_k)
\end{aligned}
\tag{3.20}
$$

式中，$\gamma_k=\sup\limits_{\varrho\in[1,r]}\{h_\varrho(\boldsymbol{z}(t_k))(1+d_i^{\varrho})^2\}$。

因此，根据不等式（3.19）和不等式（3.20）可得

（1）当$t\in(t_0,t_1]$时，有

$$
v(t)\leqslant v_0\mathrm{e}^{2\sup\limits_{\varrho\in[1,r]}\{h_\varrho(z(t))\lambda_{\max}^{\varrho}\}(t-t_0)}
\tag{3.21}
$$

$$
v(t_1)\leqslant v_0\mathrm{e}^{2\sup\limits_{\varrho\in[1,r]}\{h_\varrho(z(t))\lambda_{\max}^{\varrho}\}(t_1-t_0)}
\tag{3.22}
$$

$$
v(t_1^{+})\leqslant\gamma_1 v(t_1)\leqslant v_0\gamma_1\mathrm{e}^{2\sup\limits_{\varrho\in[1,r]}\{h_\varrho(z(t))\lambda_{\max}^{\varrho}\}(t_1-t_0)}
\tag{3.23}
$$

（2）当$t\in(t_1,t_2]$时，有

$$
\begin{aligned}
v(t) &\leqslant v(t_1^{+})\mathrm{e}^{2\sup\limits_{\varrho\in[1,r]}\{h_\varrho(z(t))\lambda_{\max}^{\varrho}\}(t-t_1)}\\
&\leqslant v_0\gamma_1\mathrm{e}^{2\sup\limits_{\varrho\in[1,r]}\{h_\varrho(z(t))\lambda_{\max}^{\varrho}\}(t_1-t_0)}\mathrm{e}^{2\sup\limits_{\varrho\in[1,r]}\{h_\varrho(z(t))\lambda_{\max}^{\varrho}\}(t-t_1)}
\end{aligned}
\tag{3.24}
$$

$$\leqslant \upsilon_0\gamma_1 e^{2\sup\limits_{\varrho\in[1,r]}\{h_\varrho(z(t))\lambda_{\max}^{\varrho}\}(t-t_0)}$$

则

$$\upsilon(t_2)\leqslant \upsilon_0\gamma_1 e^{2\sup\limits_{\varrho\in[1,r]}\{h_\varrho(z(t))\lambda_{\max}^{\varrho}\}(t_2-t_0)} \tag{3.25}$$

$$\upsilon(t_2^+)\leqslant \gamma_2\upsilon(t_2)\leqslant \upsilon_0\gamma_1\gamma_2 e^{2\sup\limits_{\varrho\in[1,r]}\{h_\varrho(z(t))\lambda_{\max}^{\varrho}\}(t_2-t_0)} \tag{3.26}$$

(3) 当 $t\in(t_2,t_3]$ 时，有

$$\begin{aligned}\upsilon(t)&\leqslant \upsilon(t_2^+) e^{2\sup\limits_{\varrho\in[1,r]}\{h_\varrho(z(t))\lambda_{\max}^{\varrho}\}(t-t_2)}\\&\leqslant \upsilon_0\gamma_1\gamma_2 e^{2\sup\limits_{\varrho\in[1,r]}\{h_\varrho(z(t))\lambda_{\max}^{\varrho}\}(t_2-t_0)} e^{2\sup\limits_{\varrho\in[1,r]}\{h_\varrho(z(t))\lambda_{\max}^{\varrho}\}(t-t_2)}\leqslant \upsilon_0\gamma_1\gamma_2 e^{2\sup\limits_{\varrho\in[1,r]}\{h_\varrho(z(t))\lambda_{\max}^{\varrho}\}(t-t_0)}\end{aligned} \tag{3.27}$$

则

$$\upsilon(t_3)\leqslant \upsilon_0\gamma_1\gamma_2 e^{2\sup\limits_{\varrho\in[1,r]}\{h_\varrho(z(t))\lambda_{\max}^{\varrho}\}(t_3-t_0)} \tag{3.28}$$

$$\upsilon(t_3^+)\leqslant \gamma_3\upsilon(t_3)\leqslant \upsilon_0\gamma_1\gamma_2\gamma_3 e^{2\sup\limits_{\varrho\in[1,r]}\{h_\varrho(z(t))\lambda_{\max}^{\varrho}\}(t_3-t_0)} \tag{3.29}$$

(4) 一般地，如果 $t\in(t_{k-1},t_k]$，则有

$$\begin{aligned}\upsilon(t)&\leqslant \upsilon(t_{k-1}^+) e^{2\sup\limits_{\varrho\in[1,r]}\{h_\varrho(z(t))\lambda_{\max}^{\varrho}\}(t-t_{k-1})}\\&\leqslant \gamma_1\gamma_2\cdots\gamma_{k-1}\upsilon_0 e^{2\sup\limits_{\varrho\in[1,r]}\{h_\varrho(z(t))\lambda_{\max}^{\varrho}\}(t-t_0)}\end{aligned} \tag{3.30}$$

因此，根据前面的讨论可得

$$\begin{aligned}\upsilon(t_k)&\leqslant \upsilon_0\gamma_1 e^{2\sup\limits_{\varrho\in[1,r]}\{h_\varrho(z(t))\lambda_{\max}^{\varrho}\}(t_1-t_0)}\gamma_2 e^{2\sup\limits_{\varrho\in[1,r]}\{h_\varrho(z(t))\lambda_{\max}^{\varrho}\}(t_2-t_1)}\cdots\gamma_{k-1} e^{2\sup\limits_{\varrho\in[1,r]}\{h_\varrho(z(t))\lambda_{\max}^{\varrho}\}(t_{k-1}-t_{k-2})} e^{2\sup\limits_{\varrho\in[1,r]}\{h_\varrho(z(t))\lambda_{\max}^{\varrho}\}(t_k-t_{k-1})}\\&\leqslant \frac{1}{\xi^{k-1}}\upsilon_0 e^{2\sup\limits_{\varrho\in[1,r]}\{h_\varrho(z(t))\lambda_{\max}^{\varrho}\}(t_k-t_{k-1})}\end{aligned} \tag{3.31}$$

令 $t_\sigma=\tau$，根据不等式 (3.31) 可得

$$\upsilon(t_\sigma)=\sum_{i=1}^{N}\|\boldsymbol{e}_i(t_\sigma)\|^2\leqslant \frac{1}{\xi^{\sigma-1}}\upsilon_0 e^{2\sup\limits_{\varrho\in[1,r]}\{h_\varrho(z(t))\lambda_{\max}^{\varrho}\}(t_\sigma-t_{\sigma-1})} \tag{3.32}$$

由式 (3.32) 可得

$$\tau=t_\sigma\leqslant t_{\sigma+1}-\frac{\ln\{N\xi^\sigma\upsilon_0^{-1}\|\boldsymbol{e}(t_{\sigma+1})\|^2\}}{2\sup\limits_{\varrho\in[1,r]}\{h_\varrho(z(t))\lambda_{\max}^{\varrho}\}} \tag{3.33}$$

式中，$\|\boldsymbol{e}(t_{\sigma+1})\|=\sup\limits_{i\in[1,N]}\|\boldsymbol{e}_i(t_{\sigma+1})\|$。

第二步：当 $t>\tau$ 时，采用与式 (3.14) 同样的李雅普诺夫函数，得

$$\begin{aligned}\dot{\upsilon}(t)=2\sum_{i=1}^{N}\sum_{\varrho=1}^{r}h_\varrho(z(t))\boldsymbol{e}_i^{\mathrm T}(t)\Big[&\boldsymbol{A}_\varrho\boldsymbol{e}_i(t)+\boldsymbol{B}_\varrho f(\boldsymbol{e}_i(t))-\epsilon\sum_{j=1}^{N}\bar{l}_{ij}\boldsymbol{e}_j(t)-\\&\lambda_i^{\varrho}\boldsymbol{e}_i(t)-\alpha\boldsymbol{e}_i^{\frac{1}{2}+\frac{m_1}{2m_2}+\left(\frac{m_1}{2m_2}-\frac{1}{2}\right)\mathrm{sign}(\psi(t)-1)}(t)-\beta\boldsymbol{e}_i^{\frac{m_3}{m_4}}(t)\Big]\end{aligned}$$

$$
\begin{aligned}
&\leqslant 2\sum_{i=1}^{N}\sum_{\varrho=1}^{r}h_{\varrho}(z(t))\Big[\|\boldsymbol{A}_{\varrho}\|\cdot\|\boldsymbol{e}_i(t)\|^2+\eta\|\boldsymbol{B}_{\varrho}\|\cdot\|\boldsymbol{e}_i(t)\|^2-\epsilon\bar{l}_{ii}\|\boldsymbol{e}_i(t)\|^2+\\
&\quad\epsilon\sum_{j=1,j\neq i}^{N}|\bar{l}_{ij}|\|\boldsymbol{e}_i(t)\|\cdot\|\boldsymbol{e}_j(t)\|-\lambda_i^{\varrho}\|\boldsymbol{e}_i(t)\|^2\Big]+\\
&\quad 2\sum_{\varrho=1}^{r}h_{\varrho}(z(t))\left[-\alpha\sum_{i=1}^{N}\boldsymbol{e}_i^{\mathrm{T}}(t)\boldsymbol{e}_i^{\frac{1}{2}+\frac{m_1}{2m_2}+\left(\frac{m_1}{2m_2}-\frac{1}{2}\right)\operatorname{sign}(\psi(t)-1)}(t)-\beta\sum_{i=1}^{N}\boldsymbol{e}_i^{\mathrm{T}}(t)\boldsymbol{e}_i^{\frac{m_3}{m_4}}(t)\right]\\
&=2\sum_{\varrho=1}^{r}h_{\varrho}(z(t))\hat{\boldsymbol{e}}^{\mathrm{T}}(t)\left[\|\boldsymbol{A}_{\varrho}\|\boldsymbol{I}_N+\eta\|\boldsymbol{B}_{\varrho}\|\boldsymbol{I}_N+\epsilon\boldsymbol{\Delta}^{\vartheta}-\boldsymbol{\Lambda}_{\varrho}\right]\hat{\boldsymbol{e}}(t)+\\
&\quad 2\sum_{\varrho=1}^{r}h_{\varrho}(z(t))\left[-\alpha\sum_{i=1}^{N}\boldsymbol{e}_i^{\mathrm{T}}(t)\boldsymbol{e}_i^{\frac{1}{2}+\frac{m_1}{2m_2}+\left(\frac{m_1}{2m_2}-\frac{1}{2}\right)\operatorname{sign}(\psi(t)-1)}(t)-\beta\sum_{i=1}^{N}\boldsymbol{e}_i^{\mathrm{T}}(t)\boldsymbol{e}_i^{\frac{m_3}{m_4}}(t)\right]
\end{aligned}
\tag{3.34}
$$

式中，$\hat{\boldsymbol{e}}(t)=(\|\boldsymbol{e}_1(t)\|,\|\boldsymbol{e}_2(t)\|,\cdots,\|\boldsymbol{e}_N(t)\|)^{\mathrm{T}}$；$\boldsymbol{\Delta}^{\vartheta}=(\boldsymbol{\Delta}+\boldsymbol{\Delta}^{\mathrm{T}})/2$，$\boldsymbol{\Delta}=(\delta_{ij})_{N\times N}$，$\delta_{ii}=-\bar{l}_{ii}$，$\delta_{ij}=|\bar{l}_{ij}|(j\neq i)$；$\boldsymbol{\Lambda}_{\varrho}=\operatorname{diag}(\lambda_1^{\varrho},\lambda_2^{\varrho},\cdots,\lambda_N^{\varrho})$。根据定理 3.1 的条件（3）及 $\sum\limits_{\varrho=1}^{r}h_{\varrho}(z(t))=1$，可得

$$
\begin{aligned}
\dot{v}(t)&\leqslant-2\alpha\sum_{i=1}^{N}\boldsymbol{e}_i^{\mathrm{T}}(t)\boldsymbol{e}_i^{\frac{1}{2}+\frac{m_1}{2m_2}+\left(\frac{m_1}{2m_2}-\frac{1}{2}\right)\operatorname{sign}(\psi(t)-1)}(t)-2\beta\sum_{i=1}^{N}\boldsymbol{e}_i^{\mathrm{T}}(t)\boldsymbol{e}_i^{\frac{m_3}{m_4}}(t)\\
&=\begin{cases}-2\alpha\sum\limits_{i=1}^{N}\boldsymbol{e}_i^{\mathrm{T}}(t)\boldsymbol{e}_i^{\frac{m_1}{m_2}}(t)-2\beta\sum\limits_{i=1}^{N}\boldsymbol{e}_i^{\mathrm{T}}(t)\boldsymbol{e}_i^{\frac{m_3}{m_4}}(t), & \psi(t)\geqslant 1\\ -2\alpha\sum\limits_{i=1}^{N}\boldsymbol{e}_i^{\mathrm{T}}(t)\boldsymbol{e}_i(t)-2\beta\sum\limits_{i=1}^{N}\boldsymbol{e}_i^{\mathrm{T}}(t)\boldsymbol{e}_i^{\frac{m_3}{m_4}}(t), & \psi(t)<1\end{cases}
\end{aligned}
\tag{3.35}
$$

由 $m_1>m_2>0$，$0<m_3<m_4$ 可得 $\dfrac{m_1+m_2}{2m_2}>1$，$\dfrac{m_3+m_4}{2m_4}<1$。根据引理 3.2 可得

$$
\begin{aligned}
-\alpha\sum_{i=1}^{N}\boldsymbol{e}_i^{\mathrm{T}}(t)\boldsymbol{e}_i^{\frac{m_1}{m_2}}(t)&\leqslant-\alpha\sum_{i=1}^{N}\sum_{j=1}^{n}(\boldsymbol{e}_{ij}^2(t))^{\frac{m_1+m_2}{2m_2}}\\
&\leqslant-\alpha(nN)^{\frac{m_2-m_1}{2m_2}}\left(\sum_{i=1}^{N}\boldsymbol{e}_i^{\mathrm{T}}(t)\boldsymbol{e}_i(t)\right)^{\frac{m_1+m_2}{2m_2}}\\
&=-\alpha(nN)^{\frac{m_2-m_1}{2m_2}}\boldsymbol{v}^{\frac{m_1+m_2}{2m_2}}(t)
\end{aligned}
\tag{3.36}
$$

$$
\begin{aligned}
-\beta\sum_{i=1}^{N}\boldsymbol{e}_i^{\mathrm{T}}(t)\boldsymbol{e}_i^{\frac{m_3}{m_4}}(t)&\leqslant-\beta\sum_{i=1}^{N}\sum_{j=1}^{n}(\boldsymbol{e}_{ij}^2(t))^{\frac{m_3+m_4}{2m_4}}\\
&\leqslant-\beta\left(\sum_{i=1}^{N}\boldsymbol{e}_i^{\mathrm{T}}(t)\boldsymbol{e}_i(t)\right)^{\frac{m_3+m_4}{2m_4}}\\
&=-\beta\boldsymbol{v}^{\frac{m_3+m_4}{2m_4}}(t)
\end{aligned}
\tag{3.37}
$$

根据不等式（3.35）~不等式（3.37），可得

$$
\dot{v}(t)\leqslant\begin{cases}-2\alpha(nN)^{\frac{m_2-m_1}{2m_2}}\boldsymbol{v}^{\frac{m_1+m_2}{2m_2}}(t)-2\beta\boldsymbol{v}^{\frac{m_3+m_4}{2m_4}}(t), & \psi(t)\geqslant 1\\ -2\alpha v(t)-2\beta\boldsymbol{v}^{\frac{m_3+m_4}{2m_4}}(t), & \psi(t)<1\end{cases}
\tag{3.38}
$$

建立如下比较系统：

$$\dot{\mathcal{V}}(t)=\begin{cases}\begin{cases}-2\alpha(nN)^{\frac{m_2-m_1}{2m_2}}\mathcal{V}^{\frac{m_1+m_2}{2m_2}}(t)-2\beta\mathcal{V}^{\frac{m_3+m_4}{2m_4}}(t), & \mathcal{V}(t)\geqslant 1\\ -2\alpha\mathcal{V}(t)-2\beta\mathcal{V}^{\frac{m_3+m_4}{2m_4}}(t), & 0<\mathcal{V}(t)<1\\ 0, & \mathcal{V}(t)=0\end{cases}\\ \mathcal{V}(0)=\sum_{i=1}^{N}\boldsymbol{e}_i^{\mathrm{T}}(0)\boldsymbol{e}_i(0)\end{cases} \tag{3.39}$$

根据式（3.38）和式（3.39）可得 $0\leqslant v(t)\leqslant\mathcal{V}(t)$。若存在常数 T，对任意 $t\geqslant T$，都有 $\mathcal{V}(t)\equiv 0$ 成立，那么对任意 $t\geqslant T$，$v(t)\equiv 0$ 也成立。因此，要想证明误差网络［式（3.9）］固定时间稳定，只需证明比较系统［式（3.39）］的稳定性即可。

设 $r(t)=\mathcal{V}^{(m_4-m_3)/(2m_4)}(t)$，可得 $\frac{2m_4}{m_4-m_3}\dot{r}(t)\mathcal{V}^{\frac{m_3+m_4}{2m_4}}(t)=\dot{\mathcal{V}}(t)$，则有

$$\begin{cases}\dot{r}(t)+\frac{m_4-m_3}{m_4}\alpha(nN)^{\frac{m_2-m_1}{2m_2}}r^{\frac{2m_4}{m_4-m_3}\left(\frac{m_1+m_2}{2m_2}-\frac{m_3+m_4}{2m_4}\right)}(t)+\frac{m_4-m_3}{m_4}\beta=0, & r(t)\geqslant 1\\ \dot{r}(t)+\frac{m_4-m_3}{m_4}\alpha r(t)+\frac{m_4-m_3}{m_4}\beta=0, & r(t)<1\end{cases} \tag{3.40}$$

由 $m_3<m_4$ 得 $0<\frac{m_4-m_3}{m_4}<1$。当 $\mathcal{V}(t)\geqslant 1$ 时，如果 $\mathcal{V}(t)\to 1$，则 $r(t)\to 1$；如果 $\mathcal{V}(t)\to\infty$，则 $r(t)\to 0$。当 $\mathcal{V}(t)<1$ 时，如果 $\mathcal{V}(t)\to 1$，则 $r(t)\to 1$；如果 $\mathcal{V}(t)\to 0$，则 $r(t)\to 0$。因此，在固定时间 T_1 内，式（3.39）第一个表达式 $\mathcal{V}(t)$ 的零解可转换为式（3.40）第一个表达式 $r(t)\to 1$ 的解。并且在固定时间 T_2 内，式（3.40）第二个等式的解为趋近于0。因此，稳定时间是 T_1+T_2。

当 $r(t)\geqslant 1$ 时，设 $\varsigma=\frac{m_4(m_1-m_2)}{m_2(m_4-m_3)}$。式（3.40）的第一个等式可转换为 $\dot{r}(t)+\frac{m_4-m_3}{m_4}\alpha(nN)^{(m_2-m_1)/(2m_2)}r^{1+\varsigma}(t)+\frac{m_4-m_3}{m_4}\beta=0$，其稳定时间 T_1 的估计值为

$$\begin{aligned}\lim_{r_0\to\infty}T_1(r_0)&=\lim_{r_0\to\infty}\frac{m_4}{m_4-m_3}\int_1^{r_0}\frac{1}{\alpha(nN)^{\frac{m_2-m_1}{2m_2}}r^{1+\varsigma}+\beta}\mathrm{d}r\\&<\lim_{r_0\to\infty}\frac{m_4}{m_4-m_3}\int_1^{r_0}\frac{1}{\alpha(nN)^{\frac{m_2-m_1}{2m_2}}r^{1+\varsigma}}\mathrm{d}r\\&=\frac{m_4}{m_4-m_3}\frac{1}{\varsigma\alpha(nN)^{\frac{m_2-m_1}{2m_2}}}\end{aligned} \tag{3.41}$$

当 $r(t)<1$ 时，根据 $\dot{r}(t)+\frac{m_4-m_3}{m_4}\alpha r(t)+\frac{m_4-m_3}{m_4}\beta=0$，稳定时间 T_2 的估计值为

$$
\begin{aligned}
T_2 &= \frac{m_4}{m_4 - m_3}\int_0^1 \frac{1}{\alpha r + \beta}\mathrm{d}r \\
&\leqslant \frac{m_4}{m_4 - m_3}\int_0^1 \frac{1}{\alpha\ (nN)^{\frac{m_2-m_1}{2m_2}} r + \beta}\mathrm{d}r \\
&= \frac{m_4}{m_4 - m_3}\frac{1}{\alpha\ (nN)^{\frac{m_2-m_1}{2m_2}}}\ln\left(1 + \frac{\alpha\ (nN)^{\frac{m_2-m_1}{2m_2}}}{\beta}\right)
\end{aligned} \tag{3.42}
$$

因此，当 $t>\tau$ 时，误差网络［式（3.9）］的稳定时间为

$$
\begin{aligned}
T_{误} &= T_1+T_2 \\
&= \frac{m_4}{m_4-m_3}\frac{1}{\varsigma\alpha\ (nN)^{\frac{m_2-m_1}{2m_2}}}+\frac{m_4}{m_4-m_3}\frac{1}{\alpha\ (nN)^{\frac{m_2-m_1}{2m_2}}}\ln\left(1+\frac{\alpha\ (nN)^{\frac{m_2-m_1}{2m_2}}}{\beta}\right) \\
&= \frac{1}{\alpha\ (nN)^{\frac{m_2-m_1}{2m_2}}}\left(\frac{m_2}{m_1-m_2}+\frac{m_4}{m_4-m_3}\ln\left(1+\frac{\alpha\ (nN)^{\frac{m_2-m_1}{2m_2}}}{\beta}\right)\right) \\
&= \frac{1}{\varpi}\left(\frac{m_2}{m_1-m_2}+\frac{m_4}{m_4-m_3}\ln\left(1+\frac{\varpi}{\beta}\right)\right)
\end{aligned} \tag{3.43}
$$

式中，$\varpi=\alpha(nN)^{\frac{m_2-m_1}{2m_2}}$。误差网络［式（3.9）］可以在时间 $T_{误}$ 内稳定于 0。因此，在控制器 $\boldsymbol{u}_i^{\varrho}(t)$ 的作用下，T-S 模糊复杂网络［式（3.1）］可在 $t>\tau$ 的情况下同步到目标节点［式（3.2）］。

基于上述讨论，在脉冲控制和固定时间控制的作用下，总的稳定时间可估计为

$$
\begin{aligned}
T &= \tau+T_{误} \\
&< t_{\sigma+1}-\frac{\ln\{N\xi^{\sigma}\boldsymbol{\upsilon}_0^{-1}\|\boldsymbol{e}(t_{\sigma+1})\|^2\}}{2\sup\limits_{\varrho\in[1,r]}\{h_{\varrho}(\boldsymbol{z}(t))\lambda_{\max}^{\varrho}\}}+\frac{1}{\varpi}\left(\frac{m_2}{m_1-m_2}+\frac{m_4}{m_4-m_3}\ln\left(1+\frac{\varpi}{\beta}\right)\right)
\end{aligned} \tag{3.44}
$$

至此，定理 3.1 证毕。

在控制过程中，如果只采用脉冲控制，那么在纯脉冲控制作用下的 T-S 模糊复杂网络可表示为

$$
\begin{cases}
\dot{\boldsymbol{x}}_i(t) = \sum\limits_{\varrho=1}^{r} h_{\varrho}(\boldsymbol{z}(t))[\boldsymbol{A}_{\varrho}\boldsymbol{x}_i(t) + \boldsymbol{B}_{\varrho}f(\boldsymbol{x}_i(t)) - \\
\qquad \epsilon\sum\limits_{j=1}^{N}|\ell_{ij}|(\boldsymbol{x}_i(t) - \mathrm{sign}(\ell_{ij})\boldsymbol{x}_j(t)) + \boldsymbol{u}_i^{\varrho}(t)] \\
\boldsymbol{u}_i^{\varrho}(t) = d_i^{\varrho}(\boldsymbol{x}_i(t) - \omega_i\boldsymbol{s}(t))\delta(t-t_k)
\end{cases} \tag{3.45}
$$

采用类似的分析方法，可得如下误差网络

$$\begin{cases}\dot{\boldsymbol{e}}_i(t)=\sum\limits_{\varrho=1}^{r}h_\varrho(\boldsymbol{z}(t))[\boldsymbol{A}_\varrho\boldsymbol{e}_i(t)+\boldsymbol{B}_\varrho f(\boldsymbol{e}_i(t))-\epsilon\sum\limits_{j=1}^{N}\bar{l}_{ij}\boldsymbol{e}_j(t)], & t\neq t_k\\ \Delta\boldsymbol{e}_i(t_k)=\sum\limits_{\varrho=1}^{r}h_\varrho(\boldsymbol{z}(t))d_i^\varrho\boldsymbol{e}_i(t), & t=t_k\end{cases}\tag{3.46}$$

根据定理 3.1，可得如下推论。

推论 3.1 若假设 3.2 成立，如果存在函数 $\boldsymbol{v}(\cdot):\mathbb{R}^n\rightarrow\mathbb{R}^+$ 和常数 $\xi>0$，满足条件

(1) $D^+\boldsymbol{v}(\boldsymbol{e}_i(t))\leqslant 2\sup\limits_{\varrho\in[1,r]}\{h_\varrho(\boldsymbol{z}(t))\boldsymbol{\lambda}_{\max}^\varrho\}\boldsymbol{v}(\boldsymbol{e}_i(t))$，$t\neq t_k$，$k\in\mathbb{Z}_+$。

(2) $\boldsymbol{v}(\boldsymbol{e}_i(t_k^+))\leqslant\gamma_k\boldsymbol{v}(\boldsymbol{e}_i(t_k))$，$k\geqslant 1$。

(3) $2\sup\limits_{\varrho\in[1,r]}\{h_\varrho(\boldsymbol{z}(t))\boldsymbol{\lambda}_{\max}^\varrho\}(t_k-t_{k-1})\leqslant-\ln(\xi\gamma_k)$。

式中，$\boldsymbol{\lambda}_{\max}^\varrho$ 表示矩阵 $\|\boldsymbol{A}_\varrho\|\boldsymbol{I}_N+\eta\|\boldsymbol{B}_\varrho\|\boldsymbol{I}_N+\epsilon\boldsymbol{\Delta}^\vartheta$（$1\leqslant\varrho\leqslant r$）的最大特征值，$\boldsymbol{\Delta}^\vartheta=(\boldsymbol{\Delta}+\boldsymbol{\Delta}^{\mathrm{T}})/2$，$\boldsymbol{\Delta}=(\delta_{ij})_{N\times N}$，满足 $\delta_{ii}=-\bar{l}_{ii}$，$\delta_{ij}=|\bar{l}_{ij}|$ $(j\neq i)$；$\gamma_k=\sup\limits_{\varrho\in[1,r]}\{h_\varrho(\boldsymbol{z}(t_k))(1+d_i^\varrho)^2\}$，$-2<d_i^\varrho<0$。在纯脉冲控制的作用下，T-S 模糊复杂网络［式（3.1）］同步于目标节点［式（3.2）］，其稳定时间可估计为

$$T=t_{\sigma-1}-\frac{\ln(\xi\gamma_\sigma)}{2\sup\limits_{\varrho\in[1,r]}\{h_\varrho(\boldsymbol{z}(t))\boldsymbol{\lambda}_{\max}^\varrho\}}\tag{3.47}$$

证明：采用式（3.14）所示的李雅普诺夫函数，推论 3.1 的证明过程与定理 3.1 第一步的证明过程类似，即

$$\begin{aligned}\boldsymbol{v}(t_k)\leqslant&\boldsymbol{v}_0\gamma_1\mathrm{e}^{2\sup\limits_{\varrho\in[1,r]}\{h_\varrho(z(t))\lambda_{\max}^\varrho\}(t_1-t_0)}\gamma_2\mathrm{e}^{2\sup\limits_{\varrho\in[1,r]}\{h_\varrho(z(t))\lambda_{\max}^\varrho\}(t_2-t_1)}\cdots\\&\gamma_{k-1}\mathrm{e}^{2\sup\limits_{\varrho\in[1,r]}\{h_\varrho(z(t))\lambda_{\max}^\varrho\}(t_{k-1}-t_{k-2})}\mathrm{e}^{2\sup\limits_{\varrho\in[1,r]}\{h_\varrho(z(t))\lambda_{\max}^\varrho\}(t_k-t_{k-1})}\\\leqslant&\frac{1}{\xi^{k-1}}\boldsymbol{v}_0\mathrm{e}^{2\sup\limits_{\varrho\in[1,r]}\{h_\varrho(z(t))\lambda_{\max}^\varrho\}(t_k-t_{k-1})}\end{aligned}\tag{3.48}$$

根据固定时间控制的定义可知，如果存在常数 $T>0$，使得 $\boldsymbol{e}_i(T)=0$ 成立，那么，对任意 $t\geqslant T$，$\boldsymbol{e}_i(t)\equiv 0$ 也成立。令 $t_\sigma=T$，可得 $\lim\limits_{t\rightarrow T}\|\boldsymbol{e}_i(t)\|=0$ 及 $\|\boldsymbol{e}_i(t)\|\equiv 0$，$t\geqslant T$。表明 $\lim\limits_{t\rightarrow T}\|\boldsymbol{v}(t)\|=0$，及 $\|\boldsymbol{v}(t)\|\equiv 0$，$t\geqslant T$，并且

$$\boldsymbol{v}(t_\sigma)\leqslant\frac{1}{\xi^{\sigma-1}}\boldsymbol{v}_0\mathrm{e}^{2\sup\limits_{\varrho\in[1,r]}\{h_\varrho(z(t))\lambda_{\max}^\varrho\}(t_\sigma-t_{\sigma-1})}\tag{3.49}$$

由 $2\sup\limits_{\varrho\in[1,r]}\{h_\varrho(\boldsymbol{z}(t))\boldsymbol{\lambda}_{\max}^\varrho\}(t_\sigma-t_{\sigma-1})\leqslant-\ln(\xi\gamma_\sigma)$ 和 $\lim\limits_{t\rightarrow t_\sigma}\|\boldsymbol{v}(t_\sigma)\|=0$ 可得

$$\tau=t_\sigma\leqslant t_{\sigma-1}-\frac{\ln(\xi\gamma_\sigma)}{2\sup\limits_{\varrho\in[1,r]}\{h_\varrho(\boldsymbol{z}(t))\boldsymbol{\lambda}_{\max}^\varrho\}}\tag{3.50}$$

因此，误差网络［式（3.46）］可在稳定时间 T 内收敛到零，收敛时间表达式如式（3.47）所示，即 T-S 模糊复杂网络［式（3.1）］在时间 T 内同步于目标节点［式（3.2）］。推论 3.1 证毕。

在控制过程中，如果只采用固定时间控制，则在纯固定时间控制作用下的 T-S 模糊复

杂网络可表示为

$$\begin{cases}\dot{\boldsymbol{x}}_i(t)=\sum_{\varrho=1}^{r}h_\varrho(z(t))[\boldsymbol{A}_\varrho\boldsymbol{x}_i(t)+\boldsymbol{B}_\varrho f(\boldsymbol{x}_i(t))-\\ \quad\epsilon\sum_{j=1}^{N}|\ell_{ij}|(\boldsymbol{x}_i(t)-\mathrm{sign}(\ell_{ij})\boldsymbol{x}_j(t))+\boldsymbol{u}_i^\varrho(t)]\\ \boldsymbol{u}_i^\varrho(t)=-\lambda_i^\varrho(\boldsymbol{x}_i(t)-\omega_i\boldsymbol{s}(t))-\alpha(\boldsymbol{x}_i(t)-\omega_i\boldsymbol{s}(t))^{\frac{1}{2}+\frac{m_1}{2m_2}+\left(\frac{m_1}{2m_2}-\frac{1}{2}\right)\mathrm{sign}(\psi(t)-1)}-\\ \quad\beta(\boldsymbol{x}_i(t)-\omega_i\boldsymbol{s}(t))^{\frac{m_3}{m_4}}\end{cases}\tag{3.51}$$

采用类似的分析方法，可得误差网络为

$$\begin{cases}\dot{\boldsymbol{e}}_i(t)=\sum_{\varrho=1}^{r}h_\varrho(z(t))[\boldsymbol{A}_\varrho\boldsymbol{e}_i(t)+\boldsymbol{B}_\varrho f(\boldsymbol{e}_i(t))-\epsilon\sum_{j=1}^{N}\bar{l}_{ij}\boldsymbol{e}_j(t)+\bar{\boldsymbol{u}}_i^\varrho(t)]\\ \bar{\boldsymbol{u}}_i^\varrho(t)=-\lambda_i^\varrho\boldsymbol{e}_i(t)-\alpha\boldsymbol{e}_i^{\frac{1}{2}+\frac{m_1}{2m_2}+\left(\frac{m_1}{2m_2}-\frac{1}{2}\right)\mathrm{sign}(\psi(t)-1)}(t)-\beta\boldsymbol{e}_i^{\frac{m_3}{m_4}}(t)\end{cases}\tag{3.52}$$

式中，$\psi(t)=\sum_{i=1}^{N}(\boldsymbol{x}_i(t)-\omega_i\boldsymbol{s}(t))^{\mathrm{T}}(\boldsymbol{x}_i(t)-\omega_i\boldsymbol{s}(t))$。

根据定理 3.1，可得如下推论。

推论 3.2 若所有假设成立，如果控制项 λ_i^ϱ 满足

$$\|\boldsymbol{A}_\varrho\|\boldsymbol{I}_N+\eta\|\boldsymbol{B}_\varrho\|\boldsymbol{I}_N+\epsilon\boldsymbol{\Delta}^\vartheta\leqslant\boldsymbol{\Lambda}_\varrho\tag{3.53}$$

式中，$\boldsymbol{\Lambda}_\varrho=\mathrm{diag}(\lambda_1^\varrho,\lambda_2^\varrho,\cdots,\lambda_N^\varrho)$，$\boldsymbol{\Delta}^\vartheta=(\boldsymbol{\Delta}+\boldsymbol{\Delta}^{\mathrm{T}})/2$，$\boldsymbol{\Delta}=(\delta_{ij})_{N\times N}$，满足 $\delta_{ii}=-\bar{l}_{ii}$，$\delta_{ij}=|\bar{l}_{ij}|\ (j\neq i)$。则 T-S 模糊复杂网络［式（3.1）］可同步于目标节点［式（3.2）］，其稳定时间可估计为

$$T=\frac{1}{\varpi}\left(\frac{m_2}{m_1-m_2}+\frac{m_4}{m_4-m_3}\ln\left(1+\frac{\varpi}{\beta}\right)\right)\tag{3.54}$$

式中，$\varpi=\alpha(nN)^{(m_2-m_1)/(2m_2)}$。

证明： 采用与式（3.14）同样的李雅普诺夫函数，推论 3.2 的证明与定理 3.1 第二步的证明类似，此处省略。可得稳定时间的估计值为

$$T=\frac{1}{\varpi}\left(\frac{m_2}{m_1-m_2}+\frac{m_4}{m_4-m_3}\ln\left(1+\frac{\varpi}{\beta}\right)\right)\tag{3.55}$$

式中，$\varpi=\alpha(nN)^{(m_2-m_1)/(2m_2)}$。那么误差网络［式（3.52）］可在稳定时间 T 内收敛到零，即 T-S 模糊复杂网络［式（3.1）］在纯固定时间控制器 $\bar{\boldsymbol{u}}_i^\varrho(t)$ 作用下同步于目标节点［式（3.2）］。证毕。

3.4 实验结果与分析

本节采用含有 8 个节点，11 条边的有向图复杂网络进行仿真，其拓扑结构如图 3-2 所示。

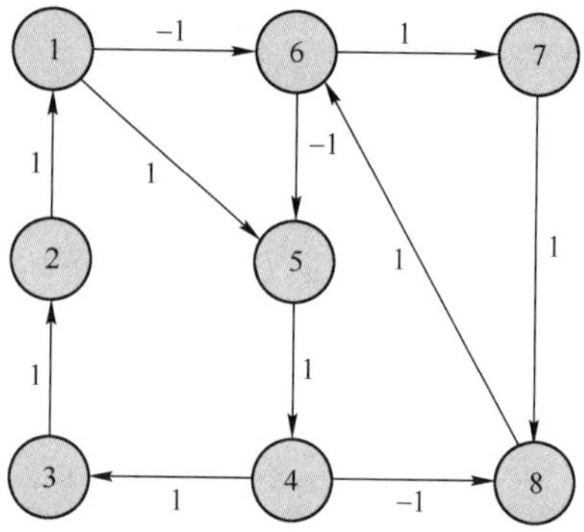

图 3-2 包含 8 个节点和 11 条边的有向图复杂网络的拓扑结构

根据图 3-2，取 $\Gamma_1=\{1,2,3,4,5\}$，$\Gamma_2=\{6,7,8\}$，得 $\boldsymbol{\mathcal{W}}=\mathrm{diag}\{1,1,1,1,1,-1,-1,-1\}$，该网络的拓扑结构满足假设 3.1，其邻接矩阵为

$$\boldsymbol{A}=\begin{bmatrix}0&0&0&0&1&-1&0&0\\1&0&0&0&0&0&0&0\\0&1&0&0&0&0&0&0\\0&0&1&0&0&0&0&-1\\0&0&0&1&0&0&0&0\\0&0&0&0&-1&0&1&0\\0&0&0&0&0&0&0&1\\0&0&0&0&0&1&0&0\end{bmatrix}$$

蔡氏振荡器耦合的有向图 T-S 模糊复杂网络可表示为

$$\dot{\boldsymbol{x}}_i(t)=\sum_{\varrho=1}^{2}h_\varrho(\boldsymbol{z}(t))\Big[\boldsymbol{A}_\varrho\boldsymbol{x}_i(t)+\boldsymbol{B}_\varrho f(\boldsymbol{x}_i(t))-\epsilon\sum_{j=1}^{8}|\ell_{ij}|(\boldsymbol{x}_i(t)-\mathrm{sign}(\ell_{ij})\boldsymbol{x}_j(t))\Big],\quad i=1,2,\cdots,8 \tag{3.56}$$

目标节点可表示为

$$\dot{\boldsymbol{s}}(t)=\sum_{\varrho=1}^{2}h_\varrho(\boldsymbol{z}(t))[\boldsymbol{A}_\varrho\boldsymbol{s}(t)+\boldsymbol{B}_\varrho f(\boldsymbol{s}(t))] \tag{3.57}$$

设 $\boldsymbol{s}(t)=(s_1(t),s_2(t),s_3(t))^{\mathrm{T}}$，$f(\boldsymbol{s}(t))=(1.5\tanh(s_1(t)),0,0)^{\mathrm{T}}$，可见 $f(\cdot)$ 是连续奇函数，当 $\eta=1.5$ 时，满足假设 3.2，取

$$h_1(z(t))=\begin{cases}\dfrac{1}{2}(1-(\cos(z(t)))^2), & z(t)\neq 0\\ 1, & z(t)=0\end{cases}$$

$$h_2(z(t))=\begin{cases}\dfrac{1}{2}(1+(\cos(z(t)))^2), & z(t)\neq 0\\ 0, & z(t)=0\end{cases}$$

$$\boldsymbol{A}_1=\begin{bmatrix}1.7 & 9 & 0\\ 1 & -1 & 1\\ 0 & -13.3 & 0\end{bmatrix},\quad \boldsymbol{A}_2=\begin{bmatrix}-3.2 & 10 & 0\\ 1 & -1 & 1\\ 0 & -15.7 & 0\end{bmatrix},\quad \boldsymbol{B}_1=\begin{bmatrix}15/7 & 0 & 0\\ 0 & 0 & 0\\ 0 & 0 & 0\end{bmatrix},\quad \boldsymbol{B}_2=\begin{bmatrix}3 & 0 & 0\\ 0 & 0 & 0\\ 0 & 0 & 0\end{bmatrix}$$

设 $z(t)=s_1(t)$，$\varrho=1,2$，初始值 $\boldsymbol{s}(0)=(0.1,0.6,0.7)^{\mathrm{T}}$，目标节点［式（3.57）］的混沌轨迹如图 3-3 所示。

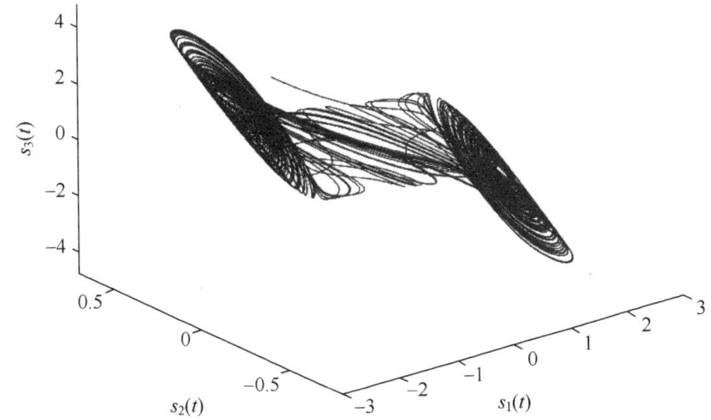

图 3-3　目标节点［式（3.57）］的混沌轨迹

当 $0\leqslant t\leqslant\tau$ 时，脉冲控制 T-S 模糊复杂网络可表示为

$$\begin{cases}\dot{\boldsymbol{x}}_i(t)=\sum\limits_{\varrho=1}^{2}h_\varrho(\boldsymbol{z}(t))[\boldsymbol{A}_\varrho\boldsymbol{x}_i(t)+\boldsymbol{B}_\varrho f(\boldsymbol{x}_i(t))-\\ \qquad\epsilon\sum\limits_{j=1}^{8}|\ell_{ij}|(\boldsymbol{x}_i(t)-\mathrm{sign}(\ell_{ij})\boldsymbol{x}_j(t))], & t\neq t_k\\ \Delta\boldsymbol{x}_i(t_k)=\sum\limits_{\varrho=1}^{2}h_\varrho(\boldsymbol{z}(t))d_i^\varrho[\boldsymbol{x}_i(t)-\omega_i\boldsymbol{s}(t)], & t=t_k\end{cases}\tag{3.58}$$

当 $t>\tau$ 时，有向图 T-S 模糊复杂网络可表示为

$$\begin{cases}\dot{\boldsymbol{x}}_i(t)=\sum\limits_{\varrho=1}^{2}h_\varrho(\boldsymbol{z}(t))[\boldsymbol{A}_\varrho\boldsymbol{x}_i(t)+\boldsymbol{B}_\varrho f(\boldsymbol{x}_i(t))-\\ \qquad\epsilon\sum\limits_{j=1}^{8}|\ell_{ij}|(\boldsymbol{x}_i(t)-\mathrm{sign}(\ell_{ij})\boldsymbol{x}_j(t))+\boldsymbol{u}_i^\varrho(t)]\\ \boldsymbol{u}_i^\varrho(t)=-\lambda_i^\varrho(\boldsymbol{x}_i(t)-\omega_i\boldsymbol{s}(t))-\alpha(\boldsymbol{x}_i(t)-\omega_i\boldsymbol{s}(t))^{\frac{1}{2}+\frac{m_1}{2m_2}+\left(\frac{m_1}{2m_2}-\frac{1}{2}\right)\mathrm{sign}(\psi(t)-1)}-\\ \qquad\beta(\boldsymbol{x}_i(t)-\omega_i\boldsymbol{s}(t))^{\frac{m_3}{m_4}}\end{cases}\tag{3.59}$$

取 $\xi=0.2$，脉冲控制增益 $d_i^1=-0.5$，$d_i^2=-0.3$，可计算出 $\lambda_{\max}^1=19.3439$，$\lambda_{\max}^2=$

23.2416，$\gamma_k=0.49$。根据引理3.2和定理3.1的条件（3），可得脉冲区间上界 $t_{\max}$ 的估计值为

$$t_{\max}=t_k-t_{k-1}\leqslant-\frac{\ln(\xi\gamma_k)}{2\sup\limits_{\varrho\in[1,r]}\{h_\varrho(z(t))\lambda_{\max}^{\varrho}\}}\approx0.05\text{s} \tag{3.60}$$

本节取等距脉冲间隔 $\bar{t}_k=t_k-t_{k-1}=0.01$s。对于第一步，取 $\sigma=5$，则稳定时间 $\tau=t_5=5t_\sigma=0.05$s。对于固定时间控制阶段，取 $\lambda_1^1=\lambda_2^1=\cdots=\lambda_8^1=20$，$\lambda_1^2=\lambda_2^2=\cdots=\lambda_8^2=24$，$\alpha=3$，$\beta=5$，$m_1=5$，$m_2=3$，$m_3=1$，$m_4=3$，耦合强度 $\epsilon=0.2$，$\boldsymbol{x}(0)$ 在 $(-5,5)$ 区间内随机取值，可得第二步的稳定时间为

$$T_{误}=\frac{1}{\varpi}\left(\frac{m_2}{m_1-m_2}+\frac{m_4}{m_4-m_3}\ln\left(1+\frac{\varpi}{\beta}\right)\right)\approx1.7148\text{s} \tag{3.61}$$

式中，$\varpi=\alpha\,(nN)^{(m_2-m_1)/(2m_2)}\,(n=3,N=8)$。

根据定理3.1，可知T-S模糊复杂网络［式（3.56）］在控制器［式（3.3）］的作用下同步于目标节点［式（3.57）］，同步时间 $T=\tau+T_{误}=1.7648$s。图3-4描述了 $\boldsymbol{s}(t)$ 和 $\boldsymbol{x}_i(t)$ 的混沌轨迹，其中，带星号的曲线表示 $s_1(t)$、$s_2(t)$ 和 $s_3(t)$ 的混沌轨迹，不带星号的曲线表示 $x_{i1}(t)$、$x_{i2}(t)$ 和 $x_{i3}(t)$ 的混沌轨迹。由图3-4可知，在T-S模糊复杂网络［式（3.57）］中，所有节点 $x_{i1}(t)$、$x_{i2}(t)$ 和 $x_{i3}(t)$ 都可以同步到两个子集，具有合作关系的节点同步到 $s_1(t)$、$s_2(t)$、$s_3(t)$，具有竞争关系的节点同步到 $-s_1(t)$、$-s_2(t)$、$-s_3(t)$。

从图3-4中可以发现，当 $d_i^1=-0.5$，$d_i^2=-0.3$ 时，脉冲效应是同步脉冲控制。图3-4中的曲线在 $t=0.05$s 之前逐渐衰减。在 $t=0.05$s 之后添加固定时间控制器时，可以在0.168s之前实现同步，这表明真正的收敛时间为0.168s，小于理论结果1.7648s。

接下来，依然在 $0\leqslant t\leqslant\tau$ 阶段采用脉冲控制，在 $t>\tau$ 阶段采用快速固定时间控制。取脉冲控制项 $d_i^1=0.5$，$d_i^2=0.3$，即仿真过程中采用非同步的脉冲控制器。其他参数取值与上述参数取值相同，可得脉冲区间上界 $t_{\max}$ 的估计值为

$$t_{\max}=t_k-t_{k-1}\leqslant-\frac{\ln(\xi\gamma_k)}{2\sup\limits_{\varrho\in[1,r]}\{h_\varrho(z(t))\lambda_{\max}^{\varrho}\}}=0.0172\text{s} \tag{3.62}$$

依然取等距脉冲间隔 $\bar{t}_k=t_k-t_{k-1}=0.01$s。在脉冲控制阶段，取 $\sigma=5$，则时间 $\tau=t_5=5t_\sigma=0.05$s。那么，在非同步脉冲控制和快速固定时间控制的共同作用下，同步曲线如图3-5所示。图3-5显示，曲线在 $t=0.05$s 之前是发散的。然而，在 $t=0.05$s 之后添加固定时间控制器，同步曲线在0.265s之前逐渐实现同步，这表明真正的收敛时间为0.265s，小于理论结果1.7648s，总的收敛时间 $T=\tau+T_{误}$，$T_{误}=1.7148$s。图3-5中带星号的曲线表示 $s_1(t)$、$s_2(t)$ 和 $s_3(t)$ 的混沌轨迹，不带星号的曲线表示 $x_{i1}(t)$、$x_{i2}(t)$ 和 $x_{i3}(t)$ 的混沌轨迹。此外，二部同步意味着所有节点都同步到两个对称的子集中，即部分节点同步到 $s_1(t)$、$s_2(t)$ 和 $s_3(t)$，其他节点同步到 $-s_1(t)$、$-s_2(t)$ 和 $-s_3(t)$。

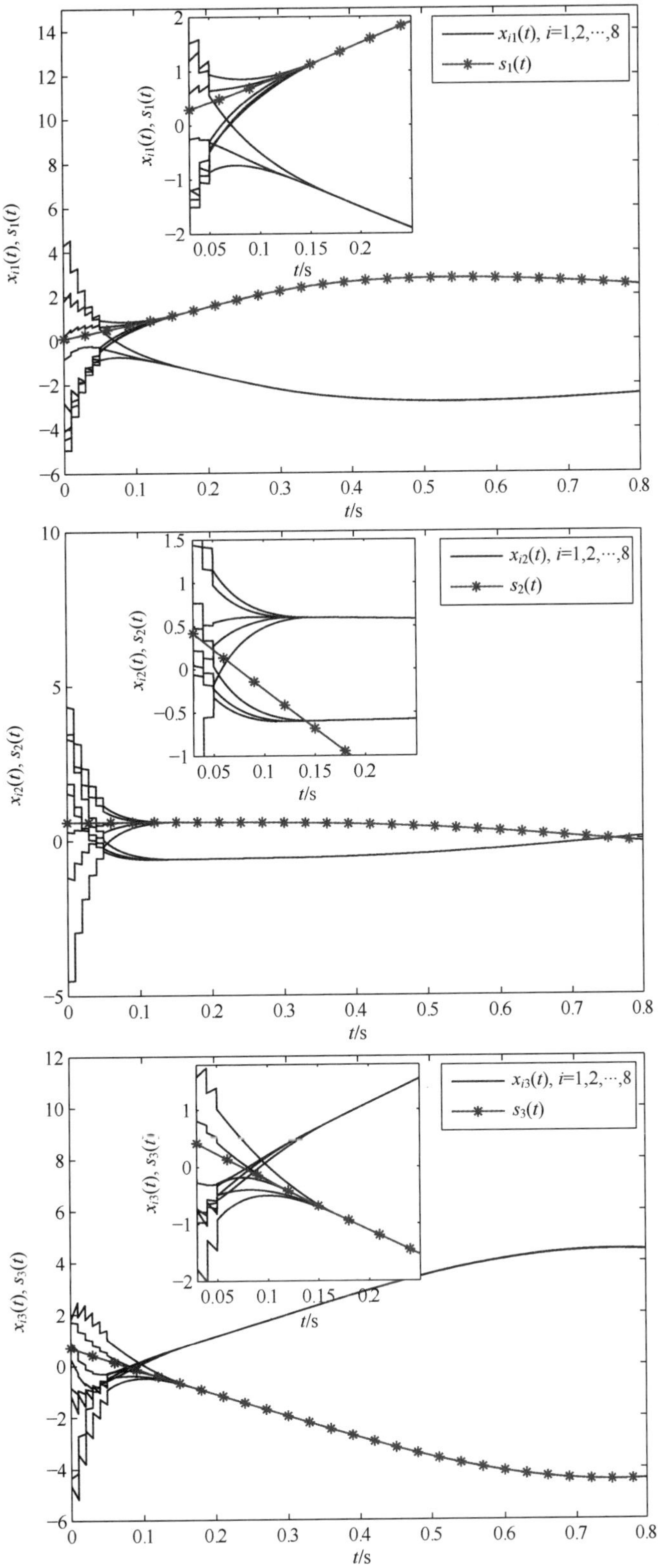

图 3-4　基于同步脉冲控制和快速固定时间控制的状态轨迹

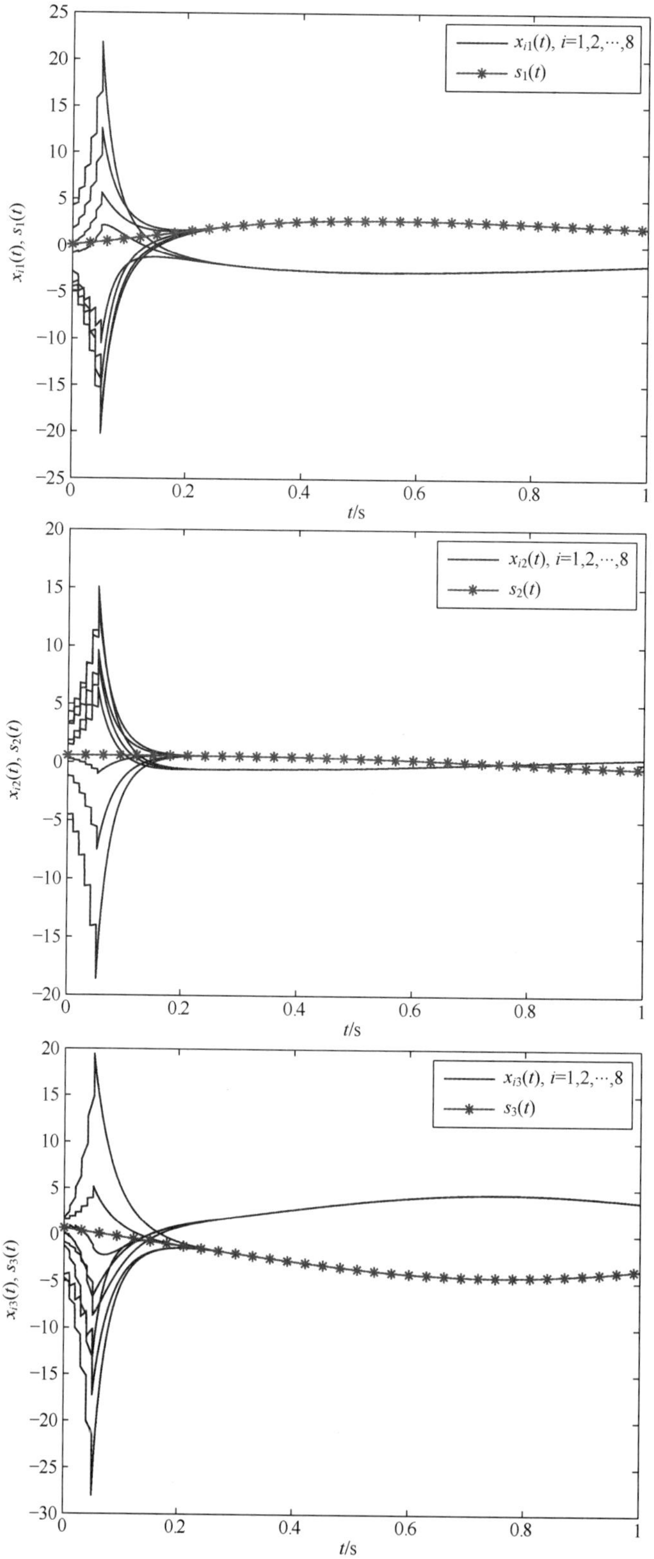

图 3-5　基于非同步脉冲控制和快速固定时间控制的状态轨迹

如果在整个控制过程中，只采用纯脉冲控制器，取脉冲控制增益 $d_i^1=-0.5$，$d_i^2=-0.3$（同步效应），选择与图 3-4 中相同的参数，仿真结果如图 3-6 所示。

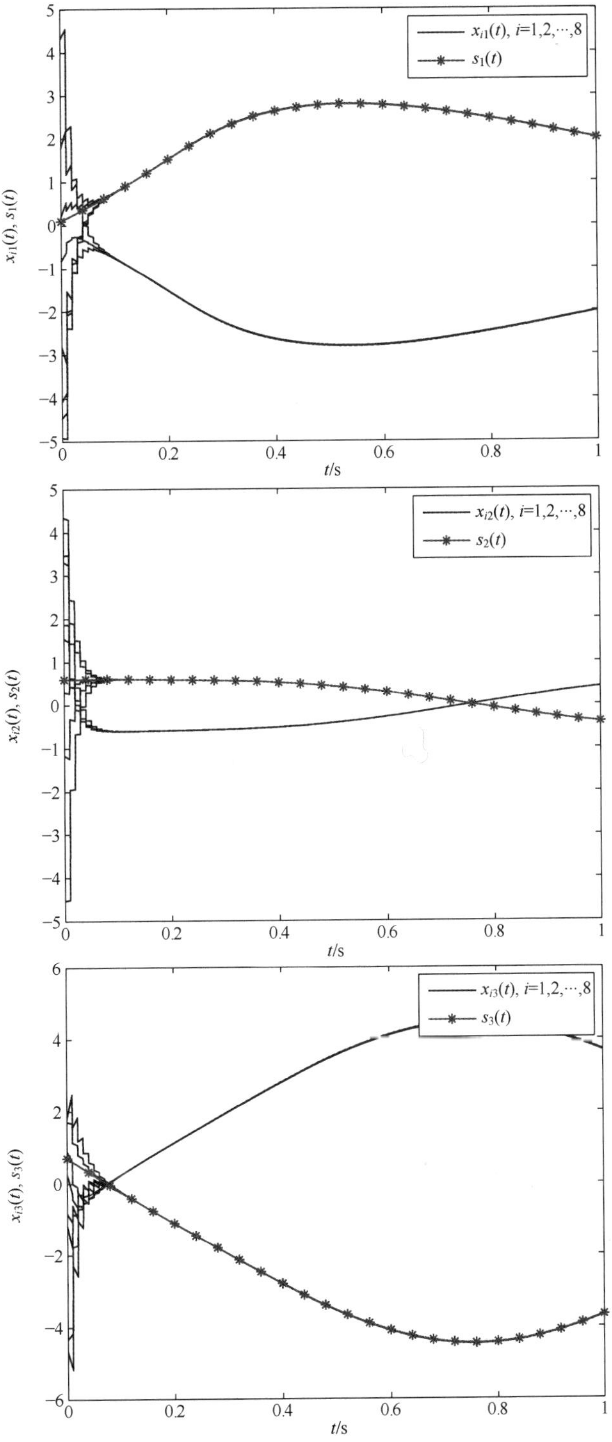

图 3-6　纯脉冲控制下的状态轨迹

接下来，选择快速固定时间二部同步方法来实现同步，并且在整个控制过程中只使用固定时间控制器，且选择与图 3-4 第二阶段相同的参数，则可得稳定时间 $T_{误}=1.7148\mathrm{s}$，仿真结果如图 3-7 所示，由图 3-7 可见同步是逐渐实现的。

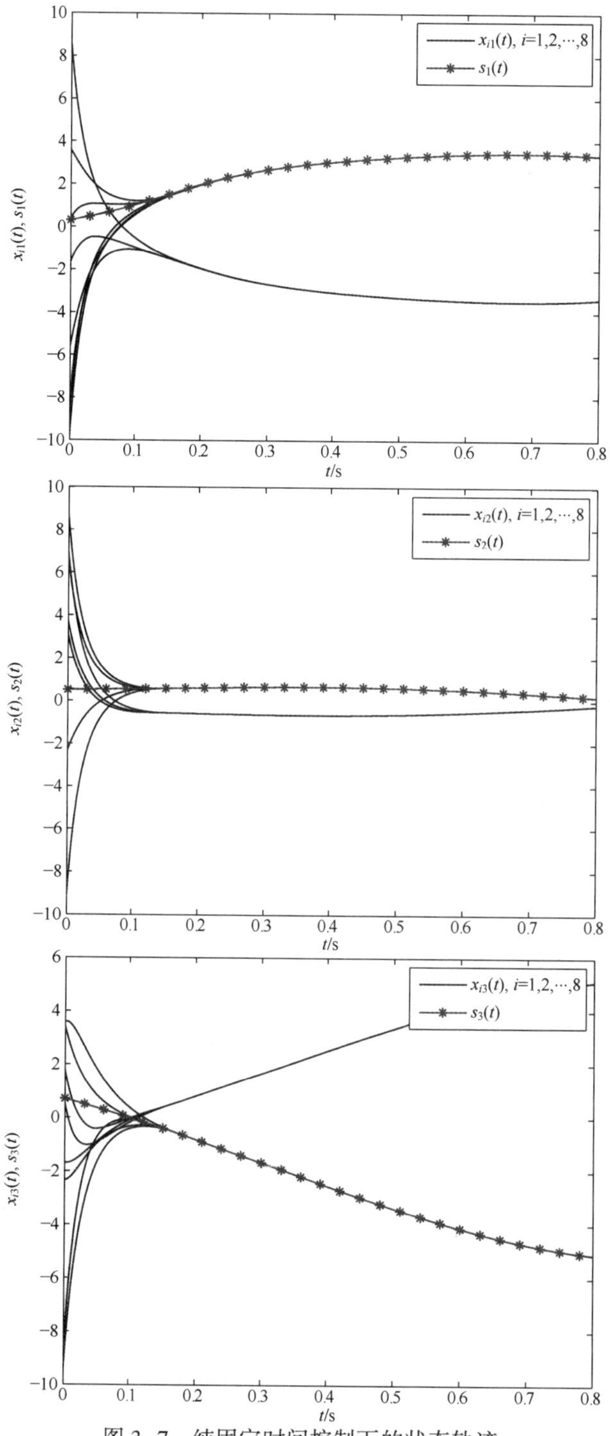

图 3-7　纯固定时间控制下的状态轨迹

3.5　本章小结

本章的控制过程分为脉冲控制阶段和快速固定时间控制阶段，分析了有向图 T-S 模糊复杂网络的快速固定时间二部同步问题。本章的控制方法分为两步，第一步采用脉冲控制，且不要求脉冲控制器具有同步效应，即定理 3.1 中的脉冲控制增益 $|1+d_i^{\varrho}|$ 既可以大于或等于 1，也可以小于 1。如果在控制过程中使用纯脉冲控制，那么脉冲控制增益 $|1+d_i^{\varrho}|$ 应该为 $|1+d_i^{\varrho}|<1$（见推论 3.1）。如果脉冲控制在第一步是非同步脉冲，就可以通过调整固定时间控制器使复杂网络达到同步；如果脉冲控制在第一步是同步脉冲，那么在同步脉冲控制和固定时间控制相结合的情况下，可以得到更快速的同步效果。第二步通过建立比较系统，提出快速固定时间同步准则，来确保误差网络的稳定性。固定时间二部同步的收敛时间是有界的，不依赖于系统的初始状态。

参考文献

[1] ALTAFINI C. Consensus Problems on Networks with Antagonistic Interactions [J]. IEEE Transactions on Automatic Control, 2013, 58 (4): 935-946.

[2] ZHANG L, YANG Y. Bipartite Finite Time Synchronization for General Caputo Fractional-order Impulsive Coupled Networks [J]. Neural Computing and Applications, 2021, 33: 2459-2470.

[3] MU G, LI L, LI X. Quasi-bipartite Synchronization of Signed Delayed Neural Networks under Impulsive Effects [J]. Neural Networks, 2020, 129: 31-42.

[4] ZHAO Y, ZHOU Y, LIU Y, et al. Fixed-time Bipartite Synchronization with a Pre-appointed Settling Time over Directed Cooperative-antagonistic Networks [J]. Automatica, 2021, 123: 109301.

[5] 雷莉．两类时滞复杂网络的有限时间二部同步及其应用 [D]. 重庆：重庆师范大学，2023.

[6] NI J, LIU L, LIU C, et al. Fast Fixed-time Nonsingular Terminal Sliding Mode Control and Its Application to Chaos Suppression in Power System [J]. IEEE Transactions on Circuits and Systems II: Express Briefs, 2017, 64 (2): 151-155.

[7] KHALIL H K. Robust Servomechanism Output Feedback Controllers for Feedback Linearizable Systems [J]. Automatica, 1994, 30 (10): 1587-1599.

[8] BHAT S P, BERNSTEIN D S. Continuous Finite-time Stabilization of the Translational and Rotational Double Integrators [J]. IEEE Transactions on Automatic Control, 1998, 43 (5): 678-682.

第 4 章

基于量化耦合随机复杂网络的预设时间二部同步

4.1 引言

本章主要考虑了具有量化耦合、随机因素、符号图、节点状态不一致的复杂网络，建立了极大值李雅普诺夫函数并设计了相应的量化控制器，该量化控制器不含有线性反馈项，且控制增益能够根据系统误差状态的变化而变化，进而得到相应的预设时间同步结果。随机复杂网络的研究可参见文献［1-2］，文献［1］提出了一个新的理论框架来研究具有随机扰动的复杂网络的有限时间/固定时间同步问题，并且通过设计不同能量参数范围的公共牵制控制器，可以同时实现包含生成树的网络拓扑在概率上的有限时间和固定时间同步。文献［2］利用量化控制方法和固定时间控制策略研究了随机复杂网络的簇同步问题，并通过建立比较系统来对比分析，提出了更优的控制策略。

本章研究的复杂网络节点之间变化速率具有多样性，以及节点间的耦合方式为量化耦合，控制器设计为不含有线性反馈项的预设时间量化控制器，部分控制参数能够随误差系统的状态进行切换。基于设计的极大值李雅普诺夫函数和相应的量化控制器，得到全新的复杂网络预设时间二部同步准则，并且同步时间能够根据实际需求提前指定，然后利用数值模拟来验证了理论结果的有效性。

4.2 模型描述与预备知识

本章研究的复杂网络可描述为

$$\epsilon_i \mathrm{d}\boldsymbol{x}_i(t) = \left[\boldsymbol{A}\boldsymbol{x}_i(t) + \boldsymbol{B}f(\boldsymbol{x}_i(t)) - \delta\sum_{j=1}^{N}|d_{ij}|(\varphi(\boldsymbol{x}_i(t)) - \mathrm{sign}(d_{ij})\varphi(\boldsymbol{x}_j(t))) + \boldsymbol{R}_i(t)\right]\mathrm{d}t + h_i(\boldsymbol{x}_1(t),\boldsymbol{x}_2(t),\cdots,\boldsymbol{x}_N(t))\mathrm{d}\boldsymbol{\omega}(t), \quad i = 1,2,\cdots,N \tag{4.1}$$

式中，ϵ_i 为一个常数，满足 $0<\epsilon_i\leqslant 1$；$\boldsymbol{x}_i(t)=(x_{i1}(t),x_{i2}(t),\cdots,x_{in}(t))^{\mathrm{T}}\in\mathbb{R}^n$，表示状态向量；

$\boldsymbol{A}=(a_{ij})_{n\times n}\in\mathbb{R}^{n\times n}$和$\boldsymbol{B}=(b_{ij})_{n\times n}\in\mathbb{R}^{n\times n}$为常数矩阵；$f(\boldsymbol{x}_i(t))=(f_1(x_{i1}(t)),f_2(x_{i2}(t)),\cdots,f_n(x_{in}(t)))^{\mathrm{T}}\in\mathbb{R}^n$为非线性激活函数；$\delta>0$为耦合强度；$\boldsymbol{D}=(d_{ij})_{N\times N}$为复杂网络［式（4.1）］的符号图$G$的邻接矩阵，满足$d_{ii}=0$，$i\in\mathcal{N}=\{1,2,\cdots,N\}$；如果在节点$j$和$i$之间存在有向连接，那么$d_{ij}>0$或$d_{ij}<0$（$i\neq j$），否则$d_{ij}=0$。$n$维向量$\boldsymbol{\omega}(t)=(\omega_1(t),\omega_2(t),\cdots,\omega_n(t))^{\mathrm{T}}$为定义在$(\Omega,\mathcal{F},\{\mathcal{F}_t\}_{t\geqslant 0},\mathcal{P})$的维纳处理过程，$\omega_i(t)$与$\omega_j(t)$对于$i\neq j$不相关。$h_i(\cdot)\in\mathbb{R}^{n\times n}$为噪声强度函数。在本章中，为方便起见，将$h_i(\boldsymbol{x}_1(t),\boldsymbol{x}_2(t),\cdots,\boldsymbol{x}_N(t))$表示为$h(\boldsymbol{x}(t))$，$x_{i0}$为复杂网络［式（4.1）］的初始值。

本章的目的是获得合适的条件使复杂网络［式（4.1）］中所有的节点同步到以下孤立系统：

$$\mathrm{d}\boldsymbol{s}(t)=[\boldsymbol{A}\boldsymbol{s}(t)+\boldsymbol{B}f(\boldsymbol{s}(t))]\mathrm{d}t \tag{4.2}$$

式中，$\boldsymbol{s}(0)$为该孤立系统的初始值，$\boldsymbol{s}(t)=(s_1(t),s_2(t),\cdots,s_n(t))^{\mathrm{T}}\in\mathbb{R}^n$，$f_i(\boldsymbol{s}(t),\boldsymbol{s}(t),\cdots,\boldsymbol{s}(t))=0$。

以下假设在后面的推导中起着关键作用。

假设 4.1 如果节点集$P=\{p_1,p_2,\cdots,p_n\}$能够表示复杂网络的符号图的所有节点，并且这个节点集可以被分为两个子集P_1、P_2，满足$P_1\cap P_2=\varnothing$，$P_1\cup P_2=P$，并且对于p_i，$p_j\in P_k$，（$k\in\{1,2\}$），有$d_{ij}\geqslant 0$；对于$p_i\in P_k$，$p_j\in P_l$（$k\neq l,k,l\in\{1,2\}$），有$d_{ij}\leqslant 0$，则复杂网络的符号图是结构平衡的，否则就是结构不平衡的。

假设 4.2 非线性函数$f(\cdot)$满足以下不等式：

$$\|f(\boldsymbol{x}_i(t))-f(\boldsymbol{s}(t))\|_2\leqslant\upsilon\|\boldsymbol{x}_i(t)-\boldsymbol{s}(t)\|_2,\ \forall\boldsymbol{x}_i(t),\boldsymbol{s}(t)\in\mathbb{R}^n$$

假设 4.3 $h_i(\cdot)$（$i\in\mathcal{N}$）满足$h_i(-\boldsymbol{x})=-h_i(\boldsymbol{x})$，并且存在$\sigma_{ij}\geqslant 0$（$j\in\mathcal{N}$）使得

$$\mathrm{trace}\{(h_i(\boldsymbol{x}(t))-h_i(\boldsymbol{s}(t)))^{\mathrm{T}}(h_i(\boldsymbol{x}(t))-h_i(\boldsymbol{s}(t)))\}\leqslant$$
$$\sum_{j=1}^{N}\sigma_{ij}(\boldsymbol{x}_j(t)-\boldsymbol{s}(t))^{\mathrm{T}}(\boldsymbol{x}_j(t)-\boldsymbol{s}(t))$$

假设 4.4 存在正常数M_j和K_j使得对$\boldsymbol{s}(t)=(s_1(t),s_2(t),\cdots,s_n(t))^{\mathrm{T}}\in\mathbb{R}^n$，$j=1,2,\cdots,n$，$|f_j(s_j(t))|\leqslant M_j$和$|s_j(t)|\leqslant K_j$成立。

引理 4.1[3] 假设复杂网络［式（4.1）］的符号图是结构平衡的，存在对角矩阵$\boldsymbol{U}=\mathrm{diag}\{u_1,u_2,\cdots,u_N\}$且$u_i\in\{-1,1\}$，使得$\boldsymbol{UDU}=\overline{\boldsymbol{D}}$，其中$\boldsymbol{D}=(d_{ij})_{N\times N}$，$\overline{\boldsymbol{D}}=(u_id_{ij}u_j)_{N\times N}=(|d_{ij}|)_{N\times N}$分别为符号图和无符号图的邻接矩阵。

对于对角矩阵$\boldsymbol{U}=\mathrm{diag}(u_1,u_2,\cdots,u_N)$，其中$u_i\in\{-1,1\}$。在本章中，对于$i\in\mathcal{N}$，如果$p_i\in P_1$，$u_i=1$，否则$u_i=-1$。

引理 4.2[4] 若$\overline{\omega}_1,\overline{\omega}_2,\cdots,\overline{\omega}_n\geqslant 0$，$0<\varsigma_1\leqslant 1$，$\varsigma_2>1$，则以下不等式成立：

$$\sum_{i=1}^{n}\overline{\omega}_i^{\varsigma_1}\geqslant\left(\sum_{i=1}^{n}\overline{\omega}_i\right)^{\varsigma_1},\quad \sum_{i=1}^{n}\overline{\omega}_i^{\varsigma_2}\geqslant n^{1-\varsigma_2}\left(\sum_{i=1}^{n}\overline{\omega}_i\right)^{\varsigma_2}.$$

接下来给出预设时间二部同步的定义。

定义 4.1 如果复杂网络［式（4.1）］的符号图是结构平衡的，且存在一个提前预设

的时间 $\mathcal{T}_p>0$，该时间不依赖于任何系统参数，使得$\lim\limits_{t\to\mathcal{T}_p}\mathcal{E}[\|\boldsymbol{x}_i(t)-u_i\boldsymbol{s}(t)\|_2]=0$ 且对于任意的 $t>\mathcal{T}_p$ 都存在 $\mathcal{E}[\|\boldsymbol{x}_i(t)-u_i\boldsymbol{s}(t)\|_2]\equiv 0$，则称复杂网络［式（4.1）］在预设时间内同步于孤立系统［式（4.2）］。

定义 4.2 考虑随机非线性系统：

$$\mathrm{d}x(t)=f(t,x(t))\mathrm{d}t+\sigma(t,x(t))\mathrm{d}\omega(t)$$

假设 $V(t,x(t))$ 是对 $x(t)$ 二阶连续可导，对 t 一阶连续可导的非负函数，则 $V(t,x(t))$ 沿着该系统的随机微分算子为

$$\mathcal{L}V(t,x(t))=V_t(t,x(t))+V_x(t,x(t))f(t,x(t))+\frac{1}{2}\mathrm{trace}[\sigma(t,x(t))^{\mathrm{T}}V_{xx}(t,x(t))\sigma(t,x(t))]$$

式中，$V_t(t,x(t))=\dfrac{\partial V(t,x(t))}{\partial t}$，$V_x(t,x(t))=\left(\dfrac{\partial V(t,x(t))}{\partial x_1},\dfrac{\partial V(t,x(t))}{\partial x_2},\cdots,\dfrac{\partial V(t,x(t))}{\partial x_n}\right)^{\mathrm{T}}$，$V_{xx}(t,x(t))=\left(\dfrac{\partial^2 V(t,x(t))}{\partial x_i x_j}\right)_{n\times n}$。

4.3 复杂网络的预设时间二部同步

为实现随机复杂网络的预设时间二部同步，建立以下量化控制器：

$$\boldsymbol{R}_i(t)=-\mathcal{X}_1\mathrm{sign}(\varphi(\boldsymbol{x}_i(t)-u_i\boldsymbol{s}(t)))-\frac{\mathcal{T}_d}{\mathcal{T}_p}\mathcal{X}_2(\varphi(\boldsymbol{x}_i(t)-u_i\boldsymbol{s}(t)))^{\rho} \tag{4.3}$$

式中，$\mathcal{X}_1$ 和$\mathcal{X}_2$ 表示可调正常数；如果 $\epsilon_i(\boldsymbol{x}_i(t)-u_i\boldsymbol{s}(t))^{\mathrm{T}}(\boldsymbol{x}_i(t)-u_i\boldsymbol{s}(t))>1$，那么 $\rho=\dfrac{r_1}{r_2}$，否则 $\rho=\dfrac{r_3}{r_4}$，其中，$r_1>r_2$，$r_3<r_4$，均为奇数；$\mathcal{T}_p$ 为提前指定的预设时间且 $\mathcal{T}_p\leqslant\mathcal{T}_d$。$\mathcal{T}_d=\dfrac{2r_4}{\aleph(r_4-r_3)}\ln\dfrac{\mathcal{X}}{\mathcal{X}-\aleph}+\dfrac{2r_2}{(\bar{\mathcal{X}}-\aleph)(r_1-r_2)}$，其中$\mathcal{X}=2\mathcal{X}_2(1-\varsigma)$，$\bar{\mathcal{X}}=2\mathcal{X}_2(1-\varsigma)^{\frac{r_1}{r_2}}n^{\frac{r_2-r_1}{2r_2}}$，$\aleph=\dfrac{2}{\epsilon_{\min}}(\|\boldsymbol{A}\|_2+v\|\boldsymbol{B}\|_2+\delta(1+\varsigma)\max\limits_{i\in\mathcal{N}}\{\bar{w}_{ii}\})+\dfrac{N}{\epsilon_{\min}}(\epsilon_{\max}\sigma_{\max}+2\delta(1+\varsigma)\max\limits_{i\in\mathcal{N}}\{\bar{w}_{ii}\})$，$\epsilon_{\min}=\min\limits_{i\in\mathcal{N}}\{\epsilon_i\}$，$\epsilon_{\max}=\max\limits_{i\in\mathcal{N}}\{\epsilon_i\}$，$\sigma_{\max}=\max\limits_{i\in\mathcal{N},j\in\mathcal{N}}\{\sigma_{ij}\}$。

注 4.1 很明显，本章中的量化控制器与文献［5］、文献［6］中设计的不同。在本章中，部分控制参数能够随着误差系统的变化而变化，控制成本的同时效率得到提升。值得注意的是，在文献［7］中，作者设计的控制器是 $\boldsymbol{R}_i(t)=-\xi_i\boldsymbol{s}_i(t)-(1-\epsilon_i)\eta_i\mathrm{sign}(\boldsymbol{s}_i(t))-\alpha\mathrm{diag}(\mathrm{sign}(\boldsymbol{s}_i(t))|\boldsymbol{s}_i(t)|^k-\beta\boldsymbol{s}_i^{\frac{r_3}{r_4}}(t)$，它包括线性部分$-\xi_i\boldsymbol{s}_i(t)$。事实上，这部分不是必要的。本章设计的量化控制器不包含线性项，这使得在实践中更容易实现。注意到文献［5］、文献［8］的控制器不包含线性部分，但它们的控制参数不能有效地响应系统的变化。与上述控制器相比，本章设计的量化控制器更加简单有效。

假设 $\boldsymbol{W}=(w_{ij})_{N\times N}$ 表示符号图 G 的拉普拉斯矩阵，则可以得到 $w_{ij}=-d_{ij}$，$i\neq j$ 且 $w_{ii}=\sum_{j=1,j\neq i}^{N}|d_{ij}|$。很明显，如果存在 $d_{ij}<0$，那么就不能保证矩阵 $\boldsymbol{W}$ 的行和为 0，这意味着符号图的拉普拉斯矩阵与无符号图的拉普拉斯矩阵不同。更进一步可以推导出

$$\epsilon_i \mathrm{d}\boldsymbol{x}_i(t)=\left[\boldsymbol{A}\boldsymbol{x}_i(t)+\boldsymbol{B}f(\boldsymbol{x}_i(t))-\delta\sum_{j=1}^{N}w_{ij}\varphi(\boldsymbol{x}_j(t))+\boldsymbol{R}_i(t)\right]\mathrm{d}t+h_i(\boldsymbol{x}(t))\mathrm{d}\boldsymbol{\omega}(t)$$

为了进一步推导，定义 $\overline{\boldsymbol{D}}=(\bar{d}_{ij})_{N\times N}=(|d_{ij}|)_{N\times N}$。根据假设 4.1 和引理 4.1，令 $\overline{G}$ 和 $\overline{\boldsymbol{W}}=(\overline{w}_{ij})_{N\times N}$ 分别代表矩阵 $\overline{\boldsymbol{D}}$ 的图和拉普拉斯矩阵。很明显，$\overline{G}$ 是一个无符号图，$\overline{\boldsymbol{W}}$ 是一个行和为零的矩阵。由于 $f_j(\cdot)$ 和 $h_i(\cdot)$ 是奇函数，令 $\bar{\boldsymbol{x}}_i(t)=u_i\boldsymbol{x}_i(t)$，可以得到 $u_if(\boldsymbol{x}_i(t))=f(\bar{\boldsymbol{x}}_i(t))$ 和 $u_ih_i(\boldsymbol{x}_i(t))=h(\bar{\boldsymbol{x}}_i(t))$。此外，$\varphi(\cdot)$ 明显是一个奇函数，经推导可得

$$\begin{aligned}\epsilon_i \mathrm{d}\,\bar{\boldsymbol{x}}_i(t)=&\left[\boldsymbol{A}\,\bar{\boldsymbol{x}}_i(t)+\boldsymbol{B}f(\bar{\boldsymbol{x}}_i(t))-\delta\sum_{j=1}^{N}\overline{w}_{ij}\varphi(\bar{\boldsymbol{x}}_j(t))-\chi_1\mathrm{sign}(\varphi(\bar{\boldsymbol{x}}_i(t)-\boldsymbol{s}(t)))-\right.\\&\left.\frac{\mathcal{T}_d}{\mathcal{T}_p}\chi_2(\varphi(\bar{\boldsymbol{x}}_i(t)-\boldsymbol{s}(t)))^{\rho}\right]\mathrm{d}t+h_i(\bar{\boldsymbol{x}}(t))\mathrm{d}\boldsymbol{\omega}(t)\end{aligned}$$

令 $\boldsymbol{e}_i(t)=\bar{\boldsymbol{x}}_i(t)-\boldsymbol{s}(t)$，可以得到相应的误差系统为

$$\begin{aligned}\epsilon_i \mathrm{d}\boldsymbol{e}_i(t)=&\left[\boldsymbol{A}\boldsymbol{e}_i(t)+\boldsymbol{B}g(\boldsymbol{e}_i(t))-\delta\sum_{j=1}^{N}\overline{w}_{ij}\,\overline{\varphi}(\boldsymbol{e}_j(t))+(1-\epsilon_i)\boldsymbol{A}\boldsymbol{s}(t)+(1-\epsilon_i)\boldsymbol{B}f(\boldsymbol{s}(t))-\right.\\&\left.\chi_1\mathrm{sign}(\varphi(\boldsymbol{e}_i(t)))-\frac{\mathcal{T}_d}{\mathcal{T}_p}\chi_2(\varphi(\boldsymbol{e}_i(t))^{\rho}\right]\mathrm{d}t+\bar{h}_i(\boldsymbol{e}(t))\mathrm{d}\boldsymbol{\omega}(t)\end{aligned} \tag{4.4}$$

式中，$g(\boldsymbol{e}_i(t))=f(\bar{\boldsymbol{x}}_i(t))-f(\boldsymbol{s}(t))$，$\overline{\varphi}(\boldsymbol{e}_j(t))=\varphi(\boldsymbol{x}_j(t))-\varphi(\boldsymbol{s}(t))$，$\bar{h}_i(\boldsymbol{e}(t))=h_i(\bar{\boldsymbol{x}}(t))-h_i(\boldsymbol{s}(t),\boldsymbol{s}(t),\cdots,\boldsymbol{s}(t))$。

定理 4.1　若假设 4.1~假设 4.4 满足，在量化控制器［式（4.3）］的作用下，若控制参数能满足下列条件

$$\chi_1\geqslant 4\delta\varsigma K_{\max}\max_{i\in\mathcal{N}}\{\overline{w}_{ii}\}+(1-\epsilon_{\min})(\|\boldsymbol{A}\|_1+\|\boldsymbol{B}\|_1)\sum_{j=1}^{n}(K_j+M_j) \tag{4.5}$$

$$\bar{\chi}\geqslant\aleph \tag{4.6}$$

式中，$K_{\max}=\max_{j\in\{1,2,\cdots,n\}}\{K_j\}$，$\aleph$ 在量化控制器［式（4.3）］中已经给出。则可认为随机复杂网络［式（4.1）］能在预设时间内二部同步于误差系统［式（4.4）］，此外，预设时间为 $\mathcal{T}_p$。

证明：考虑以下李雅普诺夫函数：

$$\mathcal{V}(t)=\max_{i\in\mathcal{N}}\{\mathcal{V}_i(t)\}$$

式中，$\mathcal{V}_i(t)=\epsilon_i\boldsymbol{e}_i^{\mathrm{T}}(t)\boldsymbol{e}_i(t)$，根据定义 4.2，对 $\mathcal{V}$ 求导，并对两边求期望，可得

$$\mathcal{E}[\mathrm{d}\mathcal{V}_i(t)]=\mathcal{E}\left[2\boldsymbol{e}_i^{\mathrm{T}}\left[\boldsymbol{A}\boldsymbol{e}_i(t)+\boldsymbol{B}g(\boldsymbol{e}_i(t))-\delta\sum_{j=1}^{N}\overline{w}_{ij}\,\overline{\varphi}(\boldsymbol{e}_j(t))+(1-\epsilon_i)\boldsymbol{A}\boldsymbol{s}(t)+\right.\right.$$

$$(1-\epsilon_i)\boldsymbol{B}f(\boldsymbol{s}(t))-\chi_1\mathrm{sign}(\varphi(\boldsymbol{e}_i(t)))-\frac{\mathcal{T}_d}{\mathcal{T}_p}\chi_2\varphi(\boldsymbol{e}_i(t))^{\rho}\Big]\mathrm{d}t+ \tag{4.7}$$

$$\epsilon_i\mathrm{trace}((\bar{h}(\boldsymbol{e}(t)))^{\mathrm{T}}\bar{h}(\boldsymbol{e}(t)))\mathrm{d}t\Big]$$

根据假设 4.2，可得

$$\|g(\boldsymbol{e}_i(t))\|_2\leqslant\boldsymbol{v}\|\boldsymbol{e}_i(t)\|_2 \tag{4.8}$$

根据假设 4.3，可得

$$\mathrm{trace}((\bar{h}(\boldsymbol{e}_i(t)))^{\mathrm{T}}\bar{h}(\boldsymbol{e}_i(t)))\leqslant\sum_{j=1}^{N}\boldsymbol{\sigma}_{ij}\boldsymbol{e}_j(t)^{\mathrm{T}}\boldsymbol{e}_j(t) \tag{4.9}$$

根据假设 4.4，可得

$$\begin{aligned}\boldsymbol{e}_i^{\mathrm{T}}(t)[\boldsymbol{A}\boldsymbol{s}(t)+\boldsymbol{B}f(\boldsymbol{s}(t))]&=\sum_{l=1}^{n}\sum_{j=1}^{n}(\boldsymbol{s}_l(t)a_{jl}+f_l(\boldsymbol{s}_l(t))b_{jl})e_{ij}(t)\\&\leqslant(\|\boldsymbol{A}\|_1+\|\boldsymbol{B}\|_1)\sum_{j=1}^{n}(K_j+M_j)\|\boldsymbol{e}_i(t)\|_1\end{aligned} \tag{4.10}$$

接下来，处理以下不等式

$$\begin{aligned}&-2\delta\boldsymbol{e}_i^{\mathrm{T}}(t)\sum_{j=1}^{N}\bar{w}_{ij}\bar{\varphi}(\boldsymbol{e}_i(t))\\=&-2\delta\boldsymbol{e}_i^{\mathrm{T}}(t)\sum_{j=1}^{N}\bar{w}_{ij}((\boldsymbol{I}_n+\boldsymbol{\Delta}_j)\boldsymbol{x}_j(t)-(\boldsymbol{I}_n+\bar{\boldsymbol{\Delta}})\boldsymbol{s}(t))\\=&-2\delta\boldsymbol{e}_i^{\mathrm{T}}(t)\sum_{j=1}^{N}\bar{w}_{ij}(\boldsymbol{I}_n+\boldsymbol{\Delta}_j)\boldsymbol{e}_j(t)-2\delta\boldsymbol{e}_i^{\mathrm{T}}(t)\sum_{j=1}^{N}\bar{w}_{ij}((\boldsymbol{I}_n+\boldsymbol{\Delta}_j)-((\boldsymbol{I}_n+\bar{\boldsymbol{\Delta}}))\boldsymbol{s}(t)\\\leqslant&\ 2\delta(1+\varsigma)\sum_{j=1}^{N}|\bar{w}_{ij}|\|\boldsymbol{e}_i(t)\|_2\|\boldsymbol{e}_j(t)\|_2+4\delta\varsigma K_{\max}\sum_{j=1}^{N}|\bar{w}_{ij}|\|\boldsymbol{e}_i(t)\|_1\\\leqslant&\ \delta(1+\varsigma)\sum_{j=1}^{N}|\bar{w}_{ij}|(\|\boldsymbol{e}_i(t)\|_2^2+\|\boldsymbol{e}_j(t)\|_2^2)+8\delta\varsigma K_{\max}\bar{w}_{ii}\|\boldsymbol{e}_i(t)\|_1,\end{aligned} \tag{4.11}$$

式中，$\boldsymbol{\Delta}_j=\mathrm{diag}(\Delta_{j1},\Delta_{j2},\cdots,\Delta_{jn})$，$\Delta_{jl}\in[-\varsigma,\varsigma)$，$\bar{\boldsymbol{\Delta}}=\mathrm{diag}(\bar{\Delta}_1,\bar{\Delta}_2,\cdots,\bar{\Delta}_n)$，且$\bar{\Delta}_l\in[-\varsigma,\varsigma)$，$l=1,2,\cdots,n$。由式（4.7）~式（4.11），可得

$$\begin{aligned}\mathcal{E}\left[\frac{\mathrm{d}\mathcal{V}_i(t)}{\mathrm{d}t}\right]\leqslant\mathcal{E}\Bigg[\Bigg[&2\|\boldsymbol{A}\|_2\|\boldsymbol{e}_i(t)\|_2^2+2v\|\boldsymbol{B}\|_2\|\boldsymbol{e}_i(t)\|_2^2+\\&\delta(1+\varsigma)\sum_{j=1}^{N}|\bar{w}_{ij}|(\|\boldsymbol{e}_i(t)\|_2^2+\|\boldsymbol{e}_j(t)\|_2^2)+8\delta\varsigma K_{\max}\bar{w}_{ii}\|\boldsymbol{e}_i(t)\|_1)+\\&2(1-\epsilon_i)(\|\boldsymbol{A}\|_1+\|\boldsymbol{B}\|_1)\sum_{j=1}^{n}(K_j+M_j)\|\boldsymbol{e}_i(t)\|_1-\\&2\chi_1\|\boldsymbol{e}_i(t)\|_1-2\frac{\mathcal{T}_d}{\mathcal{T}_p}\chi_2(1-\varsigma)^{\rho}\boldsymbol{e}_i^{\mathrm{T}}(t)\boldsymbol{e}_i^{\rho}(t)\Bigg]+\epsilon_i\sum_{j=1}^{N}\boldsymbol{\sigma}_{ij}\|\boldsymbol{e}_j(t)\|_2^2\Bigg]\end{aligned}$$

$$\leqslant \mathcal{E}\Big[2\|\boldsymbol{A}\|_2 + 2v\|\boldsymbol{B}\|_2 + \delta(1+\varsigma)\sum_{j=1}^{N}|\bar{w}_{ij}|)\|\boldsymbol{e}_i(t)\|_2^2 + \tag{4.12}$$

$$\frac{\epsilon_{\max}\sigma_{\max}}{\epsilon_{\min}}\sum_{j=1}^{N}\epsilon_j\|\boldsymbol{e}_j(t)\|_2^2 + \frac{2}{\epsilon_{\min}}\delta(1+\varsigma)\bar{w}_{ii}\sum_{j=1}^{N}\epsilon_j\|\boldsymbol{e}_j(t)\|_2^2 +$$

$$2(4\delta\varsigma K_{\max}\bar{w}_{ii} + (1-\epsilon_{\min})(\|\boldsymbol{A}\|_1 + \|\boldsymbol{B}\|_1)\sum_{j=1}^{n}(K_j + M_j) - \chi_1)\|\boldsymbol{e}_i(t)\|_1 -$$

$$2\frac{\mathcal{T}_d}{\mathcal{T}_p}\chi_2(1-\varsigma)^{\rho}\boldsymbol{e}_i^{\mathrm{T}}(t)\boldsymbol{e}_i^{\rho}(t)\Big]$$

根据式（4.5）和不等式（4.12），可得

$$\mathcal{E}\left[\frac{\mathrm{d}\mathcal{V}_i(t)}{\mathrm{d}t}\right] \leqslant \mathcal{E}[\varpi\epsilon_i\boldsymbol{e}_i^{\mathrm{T}}(t)\boldsymbol{e}_i(t) + \gamma\max_{j\in\mathcal{N}}\{\epsilon_j\boldsymbol{e}_j^{\mathrm{T}}(t)\boldsymbol{e}_j(t)\} - 2\frac{\mathcal{T}_d}{\mathcal{T}_p}\chi_2(1-\varsigma)^{\rho}\boldsymbol{e}_i^{\mathrm{T}}(t)\boldsymbol{e}_i^{\rho}(t)] \tag{4.13}$$

式中

$$\varpi = \frac{2}{\epsilon_{\min}}(\|\boldsymbol{A}\|_2 + v\|\boldsymbol{B}\|_2 + \delta(1+\varsigma)\max\{\bar{w}_{\kappa\kappa}\})$$

$$\gamma = N\left(\frac{\epsilon_{\max}\sigma_{\max}}{\epsilon_{\min}} + \frac{2}{\epsilon_{\min}}\delta(1+\varsigma)\max_{\kappa\in\mathcal{N}}\{\bar{w}_{\kappa\kappa}\}\right)$$

接下来根据 $\epsilon_i\boldsymbol{e}_i^{\mathrm{T}}(t)\boldsymbol{e}_i(t)$ 的值来进行分析，当 $\epsilon_i\boldsymbol{e}_i^{\mathrm{T}}(t)\boldsymbol{e}_i(t)>1$，$\rho=\frac{r_1}{r_2}$。根据引理 4.2，可得

$$\begin{aligned}
-2\frac{\mathcal{T}_d}{\mathcal{T}_p}\chi_2(1-\varsigma)^{\rho}\boldsymbol{e}_i^{\mathrm{T}}(t)\boldsymbol{e}_i^{\rho}(t) &= -2\frac{\mathcal{T}_d}{\mathcal{T}_p}\chi_2(1-\varsigma)^{\frac{r_1}{r_2}}\sum_{j=1}^{n}e_{ij}^{\frac{r_1+r_2}{r_2}}(t) \\
&\leqslant -2\frac{\mathcal{T}_d}{\mathcal{T}_p}\chi_2(1-\varsigma)^{\frac{r_1}{r_2}}n^{\frac{r_2-r_1}{2r_2}}(\boldsymbol{e}_i^{\mathrm{T}}(t)\boldsymbol{e}_i(t))^{\frac{r_1+r_2}{2r_2}} \\
&\leqslant -2\frac{\mathcal{T}_d}{\mathcal{T}_p}\chi_2(1-\varsigma)^{\frac{r_1}{r_2}}n^{\frac{r_2-r_1}{2r_2}}(\epsilon_i\boldsymbol{e}_i^{\mathrm{T}}(t)\boldsymbol{e}_i(t))^{\frac{r_1+r_2}{2r_2}}
\end{aligned} \tag{4.14}$$

当 $\epsilon_i\boldsymbol{e}_i^{\mathrm{T}}(t)\boldsymbol{e}_i(t)\leqslant 1$ 时，$\rho=\frac{r_3}{r_4}$，同样根据引理 4.2，不难得到

$$-2\frac{\mathcal{T}_d}{\mathcal{T}_p}\chi_2(1-\varsigma)^{\rho}\boldsymbol{e}_i^{\mathrm{T}}(t)\boldsymbol{e}_i^{\rho}(t) \leqslant -2\frac{\mathcal{T}_d}{\mathcal{T}_p}\chi_2(1-\varsigma)(\epsilon_i\boldsymbol{e}_i^{\mathrm{T}}(t)\boldsymbol{e}_i(t))^{\frac{r_3+r_4}{2r_4}} \tag{4.15}$$

根据 $\mathcal{V}(t)$ 的定义，那么存在一个函数 $\vartheta(t):\mathbb{R}^+\cup\{0\}\to 1,2,\cdots,N$，使得

$$\mathcal{V}(t) = \mathcal{V}_{\vartheta(t)}(t) = \max_{i\in\mathcal{N}}\{\mathcal{V}_i(t)\}$$

根据式（4.13）~式（4.15），可得

$$\mathcal{E}\left[\frac{\mathrm{d}\mathcal{V}(t)}{\mathrm{d}t}\right] = \mathcal{E}\left[\frac{\mathrm{d}\mathcal{V}_{\vartheta(t)}(t)}{\mathrm{d}t}\right]$$

$$\leqslant\begin{cases}\mathcal{E}\left[\varpi\mathcal{V}_{\vartheta(t)}(t)+\gamma\mathcal{V}_{\vartheta(t)}(t)-2\dfrac{\mathcal{T}_d}{\mathcal{T}_p}\chi_2(1-\varsigma)^{\frac{r_1}{r_2}}n^{\frac{r_2-r_1}{2r_2}}\mathcal{V}_{\vartheta(t)}^{\frac{r_1+r_2}{2r_2}}\right], & \mathcal{V}_\vartheta(t)>1\\ \mathcal{E}\left[\varpi\mathcal{V}_{\vartheta(t)}(t)+\gamma\mathcal{V}_{\vartheta(t)}(t)-2\dfrac{\mathcal{T}_d}{\mathcal{T}_p}\chi_2(1-\varsigma)\mathcal{V}_{\vartheta(t)}^{\frac{r_3+r_4}{2r_4}}\right], & \mathcal{V}_\vartheta(t)\leqslant 1\end{cases} \tag{4.16}$$

$$=\begin{cases}\mathcal{E}\left[\varpi\mathcal{V}(t)+\gamma\mathcal{V}(t)-2\dfrac{\mathcal{T}_d}{\mathcal{T}_p}\chi_2(1-\varsigma)^{\frac{r_1}{r_2}}n^{\frac{r_2-r_1}{2r_2}}\mathcal{V}^{\frac{r_1+r_2}{2r_2}}(t)\right], & \mathcal{V}(t)>1\\ \mathcal{E}\left[\varpi\mathcal{V}(t)+\gamma\mathcal{V}(t)-2\dfrac{\mathcal{T}_d}{\mathcal{T}_p}\chi_2(1-\varsigma)\mathcal{V}^{\frac{r_3+r_4}{2r_4}}(t)\right], & \mathcal{V}(t)\leqslant 1\end{cases}$$

因为 $\mathcal{T}_d\geqslant\mathcal{T}_p$，所以

$$\mathcal{E}\left[\frac{\mathrm{d}\mathcal{V}(t)}{\mathrm{d}t}\right]\leqslant\begin{cases}\dfrac{\mathcal{T}_d}{\mathcal{T}_p}(\aleph\mathcal{E}[\mathcal{V}(t)]-\bar{\chi}\mathcal{E}[\mathcal{V}^{\frac{r_1+r_2}{2r_2}}(t)]), & \mathcal{V}(t)>1\\ \dfrac{\mathcal{T}_d}{\mathcal{T}_p}(\aleph\mathcal{E}[\mathcal{V}(t)]-\chi\mathcal{E}[\mathcal{V}^{\frac{r_3+r_4}{2r_4}}(t)]), & \mathcal{V}(t)\leqslant 1\end{cases} \tag{4.17}$$

取 $\theta_1=\dfrac{r_1+r_2}{2r_2}$，$\theta_2=\dfrac{r_3+r_4}{2r_4}$。建立以下比较系统

$$\begin{cases}\dfrac{\mathrm{d}v(t)}{\mathrm{d}t}=\begin{cases}\dfrac{\mathcal{T}_d}{\mathcal{T}_p}(\aleph v(t)-\bar{\chi}v^{\theta_1}(t)), & v(t)>1\\ \dfrac{\mathcal{T}_d}{\mathcal{T}_p}(\aleph v(t)-\chi v^{\theta_2}(t)), & 0<v(t)\leqslant 1\\ 0, & v(t)=0\end{cases}\\ v(0)=\mathcal{E}[\mathcal{V}(0)]\end{cases} \tag{4.18}$$

从式（4.17）和式（4.18）可以看出，如果存在 $\mathcal{T}$ 满足当 $t=\mathcal{T}$ 时，$v(t)=0$，并且对于 $t>\mathcal{T}$，有 $v(t)\equiv 0$，那么对于 $t=\mathcal{T}$，有 $\mathcal{E}[\mathcal{V}(t)]=0$ 成立，当 $t>\mathcal{T}$ 时，$\mathcal{E}[\mathcal{V}(t)]\equiv 0$ 成立。这就意味着实现了在时间 $\mathcal{T}$ 内实现了同步。且同步时间可以由下列式子估计

$$\begin{aligned}\mathcal{T}&=\int_{+\infty}^{1}\frac{1}{\dfrac{\mathcal{T}_d}{\mathcal{T}_p}(\aleph v-\bar{\chi}v^{\theta_1}(t))}\mathrm{d}v+\int_{1}^{0}\frac{1}{\dfrac{\mathcal{T}_d}{\mathcal{T}_p}(\aleph v-\chi v^{\theta_2}(t))}\mathrm{d}v\\ &\leqslant\frac{\mathcal{T}_p}{\mathcal{T}_d}\left(\int_{+\infty}^{1}\frac{1}{(\aleph-\bar{\chi})v^{\theta_1}(t)}\mathrm{d}v+\int_{1}^{0}\frac{1}{\aleph v-\chi v^{\theta_2}}\mathrm{d}v(t)\right)\end{aligned}$$

根据式（4.6），可以分成两部分进行计算

（1）当 $v\in(1,+\infty)$ 时，有

$$\int_{+\infty}^{1}\frac{1}{(\aleph-\bar{\chi})v^{\theta_1}(t)}\mathrm{d}v=\frac{1}{(\bar{\chi}-\aleph)(\theta_1-1)}$$

（2）当 $v\in(0,1]$ 时，利用变量替换，令 $z=v^{1-\theta_2}$，那么有

$$\int_{1}^{0}\frac{1}{\aleph v-\chi v^{\theta_2}(t)}\mathrm{d}v=\frac{1}{1-\theta_2}\int_{0}^{1}\frac{1}{-\aleph z+\chi}\mathrm{d}z=\frac{1}{\aleph(1-\theta_2)}\ln\frac{\chi}{\chi-\aleph}.$$

根据（1）和（2），并且根据 $\mathcal{T}_d$ 的值，可以得到 $\mathcal{T}=\mathcal{T}_p$，且 $\mathcal{T}_p$ 是根据实际需求给出的。根据定义 4.1，可以得到在量化控制器［式（4.3）］的作用下实现了随机复杂网络的预设时间二部同步。

注 4.2　与文献［9］、文献［10］相比，同样考虑了具有符号图复杂网络的二部同步问题，但是本章进一步探究了量化耦合和运动状态不一致的复杂网络，所设计的控制器能够根据系统误差进行改变，这意味着能进一步减少控制花费，并且实现了随机复杂网络的预设时间二部同步，这在实际应用中比固定时间二部同步更有意义。

注 4.3　目前现有的大多数关于固定时间和预设时间二部同步的结果都是直接基于 1-范数或 2-范数的误差系统之和形式的李雅普诺夫函数，这意味他们的同步结果依赖于节点的数量。在本章的推导过程中，采用了极大值李雅普诺夫函数形式，得到的同步结果不取决于节点的数量。

4.4　数值仿真

本节将给出一个例子来验证理论结果的正确性。考虑由 8 个节点组成的符号图复杂网络。符号图中取 $P_1=\{1,2,\cdots,5\}$，$P_2=\{6,7,8\}$ 满足假设 4.1，可以得到 $\boldsymbol{U}=\mathrm{diag}\{1,1,1,1,1,-1,-1,-1\}$。

考虑孤立系统［式（4.2）］为如下形式

$$\dot{\boldsymbol{s}}(t)=\boldsymbol{A}\boldsymbol{s}(t)+\boldsymbol{B}f(\boldsymbol{s}(t)) \tag{4.19}$$

式中，$\boldsymbol{s}(t)$ 是一个三维向量，$\boldsymbol{s}(t)=(s_1(t),s_2(t),s_3(t))^{\mathrm{T}}$，$f(\boldsymbol{s}(t))=\left(\frac{1}{2}\tanh(s_1(t)),\frac{1}{2}\tanh(s_2(t)),\frac{1}{2}\tanh(s_3(t))\right)^{\mathrm{T}}$，且

$$\boldsymbol{A}=\begin{bmatrix}-1 & 4 & 0\\ 0.4 & -0.4 & 0.5\\ 0 & -6.3 & 0\end{bmatrix},\quad \boldsymbol{B}=\begin{bmatrix}3.5 & 0 & 0\\ 0 & 0 & 0\\ 0 & 0 & 0\end{bmatrix}$$

很明显，取 $v=0.5$ 假设 4.2 成立。图 4-1 展示了初始值 $\boldsymbol{s}(0)=(0.2,-0.3,0.1)^{\mathrm{T}}$ 的孤立系统［式（4.19）］的混沌轨迹。此外，根据假设 4.2，每个节点状态是有界的，其中 $|s_1(t)|\leqslant 2.5024$，$|s_2(t)|\leqslant 0.4926$，$|s_3(t)|\leqslant 3.1368$。同理可得 $|f_1(u_1(t))|\leqslant 0.5$，$|f_2(u_2(t))|\leqslant 0.5$，$|f_3(u_3(t))|\leqslant 0.5$。令 $K_1=2.5024$，$K_2=0.4926$，$K_3=3.1368$，$M_1=0.5$，$M_2=0.5$，$M_3=0.5$，假设 4.4 成立。

考虑具有量化耦合的复杂网络

$$\begin{aligned}\epsilon_i\mathrm{d}\boldsymbol{x}_i(t)=\Big[&\boldsymbol{A}\boldsymbol{x}_i(t)+\boldsymbol{B}f(\boldsymbol{x}_i(t))+\delta\sum_{j=1}^{8}|d_{ij}|(\varphi(\boldsymbol{x}_i(t))-\\&\mathrm{sign}(d_{ij})\varphi(\boldsymbol{x}_j(t)))\Big]+h_i(\boldsymbol{x}(t))\mathrm{d}\boldsymbol{\omega}(t)\end{aligned} \tag{4.20}$$

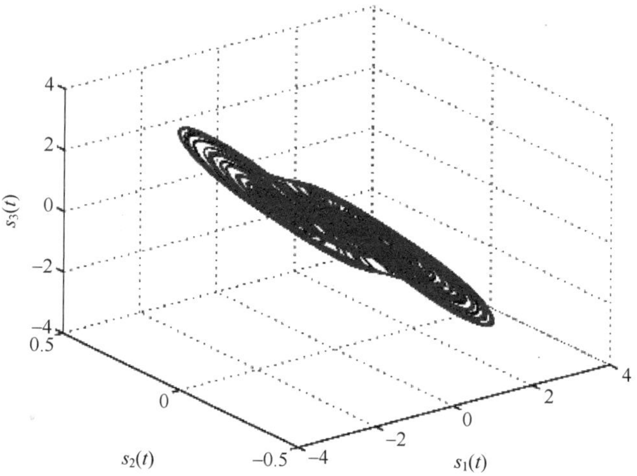

图 4-1　孤立系统［式（4.19）］的混沌轨迹

式中，$\epsilon_1=0.4$，$\epsilon_2=0.6$，$\epsilon_3=0.7$，$\epsilon_4=0.8$，$\epsilon_5=0.5$，$\epsilon_6=\epsilon_7=\epsilon_8=1$，$\delta=0.3$，邻接矩阵 $\boldsymbol{D}$ 为

$$\boldsymbol{D}=\begin{bmatrix} 0 & 0 & 0 & 0 & 1 & -3 & 0 & 0 \\ 2 & 0 & 0 & 0 & 0 & 0 & 0 & 0 \\ 0 & 1 & 0 & 0 & 0 & 0 & 0 & 0 \\ 0 & 0 & 2 & 0 & 0 & 0 & 0 & -2 \\ 0 & 0 & 0 & 1 & 0 & 0 & 0 & 0 \\ 0 & 0 & 0 & 0 & -3 & 0 & 2 & 0 \\ 0 & 0 & 0 & 0 & 0 & 0 & 0 & 1 \\ 0 & 0 & 0 & 0 & 0 & 1 & 0 & 0 \end{bmatrix}$$

$h_i(\boldsymbol{x}(t))=0.4\mathrm{diag}(x_{i1}-x_{i+1,1},x_{i2}-x_{i+1,2},x_{i3}-x_{i+1,3})$，$\boldsymbol{x}_9(t)=\boldsymbol{x}_1(t)$。接下来验证假设 4.3。

$$\begin{aligned}\|h_i(\bar{\boldsymbol{x}}(t))-h(\boldsymbol{s}(t))\|_2^2 &=0.16[(\bar{x}_{i1}-\bar{x}_{i+1,1})^2+(\bar{x}_{i2}-\bar{x}_{i+1,2})^2+(\bar{x}_{i3}-\bar{x}_{i+1,3})^2] \\ &=0.16[(e_{i1}-e_{i+1,1})^2+(e_{i2}-e_{i+1,2})^2+(e_{i3}-e_{i+1,3})^2] \\ &\leqslant 0.32[\|\boldsymbol{e}_i\|_2^2+\|\boldsymbol{e}_{i+1}\|_2^2]\end{aligned}$$

因此，$\mathrm{trace}((\bar{h}(\boldsymbol{e}_i(t)))^{\mathrm{T}}\bar{h}(\boldsymbol{e}_i(t)))\leqslant 0.32\sum_{j=1}^{N}\|\boldsymbol{e}_j(t)\|_2^2$ 成立。

经过简单的计算，很容易得到 $\chi=2\chi_2(1-\varsigma)$，$\bar{\chi}=2\chi_2(1-\varsigma)^{\frac{r_1}{r_2}}n^{\frac{r_2-r_1}{2r_2}}$，$\aleph=\frac{2}{\epsilon_{\min}}(\|\boldsymbol{A}\|_2+\upsilon\|\boldsymbol{B}\|_2+\delta(1+\varsigma)\max_{i\in\mathcal{N}}\{\bar{w}_{ii}\})+\frac{N}{\epsilon_{\min}}(\epsilon_{\max}\sigma_{\max}+2\delta(1+\varsigma)\max_{i\in\mathcal{N}}\{\bar{w}_{ii}\})=94.8911$，$\chi_1\geqslant 4\delta\varsigma K_{\max}\max_{i\in\mathcal{N}}\{\bar{w}_{ii}\}+(1-\epsilon_{\min})(\|\boldsymbol{A}\|_1+\|\boldsymbol{B}\|_1)\sum_{j=1}^{n}(K_j+M_j)=63.7753$。

取$\chi_1=67$，$\chi_2=85$，$i=1,2,\cdots,8$，$r_1=9$，$r_2=7$，$r_3=1$，$r_4=3$。可以计算出 $\mathcal{T}_d=\dfrac{2r_4}{\aleph(r_4-r_3)}\ln\dfrac{\chi}{\chi-\aleph}+\dfrac{2r_2}{(\bar{\chi}-\aleph)(r_1-r_2)}=1.3181$。取 $\mathcal{T}_p=0.5<\mathcal{T}_d$。在复杂网络［式（4.20）］中，$\boldsymbol{x}_i(t)=(x_{i1}(0),x_{i2}(0),x_{i3}(0))^{\mathrm{T}}$，$i=1,2,\cdots,8$，在$(-5,5)$范围内随机取值。图 4-2 所示为孤立系统［式（4.19）］与复杂网络［式（4.20）］在量化控制器［式（4.3）］控制下的状态轨迹，从图 4-2 中可以看出孤立系统［式（4.19）］和复杂网络［式（4.20）］实现了预设时间二部同步。

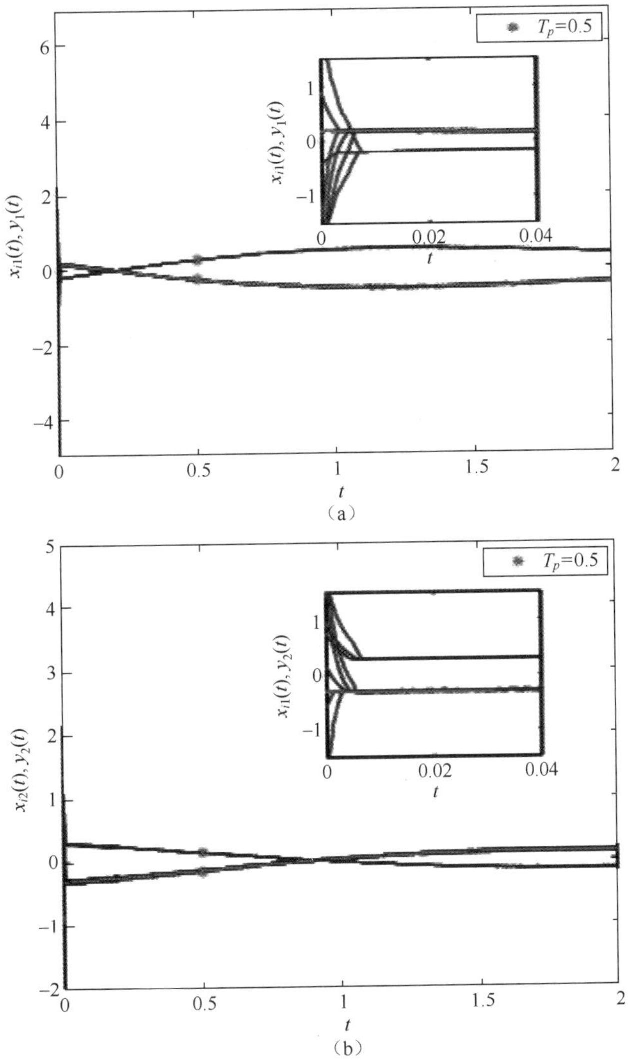

图 4-2　孤立系统［式（4.19）］与复杂网络［式（4.20）］在量化控制器［式（4.3）］控制下的状态轨迹

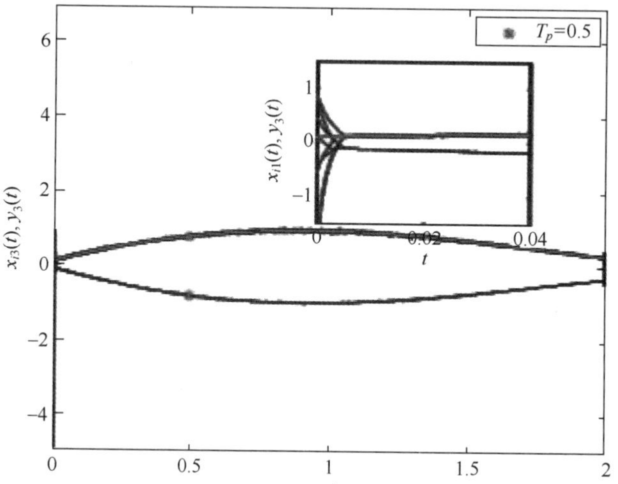

（c）

图 4-2　孤立系统［式（4.19）］与复杂网络［式（4.20）］在量化控制器［式（4.3）］控制下状态轨迹（续）

4.5　本章小结

本章研究了具有随机扰动和量化耦合的复杂网络的预设时间二部同步。采用了全新的极大值李雅普诺夫函数的方法，通过设计一种全新的量化控制器实现了复杂网络的预设时间二部同步，该量化控制器不包含线性反馈项，且控制参数可以随误差信息的变化而变化，有效地减少了带宽对信道的影响，并提高了控制效率。然后通过数值仿真，有力地支撑了预设时间二部同步的理论结果。

参考文献

［1］LIU X，HO D W C，SONG Q. Finite/Fixed-time Pinning Synchronization of Complex Networks with Stochastic Disturbances［J］. IEEE Transactions on Cybernetics，2018，49（6）：2398-2403.

［2］ZHANG W，LI C，LI H，et al. Cluster Stochastic Synchronization of Complex Dynamical Networks via Fixed-time Control Scheme［J］. Neural Networks，2020，124：12-19.

［3］ZHANG W，YANG X，YANG S，et al. Finite-time and Fixed-time Bipartite Synchronization of Complex Networks with Signed Graphs［J］. Mathematics and Computers in Simulation，2021，188：319-329.

［4］HARDY G H，LITTLEWOOD J E，PÓLYA G，et al. Inequalities［M］. Caimbridge University Press，1952.

［5］HU C，HE H，JIANG H. Fixed/Preassigned-time Synchronization of Complex Networks via Improving Fixed-time Stability［J］. IEEE Transactions on Cybernetics，2021，51（6）：2882-2892.

[6] GAN Q, LI L, YANG J, et al. Improved Results on Fixed-/Preassigned-time Synchronization for Memristive Complex-valued Neural Networks [J]. IEEE Transactions on Neural Networks and Learning Systems, 2022, 33 (10): 5542-5556.

[7] ZHANG W, YANG X, YANG S, et al. Fixed-time Control of Competitive Complex Networks [J]. Neural Computing and Applications, 2021, 33: 7943-7951.

[8] XU Y, WU X, LI N, et al. Fixed-time Synchronization of Complex Networks with a Simpler Nonchattering Controller [J]. IEEE Transactions on Circuits and Systems II: Express Briefs, 2019, 67 (4): 700-704.

[9] ZOU Y, SU H, TANG R, et al. Finite-time Bipartite Synchronization of Switched Competitive Neural Networks with Time Delay via Quantized Control [J]. ISA Transactions, 2022, 125: 156-165.

[10] ZHANG W, YANG X, YANG S, et al. Finite-time and Fixed-time Bipartite Synchronization of Complex Networks with Signed Graphs [J]. Mathematics and Computers in Simulation, 2021, 188: 319-329.

第 5 章

具有非线性耦合项和模糊状态相关项的复杂网络固定时间同步

5.1 引言

复杂网络在无人机协同控制、编队控制、传感器网络目标跟踪等领域具有广泛的应用，复杂网络的同步控制与模糊模型有着密切的关系。如前面章节所述，模糊逻辑理论是处理复杂非线性系统的有效方法，本章将采用前文所述的 T-S 模糊模型讨论复杂网络带模糊扰动的同步控制问题。然而传统的李雅普诺夫同步性仅仅关注无限时间区间内系统的动态轨迹与控制性能，有限时间控制[1]能够使得复杂网络在有限时间区间内同步到目标节点。有限时间同步在很大程度上又依赖于复杂网络的初始值，为了解决这一困难，Polyakov 提出了固定时间稳定性[2]的概念。近年来，该理论已被广泛应用于各类复杂网络的固定时间同步研究，并解决了同步控制时间与初始状态有关的难题。部分关于复杂网络固定时间同步问题的研究可参见文献［3］~文献［5］。

本章的具体内容：考虑具有非线性耦合项和不确定项的复杂网络，通过设计具有模糊项的固定时间控制器，利用李雅普诺夫稳定性理论和不等式，实现复杂网络的固定时间同步和同步时间的估计，且该同步时间与复杂网络的初始状态无关。

5.2 模型描述与预备知识

本章中，$G=\{V,E,\boldsymbol{A}\}$ 表示无向图，$V=\{v_i,i=1,2,\cdots,N\}$ 表示无向图 G 中节点的集合，$E\subseteq V\times V$ 表示边，$\boldsymbol{A}=[a_{ij}]\in\mathbb{R}^{N\times N}$ 表示加权邻接矩阵。E_{ij} 表示无向图 G 中第 j 个节点可以访问第 i 个节点的状态信息，如果节点 j 和节点 i 存在连接，即 $(v_i,v_j)\in E$，则 $a_{ij}=a_{ji}>0$；否则 $a_{ij}=a_{ji}=0(i\neq j,\ i、j=1,2,\cdots,N)$。对所有的 $i\in\{1,2,\cdots,N\}$，满足 $a_{ii}=0$。$\boldsymbol{L}=[l_{ij}]\in\mathbb{R}^{N\times N}$ 表示无向图 G 的拉普拉斯矩阵，满足 $l_{ii}=\sum_{j=1}^{N}a_{ij}$，$l_{ij}=-a_{ij}(i\neq j)$。无向图 G 中的路径表示从原节点 v_i 到目标节点 v_j 的遍历，如果任意一对不同的节点之间存在一条路径，则无向

图 G 是连通的。假设 $\mathrm{sig}^{\alpha}(x)=\mathrm{sign}(x)|x|^{\alpha}$。

非线性耦合的复杂网络可描述为

$$\dot{x}_i(t)=f(t,x_i(t))+\sum_{j=1}^{N}l_{ij}g(x_j(t))+h_i(\boldsymbol{x}(t))+u_i(t) \tag{5.1}$$

式中，$x_i(t)\in\mathbb{R}$ 表示节点 i 的状态，$\boldsymbol{x}(t)=[x_1(t),x_2(t),\cdots,x_N(t)]^{\mathrm{T}}$；$f:\mathbb{R}^{+}\times\mathbb{R}\to\mathbb{R}$ 是连续可微函数，$g\in\mathbb{R}\to\mathbb{R}$ 表示非线性耦合函数。如果 $l_{ij}>0$，则第 i 个节点和第 j 个节点之间存在连接，否则 $l_{ij}=0$。$h_i(\boldsymbol{x}(t))$ 表示复杂网络的不确定项，它可能存在于第 i 个节点的局部动力学中，也可能存在于不同节点的互连中；$u_i(t)$ 表示控制输入。

目标节点可描述为

$$\dot{s}(t)=f(t,s(t)) \tag{5.2}$$

假设 $e_i(t)=x_i(t)-s(t)$ 表示误差网络，根据 $\sum_{j=1}^{N}l_{ij}g(s(t))=0$，误差网络可描述为

$$\dot{e}_i(t)=f(t,x_i(t))-f(t,s(t))+\sum_{j=1}^{N}l_{ij}(g(x_j(t))-g(s(t)))+h_i(\boldsymbol{x}(t))+u_i(t) \tag{5.3}$$

假设 5.1　非线性函数 $f(\cdot)$ 满足 Lipshitz 条件，即存在未知常数 η_i，使得下列不等式成立：

$$(x_i-s)^{\mathrm{T}}(f(t,x_i)-f(t,s))\leqslant\eta_i|x_i-s|^2 \tag{5.4}$$

假设 5.2　假设存在常数 $\gamma_j>0$，满足：

$$|g(x_j)-g(s)|\leqslant\gamma_j|x_j-s| \tag{5.5}$$

若存在常数 d_j，当满足条件 $|x_j(t)-s(t)|>d_j$ 时，第 i 个节点可以接收到 $x_j(t)$ 的状态信息，否则，第 i 个节点只能接收变量 $x_i(t)$ 和 $s(t)$ 的状态信息。定义 $\bar{x}_j(t)$ 为

$$\bar{x}_j(t)=\begin{cases}x_j(t), & |x_j(t)-s(t)|>d_j\\ s(t), & |x_j(t)-s(t)|\leqslant d_j\end{cases} \tag{5.6}$$

式中，$\bar{\boldsymbol{x}}(t)=[\bar{x}_1(t),\bar{x}_2(t),\cdots,\bar{x}_N(t)]^{\mathrm{T}}$。

模糊逻辑系统可以用 If-Then 规则来描述，模糊逻辑系统中的隶属度函数表示非线性系统中的局部线性模型，整个系统是这些局部线性系统模型的聚合。假设模糊 If-Then 规则可描述为

规则 n：If：$z_1(t)$ 是 M_n^1，$z_2(t)$ 是 M_n^2，$z_l(t)$ 是 M_n^l，Then $y(t)$ 是 B^n，$n=1,2,\cdots,r$。

式中，前提变量 $z_1(t),\cdots,z_l(t)$ 和 $y(t)$ 分别表示状态变量和模糊逻辑系统的输出。r 是 If-Then 规则的数量。$M_n^{\iota}(\iota=1,2,\cdots,l)$ 和 B^n 表示模糊集。

使用单一模糊器、乘积模糊推理器和加权平均去模糊器对模糊逻辑系统进行处理，最终的模糊逻辑系统可以表示为

$$y(z)=\frac{\sum_{n=1}^{r}y_n\left[\prod_{\iota=1}^{l}M_n^{\iota}(z_{\iota}(t))\right]}{\sum_{n=1}^{r}\left[\prod_{\iota=1}^{l}M_n^{\iota}(z_{\iota}(t))\right]} \tag{5.7}$$

式中，$z(t)=(z_1(t),\cdots,z_l(t))$，$y_n$ 是 $M_n^l(B^n)$ 达到最大值的点，假设 $M_n^l(y_n)=1$，$M_n^l(z_l(t))$ 是 M_n^l 中 $z_l(t)$ 的隶属度函数。则模糊逻辑系统［式（5.7）］可改写为

$$y(z)=\boldsymbol{\xi}^{\mathrm{T}}(z)\boldsymbol{\theta} \tag{5.8}$$

式中，$\boldsymbol{\theta}\triangleq[y_1,y_2,\cdots,y_r]^{\mathrm{T}}$，$\boldsymbol{\xi}(z)\triangleq[\xi_1(z),\xi_2(z),\cdots,\xi_r(z)]^{\mathrm{T}}$，满足

$$\xi_n(z)=\frac{\prod_{\iota=1}^{l}M_n^{\iota}(z_{\iota}(t))}{\sum_{n=1}^{r}\left[\prod_{\iota=1}^{l}M_n^{\iota}(z_{\iota}(t))\right]},\quad n=1,2,\cdots,r \tag{5.9}$$

引理 5.1[6]　设 $f(z)$ 是连续函数，定义集合 Ω_Z 使得对任意常数 δ，ϵ，存在一个模糊逻辑系统［式（5.8）］，使得

$$\sup_{z\in\Omega_z}|\epsilon\xi(z)-f(z)|\leqslant\delta \tag{5.10}$$

若误差网络［式（5.3）］存在不确定性项 $h_i(\boldsymbol{x}(t))$，假设：

$$h_i(\boldsymbol{x}(t))=\epsilon_i\xi_i(\boldsymbol{x}(t))+\delta_i(\boldsymbol{x}(t)) \tag{5.11}$$

式中，模糊函数 $\xi_i(\boldsymbol{x}(t))$ 满足局部利普希茨条件，常数 ϵ_i 的定义参见引理 5.1。$\delta_i(\boldsymbol{x}(t))$ 表示模糊最小近似误差，假设它以常数 δ_i 为界，ϵ_i 满足：

$$|\epsilon_i|\leqslant\bar{\epsilon}_i,\quad |\xi_i(\boldsymbol{x}(t))-\xi_i(\bar{\boldsymbol{x}}(t))|\leqslant m_i|\boldsymbol{x}(t)-\bar{\boldsymbol{x}}(t)| \tag{5.12}$$

式中，$\bar{\epsilon}_i$、m_i、δ_i 是已知的正常数，$\bar{x}(t)$ 的定义参见式（5.6）。

定义 5.1　如果存在时间 T_0，使得对任意初始值，节点 i 可以收敛到目标轨迹 $s(t)$，即 $\lim_{t\to T_0}|x_i(t)-s(t)|=0$，$i=1,2,\cdots,N$ 成立，则误差网络［式（5.3）］达到固定时间同步。

引理 5.2[7]　对于连通无向图 G，其拉普拉斯矩阵 $\boldsymbol{L}\in R^{N\times N}$满足：

（1）矩阵 $\boldsymbol{L}$ 是与无向图 G 关联的拉普拉斯半正定矩阵，当且仅当无向图 G 是连通图时，矩阵 $\boldsymbol{L}$ 存在零特征值，且所有其他特征值都是正的。

（2）如果 0 是矩阵 $\boldsymbol{L}$ 的特征值，$\mathbf{1}$ 是关联的特征向量。假设矩阵 $\boldsymbol{L}$ 的特征值用 0，$\lambda_2(\boldsymbol{L}),\cdots,\lambda_N(\boldsymbol{L})$ 表示，满足 $0\leqslant\lambda_2(\boldsymbol{L})\leqslant\cdots\leqslant\lambda_N(\boldsymbol{L})$，则第二小的特征值 $\lambda_2(\boldsymbol{L})>0$，满足

$$\lambda_2(\boldsymbol{L})=\min_{\|x\|\neq0,\mathbf{1}_N^Tx=0}\frac{\boldsymbol{x}^{\mathrm{T}}\boldsymbol{L}\boldsymbol{x}}{\|\boldsymbol{x}\|}>0$$

当 $\sum_{i=1}^{N}x_i=0$ 时，$\boldsymbol{x}^{\mathrm{T}}\boldsymbol{L}\boldsymbol{x}\geqslant\lambda_2(\boldsymbol{L})\boldsymbol{x}^{\mathrm{T}}\boldsymbol{x}$。

（3）对任意 $\boldsymbol{x}=(x_1,x_2,\cdots,x_N)^{\mathrm{T}}\in\mathbb{R}^N$，满足

$$\boldsymbol{x}^{\mathrm{T}}\boldsymbol{L}\boldsymbol{x}=\frac{1}{2}\sum_{i=1}^{N}\sum_{j=1}^{N}a_{ij}(x_i-x_j)^2$$

引理 5.3[8]　如果非负函数 $V(t)$满足

$$\dot{V}(t)\leqslant\begin{cases}-c_1V^{\alpha_1}(t),0<\alpha_1<1, & 0<V<1\\ -c_2V^{\alpha_2}(t),\alpha_2>1, & V\geqslant1\end{cases} \tag{5.13}$$

式中，$c_1>0$，$c_2>0$。如果存在

$$t \geqslant \frac{1}{c_1(1-\alpha_1)}+\frac{1}{c_2(\alpha_2-1)} \tag{5.14}$$

则 $V(t) \equiv 0$。

也就是说，如果非负函数 $V(t)$ 满足：

$$\dot{V}(t) \leqslant -c_1 V^{\alpha_1}(t) - c_2 V^{\alpha_2}(t) \tag{5.15}$$

式中，$c_1>0$，$c_2>0$，$0<\alpha_1<1$，$\alpha_2>1$。如果：

$$t \geqslant \frac{1}{c_1(1-\alpha_1)}+\frac{1}{c_2(\alpha_2-1)} \tag{5.16}$$

则 $V(t) \equiv 0$。

引理 5.4[9]　对任意向量 $\zeta_1, \zeta_2, \cdots, \zeta_N \geqslant 0$，$0<p\leqslant 1$，$q>1$，下列不等式成立：

$$\sum_{i=1}^{N} \zeta_i^p \geqslant \left(\sum_{i=1}^{N} \zeta_i\right)^p, \quad \sum_{i=1}^{N} \zeta_i^q \geqslant N^{1-q}\left(\sum_{i=1}^{N} \zeta_i\right)^q$$

引理 5.5　假设 a，b，u，v 是正常数，满足 $\frac{1}{u}+\frac{1}{v}=1$，$u>1$，$v>1$，则

$$ab \leqslant \frac{a^u}{u}+\frac{b^v}{v} \tag{5.17}$$

当且仅当 $a^u+b^v=1$ 时，“=” 成立。

5.3　复杂网络的固定时间同步

本节分析了误差网络［式（5.3）］的固定时间同步。设计控制器为

$$u_i(t)=u_{i1}(t)+u_{i2}(t)$$

式中

$$u_{i1}(t) = c_1 \sum_{j=1}^{N} \operatorname{sig}^{\alpha_1}(a_{ij}(x_j - x_i)) + c_2 \sum_{j=1}^{N} \operatorname{sig}^{\alpha_2}(a_{ij}(x_j - x_i)) \tag{5.18}$$

$$u_{i2}(t) = -\epsilon_i \xi_i(\bar{\boldsymbol{x}}(t)) + c_3 \sum_{j=1}^{N} a_{ij} \operatorname{sign}(x_j - x_i) \tag{5.19}$$

式中，$c_1>0$，$c_2>0$，$0<\alpha_1<1$，$\alpha_2>1$

根据式（5.18）、式（5.19）中设计的控制器，可得如下定理。

定理 5.1　根据式（5.18）、式（5.19）定义的控制器，如果控制参数满足：

$$c_1 > \frac{2\sum_{i=1}^{N} \eta_i + \sum_{i=1}^{N}\sum_{j=1}^{N} l_{ij}(\gamma_j^2+1)}{2^{\alpha_1}(\lambda_2(\boldsymbol{L}_{\alpha_1}))^{\frac{\alpha_1+1}{2}}} \tag{5.20}$$

$$c_2 > \frac{2\sum_{i=1}^{N}\eta_i + \sum_{i=1}^{N}\sum_{j=1}^{N} l_{ij}(\gamma_j^2+1)}{2^{\alpha_2}N^{1-\alpha_2}(\lambda_2(\boldsymbol{L}_{\alpha_2}))^{\frac{\alpha_2+1}{2}}} \tag{5.21}$$

$$c_3 \geqslant \frac{\sqrt{2}N^{\frac{1}{2}}\left(\sum_{i=1}^{N}\sum_{j=1}^{N}\bar{\epsilon}_i m_i d_j + \sum_{i=1}^{N}\delta_i\right)}{(\lambda_2(\boldsymbol{L}_{\infty}))^{\frac{1}{2}}} \tag{5.22}$$

则复杂网络［式（5.1）］固定时间同步于目标节点［式（5.2）］，同步时间 T_0 可估计为

$$T_0 = \frac{2}{(\mu_2-\mu_1)(1-\alpha_1)} + \frac{2}{(\mu_3-\mu_1)(\alpha_2-1)} \tag{5.23}$$

式中，$\mu_1 = 2\sum_{i=1}^{N}\eta_i + \sum_{i=1}^{N}\sum_{j=1}^{N} l_{ij}(\gamma_j^2+1)$，$\mu_2 = 2^{\alpha_1}c_1(\lambda_2(\boldsymbol{L}_{\alpha_1}))^{\frac{\alpha_1+1}{2}}$，$\mu_3 = 2^{\alpha_2}c_2N^{1-\alpha_2}(\lambda_2(\boldsymbol{L}_{\alpha_2}))^{\frac{\alpha_2+1}{2}}$，$\boldsymbol{L}_{\alpha_1}$、$\boldsymbol{L}_{\alpha_2}$、$\boldsymbol{L}_{\infty}$ 分别表示加权图 $G(\boldsymbol{A}^{\left[\frac{2\alpha_1}{\alpha_1+1}\right]})$、$G(\boldsymbol{A}^{\left[\frac{2\alpha_2}{\alpha_2+1}\right]})$、$G(\boldsymbol{A}^{[2]})$ 的拉普拉斯矩阵。

证明： 考虑如下李雅普诺夫函数：

$$V(\boldsymbol{e}(t)) = \frac{1}{2}\sum_{i=1}^{N} e_i^2(t) \tag{5.24}$$

$V(\boldsymbol{e}(t))$ 对时间 t 的导数为

$$\begin{aligned}
\dot{V}(\boldsymbol{e}(t)) &= \sum_{i=1}^{N} e_i(t)\,\dot{e}_i(t)\\
&= \sum_{i=1}^{N} e_i(t)\Big[f(t,x_i(t)) - f(t,s(t)) + \sum_{j=1}^{N} l_{ij}(g(x_j(t)) - g(s(t))) + h_i(\boldsymbol{x}(t)) ++ u_i(t)\Big]\\
&= \sum_{i=1}^{N} e_i(t)[f(t,x_i(t)) - f(t,s(t))] + \sum_{i=1}^{N}\sum_{j=1}^{N} l_{ij}e_i(t)(g(x_j(t)) - g(s(t))) + \\
&\quad \sum_{i=1}^{N} e_i(t)(\epsilon_i\xi_i(\boldsymbol{x}(t)) + \delta_i(\boldsymbol{x}(t))) + c_1\sum_{i=1}^{N} e_i(t)\sum_{j=1}^{N}\mathrm{sig}^{\alpha_1}(a_{ij}(x_j - x_i)) + \\
&\quad c_2\sum_{i=1}^{N} e_i(t)\sum_{j=1}^{N}\mathrm{sig}^{\alpha_2}(a_{ij}(x_j - x_i)) + \sum_{i=1}^{N} e_i(t)\Big[-\epsilon_i\xi_i(\tilde{x}(t)) + c_3\sum_{j=1}^{N} a_{ij}\mathrm{sign}(x_j - x_i)\Big]
\end{aligned} \tag{5.25}$$

根据假设 5.1 可知，$\sum_{i=1}^{N} e_i(t)[f(t,x_i(t)) - f(t,s(t))] \leqslant \sum_{i=1}^{N}\eta_i e_i^2(t)$。非线性不确定项 $h_i(\boldsymbol{x}(t))$ 满足假设 5.2，由此可得 $\sum_{i=1}^{N}\sum_{j=1}^{N} e_i(t)(g(x_j(t)) - g(s(t))) \leqslant \sum_{i=1}^{N}\sum_{j=1}^{N} l_{ij}\gamma_j|e_i|\cdot|e_j|$。由假设 5.1、假设 5.2 和引理 5.5 可得

$$\begin{aligned}
\dot{V}(\boldsymbol{e}(t)) \leqslant{} & \sum_{i=1}^{N}\eta_i e_i^2(t) + \sum_{i=1}^{N}\sum_{j=1}^{N} l_{ij}\gamma_j|e_i(t)|\cdot|e_j(t)| + \sum_{i=1}^{N} e_i(t)(\epsilon_i^{\mathrm{T}}\xi_i(\boldsymbol{x}(t)) + \delta_i(\boldsymbol{x}(t))) + \\
& c_1\sum_{i=1}^{N}\sum_{j=1}^{N} e_i(t)\mathrm{sig}^{\alpha_1}(a_{ij}(x_j - x_i)) + c_2\sum_{i=1}^{N}\sum_{j=1}^{N} e_i(t)\mathrm{sig}^{\alpha_2}(a_{ij}(x_j - x_i)) +
\end{aligned}$$

$$
\begin{aligned}
&\sum_{i=1}^{N} e_i(t)\left[-\epsilon_i\xi_i(\bar{\boldsymbol{x}}(t)) + c_3\sum_{j=1}^{N} a_{ij}\operatorname{sign}(x_j - x_i)\right] \\
\leqslant & \sum_{i=1}^{N}\eta_i e_i^2(t) + \\
& \frac{1}{2}\sum_{i=1}^{N}\sum_{j=1}^{N} l_{ij}[\gamma_j^2 e_i^2(t) + e_j^2(t) + e_i^2(t) - e_i^2(t)] + \sum_{i=1}^{N} e_i(t)(\epsilon_i\xi_i(\boldsymbol{x}(t)) + \delta_i(\boldsymbol{x}(t))) + \\
& c_1\sum_{i=1}^{N}\sum_{j=1}^{N} e_i(t)\operatorname{sig}^{\alpha_1}(a_{ij}(x_j - x_i)) + c_2\sum_{i=1}^{N}\sum_{j=1}^{N} e_i(t)\operatorname{sig}^{\alpha_2}(a_{ij}(x_j - x_i)) + \\
& \sum_{i=1}^{N} e_i(t)\left[-\epsilon_i\xi_i(\bar{\boldsymbol{x}}(t)) + c_3\sum_{j=1}^{N} a_{ij}\operatorname{sign}(x_j - x_i)\right] \\
\leqslant & \sum_{i=1}^{N}\eta_i e_i^2(t) + \frac{1}{2}\sum_{i=1}^{N}\sum_{j=1}^{N} l_{ij}(\gamma_j^2+1)e_i^2(t) + \frac{1}{2}\sum_{i=1}^{N}\sum_{j=1}^{N} l_{ij}(e_j^2(t) - e_i^2(t)) + \\
& c_1\sum_{i=1}^{N}\sum_{j=1}^{N} e_i(t)\operatorname{sig}^{\alpha_1}(a_{ij}(x_j - x_i)) + c_2\sum_{i=1}^{N}\sum_{j=1}^{N} e_i(t)\operatorname{sig}^{\alpha_2}(a_{ij}(x_j - x_i)) + \\
& \sum_{i=1}^{N}|e_i(t)|\cdot|\epsilon_i\xi_i(\boldsymbol{x}(t)) - \epsilon_i\xi_i(\bar{\boldsymbol{x}}(t))| + \sum_{i=1}^{N}\delta_i|e_i(t)| + c_3\sum_{i=1}^{N}\sum_{j=1}^{N} a_{ij}e_i(t)\operatorname{sign}(x_j - x_i)
\end{aligned}
\tag{5.26}
$$

因为 $|\epsilon_i|\leqslant\bar{\epsilon}_i$、$|\xi_i(\boldsymbol{x}(t))-\xi_i(\bar{\boldsymbol{x}}(t))|\leqslant m_i|\boldsymbol{x}(t)-\bar{\boldsymbol{x}}(t)|$，由式（5.6）和式（5.12），可得 $|\epsilon_i\xi_i(\boldsymbol{x}(t)) - \epsilon_i\xi_i(\bar{\boldsymbol{x}}(t))|\leqslant\bar{\epsilon}_i m_i\sum_{j=1}^{N} d_j$。由 $l_{ij}=l_{ji}$ 可得 $\sum_{i=1}^{N}\sum_{j=1}^{N} l_{ij}(e_j^2(t) - e_i^2(t)) = 0$。因此有

$$
\begin{aligned}
\dot{V}(\boldsymbol{e}(t)) \leqslant & \sum_{i=1}^{N}\eta_i e_i^2(t) + \frac{1}{2}\sum_{i=1}^{N}\sum_{j=1}^{N} l_{ij}(\gamma_j^2+1)e_i^2(t) + c_1\sum_{i=1}^{N}\sum_{j=1}^{N} e_i(t)\operatorname{sig}^{\alpha_1}(a_{ij}(e_j - e_i)) + \\
& c_2\sum_{i=1}^{N}\sum_{j=1}^{N} e_i(t)\operatorname{sig}^{\alpha_2}(a_{ij}(e_j - e_i)) + \sum_{i=1}^{N}\sum_{j=1}^{N}\bar{\epsilon}_i m_i d_j|e_i(t)| + \sum_{i=1}^{N}\delta_i|e_i(t)| + \\
& c_3\sum_{i=1}^{N}\sum_{j=1}^{N}\alpha_{ij}e_i(t)\operatorname{sign}(e_j - e_i)
\end{aligned}
\tag{5.27}
$$

由 $a_{ij}=a_{ji}$，$\operatorname{sig}^{\alpha}(e_j-e_i)=-\operatorname{sig}^{\alpha}(e_i-e_j)$，可得

$$
\begin{aligned}
c_1\sum_{i=1}^{N}\sum_{j=1}^{N} e_i(t)\operatorname{sig}^{\alpha_1}(a_{ij}(e_j-e_i)) &= \frac{1}{2}c_1\sum_{i=1}^{N}\sum_{j=1}^{N} e_i(t)\operatorname{sig}^{\alpha_1}(a_{ij}(e_j-e_i)) + \frac{1}{2}c_1\sum_{j=1}^{N}\sum_{i=1}^{N} e_j(t)\operatorname{sig}^{\alpha_1}(a_{ji}(e_i-e_j)) \\
&= -\frac{1}{2}c_1\sum_{i=1}^{N}\sum_{j=1}^{N} a_{ij}^{\alpha_1}|(e_j - e_i)|^{\alpha_1+1}
\end{aligned}
\tag{5.28}
$$

$$
\begin{aligned}
c_2\sum_{i=1}^{N}\sum_{j=1}^{N} e_i(t)\operatorname{sig}^{\alpha_2}(a_{ij}(e_j - e_i)) &= \frac{1}{2}c_2\sum_{i=1}^{N}\sum_{j=1}^{N} e_i(t)\operatorname{sig}^{\alpha_2}(a_{ij}(e_j - e_i)) + \\
&\quad \frac{1}{2}c_2\sum_{i=1}^{N}\sum_{j=1}^{N} e_i(t)\operatorname{sig}^{\alpha_2}(a_{ij}(e_j - e_i)) \\
&= \frac{1}{2}c_2\sum_{i=1}^{N}\sum_{j=1}^{N} e_i(t)\operatorname{sig}^{\alpha_2}(a_{ij}(e_j - e_i)) +
\end{aligned}
\tag{5.29}
$$

$$\frac{1}{2}c_2\sum_{j=1}^{N}\sum_{i=1}^{N}e_j(t)\operatorname{sig}^{\alpha_2}(a_{ji}(e_i-e_j))$$

$$=-\frac{1}{2}c_2\sum_{i=1}^{N}\sum_{j=1}^{N}a_{ij}^{\alpha_2}|(e_j-e_i)|^{\alpha_2+1}$$

$$\begin{aligned}c_3\sum_{i=1}^{N}\sum_{j=1}^{N}a_{ij}e_i(t)\operatorname{sign}(e_j-e_i)&=\frac{1}{2}c_3\sum_{i=1}^{N}\sum_{j=1}^{N}a_{ij}e_i(t)\operatorname{sign}(e_j-e_i)+\\&\quad\frac{1}{2}c_3\sum_{i=1}^{N}\sum_{j=1}^{N}a_{ij}e_i(t)\operatorname{sign}(e_j-e_i)\\&=\frac{1}{2}c_3\sum_{i=1}^{N}\sum_{j=1}^{N}a_{ij}e_i(t)\operatorname{sign}(e_j-e_i)+\\&\quad\frac{1}{2}c_3\sum_{j=1}^{N}\sum_{i=1}^{N}a_{ji}e_j(t)\operatorname{sign}(e_i-e_j)\\&=-\frac{1}{2}c_3\sum_{i=1}^{N}\sum_{j=1}^{N}a_{ij}|e_j-e_i|\end{aligned}\tag{5.30}$$

根据不等式（5.28）~不等式（5.30）可得

$$\begin{aligned}\dot V(\boldsymbol{e}(t))\leqslant&\sum_{i=1}^{N}\eta_i e_i^2(t)+\frac{1}{2}\sum_{i=1}^{N}\sum_{j=1}^{N}l_{ij}(\gamma_j^2+1)e_i^2(t)-\\&\frac{1}{2}c_1\sum_{i=1}^{N}\sum_{j=1}^{N}a_{ij}^{\alpha_1}|e_j(t)-e_i(t)|^{\alpha_1+1}-\\&\frac{1}{2}c_2\sum_{i=1}^{N}\sum_{j=1}^{N}a_{ij}^{\alpha_2}|e_j(t)-e_i(t)|^{\alpha_2+1}+\\&\sum_{i=1}^{N}\sum_{j=1}^{N}\bar\epsilon_i m_i d_j|e_i(t)|+\sum_{i=1}^{N}\delta_i|e_i(t)|-\\&\frac{1}{2}c_3\sum_{i=1}^{N}\sum_{j=1}^{N}a_{ij}|e_j(t)-e_i(t)|\end{aligned}\tag{5.31}$$

根据 $1<\alpha_1+1<2$，$\alpha_2+1>2$，根据引理 5.4 可得

$$-\frac{1}{2}c_1\sum_{i=1}^{N}\sum_{j=1}^{N}a_{ij}^{\alpha_1}|e_j(t)-e_i(t)|^{\alpha_1+1}\leqslant-\frac{1}{2}c_1\left(\sum_{i=1}^{N}\sum_{j=1}^{N}a_{ij}^{\frac{2\alpha_1}{\alpha_1+1}}|e_j(t)-e_i(t)|^2\right)^{\frac{\alpha_1+1}{2}}$$

$$-\frac{1}{2}c_2\sum_{i=1}^{N}\sum_{j=1}^{N}\alpha_{ij}^{\alpha_2}|e_j(t)-e_i(t)|^{\alpha_2+1}\leqslant-\frac{1}{2}c_2N^{1-\alpha_2}\left(\sum_{i=1}^{N}\sum_{j=1}^{N}a_{ij}^{\frac{2\alpha_2}{\alpha_2+1}}|e_j(t)-e_i(t)|^2\right)^{\frac{\alpha_2+1}{2}}$$

$$\begin{aligned}\sum_{i=1}^{N}\sum_{j=1}^{N}\bar\epsilon_i m_i d_j|e_i(t)|+\sum_{i=1}^{N}\delta_i|e_i(t)|&\leqslant\left(\sum_{i=1}^{N}\sum_{j=1}^{N}\bar\epsilon_i m_i d_j+\sum_{i=1}^{N}\delta_i\right)\cdot\sum_{i=1}^{N}|e_i(t)|\\&\leqslant N^{\frac{1}{2}}\left(\sum_{i=1}^{N}\sum_{j=1}^{N}\bar\epsilon_i m_i d_j+\sum_{i=1}^{N}\delta_i\right)\cdot\left(\sum_{i=1}^{N}e_i^2(t)\right)^{\frac{1}{2}}\end{aligned}$$

因此

$$\begin{aligned}\dot{V}(\boldsymbol{e}(t)) \leqslant\ & 2\sum_{i=1}^{N}\eta_i \cdot \frac{1}{2}\sum_{i=1}^{N}e_i^2(t) + \sum_{i=1}^{N}\sum_{j=1}^{N}l_{ij}(\gamma_j^2+1)\cdot\frac{1}{2}\sum_{i=1}^{N}e_i^2(t) - \\ & \frac{1}{2}c_1\left(\sum_{i=1}^{N}\sum_{j=1}^{N}a_{ij}^{\frac{2\alpha_1}{\alpha_1+1}}|e_j(t)-e_i(t)|^2\right)^{\frac{\alpha_1+1}{2}} - \\ & \frac{1}{2}c_2N^{1-\alpha_2}\left(\sum_{i=1}^{N}\sum_{j=1}^{N}a_{ij}^{\frac{2\alpha_2}{\alpha_2+1}}|e_j(t)-e_i(t)|^2\right)^{\frac{\alpha_2+1}{2}} + \\ & N^{\frac{1}{2}}\left(\sum_{i=1}^{N}\sum_{j=1}^{N}\bar{\epsilon}_i m_i d_j + \sum_{i=1}^{N}\delta_i\right)\cdot\left(\sum_{i=1}^{N}e_i^2(t)\right)^{\frac{1}{2}} - \\ & \frac{1}{2}c_3\left(\sum_{i=1}^{N}\sum_{j=1}^{N}a_{ij}^2(e_j(t)-e_i(t))^2\right)^{\frac{1}{2}}\end{aligned} \tag{5.32}$$

由引理 5.2，可得不等式：

$$\sum_{i=1}^{N}\sum_{j=1}^{N}a_{ij}^{\frac{2\alpha_1}{\alpha_1+1}}|e_j(t)-e_i(t)|^2 = 2\boldsymbol{e}^{\mathrm{T}}(t)L_{\alpha_1}\boldsymbol{e}(t) \geqslant 4\lambda_2(\boldsymbol{L}_{\alpha_1})V(\boldsymbol{e}(t))$$

$$\sum_{i=1}^{N}\sum_{j=1}^{N}a_{ij}^{\frac{2\alpha_2}{\alpha_2+1}}|e_j(t)-e_i(t)|^2 = 2\boldsymbol{e}^{\mathrm{T}}(t)L_{\alpha_2}\boldsymbol{e}(t) \geqslant 4\lambda_2(\boldsymbol{L}_{\alpha_2})V(\boldsymbol{e}(t))$$

$$\sum_{i=1}^{N}\sum_{j=1}^{N}a_{ij}^2(e_j-e_i)^2 = 2\boldsymbol{e}^{\mathrm{T}}(t)L_{\infty}\boldsymbol{e}(t) \geqslant 4\lambda_2(\boldsymbol{L}_{\infty})V(\boldsymbol{e}(t))$$

式中，$\boldsymbol{L}_{\alpha_1}$和$\boldsymbol{L}_{\alpha_2}$分别是加权图 $G(\boldsymbol{A}^{\left[\frac{2\alpha_1}{\alpha_1+1}\right]})$，$G(\boldsymbol{A}^{\left[\frac{2\alpha_2}{\alpha_2+1}\right]})$的拉普拉斯矩阵，$\boldsymbol{L}_{\infty}$是加权图 $G(\boldsymbol{A}^{[2]})$的拉普拉斯矩阵。根据上述分析，可得

$$\begin{aligned}\dot{V}(\boldsymbol{e}(t)) \leqslant\ & \left(2\sum_{i=1}^{N}\eta_i + \sum_{i=1}^{N}\sum_{j=1}^{N}l_{ij}(\gamma_j^2+1)\right)V(\boldsymbol{e}(t)) - \\ & 2^{\alpha_1}c_1(\lambda_2(\boldsymbol{L}_{\alpha_1}))^{\frac{\alpha_1+1}{2}}V^{\frac{\alpha_1+1}{2}} - 2^{\alpha_2}c_2N^{1-\alpha_2}(\lambda_2(\boldsymbol{L}_{\alpha_2}))^{\frac{\alpha_2+1}{2}}V^{\frac{\alpha_2+1}{2}} + \\ & (-c_3(\lambda_2(\boldsymbol{L}_{\infty}))^{\frac{1}{2}} + \sqrt{2}N^{\frac{1}{2}}\left(\sum_{i=1}^{N}\sum_{j=1}^{N}\bar{\epsilon}_i m_i d_j + \sum_{i=1}^{N}\delta_i\right)V^{\frac{1}{2}} \\ =\ & \mu_1V(\boldsymbol{e}(t)) - \mu_2V^{\frac{\alpha_1+1}{2}} - \mu_3V^{\frac{\alpha_2+1}{2}} \end{aligned} \tag{5.33}$$

$$\leqslant \begin{cases} -(\mu_2-\mu_1)V^{\frac{\alpha_1+1}{2}}, & V(\boldsymbol{e}(t)) < 1 \\ -(\mu_3-\mu_1)V^{\frac{\alpha_2+1}{2}}, & V(\boldsymbol{e}(t)) \geqslant 1 \end{cases}$$

式中，$\mu_1 = 2\sum_{i=1}^{N}\eta_i+\sum_{i=1}^{N}\sum_{j=1}^{N}l_{ij}(\gamma_j^2+1)$，$\mu_2 = 2^{\alpha_1}c_1(\lambda_2(\boldsymbol{L}_{\alpha_1}))^{\frac{\alpha_1+1}{2}}$，$\mu_3 = 2^{\alpha_2}c_2N^{1-\alpha_2}(\lambda_2(\boldsymbol{L}_{\alpha_2}))^{\frac{\alpha_2+1}{2}}$。

根据引理 5.3 可知，$\mu_2-\mu_1>0$，$\mu_3-\mu_1>0$，则控制参数 $c_1 > \dfrac{2\sum_{i=1}^{N}\eta_i + \sum_{i=1}^{N}\sum_{j=1}^{N}l_{ij}(\gamma_j^2+1)}{2^{\alpha_1}(\lambda_2(\boldsymbol{L}_{\alpha_1}))^{\frac{\alpha_1+1}{2}}}$，

$c_2 > \dfrac{2\sum_{i=1}^{N}\eta_i + \sum_{i=1}^{N}\sum_{j=1}^{N} l_{ij}(\gamma_j^2+1)}{2^{\alpha_2}N^{1-\alpha_2}(\lambda_2(\boldsymbol{L}_{\alpha_2}))^{\frac{\alpha_2+1}{2}}}$，$c_3 \geqslant \dfrac{\sqrt{2}N^{\frac{1}{2}}\left(\sum_{i=1}^{N}\sum_{i=1}^{N}\tilde{\epsilon}_i m_i d_j + \sum_{i=1}^{N}\delta_i\right)}{(\lambda_2(\boldsymbol{L}_\infty))^{\frac{1}{2}}}$，因此复杂网络［式（5.1）］固定时间同步于目标节点［式（5.2）］，同步时间的估计参见式（5.27）。证毕。

注 5.1 从控制器 $u_i(t)$ 的设计中可以看出，引入式（5.19）中的 u_{i2} 是为了补偿不确定项 $h_i(\boldsymbol{x}(t))$。当不存在模糊不确定项 $h_i(\boldsymbol{x}(t))$ 时，即 $h_i(\boldsymbol{x}(t))=0$，$i=1,2,\cdots,N$，可得具有非线性耦合的动态网络：

$$\dot{x}_i(t)=f(t,x_i(t))+\sum_{j=1}^{N} l_{ij}g(x_j(t))+u_i(t) \tag{5.34}$$

在这种情况下，控制器可以设计为

$$u_i(t)=\tilde{c}_1\mathrm{sig}^{\tilde{\alpha}_1}\sum_{j=1}^{N}(a_{ij}(x_j-x_i))+\tilde{c}_2\mathrm{sig}^{\tilde{\alpha}_2}\sum_{j=1}^{N}(a_{ij}(x_j-x_i)) \tag{5.35}$$

式中，$\tilde{c}_1>0$，$\tilde{c}_2>0$，$0<\tilde{\alpha}_1<1$，$\tilde{\alpha}_2>1$。可得如下推论。

推论 5.1 考虑具有连通通信拓扑结构的网络［式（5.3）］，控制器参见式（5.35）。当不存在模糊状态相关的不确定项时，即 $h_i(\boldsymbol{x}(t))=0$，$i=1,2,\cdots,N$ 时，如果控制参数满足 $\tilde{c}_1$，$\tilde{c}_2\in\mathbb{R}^+$，$0<\tilde{\alpha}_1<1,\tilde{\alpha}_2>1$，且

$$\tilde{c}_1 > \frac{2\sum_{i=1}^{N}\eta_i + \sum_{i=1}^{N}\sum_{j=1}^{N} l_{ij}(\gamma_j^2+1)}{2^{\tilde{\alpha}_1}(\lambda_2(\boldsymbol{L}_{\tilde{\alpha}_1}))^{\frac{\tilde{\alpha}_1+1}{2}}} \tag{5.36}$$

$$\tilde{c}_2 > \frac{2\sum_{i=1}^{N}\eta_i + \sum_{i=1}^{N}\sum_{j=1}^{N} l_{ij}(\gamma_j^2+1)}{2^{\tilde{\alpha}_2}N^{1-\tilde{\alpha}_2}(\lambda_2(\boldsymbol{L}_{\tilde{\alpha}_2}))^{\frac{\tilde{\alpha}_2+1}{2}}} \tag{5.37}$$

动态网络［式（5.34）］固定时间同步于目标节点［式（5.2）］，同步时间 $\tilde{T}_0$ 满足

$$\tilde{T}_0=\frac{2}{(\tilde{\mu}_2-\tilde{\mu}_1)(1-\tilde{\alpha}_1)}+\frac{2}{(\tilde{\mu}_3-\tilde{\mu}_1)(\tilde{\alpha}_2-1)} \tag{5.38}$$

式中，$\tilde{\mu}_1=2\sum_{i=1}^{N}\eta_i+\sum_{i=1}^{N}\sum_{j=1}^{N}l_{ij}(\gamma_j^2+1)$，$\tilde{\mu}_2=2^{\tilde{\alpha}_1}\tilde{c}_1(\lambda_2(\boldsymbol{L}_{\tilde{\alpha}_1}))^{\frac{\tilde{\alpha}_1+1}{2}}$，$\tilde{\mu}_3=2^{\tilde{\alpha}_2}\tilde{c}_2N^{1-\tilde{\alpha}_2}(\lambda_2(\boldsymbol{L}_{\tilde{\alpha}_2}))^{\frac{\tilde{\alpha}_2+1}{2}}$；$\boldsymbol{L}_{\tilde{\alpha}_1},\boldsymbol{L}_{\tilde{\alpha}_2}$ 分别是加权图 $G(\boldsymbol{A}^{\left[\frac{2\tilde{\alpha}_1}{\tilde{\alpha}_1+1}\right]})$，$G(\boldsymbol{A}^{\left[\frac{2\tilde{\alpha}_2}{\tilde{\alpha}_2+1}\right]})$ 的拉普拉斯矩阵。

证明：考虑与式（5.24）相同的李雅普诺夫函数。推论 5.1 的证明类似于定理 5.1，因此略去。

由于 c_3 是为了补偿不确定性 $h_i(\boldsymbol{x}(t))$ 而设计的，因此在这个推论中，不需要控制增益 c_3。当不存在非线性耦合项和与状态相关不确定项时，可以得到如下的非线性动力学网络：

$$\dot{x}_i(t)=f(t,x_i(t))+u_i(t) \tag{5.39}$$

控制器的设计与式（5.35）相同，可得如下推论。

推论 5.2　如果非线性动力学网络［式（5.39）］具有连通的通信拓扑结构，相应的控制器为式（5.35），如果控制参数满足$\tilde{c}_1$，$\tilde{c}_2\in\mathbb{R}^+$，$0<\tilde{\alpha}_1<1$，$\tilde{\alpha}_2>1$，且

$$\tilde{c}_1>\frac{2\sum_{i=1}^{N}\eta_i}{2^{\tilde{\alpha}_1}(\lambda_2(\boldsymbol{L}_{\tilde{\alpha}_1}))^{\frac{\tilde{\alpha}_1+1}{2}}}\tag{5.40}$$

$$\tilde{c}_2>\frac{2\sum_{i=1}^{N}\eta_i+\sum_{i=1}^{N}\sum_{j=1}^{N}l_{ij}(\gamma_j^2+1)}{2^{\tilde{\alpha}_2}N^{1-\tilde{\alpha}_2}(\lambda_2(\boldsymbol{L}_{\tilde{\alpha}_2}))^{\frac{\tilde{\alpha}_2+1}{2}}}\tag{5.41}$$

则非线性动力学网络［式（5.39）］可固定时间同步于目标节点［式（5.2）］，固定时间$\tilde{T}_0$为

$$\tilde{T}_0=\frac{2}{(\tilde{\mu}_2-\tilde{\mu}_1)(1-\tilde{\alpha}_1)}+\frac{2}{(\tilde{\mu}_3-\tilde{\mu}_1)(\tilde{\alpha}_2-1)}\tag{5.42}$$

式中，$\tilde{\mu}_1=2\sum_{i=1}^{N}\eta_i$，$\tilde{\mu}_2=2^{\tilde{\alpha}_1}\tilde{c}_1(\lambda_2(\boldsymbol{L}_{\tilde{\alpha}_1}))^{\frac{\tilde{\alpha}_1+1}{2}}$，$\tilde{\mu}_3=2^{\tilde{\alpha}_2}\tilde{c}_2N^{1-\tilde{\alpha}_2}(\lambda_2(\boldsymbol{L}_{\tilde{\alpha}_2}))^{\frac{\tilde{\alpha}_2+1}{2}}$；$\boldsymbol{L}_{\tilde{\alpha}_1}$，$\boldsymbol{L}_{\tilde{\alpha}_2}$分别是加权图 $G(\boldsymbol{A}^{\left[\frac{2\tilde{\alpha}_1}{\tilde{\alpha}_1+1}\right]})$，$G(\boldsymbol{A}^{\left[\frac{2\tilde{\alpha}_2}{\tilde{\alpha}_2+1}\right]})$的拉普拉斯矩阵。

5.4　实验结果与分析

本节采用含有包含 5 个节点的加权无向图复杂网络进行仿真，其拓扑结构如图 5-1 所示，其邻接矩阵 $\boldsymbol{A}=\begin{bmatrix}0&0.5&0&0&2\\0.5&0&1&1&0\\0&1&0&1&0\\0&1&1&0&1.5\\2&0&0&1.5&0\end{bmatrix}$。

例 1. 在本节仿真中，假设所考虑网络的每个节点都是蔡氏电路，其加权无向图如图 5-1 所示。节点的动力学网络可以写为

$$\dot{x}_i(t)=f(t,x_i(t))+\sum_{j=1}^{5}l_{ij}g(x_j(t))+h_i(\boldsymbol{x}(t))+u_i(t)\tag{5.43}$$

式中，$f(t,x_i(t))=\begin{bmatrix}-a&a&0\\1&-1&1\\0&-b&-c\end{bmatrix}\begin{bmatrix}x_{i1}\\x_{i2}\\x_{i3}\end{bmatrix}+\begin{bmatrix}-w(x_{i1})\\0\\0\end{bmatrix}$，

$\boldsymbol{x}_i=(x_{i1},x_{i2},x_{i3})^{\mathrm{T}}\in\mathbb{R}^3$，$w(x_{i1})=mx_{i1}+\frac{1}{2}(n-m)(|x_{i1}+1|-|x_{i1}-1|)$。

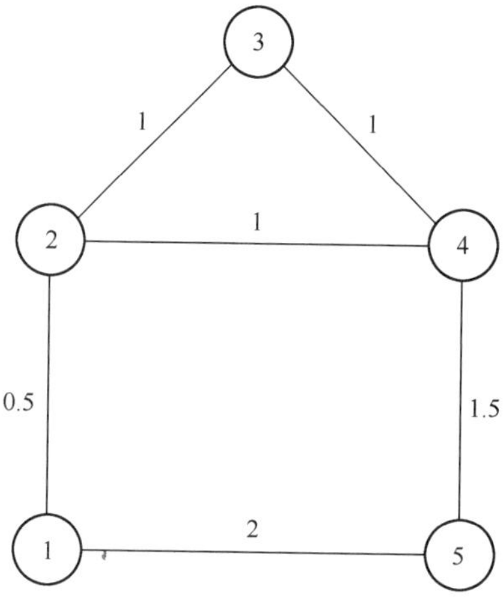

图 5-1　含有 5 个节点的加权无向图的拓扑结构

在这个实验仿真中，$a=-1.3$，$b=-0.01$，$c=-0.03$，$m=-1.27$，$n=-0.68$。对于 $\boldsymbol{x}_i$，$y\in\mathbb{R}^3$，$i=1,2,\cdots,5$，$|f(t,\boldsymbol{x}_i)-f(t,y)|\leqslant 2.99|\boldsymbol{x}_i-y|$成立。

设每个节点的初始值均为 $\boldsymbol{x}_1(0)=[4\quad -1\quad -4]^{\mathrm{T}}$，$\boldsymbol{x}_2(0)=[1\quad -1\quad -0.5]^{\mathrm{T}}$，$\boldsymbol{x}_3(0)=[2\quad -0.5\quad -0.6]^{\mathrm{T}}$，$\boldsymbol{x}_4(0)=[-3\quad 1\quad 1]^{\mathrm{T}}$，$\boldsymbol{x}_5(0)=[0\quad -1\quad -2]^{\mathrm{T}}$，$\boldsymbol{s}(0)=[5\quad 5\quad -3]^{\mathrm{T}}$。假设系统不确定项和耦合函数分别为 $h_i(\boldsymbol{x}(t))=2x_i(t)$ 和 $g(x_j(t))=5\sin(x_j(t))$，$j=1,2,\cdots,5$。

式（5.19）中的模糊逻辑控制器定义为，对于 $i=1,2,3$，定义三个模糊集，记为 $M_n^{\iota},\iota=1,2,3$，$n=1,2,3$。模糊隶属函数为 $M_1^l(z_\iota)=e^{-(z_l+2)^2}$，$M_2^l(z_\iota)=e^{-z_l^2}$，$M_3^l(z_\iota)=e^{-(z_l-2)^2}$，$z_l=\bar{x}_{jl}$。当 $i=4,5$ 时，$M_1^l(z_\iota)=e^{-(z_l+2)^2}$，$M_2^l(z_\iota)=e^{-z_l^2}$，由此可得 $\bar{\epsilon}_i=1$，$m_i=2$，$\delta_i=1$，$i=1,2,\cdots,5$。

由定理 5.1 可知，若 $\mu_2-\mu_1>0$ 且 $\mu_3-\mu_1>0$，则 $c_1>28.0123$，$c_2>33.9398$，$c_3\geqslant 15.5810$。

固定时间控制器的参数为 $c_1=30$，$c_2=35$，$c_3=20$，$\alpha_1=0.5$，$\alpha_2=2$，满足定理 5.1 的条件。通过简单计算可得 $\lambda_2(\boldsymbol{L}_{\alpha_1})=1.2864$，$\lambda_2(\boldsymbol{L}_{\alpha_2})=1.2380$，$\lambda_2(\boldsymbol{L}_{\infty})=1.2462$，满足引理 5.2 的条件。通过计算，可得固定时间约为 4.1661s。在式（5.18）、式（5.19）描述的控制器下动力学网络［式（5.43）］的同步误差轨迹如图 5-2 所示，由图 5-2 可以观察到该控制器的固定时间小于理论估计值。

例 2. 在本例中，考虑具有 5 个节点的网络模型，其拓扑结构与例 1 一样。

当不存在状态依赖不确定项时，选取非线性耦合函数 $g(x_j(t))=3\sin(x(t))$，初始状态同式（5.43）。控制参数 $\tilde{c}_1=32$，$\tilde{c}_2=35$，根据推论 5.1 可得固定时间 $\widetilde{T}_0\approx 1.8713$s，而实际固定时间约为 0.1725s，远小于理论值。图 5-3 给出了动态网络［式（5.34）］在控制器［式（5.35）］下的固定时间同步。

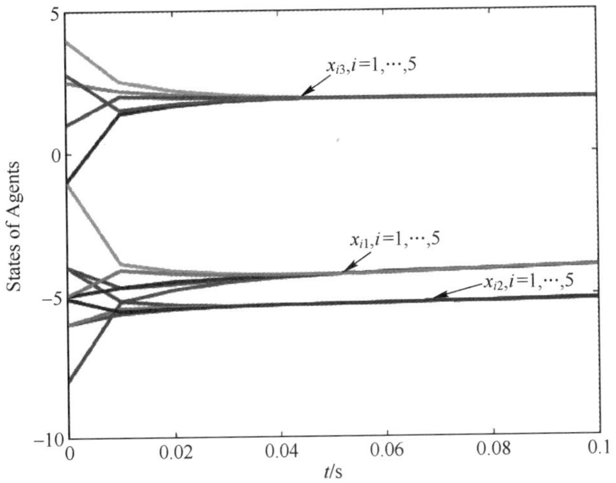

图 5-2 在式（5.18）、式（5.19）描述的控制器下动力学网络［式（5.43）］的同步误差轨迹

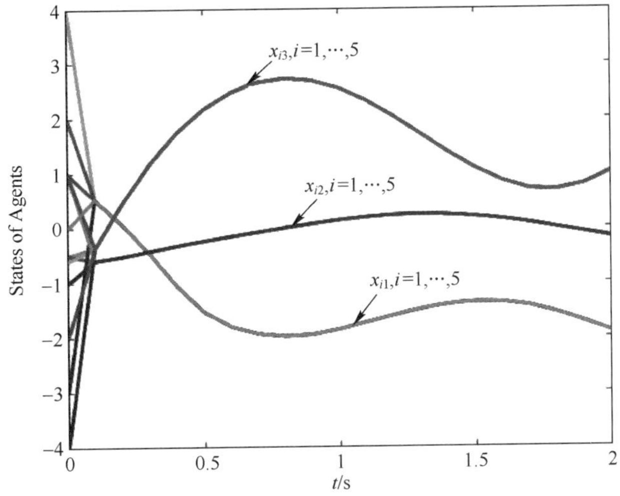

图 5-3 动态网络［式（5.34）］在控制器［式（5.35）］下的固定时间同步

令 $f(t,x_i(t))=2x_i(t)+t$，非线性耦合函数 $g(x_j(t))=5\sin(x_j(t))$，$i,j=1,2,\cdots,5$。选择初始状态 $\boldsymbol{x}(0)=[4,-3,2,-1,5]^{\mathrm{T}}$。

选择与例 1 相同的控制器，固定时间控制律的参数取为 $c_1=35$，$c_2=40$，$c_3=25$；$\alpha_1=0.8$，$\alpha_2=1.5$，满足定理 5.1 的条件。通过简单计算可得 $\lambda_2(\boldsymbol{L}_{\alpha_1})=1.2635$，$\lambda_2(\boldsymbol{L}_{\alpha_2})=1.2428$，$\lambda_2(\boldsymbol{L}_{\infty})=1.2462$，满足引理 5.2 的条件。理论估计时间 $T_0\approx0.5034\mathrm{s}$。显然，该控制器的固定时间也小于理论估计值。在式（5.18）、式（5.19）描述的控制器作用下，误差网络的轨迹如图 5-4 所示。由图 5-4 可以看出，对于具有非线性耦合和模糊状态依赖不确定项的复杂动态网络实现固定时间同步，验证了定理 5.1 中的理论结果。

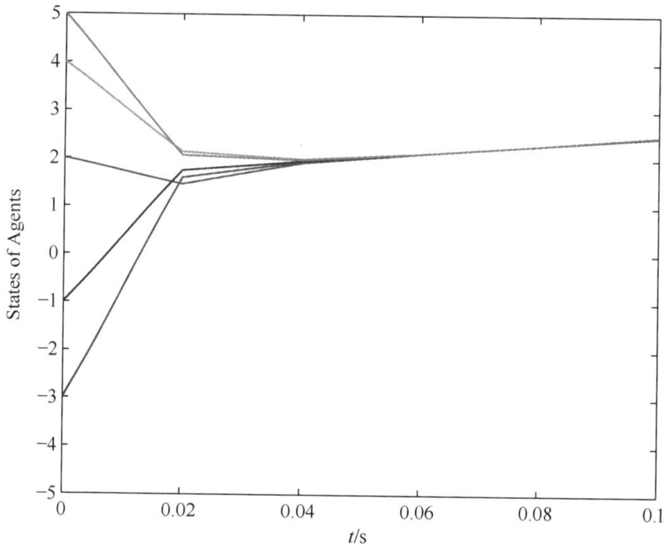

图 5-4　固定网络的轨迹

5.5　本章小结

本章分析了具有非线性耦合项和模糊状态相关项的复杂网络的固定时间同步问题。利用代数图论和李雅普诺夫理论，设计了模糊逻辑控制器来保证固定时间同步。此外，模糊状态依赖的不确定项可以发生在节点的局部动力学系统中，也可以出现在不同节点的互连中。本章的分析方法很难扩展到有向图中，因为理论证明依赖于通信拓扑的对称性，后续章节将对有向图复杂网络的固定时间同步性问题进行分析。

参考文献

[1] ZHANG X, FENG G, SUN Y. Finite-time Stabilization by State Feedback Control for a Class of Time-varying Nonlinear Systems [J]. Automatica, 2012, 48 (3): 499-504.

[2] POLYAKOV A. Nonlinear Feedback Design for Fixed-time Stabilization of Linear Control Systems [J]. IEEE Transactions on Automatic Control, 2011, 57 (8): 2106-2110.

[3] CAO J, LI R. Fixed-time Synchronization of Delayed Memristor-based Recurrent Neural Networks [J]. Science China Information Sciences, 2017, 60: 1-15.

[4] WAN Y, CAO J, WEN G, et al. Robust Fixed-time Synchronization of Delayed Cohen-Grossberg Neural Networks [J]. Neural Networks, 2016, 73: 86-94.

[5] HU C, YU J, CHEN Z, et al. Fixed-time Stability of Dynamical Systems and Fixed-time Synchronization of Coupled Discontinuous Neural Networks [J]. Neural Networks, 2017, 89: 74-83.

[6] WANG L X. Adaptive Fuzzy Systems and Control: Design and Stability Analysis [M]. Prentice-Hall,

Inc, 1994.

[7] HONG H, YU W, WEN G, et al. Distributed Robust Fixed-time Consensus for Nonlinear and Disturbed Multiagent Systems [J]. IEEE Transactions on Systems, Man, and Cybernetics: Systems, 2016, 47 (7): 1464-1473.

[8] ZHANG W, LI H, LI C, et al. Fixed-time Synchronization Criteria for Complex Networks Via Quantized Pinning Control [J]. ISA Transactions, 2019, 91: 151-156.

[9] WANG H O, TANAKA K, GRIFFIN M F. An Approach to Fuzzy Control of Nonlinear Systems: Stability and Design Issues [J]. IEEE Transactions on Fuzzy Systems, 1996, 4 (1): 14-23.

第6章

具有非线性耦合项的复杂网络状态相关脉冲同步

6.1 引言

脉冲控制方法[1-3]常被用在复杂网络的同步控制中，脉冲控制是基于脉冲微分方程（Impulsive differential equations）的控制方法。根据切换规则的不同，脉冲控制系统可分为两类：具有固定时刻脉冲的脉冲控制系统和具有变时刻脉冲的脉冲控制系统，变时刻脉冲控制系统也称为状态相关脉冲控制系统。如果脉冲发生的时刻在系统的固定时间点，就是固定时刻脉冲控制系统；如果脉冲发生的时刻由系统的状态决定，就是状态相关脉冲控制系统。固定时刻脉冲控制系统的研究已逐渐趋于成熟，而现实世界中的许多系统，如储蓄率控制系统、疾病控制系统、生态系统等受环境变化和人类活动的影响，不能直接用固定时刻脉冲控制系统进行描述，采用状态相关脉冲控制系统建模更为贴切。状态相关脉冲控制是将固定时刻脉冲控制推广到脉冲时间 $t=\theta_i+\tau_i(x)$ 的情况，即固定时刻脉冲控制系统的结果是状态相关脉冲控制系统在 $\tau_i(x)=0$ 时的特殊情况。

为了解决状态相关脉冲控制系统研究的困难，Akhmet 提出 B-等价方法[4]，利用该方法，可以将状态相关脉冲控制系统简化为固定时刻脉冲控制系统。关于状态相关脉冲控制系统研究不同的非线性系统的动力学问题可参见文献［5］~文献［8］。本章采用 B-等价方法研究状态相关脉冲控制复杂网络的同步问题，其基本思想如下。(1) 提出几个假设，保证状态相关脉冲控制复杂网络的每一个解都与不连续脉冲面恰好相交一次。(2) 基于 B-等价方法，状态相关脉冲控制复杂网络的误差节点可以简化为固定时刻脉冲控制误差网络。(3) 通过数学归纳法，可以得到简化误差网络稳定性判据的充分条件。

6.2 模型描述与预备知识

考虑具有非线性耦合的复杂网络：

$$\dot{x}_i(t)=f(t,x_i(t))+\sum_{j=1}^{N}l_{ij}g(x_j(t)) \tag{6.1}$$

式中，$x_i(t)\in\mathbb{R}$ 表示第 i 个节点的状态；$\boldsymbol{x}(t)=[x_1(t),x_2(t),\cdots,x_N(t)]^{\mathrm{T}}$表示整个复杂网络系统的状态；$f:\mathbb{R}_+\times\mathbb{R}\to\mathbb{R}$ 是连续可微函数，$g\in\mathbb{R}\to\mathbb{R}$ 是非线性耦合函数。若 $l_{ij}>0$，则第 i 个节点和第 j 个节点之间存在连接；否则，$l_{ij}=0$。

设 $y(t)$表示复杂网络目标节点的解，满足

$$\dot{y}(t)=f(t,y(t)) \tag{6.2}$$

误差节点设为 $e_i(t)=x_i(t)-y(t)$。若在复杂网络［式（6.1）］中不加入脉冲控制器，只加入状态反馈控制器 $u_i(t)$，由 $\sum_{j=1}^{N}l_{ij}g(y(t))=0$ 得到系统的同步误差为

$$\dot{e}_i(t)=f(t,x_i(t))-f(t,y(t))+\sum_{j=1}^{N}l_{ij}(g(x_j(t))-g(y(t)))+u_i(t) \tag{6.3}$$

在复杂网络中加入状态相关脉冲控制器$\{\theta_k+\tau_k(x_i-y),J_k(t,x_i-y)\}$，使得复杂网络［式（6.1）］的状态能够与目标节点［式（6.2）］的状态达到同步，其中，$\theta_k+\tau_k(x_i-y)$表示脉冲时刻，取决于第 i 个节点和复杂网络中目标节点的状态；$J_k(t,x_i-y)$表示跳跃算子函数，即$\lim\limits_{t\to\infty}|e_i(t)|=0$，可得复杂网络［式（6.1）］的状态相关脉冲控制器满足：

$$\begin{cases}\dot{x}_i(t)=f(t,x_i(t))+\sum\limits_{j=1}^{N}l_{ij}g(x_j(t)), & t\neq\theta_k+\tau_k(x_i-y)\\ \Delta x_i(t)|_{t=\theta_k+\tau_k(x_i-y)}=J_k(t,x_i-y), & k\in\mathbb{Z}_+\end{cases} \tag{6.4}$$

式中，$i=1,2,\cdots,N$，$\Delta x_i(t)|_{t=\xi_k}=x_i(\xi_k^+)-x_i(\xi_k)$；$x_i(\xi_k^+)=\lim\limits_{t\to\xi_k+0}x_i(t)$表示在$\xi_k$时刻的状态跳跃，满足$\xi_k=\theta_k+\tau_k(x_i(\xi_k)-y(\xi_k))$。假设解 $x_i(t)$在脉冲点处左连续，即 $x_i(\xi_k^-)=x_i(\xi_k)$。

根据 $\sum_{j=1}^{N}l_{ij}g(y(t))=0$，状态相关脉冲控制误差网络可表示为

$$\begin{cases}e_i(t)=f(t,x_i(t))-f(t,y(t))+\sum\limits_{j=1}^{N}l_{ij}(g(x_j(t))-g(y(t))), & t\neq\theta_k+\tau_k(e_i(t))\\ \Delta e_i(t)|_{t=\theta_k+\tau_k(e_i)}=J_k(t,e_i(t)), & k\in\mathbb{Z}_+,\quad i=1,2,\cdots,N\end{cases} \tag{6.5}$$

假设 6.1　非线性函数$f(\cdot)$满足 Lipshitz 条件，即存在常数 η_i满足：

$$(x_i-s)^{\mathrm{T}}(f(t,x_i)-f(t,y))\leqslant\eta_i|x_i-y|^2$$

假设 6.2　假设存在常数 $\gamma_j>0$，使得 $g(\cdot)$满足：

$$|g(x_j)-g(y)|\leqslant\gamma_j|x_j-y|$$

假设 6.3　对于 $i=1,2,\cdots,N$，$J_k(t,e_i):\mathbb{G}\to\mathbb{G}$ 成立；$\tau_k(e_i):\mathbb{G}\to\mathbb{R}$ 是连续函数，且 $J_k(0)=0$，$\tau_k(0)=0$，存在正数 l_J和 l_τ使得：

$$|e_i+J_k(t,e_i)|\leqslant l_J|e_i|$$

$$|\tau_k(e_1)-\tau_k(e_2)|\leqslant l_\tau|e_1-e_2|$$

对于 $k\in\mathbb{Z}_+$，$e_1,e_2\in\mathbb{R}^n$成立。

定义 6.1 若存在不依赖于系统初始值的时间 T_0，使得对于任意系统初始值，节点 i 都能收敛到目标轨迹 $y(t)$，即 $\lim\limits_{t\to T_0}|x_i(t)-y(t)|=0$，$i=1,2,\cdots,N$，则称复杂网络［式（6.1）］固定时间同步于目标节点［式（6.2）］。

定义 6.2[9] 比较系统。

令 $V\in\Omega$，且假设：

$$\begin{cases}D^+V(t,x)\leqslant g(t,V(t,x)), & t\neq\theta_k\\ V(t,x+\Delta x)\leqslant\psi_k(V(t,x)), & t=\theta_k\end{cases}$$

式中，$g:\mathbb{R}_+\times\mathbb{R}\to\mathbb{R}$ 在$(\theta_{k-1},\theta_k)\times\mathbb{R}$ 内连续，对任意 $x\in\mathbb{R}$，$k=1,2,\cdots$，$\lim\limits_{(t,y)\to(\theta_k^+,x)}g(t,y)=g(\theta_k^+,x)$存在。

若 $\psi_k:\mathbb{R}_+\to\mathbb{R}_+$是非递减函数，则系统

$$\begin{cases}\dot{\omega}=g(t,\omega), & t\neq\theta_k\\ \omega(\theta_k^+)=\psi_k(\omega(\theta_k)), & t=\theta_k\\ \omega(t_0^+)=\omega_0\geqslant 0\end{cases}\tag{6.6}$$

是固定时刻脉冲控制系统［式（6.30）］的比较系统，式（6.30）将在 6.4 节给出。

引理 6.1[10] 对于无向连通图 G，拉普拉斯矩阵 $\boldsymbol{L}\in\mathbb{R}^{N\times N}$满足下面的假设。

（1）无向图 G 的拉普拉斯矩阵 $\boldsymbol{L}$ 是半正定的，且存在一个零特征值。当且仅当无向图 G 连通时，所有其他特征值都是正的。

（2）0 和 $\mathbf{1}$ 分别是矩阵 $\boldsymbol{L}$ 的特征值和特征向量。若矩阵 $\boldsymbol{L}$ 的特征值用 $0,\lambda_2(\boldsymbol{L}),\cdots,\lambda_N(\boldsymbol{L})$表示，则满足 $0\leqslant\lambda_2(\boldsymbol{L})\leqslant\cdots\leqslant\lambda_N(\boldsymbol{L})$，其中第二小的特征值 $\lambda_2(\boldsymbol{L})>0$。无向图 G 的拉普拉斯矩阵 $\boldsymbol{L}$ 的代数连通度满足 $\lambda_2(\boldsymbol{L})=\min\limits_{\|\boldsymbol{x}\|\neq 0,\mathbf{1}_N^{\mathrm{T}}\boldsymbol{x}=0}\dfrac{\boldsymbol{x}^{\mathrm{T}}\boldsymbol{L}\boldsymbol{x}}{\|\boldsymbol{x}\|}>0$，因此，当 $\sum\limits_{i=1}^{N}x_i=0$，$\boldsymbol{x}^{\mathrm{T}}\boldsymbol{L}\boldsymbol{x}\geqslant\lambda_2(\boldsymbol{L})\boldsymbol{x}^{\mathrm{T}}\boldsymbol{x}$ 成立。

（3）对任意 $\boldsymbol{x}=(x_1,x_2,\cdots,x_N)^{\mathrm{T}}\in\mathbb{R}^N$，满足 $\boldsymbol{x}^{\mathrm{T}}\boldsymbol{L}\boldsymbol{x}=\dfrac{1}{2}\sum\limits_{i=1}^{N}\sum\limits_{j=1}^{N}a_{ij}(x_i-x_j)^2$。

引理 6.2[11] 若非负函数 $V(t)$满足

$$\dot{V}(t)\leqslant\begin{cases}-c_1V^{\alpha_1}(t), & 0<\alpha_1<1, & 0<V<1\\ -c_2V^{\alpha_2}(t), & \alpha_2>1, & V\geqslant 1\end{cases}$$

式中，$c_1>0,c_2>0$，则 $V(t)\equiv 0$ 成立，固定时间可估计为

$$t\geqslant\frac{1}{c_1(1-\alpha_1)}+\frac{1}{c_2(\alpha_2-1)}$$

也就是说，若非负函数 $V(t)$满足：

$$\dot{V}(t)\leqslant -c_1V^{\alpha_1}(t)-c_2V^{\alpha_2}(t)$$

式中，$c_1>0,c_2>0,0<\alpha_1<1,\alpha_2>1$。则 $V(t)\equiv 0$ 成立，固定时间可估计为

$$t \geqslant \frac{1}{c_1(1-\alpha_1)}+\frac{1}{c_2(\alpha_2-1)}$$

引理 6.3[11] 对任意变量 $\zeta_1,\zeta_2,\cdots,\zeta_N \geqslant 0$，$0<p\leqslant 1$，$q>1$，下列不等式成立：

$$\sum_{i=1}^{N}\zeta_i^p \geqslant \Big(\sum_{i=1}^{N}\zeta_i\Big)^p,\quad \sum_{i=1}^{N}\zeta_i^q \geqslant N^{1-q}\Big(\sum_{i=1}^{N}\zeta_i\Big)^q$$

引理 6.4 杨氏不等式（Young's Inequality）：假设 a,b,u,v 是正常数，且$\frac{1}{u}+\frac{1}{v}=1$，$u>1$，$v>1$，则有

$$ab \leqslant \frac{a^u}{u}+\frac{b^v}{v}$$

当且仅当 $a^u+b^v=1$ 时，"=" 成立。

引理 6.5[13] 任意维数的实矩阵 $\boldsymbol{\Sigma}_1,\boldsymbol{\Sigma}_2,\boldsymbol{\Sigma}_3$ 及参量 $s>0$，满足 $0<\boldsymbol{\Sigma}_3=\boldsymbol{\Sigma}_3^{\mathrm{T}}$，则下面不等式成立：

$$\boldsymbol{\Sigma}_1^{\mathrm{T}}\boldsymbol{\Sigma}_2+\boldsymbol{\Sigma}_2^{\mathrm{T}}\boldsymbol{\Sigma}_1 \leqslant s\boldsymbol{\Sigma}_1^{\mathrm{T}}\boldsymbol{\Sigma}_3\boldsymbol{\Sigma}_1+s^{-1}\boldsymbol{\Sigma}_2^{\mathrm{T}}\boldsymbol{\Sigma}_3^{-1}\boldsymbol{\Sigma}_2$$

引理 6.6[9] 假设：

（1） $V(\cdot):\mathbb{R}_+\times\mathbb{R}^n\to\mathbb{R}_+,V(\cdot)\in\Omega$，则有

$$K(t)D^+V(t,x)+\dot{K}(t)V(t,x)\leqslant g(t,K(t)V(t,x)),\quad t\neq\theta_k$$

式中，g：$\mathbb{R}_+\times\mathbb{R}_-\to\mathbb{R}$，$g(t,0)=0$，$g(\cdot)$在$(\theta_{k-1},\theta_k)\times\mathbb{R}_+$区间内是连续的，对任意 $x\in\mathbb{R}_+$，$k=1,2,\cdots$，$\lim\limits_{(t,y)\to(\theta_k^+,x)} g(t,y)=g(\theta_k^+,x)$存在；$K(t)\geqslant c>0$，$\lim\limits_{t\to\theta_k^-}K(t)=K(\theta_k)$，$\lim\limits_{t\to\theta_k^+}K(t)=K(\theta_k^+)$存在，$k\in\mathbb{Z}_+$，$\dot{K}(t)=\lim\limits_{h\to 0^+}[K(t+h)-K(t)]/h$。

（2） $$K(\theta_k^+)V(\theta_k^+,x+\Delta x)\leqslant\psi_k(K(\theta_k^+)V(\theta_k^+,x)),k\in\mathbb{Z}_+$$

式中，$\psi:\mathbb{R}_+\to\mathbb{R}_+$是非递减函数。

（3） 在区间$\mathbb{R}_+\times\mathbb{R}^n$内，$V(t,0)=0$，$\alpha(\|x\|)\leqslant V(t,x)$成立，其中 $\alpha(\cdot)\in\kappa$［κ 是绝对递增函数，α：$\mathbb{R}_+\to\mathbb{R}_+$使得 $\alpha(0)=0$］成立。

那么比较系统［式（6.6）］的平凡解 $\omega=0$ 的稳定性意味着固定时刻脉冲控制系统［式（6.30）］的平凡解也具有相同的稳定性。

6.3 复杂网络的固定时间同步

本节讨论在没有脉冲控制器，只有反馈控制器的情况下，误差网络［式（6.3）］的固定时间同步问题。设计控制器为

$$u_i(t)=c_1\sum_{j=1}^{N}\mathrm{sig}^{\alpha_1}(a_{ij}(x_j-x_i))+c_2\sum_{j=1}^{N}\mathrm{sig}^{\alpha_2}(a_{ij}(x_j-x_i)) \tag{6.7}$$

式中，$c_1>0$，$c_2>0$，$0<\alpha_1<1$，$\alpha_2>1$，$\mathrm{sig}^{\alpha_1}(a_{ij}(x_j-x_i))=\mathrm{sign}(a_{ij}(x_j-x_i))|a_{ij}(x_j-x_i)|^{\alpha_1}$，$\mathrm{sig}^{\alpha_2}(a_{ij}(x_j-x_i))=\mathrm{sign}(a_{ij}(x_j-x_i))|a_{ij}(x_j-x_i)|^{\alpha_2}$。

定理 6.1 假设误差网络［式（6.3）］具有无向拓扑结构，在控制器［式（6.7）］的作用下，若控制参数满足

$$c_1 > \frac{2\sum_{i=1}^{N}\eta_i + \sum_{i=1}^{N}\sum_{j=1}^{N} l_{ij}(\gamma_j^2 + 1)}{2^{\alpha_1}(\lambda_2(\boldsymbol{L}_{\alpha_1}))^{\frac{\alpha_1+1}{2}}} \tag{6.8}$$

$$c_2 > \frac{2\sum_{i=1}^{N}\eta_i + \sum_{i=1}^{N}\sum_{j=1}^{N} l_{ij}(\gamma_j^2 + 1)}{2^{\alpha_2}N^{1-\alpha_2}(\lambda_2(\boldsymbol{L}_{\alpha_2}))^{\frac{\alpha_2+1}{2}}} \tag{6.9}$$

则复杂网络［式（6.1）］可固定时间同步于目标节点［式（6.2）］，固定时间 T_0 为

$$T_0 = \frac{2}{(\mu_2-\mu_1)(1-\alpha_1)} + \frac{2}{(\mu_3-\mu_1)(\alpha_2-1)} \tag{6.10}$$

式中，$\boldsymbol{L}_{\alpha_1}$、$\boldsymbol{L}_{\alpha_2}$ 分别是图 $G(\boldsymbol{A}^{\left[\frac{2\alpha_1}{\alpha_1+1}\right]})$、$G(\boldsymbol{A}^{\left[\frac{2\alpha_2}{\alpha_2+1}\right]})$ 的拉普拉斯矩阵；$\mu_1 = 2\sum_{i=1}^{N}\eta_i + \sum_{i=1}^{N}\sum_{j=1}^{N} l_{ij}(\gamma_j^2 + 1)$，$\mu_2 = 2^{\alpha_1}c_1(\lambda_2(\boldsymbol{L}_{\alpha_1}))^{\frac{\alpha_1+1}{2}}$，$\mu_3 = 2^{\alpha_2}c_2N^{1-\alpha_2}(\lambda_2(\boldsymbol{L}_{\alpha_2}))^{\frac{\alpha_2+1}{2}}$。

证明：考虑如下李雅普诺夫函数：

$$V(\boldsymbol{e}(t)) = \frac{1}{2}\sum_{i=1}^{N} e_i^2(t) \tag{6.11}$$

李雅普诺夫函数 $V(\cdot)$ 沿着轨迹［式（6.3）］的导数为

$$\begin{aligned}
\dot{V}(\boldsymbol{e}(t)) &= \sum_{i=1}^{N} e_i(t)\,\dot{e}_i(t) \\
&= \sum_{i=1}^{N} e_i(t)\Big[f(t,x_i(t)) - f(t,y(t)) + \sum_{j=1}^{N} l_{ij}(g(x_j(t)) - g(y(t))) + u_i(t)\Big] \\
&= \sum_{i=1}^{N} e_i(t)[f(t,x_i(t)) - f(t,y(t))] + \sum_{i=1}^{N}\sum_{j=1}^{N} l_{ij}e_i(t)(g(x_j(t)) - g(y(t))) + \\
&\quad c_1\sum_{i=1}^{N} e_i(t)\sum_{j=1}^{N}\mathrm{sig}^{\alpha_1}(a_{ij}(x_j - x_i)) + c_2\sum_{i=1}^{N} e_i(t)\sum_{j=1}^{N}\mathrm{sig}^{\alpha_2}(a_{ij}(x_j - x_i))
\end{aligned} \tag{6.12}$$

根据假设 6.1、假设 6.2 和引理 6.4，可得

$$\begin{aligned}
\dot{V}(\boldsymbol{e}(t)) \leqslant{}& \sum_{i=1}^{N}\eta_i e_i^2(t) + \sum_{i=1}^{N}\sum_{j=1}^{N} l_{ij}\gamma_j|e_i(t)|\cdot|e_j(t)| + \\
& c_1\sum_{i=1}^{N}\sum_{j=1}^{N} e_i(t)\,\mathrm{sig}^{\alpha_1}(a_{ij}(x_j - x_i)) + c_2\sum_{i=1}^{N}\sum_{j=1}^{N} e_i(t)\,\mathrm{sig}^{\alpha_2}(a_{ij}(x_j - x_i))
\end{aligned}$$

$$
\begin{aligned}
&\leqslant \sum_{i=1}^{N}\eta_i e_i^2(t)+\frac{1}{2}\sum_{i=1}^{N}\sum_{j=1}^{N}l_{ij}[\gamma_j^2 e_i^2(t)+e_j^2(t)+e_i^2(t)-e_i^2(t)]+\\
&\quad c_1\sum_{i=1}^{N}\sum_{j=1}^{N}e_i(t)\operatorname{sig}^{\alpha_1}(a_{ij}(x_j-x_i))+c_2\sum_{i=1}^{N}\sum_{j=1}^{N}e_i(t)\operatorname{sig}^{\alpha_2}(a_{ij}(x_j-x_i))\\
&\leqslant \sum_{i=1}^{N}\eta_i e_i^2(t)+\frac{1}{2}\sum_{i=1}^{N}\sum_{j=1}^{N}l_{ij}(\gamma_j^2+1)e_i^2(t)+\frac{1}{2}\sum_{i=1}^{N}\sum_{j=1}^{N}l_{ij}(e_j^2(t)-e_i^2(t))+\\
&\quad c_1\sum_{i=1}^{N}\sum_{j=1}^{N}e_i(t)\operatorname{sig}^{\alpha_1}(a_{ij}(x_j-x_i))+c_2\sum_{i=1}^{N}\sum_{j=1}^{N}e_i(t)\operatorname{sig}^{\alpha_2}(a_{ij}(x_j-x_i))
\end{aligned}
\tag{6.13}
$$

式中

$$
\begin{aligned}
\sum_{i=1}^{N}\sum_{j=1}^{N}l_{ij}(e_j^2(t)-e_i^2(t))&=\frac{1}{2}\sum_{i=1}^{N}\sum_{j=1}^{N}l_{ij}(e_j^2(t)-e_i^2(t))+\frac{1}{2}\sum_{i=1}^{N}\sum_{j=1}^{N}l_{ij}(e_j^2(t)-e_i^2(t))\\
&=\frac{1}{2}\sum_{i=1}^{N}\sum_{j=1}^{N}l_{ij}(e_j^2(t)-e_i^2(t))+\frac{1}{2}\sum_{j=1}^{N}\sum_{i=1}^{N}l_{ji}(e_i^2(t)-e_j^2(t))\\
&=\frac{1}{2}\sum_{i=1}^{N}\sum_{j=1}^{N}l_{ij}(e_j^2(t)-e_i^2(t)+e_i^2(t)-e_j^2(t))\\
&=0
\end{aligned}
\tag{6.14}
$$

则有

$$
\begin{aligned}
\dot{V}(\boldsymbol{e}(t))&\leqslant \sum_{i=1}^{N}\eta_i e_i^2(t)+\frac{1}{2}\sum_{i=1}^{N}\sum_{j=1}^{N}l_{ij}(\gamma_j^2+1)e_i^2(t)+\\
&\quad c_1\sum_{i=1}^{N}\sum_{j=1}^{N}e_i(t)\operatorname{sig}^{\alpha_1}(a_{ij}(x_j-x_i))+c_2\sum_{i=1}^{N}\sum_{j=1}^{N}e_i(t)\operatorname{sig}^{\alpha_2}(a_{ij}(x_j-x_i))\\
&=\sum_{i=1}^{N}\eta_i e_i^2(t)+\frac{1}{2}\sum_{i=1}^{N}\sum_{j=1}^{N}l_{ij}(\gamma_j^2+1)e_i^2(t)+\\
&\quad c_1\sum_{i=1}^{N}\sum_{j=1}^{N}e_i(t)\operatorname{sig}^{\alpha_1}(a_{ij}(e_j-e_i))+c_2\sum_{i=1}^{N}\sum_{j=1}^{N}e_i(t)\operatorname{sig}^{\alpha_2}(a_{ij}(e_j-e_i))
\end{aligned}
\tag{6.15}
$$

由 $a_{ij}=a_{ji}$， $\operatorname{sig}^{\alpha}(e_j-e_i)=-\operatorname{sig}^{\alpha}(e_i-e_j)$可得

$$
\begin{aligned}
&c_1\sum_{i=1}^{N}\sum_{j=1}^{N}e_i(t)\operatorname{sig}^{\alpha_1}(a_{ij}(e_j-e_i))\\
&=\frac{1}{2}c_1\sum_{i=1}^{N}\sum_{j=1}^{N}e_i(t)\operatorname{sig}^{\alpha_1}(a_{ij}(e_j-e_i))+\frac{1}{2}c_1\sum_{i=1}^{N}\sum_{j=1}^{N}e_i(t)\operatorname{sig}^{\alpha_1}(a_{ij}(e_j-e_i))\\
&=\frac{1}{2}c_1\sum_{i=1}^{N}\sum_{j=1}^{N}e_i(t)\operatorname{sig}^{\alpha_1}(a_{ij}(e_j-e_i))+\frac{1}{2}c_1\sum_{j=1}^{N}\sum_{i=1}^{N}e_j(t)\operatorname{sig}^{\alpha_1}(a_{ji}(e_i-e_j))\\
&=-\frac{1}{2}c_1\sum_{i=1}^{N}\sum_{j=1}^{N}a_{ij}^{\alpha_1}\left|(e_j-e_i)\right|^{\alpha_1+1}
\end{aligned}
\tag{6.16}
$$

且

$$\begin{aligned}
&c_2\sum_{i=1}^{N}\sum_{j=1}^{N}e_i(t)\,\mathrm{sig}^{\alpha_2}(a_{ij}(e_j-e_i))\\
&=\frac{1}{2}c_2\sum_{i=1}^{N}\sum_{j=1}^{N}e_i(t)\,\mathrm{sig}^{\alpha_2}(a_{ij}(e_j-e_i))+\frac{1}{2}c_2\sum_{i=1}^{N}\sum_{j=1}^{N}e_i(t)\,\mathrm{sig}^{\alpha_2}(a_{ij}(e_j-e_i))\\
&=\frac{1}{2}c_2\sum_{i=1}^{N}\sum_{j=1}^{N}e_i(t)\,\mathrm{sig}^{\alpha_2}(a_{ij}(e_j-e_i))+\frac{1}{2}c_2\sum_{j=1}^{N}\sum_{i=1}^{N}e_j(t)\,\mathrm{sig}^{\alpha_2}(a_{ji}(e_i-e_j))\\
&=-\frac{1}{2}c_2\sum_{i=1}^{N}\sum_{j=1}^{N}a_{ij}^{\alpha_2}\,|(e_j-e_i)|^{\alpha_2+1}
\end{aligned}\tag{6.17}$$

由此得

$$\begin{aligned}
\dot{V}(\boldsymbol{e}(t))\leqslant&\sum_{i=1}^{N}\eta_i e_i^2(t)+\frac{1}{2}\sum_{i=1}^{N}\sum_{j=1}^{N}l_{ij}(\gamma_j^2+1)e_i^2(t)-\frac{1}{2}c_1\sum_{i=1}^{N}\sum_{j=1}^{N}a_{ij}^{\alpha_1}\,|e_j(t)-e_i(t)|^{\alpha_1+1}-\\
&\frac{1}{2}c_2\sum_{i=1}^{N}\sum_{j=1}^{N}a_{ij}^{\alpha_2}\,|e_j(t)-e_i(t)|^{\alpha_2+1}
\end{aligned}\tag{6.18}$$

由 $1<\alpha_1+1<2$，$\alpha_2+1>2$，则由引理 6.3 可知，下列不等式成立：

$$\begin{aligned}
&-\frac{1}{2}c_1\sum_{i=1}^{N}\sum_{j=1}^{N}a_{ij}^{\alpha_1}\,|e_j(t)-e_i(t)|^{\alpha_1+1}\\
&\qquad\leqslant-\frac{1}{2}c_1\Big(\sum_{i=1}^{N}\sum_{j=1}^{N}a_{ij}^{\frac{2\alpha_1}{\alpha_1+1}}\,|e_j(t)-e_i(t)|^2\Big)^{\frac{\alpha_1+1}{2}}
\end{aligned}\tag{6.19}$$

及

$$\begin{aligned}
&-\frac{1}{2}c_2\sum_{i=1}^{N}\sum_{j=1}^{N}a_{ij}^{\alpha_2}\,|e_j(t)-e_i(t)|^{\alpha_2+1}\\
&\qquad\leqslant-\frac{1}{2}c_2N^{1-\alpha_2}\Big(\sum_{i=1}^{N}\sum_{j=1}^{N}a_{ij}^{\frac{2\alpha_2}{\alpha_2+1}}\,|e_j(t)-e_i(t)|^2\Big)^{\frac{\alpha_2+1}{2}}
\end{aligned}\tag{6.20}$$

因此

$$\begin{aligned}
\dot{V}(e(t))\leqslant&\sum_{i=1}^{N}\eta_i e_i^2(t)+\frac{1}{2}\sum_{i=1}^{N}\sum_{j=1}^{N}l_{ij}(\gamma_j^2+1)e_i^2(t)-\\
&\frac{1}{2}c_1\Big(\sum_{i=1}^{N}\sum_{j=1}^{N}a_{ij}^{\frac{2\alpha_1}{\alpha_1+1}}\,|e_j(t)-e_i(t)|^2\Big)^{\frac{\alpha_1+1}{2}}-\\
&\frac{1}{2}c_2N^{1-\alpha_2}\Big(\sum_{i=1}^{N}\sum_{j=1}^{N}a_{ij}^{\frac{2\alpha_2}{\alpha_2+1}}\,|e_j(t)-e_i(t)|^2\Big)^{\frac{\alpha_2+1}{2}}
\end{aligned}$$

$$\leqslant 2\sum_{i=1}^{N}\eta_i\cdot\frac{1}{2}\sum_{i=1}^{N}e_i^2(t)+\sum_{i=1}^{N}\sum_{j=1}^{N}l_{ij}(\gamma_j^2+1)\cdot\frac{1}{2}\sum_{i=1}^{N}e_i^2(t)-\frac{1}{2}c_1\Big(\sum_{i=1}^{N}\sum_{j=1}^{N}a_{ij}^{\frac{2\alpha_1}{\alpha_1+1}}|e_j(t)-e_i(t)|^2\Big)^{\frac{\alpha_1+1}{2}}-\frac{1}{2}c_2N^{1-\alpha_2}\Big(\sum_{i=1}^{N}\sum_{j=1}^{N}a_{ij}^{\frac{2\alpha_2}{\alpha_2+1}}|e_j(t)-e_i(t)|^2\Big)^{\frac{\alpha_2+1}{2}} \tag{6.21}$$

根据引理 6.1，下列不等式成立：

$$\sum_{i=1}^{N}\sum_{j=1}^{N}a_{ij}^{\frac{2\alpha_1}{\alpha_1+1}}|e_j(t)-e_i(t)|^2=2\boldsymbol{e}^{\mathrm{T}}(t)\boldsymbol{L}_{\alpha_1}\boldsymbol{e}(t)\geqslant 4\lambda_2(\boldsymbol{L}_{\alpha_1})V(\boldsymbol{e}(t)) \tag{6.22}$$

$$\sum_{i=1}^{N}\sum_{j=1}^{N}a_{ij}^{\frac{2\alpha_2}{\alpha_2+1}}|e_j(t)-e_i(t)|^2=2\boldsymbol{e}^{\mathrm{T}}(t)\boldsymbol{L}_{\alpha_2}\boldsymbol{e}(t)\geqslant 4\lambda_2(\boldsymbol{L}_{\alpha_2})V(\boldsymbol{e}(t)) \tag{6.23}$$

式中，$\boldsymbol{L}_{\alpha_1}$、$\boldsymbol{L}_{\alpha_2}$ 分别是图 $G(\boldsymbol{A}^{\left[\frac{2\alpha_1}{\alpha_1+1}\right]})$、$G(\boldsymbol{A}^{\left[\frac{2\alpha_2}{\alpha_2+1}\right]})$ 的拉普拉斯矩阵。基于上述分析和式（6.21）可得

$$\begin{aligned}\dot V(\boldsymbol{e}(t))&\leqslant\Big(2\sum_{i=1}^{N}\eta_i+\sum_{i=1}^{N}\sum_{j=1}^{N}l_{ij}(\gamma_j^2+1)\Big)V(\boldsymbol{e}(t))-\\&\quad 2^{\alpha_1}c_1(\lambda_2(\boldsymbol{L}_{\alpha_1}))^{\frac{\alpha_1+1}{2}}V^{\frac{\alpha_1+1}{2}}-2^{\alpha_2}c_2N^{1-\alpha_2}(\lambda_2(\boldsymbol{L}_{\alpha_2}))^{\frac{\alpha_2+1}{2}}V^{\frac{\alpha_2+1}{2}}\\&=\mu_1V(\boldsymbol{e}(t))-\mu_2V^{\frac{\alpha_1+1}{2}}-\mu_3V^{\frac{\alpha_2+1}{2}}\\&\leqslant\begin{cases}-(\mu_2-\mu_1)V^{\frac{\alpha_1+1}{2}}, & V(\boldsymbol{e}(t))<1\\-(\mu_3-\mu_1)V^{\frac{\alpha_2+1}{2}}, & V(\boldsymbol{e}(t))\geqslant 1\end{cases}\end{aligned} \tag{6.24}$$

式中，$\mu_1=2\sum_{i=1}^{N}\eta_i+\sum_{i=1}^{N}\sum_{j=1}^{N}l_{ij}(\gamma_j^2+1)$，$\mu_2=2^{\alpha_1}c_1(\lambda_2(\boldsymbol{L}_{\alpha_1}))^{\frac{\alpha_1+1}{2}}$，$\mu_3=2^{\alpha_2}c_2N^{1-\alpha_2}(\lambda_2(\boldsymbol{L}_{\alpha_2}))^{\frac{\alpha_2+1}{2}}$。

根据引理 6.2 可得误差网络［式（6.3）］在固定时间内达到了稳定，则复杂网络［式（6.1）］固定时间同步于目标节点［式（6.2）］，固定时间参见式（6.10）。证毕。

当网络中不含有非线性耦合项时，可得如下非线性网络：

$$\dot x_i(t)=f(t,x_i(t))+u_i(t) \tag{6.25}$$

其中，控制器设计与式（6.7）相同，则可得如下推论。

推论 6.1　假设式（6.25）是无向连接图网络，控制器设计见式（6.7），若控制参数满足 $c_1,c_2\in\mathbb{R}_+$，$0<\alpha_1<1$，$\alpha_2>1$，且

$$c_1>\frac{2\sum_{i=1}^{N}\eta_i}{2^{\alpha_1}(\lambda_2(\boldsymbol{L}_{\alpha_1}))^{\frac{\alpha_1+1}{2}}} \tag{6.26}$$

$$c_2 > \frac{2\sum_{i=1}^{N}\eta_i + \sum_{i=1}^{N}\sum_{j=1}^{N} l_{ij}(\gamma_j^2+1)}{2^{\alpha_2}N^{1-\alpha_2}(\lambda_2(\boldsymbol{L}_{\alpha_2}))^{\frac{\alpha_2+1}{2}}} \tag{6.27}$$

则非线性网络［式（6.25）］可固定时间同步于目标节点［式（6.2）］，同步时间 T_0 为

$$T_0=\frac{2}{(\mu_2-\mu_1)(1-\alpha_1)}+\frac{2}{(\mu_3-\mu_1)(\alpha_2-1)} \tag{6.28}$$

式中，$\mu_1=2\sum_{i=1}^{N}\eta_i$，$\mu_2=2^{\alpha_1}c_1(\lambda_2(\boldsymbol{L}_{\alpha_1}))^{\frac{\alpha_1+1}{2}}$，$\mu_3=2^{\alpha_2}c_2N^{1-\alpha_2}(\lambda_2(\boldsymbol{L}_{\alpha_2}))^{\frac{\alpha_2+1}{2}}$；$\boldsymbol{L}_{\alpha_1}$、$\boldsymbol{L}_{\alpha_2}$ 分别为图 $G(\boldsymbol{A}^{\left[\frac{2\alpha_1}{\alpha_1+1}\right]})$、$G(\boldsymbol{A}^{\left[\frac{2\alpha_2}{\alpha_2+1}\right]})$ 的拉普拉斯矩阵。

6.4 复杂网络的脉冲同步

本节将考虑误差网络［式（6.5）］的状态相关脉冲同步问题。

6.4.1 复杂网络的 B-等价系统

首先给出如下假设。

假设 6.4 对所有 $k\in\mathbb{Z}_+$，有：

（1）存在正实数 ν，使得 $0\leqslant\tau_k(e_i)<\nu$ 成立，则 $\theta_k\leqslant\theta_k+\tau_k(e_i)\leqslant\theta_k+\nu$。

（2）存在正实数 $\underline{\theta}$、$\overline{\theta}$，使得 $e_i\in\mathbb{G}$，$\underline{\theta}+\nu<\theta_{k+1}-\theta_k<\overline{\theta}-\nu$ 成立。

假设 6.5 对 $j\in\mathbb{Z}_+$，设 $e_i(t):[\theta_j,\theta_j+\nu]\to\mathbb{G}$ 是误差网络［式（6.5）］在区间 $[\theta_j,\theta_j+\nu]$ 内的一个解。满足下列两个条件之一。

$$(1)\begin{cases}\dfrac{\mathrm{d}\tau_j(e_i)}{\mathrm{d}e_i}\cdot\left[f(t,x_i)-f(t,y)+\sum_{j=1}^{N}l_{ij}(g(x_j)-g(y))\right]>1, & e_i\in\mathbb{G}\\ \tau_j[e_i(\xi)+J_j(e_i(\xi))]\geqslant\tau_j(e_i(\xi)), & t=\xi\end{cases}$$

$$(2)\begin{cases}\dfrac{\mathrm{d}\tau_j(e_i)}{\mathrm{d}e_i}\cdot\left[f(t,x_i)-f(t,y)+\sum_{j=1}^{N}l_{ij}(g(x_j)-g(y))\right]<1, & e_i\in\mathbb{G}\\ \tau_j[(e_i(\xi)+J_j(e_i(\xi))]\leqslant\tau_j(e_i(\xi)), & t=\xi\end{cases}$$

式中，$t=\xi$ 是误差网络［式（6.5）］的脉冲点，满足 $\xi=\theta_j+\tau_j(e_i(\xi))$。

根据上述两个假设，可以得到下面的引理。

引理 6.7 如果假设 6.4 成立，且误差网络［式（6.5）］的每一个解与脉冲面 $\Gamma_{\underline{k}}$ 和 $\Gamma_{\overline{k}}$ 相交，那么它的每个解与 $\Gamma_{\underline{k}}$ 和 $\Gamma_{\overline{k}}$ 之间的面 $\Gamma_k(\underline{k}<k<\overline{k})$ 也相交。

证明： 设 $e_i(t)$ 是误差网络［式（6.5）］的解，且与脉冲面 $\Gamma_{\underline{k}}$ 和 $\Gamma_{\overline{k}}$ 相交，则存在 $\xi_{\underline{k}}$ 和 $\xi_{\overline{k}}(\xi_{\underline{k}}<\xi_{\overline{k}})$，使得 $\xi_{\underline{k}}=\theta_{\underline{k}}+\tau_{\underline{k}}(e_i(\xi_{\underline{k}}))$，以及 $\xi_{\overline{k}}=\theta_{\overline{k}}+\tau_{\overline{k}}(e_i(\xi_{\overline{k}}))$ 成立。

定义函数 $\Delta(t)=t-\theta_k-\tau_k(e_i(t))(\underline{k}<k<\bar{k})$，根据 $\tau_k(e_i(t))$ 的连续性，可知 $\Delta(t)$ 对 t 也是连续的。假设 6.4 表明

$$\underline{\theta}<\theta_{k+1}-\tau_{k+1}(e_i(t))-\theta_k-\tau_k(e_i(t))<\bar{\theta}$$
$$(k-\underline{k})\underline{\theta}<\theta_k+\tau_k(e_i(t))-\theta_{\underline{k}}-\tau_{\underline{k}}(e_i(t))<(k-\underline{k})\bar{\theta}$$

因此：

$$\begin{aligned}
\Delta(\xi_{\underline{k}})&=\xi_{\underline{k}}-\theta_k-\tau_k(e_i(\xi_{\underline{k}}))\\
&=\theta_{\underline{k}}-\theta_k+\tau_{\underline{k}}(e_i(\xi_{\underline{k}}))-\tau_k(e_i(\xi_{\underline{k}}))\\
&=[\theta_{\underline{k}}-\theta_{\underline{k}-1}+\tau_{\underline{k}}(e_i(\xi_{\underline{k}}))-\tau_{\underline{k}-1}(e_i(\xi_{\underline{k}-1}))]+\\
&\quad[\theta_{\underline{k}-1}-\theta_{\underline{k}-2}+\tau_{\underline{k}-1}(e_i(\xi_{\underline{k}-1}))-\tau_{\underline{k}-2}(e_i(\xi_{\underline{k}-2}))]+\cdots+\\
&\quad[\theta_{k+1}-\theta_k+\tau_{k+1}(e_i(\xi_{\underline{k}}))-\tau_k(e_i(\xi_{\underline{k}}))]\\
&<(\underline{k}-k)\underline{\theta}\\
&\leqslant 0
\end{aligned}$$

$$\begin{aligned}
\Delta(\xi_{\bar{k}})&=\xi_{\bar{k}}-\theta_k-\tau_k(e_i(\xi_{\bar{k}}))\\
&=[\theta_{\bar{k}}+\tau_{\bar{k}}(e_i(\xi_{\bar{k}}))]-[\theta_k+\tau_k(e_i(\xi_{\bar{k}}))]\\
&\leqslant[\theta_{\bar{k}}-\theta_{\bar{k}-1}+\tau_{\bar{k}}(e_i(\xi_{\bar{k}}))-\tau_{\bar{k}-1}(e_i(\xi_{\bar{k}}))]+\cdots+\\
&\quad[\theta_{k+1}-\theta_k+\tau_{k+1}(e_i(\xi_{\bar{k}}))-\tau_k(e_i(\xi_{\bar{k}}))]\\
&>(\bar{k}-k)\underline{\theta}\\
&\geqslant 0
\end{aligned}$$

则存在正实数 $\xi_k(\xi_{\underline{k}}<\xi_k<\xi_{\bar{k}})$，使得 $\Delta(\xi_k)=0$ 成立，即 $\xi_k=\theta_k+\tau_k(e_i(\xi_k))$。从而 $e_i(t)$ 与 $\Gamma_{\underline{k}}$ 和 $\Gamma_{\bar{k}}$ 之间的所有面 $\Gamma_k(\underline{k}<k<\bar{k})$ 相交，即引理 6.7 成立。证毕。

引理 6.8　如果假设 6.4 成立，且 $e_i(t):\mathbb{R}_+\to\mathbb{G}$ 是误差网络［式（6.5）］的解。则 $e_i(t)$ 与所有的面 $\Gamma_k(k\in\mathbb{Z}_+)$ 相交。

证明： 对于 $k\in\mathbb{Z}_+$，假设 $e_i(t)$ 与面 Γ_k 不相交。引入新函数 $\Delta(t)=t-[\theta_k+\tau_k(e_i(t))]$，满足 $t-\theta_k-\nu\leqslant\Delta(t)\leqslant t-\theta_k$。由假设 6.4 可得 $\Delta(\theta_k)\leqslant0\leqslant\Delta(\theta_k+\nu)$。根据 $\Delta(t)$ 的连续性，存在 $\xi\in[\theta_k,\theta_k+\nu]$ 使得 $\Delta(\xi)=0$，即 $\xi=\theta_k+\tau_k(e_i(\xi))$。这与假设 6.4 矛盾，因此引理 6.8 成立。

引理 6.9　如果假设 6.5 成立。误差网络［式（6.5）］的每一个解 $e_i(t):\mathbb{R}_+\to\mathbb{G}$ 与每个脉冲面 $\Gamma_k,k\in\mathbb{Z}_+$ 至多相交一次。

证明： 假设存在解 $e_i(t)$ 与面 Γ_j 分别在点 $(s_1,e_i(s_1))$ 和 $(s_2,e_i(s_2))(s_1<s_2)$ 处相交，且 $e_i(t)$ 在 s_1 与 s_2 之间不存在脉冲面。则 $s_1=\theta_j+\tau_j(e_i(s_1))$，$s_2=\theta_j+\tau_j(e_i(s_2))$。根据微分中值定理，对于假设 6.5 的条件（1），有

$$\begin{aligned}
s_2-s_1&=\tau_j(e_i(s_2))-\tau_j(e_i(s_1))\\
&\geqslant\tau_j(e_i(s_2))-\tau_j(e_i(s_1)+J_j(e_i(s_1)))\\
&=\tau_j(e_i(s_2))-\tau_j(e_i(s_1+))\\
&=\frac{\mathrm{d}\tau_j(e_i)}{\mathrm{d}t}\cdot(s_2-s_1)
\end{aligned}$$

$$
\begin{aligned}
&= \frac{\mathrm{d}\tau_j(e_i)}{\mathrm{d}e_i} \cdot \frac{\mathrm{d}e_i}{\mathrm{d}t} \cdot (s_2 - s_1) \\
&= \frac{\mathrm{d}\tau_j(e_i)}{\mathrm{d}e_i} \cdot [f(t,x_i) - f(t,y) + \sum_{j=1}^{N} l_{ij}(g(x_j) - g(y))](s_2 - s_1) \\
&> s_2 - s_1
\end{aligned}
$$

这与假设 6.5 矛盾，则假设 6.5 的条件（1）成立。类似地，对于假设 6.5 的条件（2），有

$$
\begin{aligned}
s_2 - s_1 &= \tau_j(e_i(s_2)) - \tau_j(e_i(s_1)) \\
&\leqslant \tau_j(e_i(s_2)) - \tau_j(e_i(s_1) + J_j(e_i(s_1))) \\
&= \tau_j(e_i(s_2)) - \tau_j(e_i(s_1 +)) \\
&= \frac{\mathrm{d}\tau_j(e_i)}{\mathrm{d}t} \cdot (s_2 - s_1) \\
&= \frac{\mathrm{d}\tau_j(e_i)}{\mathrm{d}e_i} \cdot \frac{\mathrm{d}e_i}{\mathrm{d}t} \cdot (s_2 - s_1) \\
&= \frac{\mathrm{d}\tau_j(e_i)}{\mathrm{d}e_i} \cdot \left[f(t,x_i) - f(t,y) + \sum_{j=1}^{N} l_{ij}(g(x_j) - g(y))\right](s_2 - s_1) \\
&< s_2 - s_1
\end{aligned}
$$

同样与假设 6.5 矛盾，因此引理 6.9 成立。

注 6.1 在这个证明中，假设 $\Delta(t) = t - \theta_k - \tau_k(e_i(t))$。根据假设 6.5，可得 $\frac{\mathrm{d}\tau_j(e_i)}{\mathrm{d}e_i} \cdot \left[f(t,x_i) - f(t,y) + \sum_{j=1}^{N} l_{ij}(g(x_j) - g(y))\right] > 1$ 或 $\frac{\mathrm{d}\tau_j(e_i)}{\mathrm{d}e_i} \cdot \left[f(t,x_i) - f(t,y) + \sum_{j=1}^{N} l_{ij}(g(x_j) - g(y))\right] < 1$，这表明 $\frac{\mathrm{d}\Delta(t)}{\mathrm{d}t} < 0$ 或 $\frac{\mathrm{d}\Delta(t)}{\mathrm{d}t} > 0$。也就是说 $\Delta(t)$ 在连续时间间隔上是严格单调的。

根据引理 6.7~引理 6.9，可得下面结论。

定理 6.2 如果假设 6.4、假设 6.5 成立，则误差网络［式（6.5）］的每个解 $e_i(t)$: $\mathbb{R}_+ \to \mathbb{G}$ 与每个脉冲面 $\Gamma_k(k \in \mathbb{Z}_+)$ 恰好相交一次。

下面主要介绍误差网络［式（6.5）］的 B-等价系统。令 $y^0(t)$，$y^1(t)$ 分别表示式（6.2）的两个解；$x_i^0(t)$，$x_i^1(t)$ 表示式（6.4）中第一个子方程在区间 $[\theta_k, \xi_k]$ 的解。同时，令 $e_i^0(t) = e_i(t, \theta_k, e_i)$，即 $e_i^0(\theta_k) = e_i$ 表示式（6.5）中第一个子方程在区间 $[\theta_k, \xi_k]$ 上的解。ξ_k 表示系统的解与脉冲面 Γ_k 的碰撞时刻，满足 $\xi_k = \theta_k + \tau_k(e_i^0(\xi_k))$。$e_i^1(t)$ 同样表示式（6.5）中第一个子方程在区间 $[\theta_k, \xi_k]$ 上的解，满足 $e_i^1(\xi_k) = e_i^0(\xi_k +) = e_i^0(\xi_k) + J_k(e_i^0(\xi_k))$。

定义如下映射，映射 $W_k(e_i)$ 的构造原理如图 6-1 所示。

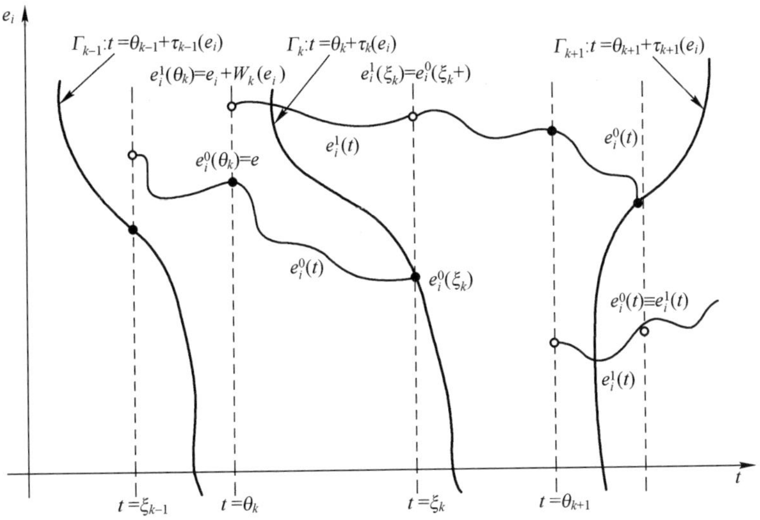

图 6-1　映射 $W_k(e_i)$ 的构造原理

$$
\begin{aligned}
W_k(e_i) &= e_i^1(\theta_k)-e_i \\
&= e_i^1(\xi_k)-\int_{\theta_k}^{\xi_k}\Big[f(s,x_i^1(s))-f(s,y^1(s))+\sum_{j=1}^{N}l_{ij}(g(x_j^1(s))-g(y^1(s)))\Big]\mathrm{d}s-e_i \\
&= e_i^0(\xi_k)+J_k(e_i^0(\xi_k))-\int_{\theta_k}^{\xi_k}[f(s,x_i^1(s))-f(s,y^1(s))+ \\
&\quad \sum_{j=1}^{N}l_{ij}(g(x_j^1(s))-g(y^1(s)))]\mathrm{d}s-e_i^0(\theta_k) \\
&= \int_{\theta_k}^{\xi_k}\Big[f(s,x_i^0(s))-f(s,y^0(s))+\sum_{j=1}^{N}l_{ij}(g(x_j^0(s))-g(y^0(s)))\Big]\mathrm{d}s+e_i^0(\theta_k)+ \\
&\quad J_k(e_i^0(\theta_k)+\int_{\theta_k}^{\xi_k}[f(s,x_i^0(s))-f(s,y^0(s))+ \\
&\quad \sum_{j=1}^{N}l_{ij}(g(x_j^0(s))-g(y^0(s)))]\mathrm{d}s)- \\
&\quad \int_{\theta_k}^{\xi_k}[f(s,x_i^1(s))-f(s,y^1(s))+\sum_{j=1}^{N}l_{ij}(g(x_j^1(s))-g(y^1(s)))]\mathrm{d}s-e_i^0(\theta_k) \\
&= \int_{\theta_k}^{\xi_k}[f(s,x_i^0(s))-f(s,y^0(s))+\sum_{j=1}^{N}l_{ij}(g(x_j^0(s))-g(y^0(s)))]\mathrm{d}s+ \\
&\quad J_k(e_i^0(\theta_k)+\int_{\theta_k}^{\xi_k}\Big[f(s,x_i^0(s))-f(s,y^0(s))+ \\
&\quad \sum_{j=1}^{N}l_{ij}(g(x_j^0(s))-g(y^0(s)))\Big]\mathrm{d}s)-
\end{aligned}
\tag{6.29}
$$

$$\int_{\theta_k}^{\xi_k}\Big[f(s,x_i^1(s))-f(s,y^1(s))+\sum_{j=1}^{N}l_{ij}(g(x_j^1(s))-g(y^1(s)))\Big]\mathrm{d}s$$

根据 $W_k(e_i)$ 的定义和图 6-1 可知，$e_i^0(t)=e_i(t,\theta_k,e_i)$ 可以延拓为式（6.5）在实数域$\mathbb{R}_+$上的解；$e_i^1(t)=e_i(t,\xi_k,e_i^0(\xi_k^+))$ 可以延拓为如下固定时刻脉冲控制系统在实数域$\mathbb{R}_+$上的解：

$$\begin{cases}\dot{e}_i=f(t,x_i)-f(t,y)+\sum_{j=1}^{N}l_{ij}(g(x_j)-g(y)), & t\neq\theta_k\\ \Delta e_i\big|_{t=\theta_k}=W_k(e_i)\end{cases}\tag{6.30}$$

对所有的 $k\in\mathbb{Z}_+$，当 $\xi_0=t_0$ 时，在区间 $(\xi_{k-1},\theta_k]$ 内有

$$\begin{cases}e_i^0(t)=e_i^1(t)\\ e_i^1(\theta_k+)=e_i^0(\theta_k)+W_k(e_i^0(\theta_k))\\ e_i^1(\xi_k)=e_i^0(\xi_k^+)=e_i^0(\xi_k)+J_k(e_i^0(\xi_k))\end{cases}\tag{6.31}$$

对所有的 $k\in\mathbb{Z}_+$，在区间 $(\theta_k,\xi_k]$ 内有

$$\begin{aligned}&e_i^1(t)-e_i^0(t)\\&=e_i+W_k(e_i)+\int_{\theta_k}^{t}[f(s,x_i^1(s))-f(s,y^1(s))+\sum_{j=1}^{N}l_{ij}(g(x_j^1(s))-g(y^1(s)))]\mathrm{d}s-\\&\quad[e_i+\int_{\theta_k}^{t}[f(s,x_i^0(s))-f(s,y^0(s))+\sum_{j=1}^{N}l_{ij}(g(x_j^0(s))-g(y^0(s)))]\mathrm{d}s]\\&=W_k(e_i)+\int_{\theta_k}^{t}[f(s,x_i^1(s))-f(s,y^1(s))+\sum_{j=1}^{N}l_{ij}(g(x_j^1(s))-g(y^1(s)))]\mathrm{d}s-\\&\quad\int_{\theta_k}^{t}[f(s,x_i^0(s))-f(s,y^0(s))+\sum_{j=1}^{N}l_{ij}(g(x_j^0(s))-g(y^0(s)))]\mathrm{d}s\end{aligned}\tag{6.32}$$

则有

$$\begin{aligned}&|e_i^1(t)-e_i^0(t)|\\&\leqslant|W_k(e_i)|+\int_{\theta_k}^{t}\Big|f(s,x_i^1(s))-f(s,y^1(s))+\sum_{j=1}^{N}l_{ij}(g(x_j^1(s))-g(y^1(s)))\Big|\mathrm{d}s+\\&\quad\int_{\theta_k}^{t}\Big|f(s,x_i^0(s))-f(s,y^0(s))+\sum_{j=1}^{N}l_{ij}(g(x_j^0(s))-g(y^0(s)))\Big|\mathrm{d}s\\&\leqslant|W_k(e_i)|+2M(t-\theta_k)\\&=|W_k(e_i)|+2M\tau_k(e_i^0(t))\end{aligned}\tag{6.33}$$

式中，$M=\sup_{(t,e_i)\in\mathbf{R}_+\times\mathbf{G}}\Big|f(t,x_i(t))-f(t,y(t))+\sum_{j=1}^{N}l_{ij}(g(x_j(t))-g(y(t)))\Big|$。

根据假设 6.3 可得

$$
\begin{aligned}
& |W_k(e_i)| \\
=& \left| e_i^0(\theta_k) + \int_{\theta_k}^{\xi_k} [f(s, x_i^0(s)) - f(s, y^0(s)) + \sum_{j=1}^{N} l_{ij}(g(x_j^0(s)) - g(y^0(s)))] \mathrm{d}s + \right. \\
& J_k(e_i^0(\theta_k) + \int_{\theta_k}^{\xi_k} [f(s, x_i^0(s)) - f(s, y^0(s)) + \sum_{j=1}^{N} l_{ij}(g(x_j^0(s)) - g(y^0(s)))] \mathrm{d}s - \\
& \left. e_i^0(\theta_k) - \int_{\theta_k}^{\xi_k} [f(s, x_i^1(s)) - f(s, y^1(s)) + \sum_{j=1}^{N} l_{ij}(g(x_j^1(s)) - g(y^1(s)))] \mathrm{d}s \right| \quad (6.34) \\
\leqslant & \left| e_i^0(\theta_k) + \int_{\theta_k}^{\xi_k} [f(s, x_i^0(s)) - f(s, y^0(s)) + \sum_{j=1}^{N} l_{ij}(g(x_j^0(s)) - g(y^0(s)))] \mathrm{d}s + \right. \\
& \left. J_k(e_i^0(\theta_k) + \int_{\theta_k}^{\xi_k} [f(s, x_i^0(s)) - f(s, y^0(s)) + \sum_{j=1}^{N} l_{ij}(g(x_j^0(s)) - g(y^0(s)))] \mathrm{d}s) \right| + \\
& \left| e_i^0(\theta_k) + \int_{\theta_k}^{\xi_k} [f(s, x_i^1(s)) - f(s, y^1(s)) + \sum_{j=1}^{N} l_{ij}(g(x_j^1(s)) - g(y^1(s)))] \mathrm{d}s \right| \\
\leqslant & (l_J + 1)|e_i| + l_J M(\xi_k - \theta_k) + M(\xi_k - \theta_k) \\
=& (l_J + 1) M \tau_k(e_i^0(\xi_k)) + (l_J + 1)|e_i|
\end{aligned}
$$

及

$$
\begin{aligned}
\tau_k(e_i^0(\xi_k)) \leqslant & l_\tau |e_i^0(\xi_k)| \\
=& l_\tau \left| e_i + \int_{\theta_k}^{\xi_k} \left[f(s, x_i^0(s)) - f(s, y^0(s)) + \sum_{j=1}^{N} l_{ij}(g(x_j^0(s)) - g(y^0(s))) \right] \mathrm{d}s \right| \\
\leqslant & l_\tau |e_i| + l_\tau M(\xi_k - \theta_k) \\
=& l_\tau |e_i| + l_\tau M \tau_i(e^0(\xi_k))
\end{aligned} \quad (6.35)
$$

这表明

$$
\tau_k(e_i^0(\xi_k)) \leqslant l_\tau (1 - l_\tau M)^{-1} |e_i| \quad (6.36)
$$

因此

$$
|W_k(e_i)| \leqslant [l_\tau M(l_J + 1)(1 - l_\tau M)^{-1} + l_J + 1] |e_i| \quad (6.37)
$$

从而

$$
|e_i^1(t) - e_i^0(t)| \leqslant [l_\tau M(l_J + 3)(1 - l_\tau M)^{-1} + l_J + 1] |e_i| \quad (6.38)
$$

根据方程（6.29）和图 6-1 可得

$$
\begin{aligned}
&|e_i + W_k(e_i)| \\
&= |e_i^1(\theta_k)| \\
&= \left| e_i^1(\xi_k) - \int_{\theta_k}^{\xi_k} [f(s, x_i^1(s)) - f(s, y^1(s)) + \sum_{j=1}^{N} l_{ij}(g(x_j^1(s)) - g(y^1(s)))] \mathrm{d}s \right| \\
&= \Bigg| e_i^0(\xi_k) + J_k(e_i^0(\xi_k)) - \int_{\theta_k}^{\xi_k} [f(s, x_i^1(s)) - f(s, y^1(s)) + \\
&\quad \sum_{j=1}^{N} l_{ij}(g(x_j^1(s)) - g(y^1(s)))] \Bigg| \mathrm{d}s \\
&\leqslant l_J |e_i^0(\xi_k)| + \left| \int_{\theta_k}^{\xi_k} [f(s, x_i^1(s)) - f(s, y^1(s)) + \sum_{j=1}^{N} l_{ij}(g(x_j^1(s)) - g(y^1(s)))] \mathrm{d}s \right| \\
&= l_J \left| e_i^0(\theta_k) + \int_{\theta_k}^{\xi_k} [f(s, x_i^0(s)) - f(s, y^0(s)) + \sum_{j=1}^{N} l_{ij}(g(x_j^0(s)) - g(y^0(s)))] \mathrm{d}s \right| + \\
&\quad \left| \int_{\theta_k}^{\xi_k} [f(s, x_i^1(s)) - f(s, y^1(s)) + \sum_{j=1}^{N} l_{ij}(g(x_j^1(s)) - g(y^1(s)))] \mathrm{d}s \right| \\
&\leqslant l_J |e_i| + l_J M(\xi_k - \theta_k) + M(\xi_k - \theta_k) \\
&= l_J |e_i| + l_J M \tau_k(e_i^0(\xi_k)) + M \tau_k(e_i^0(\xi_k)) \\
&\leqslant [l_\tau M(l_J + 1)(1 - l_\tau M)^{-1} + l_J] |e_i| \\
&= \mu_k |e_i|
\end{aligned}
\tag{6.39}
$$

6.4.2 复杂网络的同步分析

在本节中，需要选择适当的脉冲控制器，使得误差网络［式（6.5）］的原点是渐近稳定的。固定时刻脉冲控制系统［式（6.30）］的全局渐近稳定性表明误差网络［式（6.5）］具有相同的稳定性。

定理 6.3 如果假设 6.4、假设 6.5，定理 6.2 成立，则存在正标量 $\lambda>0$，$\alpha>0$，$\beta>0$，使得下列条件成立。

（1）$\lambda = \sup\limits_{k} \{\theta_{k+1} - \theta_k\} < \infty$。

（2）$N\beta \exp(\lambda \max\limits_{1 \leqslant i \leqslant N} \{\eta_i + \sum_{j=1}^{N} l_{ji}\gamma\}) < \alpha$。

（3）$0 < l_\tau M(l_J + 1)(1 - l_\tau M)^{-1} + l_J < 1$。

（4）$\sum_{l=0}^{k} (\rho(\theta_{l+1} - \theta_l) + \ln \mu_l) < -\infty$，$\rho(\theta_{k+1} - \theta_k) + \ln \mu_k \leqslant 0$，$k \in \mathbb{Z}_+$。

式中，$\rho = \max\limits_{1 \leqslant i \leqslant N} \left\{ \eta_i + \sum_{j=1}^{N} l_{ij}\gamma \right\}$，$\gamma = \max\limits_{1 \leqslant j \leqslant N} \gamma_j$。则具有非线性耦合的复杂网络［式（6.1）］在脉冲控制下局部同步于目标节点［式（6.2）］。

证明：根据方程（6.38）可知，当 $t \in (\theta_k, \theta_{k+1}]$ 时，若存在 $\beta = \max\limits_{1 \leqslant l \leqslant k} \mu_l \alpha > 0$，对任意 $k \in$

$\mathbb{Z}_+$，$i=1,2,\cdots,N$，使得在$|e_i(\theta_k^+)|<\beta$时，$|e_i(t)|<\alpha$成立。

否则，一定存在$i'\in\{1,2,\cdots,N\}$及$\tau_0\in(\theta_k,\theta_{k+1}]$，使得当$|e_{i'}(t)|<\alpha$时，$e_{i'}(\tau_0)=\alpha$成立，以及对所有的$i\in\{1,2,\cdots,N\}$和$t\in(\theta_k,\tau_0)$，$|e_i(t)|<\alpha$成立。

对任意$t\in(\theta_k,\tau_0]$，当$i=1,2,\cdots,N$时，有

$$e_i(t)=e_i(\theta_k^+)+\int_{\theta_k}^{t}[f(s,x_i(s))-f(s,y(s))+\sum_{j=1}^{N}l_{ij}(g(x_j(s))-g(y(s)))]\mathrm{d}s \tag{6.40}$$

根据假设 6.1、假设 6.2，可得

$$\begin{aligned}|e_i(t)|&\leqslant|e_i(\theta_k^+)|+\int_{\theta_k}^{t}\left|f(s,x_i(s))-f(s,y(s))+\sum_{j=1}^{N}l_{ij}(g(x_j(s))-g(y(s)))\right|\mathrm{d}s\\&\leqslant|e_i(\theta_k^+)|+\eta_i\int_{\theta_k}^{t}|e_i(s)|\mathrm{d}s+\sum_{j=1}^{N}l_{ij}\gamma_j\int_{\theta_k}^{t}|e_j(s)|\mathrm{d}s\end{aligned} \tag{6.41}$$

这表明

$$\begin{aligned}\sum_{i=1}^{N}|e_i(t)|&\leqslant\sum_{i=1}^{N}|e_i(\theta_k^+)|+\sum_{i=1}^{N}\eta_i\int_{\theta_k}^{t}|e_i(s)|\mathrm{d}s+\sum_{i=1}^{N}\sum_{j=1}^{N}l_{ij}\gamma_j\int_{\theta_k}^{t}|e_j(s)|\mathrm{d}s\\&\leqslant\sum_{i=1}^{N}|e_i(\theta_k^+)|+\sum_{i=1}^{N}\int_{\theta_k}^{t}\left(\eta_i+\sum_{j=1}^{N}l_{ji}\gamma\right)|e_i(s)|\mathrm{d}s\end{aligned} \tag{6.42}$$

式中，$\gamma=\max\limits_{1\leqslant j\leqslant N}\gamma_j$。

令$p(t)=\sum\limits_{i=1}^{N}|e_i(t)|$，可得

$$p(t)\leqslant p(\theta_k^+)+\int_{\theta_k}^{t}\max_{1\leqslant i\leqslant N}\{\eta_i+\sum_{j=1}^{N}l_{ji}\gamma\}p(s)\mathrm{d}s \tag{6.43}$$

根据 Gronwall-Bellman's 不等式定理，当$t\in(\theta_k,\tau_0]$时，可得

$$\begin{aligned}p(t)&\leqslant p(\theta_k^+)\exp\int_{\theta_k}^{t}\left(\max_{1\leqslant i\leqslant N}\{\eta_i+\sum_{j=1}^{N}l_{ji}\gamma\}\right)\mathrm{d}s\\&\leqslant N\beta\exp\int_{\theta_k}^{\theta_{k+1}}\left(\max_{1\leqslant i\leqslant N}\{\eta_i+\sum_{j=1}^{N}l_{ji}\gamma\}\right)\mathrm{d}s\\&\leqslant N\beta\exp\left(\lambda\max_{1\leqslant i\leqslant N}\{\eta_i+\sum_{j=1}^{N}l_{ji}\gamma\}\right)\\&<\alpha\end{aligned} \tag{6.44}$$

因此

$$p(t)=\sum_{i\neq i'}^{N}|e_i(t)|+|e_{i'}(t)|\leqslant\sum_{i\neq i'}^{N}|e_i(t)|+\alpha<\alpha,\quad t\in(\theta_k,\tau_0] \tag{6.45}$$

显然，这与$|e_{i'}(\tau_0)|=\alpha$矛盾。因此，当$|e_i(\theta_k^+)|<\beta$时，有

$$|e_i(t)|<\alpha,\quad t\in(\theta_k,\theta_{k+1}] \tag{6.46}$$

对所有的 $t\in(\theta_k,\theta_{k+1}]$, $k\in\mathbb{Z}_+$，有

$$p(t)\leqslant p(\theta_k^+)\exp\int_{\theta_k}^{t}\left(\max_{1\leqslant i\leqslant N}\left\{\eta_i+\sum_{j=1}^{N}l_{ji}\gamma\right\}\right)\mathrm{d}s \tag{6.47}$$

根据定理6.3的条件（3），可知$\mu_k<1$。因此，如果$|e_i(\theta_0^+)|<\beta$，$k\in\mathbb{Z}_+$意味着

$$|e_i(t)|<\alpha,\quad t\in(\theta_k,\theta_{k+1}],\quad i=1,2,\cdots,N \tag{6.48}$$

当$k\in\mathbb{Z}_+$时，由式（6.47）和条件定理6.3的（3）可得

$$\begin{aligned}p(t)&\leqslant p(\theta_k^+)\exp\int_{\theta_k}^{t}\left(\max_{1\leqslant i\leqslant N}\left\{\eta_i+\sum_{j=1}^{N}l_{ji}\gamma\right\}\right)\mathrm{d}s\\&\leqslant\sum_{i=1}^{N}|e_i(\theta_k)+W_k(\theta_k)|\cdot\exp(\rho(t-\theta_k))\\&\leqslant\mu_k\exp(\rho(t-\theta_k))p(\theta_k),\quad t\in(\theta_k,\theta_{k+1}]\end{aligned} \tag{6.49}$$

式中，$\rho=\max_{1\leqslant i\leqslant N}\left\{\eta_i+\sum_{j=1}^{N}l_{ji}\gamma\right\}$。

$$\begin{aligned}p(\theta_{k+1})&\leqslant\mu_k\exp(\rho(\theta_{k+1}-\theta_k))p(\theta_k)\\&=\exp(\rho(\theta_{k+1}-\theta_k)+\ln\mu_k)p(\theta_k),\quad k\in\mathbb{Z}_+\end{aligned} \tag{6.50}$$

当$t\in(\theta_{k-1},\theta_k]$时，有

$$\begin{aligned}p(t)&\leqslant p(\theta_{k-1}^+)\exp\int_{\theta_{k-1}}^{t}\left(\max_{1\leqslant i\leqslant N}\left\{\eta_i+\sum_{j=1}^{N}l_{ji}\gamma\right\}\right)\mathrm{d}s\\&\leqslant\sum_{i=1}^{N}|e_i(\theta_{k-1})+W_{k-1}(\theta_{k-1})|\cdot\exp(\rho(t-\theta_{k-1}))\\&\leqslant\mu_{k-1}\exp(\rho(t-\theta_{k-1}))p(\theta_{k-1})\end{aligned} \tag{6.51}$$

根据式（6.51）可知

$$\begin{aligned}p(\theta_k)&\leqslant\mu_{k-1}\exp(\rho(\theta_k-\theta_{k-1}))p(\theta_{k-1})\\&=\exp(\rho(\theta_k-\theta_{k-1})+\ln\mu_{k-1})p(\theta_{k-1}),\quad k\in\mathbb{Z}_+\end{aligned} \tag{6.52}$$

因此，根据归纳法得

$$\begin{aligned}p(\theta_{k+1})&\leqslant\exp(\rho(\theta_{k+1}-\theta_k)+\ln\mu_k)\cdot\\&\quad\exp(\rho(\theta_k-\theta_{k-1})+\ln\mu_{k-1})p(\theta_{k-1})\\&\leqslant\cdots\\&\leqslant\exp\left\{\sum_{l=0}^{k}(\rho(\theta_{l+1}-\theta_l)+\ln\mu_l)\right\}p(\theta_0^+),\quad k\in\mathbb{Z}_+\end{aligned} \tag{6.53}$$

由式（6.53）和$\rho\geqslant0$可得

$$\begin{aligned}p(t)&\leqslant\exp(\rho(t-\theta_k)+\ln\mu_k)p(\theta_k)\\&\leqslant\exp\left\{\sum_{l=0}^{k}(\rho(\theta_{l+1}-\theta_l)+\ln\mu_l)\right\}p(\theta_0^+),\quad t\in(\theta_k,\theta_{k+1}],\quad k\in\mathbb{Z}_+\end{aligned} \tag{6.54}$$

因此，对任意正数 $\epsilon>0$，令 $\xi=\min\{\beta,\epsilon/N\}$。由 $\rho(\theta_{k+1}-\theta_k)+\ln\mu_k)\leqslant 0$ 可知，对任意 $e_i(\theta_0^+)$，都有 $|e_i(\theta_0^+)|\leqslant\xi$ 成立，可得

$$
\begin{aligned}
|e_i(t)| &\leqslant p(t)\leqslant \exp\left\{\sum_{l=0}^{k}(\rho(\theta_{l+1}-\theta_l)+\ln\mu_l)\right\}p(\theta_0^+)\\
&\leqslant p(\theta_0^+)=\sum_{i=1}^{N}|e_i(\theta_0^+)|\\
&\leqslant N\xi<\epsilon,\quad t\in(\theta_k,\theta_{k+1}],\quad k\in\mathbb{Z}_+
\end{aligned}
\tag{6.55}
$$

上式表明误差网络［式（6.5）］可以稳定到零点。

对任意 $e_i(\theta_0^+)$，若 $|e_i(\theta_0^+)|\leqslant\xi,i=1,2,\cdots,N$ 成立，根据式（6.55）和定理 6.3 的条件（4），得

$$
\begin{aligned}
0&\leqslant\lim_{t\to\infty}|e_i(t)|\leqslant\lim_{t\to\infty}p(t)\\
&\leqslant\lim_{k\to\infty}\exp\left\{\sum_{l=0}^{k}(\rho(\theta_{k+1}-\theta_k)+\ln\mu_k)\right\}p(\theta_0^+)=0
\end{aligned}
\tag{6.56}
$$

表明误差网络［式（6.5）］能够渐近稳定到零点。因此，通过状态相关脉冲控制器，复杂网络［式（6.1）］局部同步于目标节点［式（6.2）］。

定理 6.4　若假设 6.1、假设 6.2，定理 6.1 成立，则存在正参量 $\alpha_1>0$，$\alpha_2>0$，γ_k 使得：

（1）对任意 $t\in(\theta_k,\theta_{k+1}]$，有

$$2\sum_{i=1}^{N}\eta_i+\sum_{i=1}^{N}\sum_{j=1}^{N}l_{ij}(\gamma_j^2+1)\leqslant\alpha_1$$

（2）对所有的 $k\in\mathbb{Z}_+$，有

$$\alpha_1(\theta_{k+1}-\theta_k)+\ln\alpha_2\leqslant-\gamma_k,\quad k\in\mathbb{Z}_+$$

式中，$\alpha_2=2\mu_k^2$。

则通过状态相关脉冲控制，复杂网络［式（6.1）］全局固定时间同步于目标节点［式（6.2）］。

证明：考虑如下的李雅普诺夫函数：

$$V(\boldsymbol{e}(t))=\frac{1}{2}\sum_{i=1}^{N}e_i^2(t)\tag{6.57}$$

对任意$(\theta_k,\theta_{k+1}]$，$k\in\mathbb{Z}_+$，函数 $V(\cdot)$沿式（6.30）的轨迹的导数为

$$
\begin{aligned}
\dot V(\boldsymbol{e}(t))&=\sum_{i=1}^{N}e_i(t)\dot e_i(t)\\
&=\sum_{i=1}^{N}e_i(t)[f(t,x_i(t))-f(t,y(t))+\sum_{j=1}^{N}l_{ij}(g(x_j(t))-g(y(t)))]
\end{aligned}
\tag{6.58}
$$

根据假设 6.1、假设 6.2 和引理 6.5，可得

$$\begin{aligned}\dot{V}(\boldsymbol{e}(t)) &\leqslant \sum_{i=1}^{N}\eta_i e_i^2(t) + \sum_{i=1}^{N}\sum_{j=1}^{N} l_{ij}\gamma_j |e_i(t)| \cdot |e_j(t)| \\ &\leqslant \sum_{i=1}^{N}\eta_i e_i^2(t) + \frac{1}{2}\sum_{i=1}^{N}\sum_{j=1}^{N} l_{ij}[\gamma_j^2 e_i^2(t) + e_j^2(t) + e_i^2(t) - e_i^2(t)] \\ &\leqslant \sum_{i=1}^{N}\eta_i e_i^2(t) + \frac{1}{2}\sum_{i=1}^{N}\sum_{j=1}^{N} l_{ij}(\gamma_j^2 + 1)e_i^2(t) + \frac{1}{2}\sum_{i=1}^{N}\sum_{j=1}^{N} l_{ij}(e_j^2(t) - e_i^2(t))\end{aligned} \tag{6.59}$$

式中，$l_{ij}=l_{ji}$，可得

$$\begin{aligned}&\sum_{i=1}^{N}\sum_{j=1}^{N} l_{ij}(e_j^2(t) - e_i^2(t)) \\ &= \frac{1}{2}\sum_{i=1}^{N}\sum_{j=1}^{N} l_{ij}(e_j^2(t) - e_i^2(t)) + \frac{1}{2}\sum_{i=1}^{N}\sum_{j=1}^{N} l_{ij}(e_j^2(t) - e_i^2(t)) \\ &= \frac{1}{2}\sum_{i=1}^{N}\sum_{j=1}^{N} l_{ij}(e_j^2(t) - e_i^2(t)) + \frac{1}{2}\sum_{j=1}^{N}\sum_{i=1}^{N} l_{ji}(e_i^2(t) - e_j^2(t)) \\ &= \frac{1}{2}\sum_{i=1}^{N}\sum_{j=1}^{N} l_{ij}(e_j^2(t) - e_i^2(t) + e_i^2(t) - e_j^2(t)) = 0\end{aligned} \tag{6.60}$$

则

$$\begin{aligned}&\dot{V}(\boldsymbol{e}(t)) \\ &\leqslant \sum_{i=1}^{N}\eta_i e_i^2(t) + \frac{1}{2}\sum_{i=1}^{N}\sum_{j=1}^{N} l_{ij}(\gamma_j^2 + 1)e_i^2(t) \\ &= 2\sum_{i=1}^{N}\eta_i \cdot \frac{1}{2}\sum_{i=1}^{N} e_i^2(t) + \sum_{i=1}^{N}\sum_{j=1}^{N} l_{ij}(\gamma_j^2 + 1) \cdot \frac{1}{2}\sum_{i=1}^{N} e_i^2(t) \\ &= (2\sum_{i=1}^{N}\eta_i + \sum_{i=1}^{N}\sum_{j=1}^{N} l_{ij}(\gamma_j^2 + 1))V(\boldsymbol{e}(t)) \\ &\leqslant \alpha_1 V(\boldsymbol{e}(t))\end{aligned} \tag{6.61}$$

满足引理6.6的条件（1），且 $K(t)=1$，$g(t,\omega)=\alpha_1\omega$。

对 $t=\theta_k$，根据式（6.39），可得

$$\begin{aligned}V(\theta_k^+, e_i(t) + W_k(e_i(t))) &\leqslant \frac{1}{2}\sum_{i=1}^{N} e_i(\theta_k^+)e_i(\theta_k^+) \\ &= \frac{1}{2}\sum_{i=1}^{N}[e_i(t) + W_k(e_i(t))][e_i(t) + W_k(e_i(t))] \\ &\leqslant \frac{1}{2}\sum_{i=1}^{N}\mu_k^2 |e_i^2(t)| \\ &= \mu_k^2 \cdot \frac{1}{2}\sum_{i=1}^{N} e_i^2(t)\end{aligned} \tag{6.62}$$

$$= \alpha_2 V(\boldsymbol{e}(t))$$

满足引理 6.6 的条件（2），且 $\psi_k(\omega) = \alpha_2\omega$。显然，引理 6.6 的条件（3）也是满足的。根据引理 6.6，可得如下比较系统

$$\begin{cases} \dot{\omega} = \alpha_1\omega, & t \neq \theta_k \\ \omega(\theta_k) = \alpha_2(\omega(\theta_k)), & t = \theta_k \\ \omega(t_0^+) = \omega_0 \geqslant 0 \end{cases} \tag{6.63}$$

故，对任意 $z>0$，根据定理 6.4 的条件（2）可知 $k \in \mathbb{Z}_+$时，有

$$\int_{\theta_k}^{\theta_{k+1}} \alpha_1 \mathrm{d}s + \int_z^{z\alpha_2} \frac{1}{s}\mathrm{d}s = \alpha_1(\theta_{k+1} - \theta_k) + \ln\alpha_2 \leqslant -\gamma_k \tag{6.64}$$

根据定理 6.4 和不等式（6.61）~式（6.63）可知，固定时刻脉冲控制系统［式（6.30）］的原点是全局渐近稳定的，意味着误差网络［式（6.5）］具有相同的稳定性。因此，在状态相关脉冲控制下，复杂网络［式（6.1）］全局固定时间同步于目标节点［式（6.2）］。证毕。

6.5　实验结果与分析

本节将通过数值仿真验证上述定理。

考虑带有 5 个节点的复杂网络，其拓扑结构用图 6-2 所示的加权无向图表示。其邻接矩阵为

$$\boldsymbol{A} = \begin{bmatrix} 0 & 0.5 & 0 & 0 & 2 \\ 0.5 & 0 & 1 & 1 & 0 \\ 0 & 1 & 0 & 1 & 0 \\ 0 & 1 & 1 & 0 & 1.5 \\ 2 & 0 & 0 & 1.5 & 0 \end{bmatrix}$$

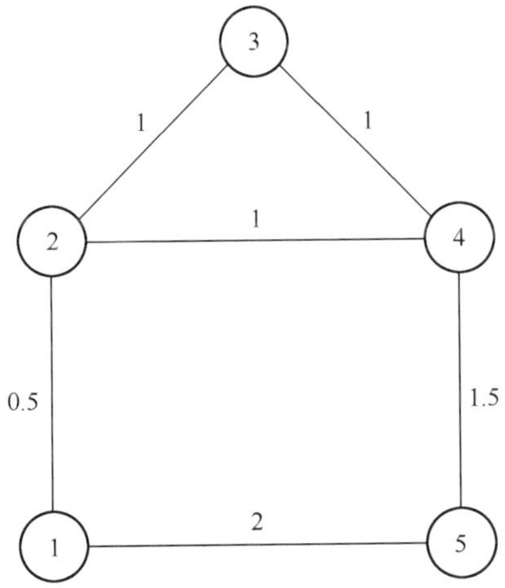

图 6-2　复杂网络的拓扑结构

例 1. 假设所考虑复杂网络上的每个节点均为一个蔡氏电路，其无向图如图 6-2 所示。每个节点的动态可以表示为

$$\dot{x}_i(t)=f(t,x_i(t))+\sum_{j=1}^{5}l_{ij}g(x_j(t))+u_i(t) \tag{6.65}$$

式中，$x_i(t)=(x_{i1}(t),x_{i2}(t),x_{i3}(t))^{\mathrm{T}}\in\mathbb{R}^3$；$f(t,x_i(t))=\begin{bmatrix}-a & a & 0\\ 1 & -1 & 1\\ 0 & -b & -c\end{bmatrix}\begin{bmatrix}x_{i1}(t)\\ x_{i2}(t)\\ x_{i3}(t)\end{bmatrix}+\begin{bmatrix}-w(x_{i1}(t))\\ 0\\ 0\end{bmatrix}$；$w(x_{i1}(t))=mx_{i1}(t)+\frac{1}{2}(n-m)(|x_{i1}(t)+1|-|x_{i1}(t)-1|)$；$a=-1.3$，$b=-0.01$，$c=-0.03$，$m=-1.27$，$n=-0.68$。因此，对于 $x_i, y\in\mathbb{R}^3, i=1,2,\cdots,5$，$|f(t,x_i)-f(t,y)|\leqslant 2.99|x_i-y|$。每个节点的初始值取为

$$\boldsymbol{x}_1(0)=[4\quad -1\quad -4]^{\mathrm{T}},\quad \boldsymbol{x}_2(0)=[1\quad -1\quad -0.5]^{\mathrm{T}}$$
$$\boldsymbol{x}_3(0)=[2\quad -0.5\quad -0.6]^{\mathrm{T}},\quad \boldsymbol{x}_4(0)=[-3\quad 1\quad 1]^{\mathrm{T}}$$
$$\boldsymbol{x}_5(0)=[0\quad -1\quad -2]^{\mathrm{T}},\quad \boldsymbol{y}(0)=[5\quad 5\quad -3]^{\mathrm{T}}$$

假定系统的耦合函数为 $g(x_j(t))=5\sin(x_j(t))$，$j=1,2,\cdots,5$。

根据定理 6.1 及 $\mu_2-\mu_1>0$，$\mu_3-\mu_1>0$，可得 $c_1>28.0123$，$c_2>33.9398$，$c_3\geqslant 15.5810$。

固定时刻脉冲控制系统的参数为 $c_1=30$，$c_2=35$，$\alpha_1=0.5$，$\alpha_2=2$，可以验证上述参数满足定理 6.1 中的条件。经简单计算可得 $\lambda_2(\boldsymbol{L}_{\alpha_1})=1.2864$，$\lambda_2(\boldsymbol{L}_{\alpha_2})=1.2380$，满足引理 6.1 中的条件，同步固定时间大约为 4.1661s。在控制器［式（6.7）］作用下得到的误差轨迹如图 6-3 所示。显然，图 6-3 中的设置时间比理论估计值要小得多。从图 6-3 中可以看到带有非线性耦合的复杂网络是固定时间一致的，这很好验证了定理 6.1 中的结果。

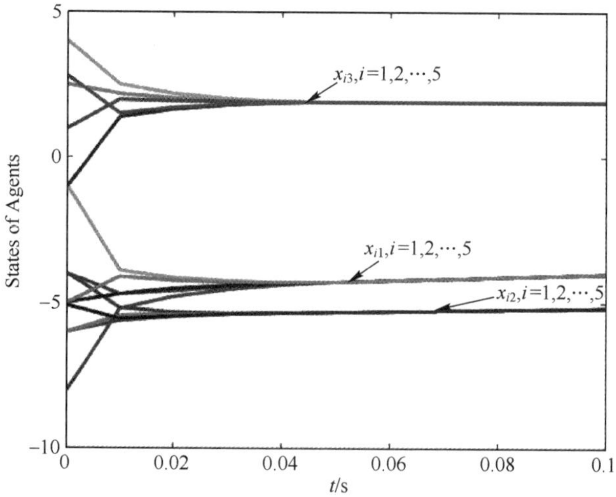

图 6-3　在控制器［式（6.7）］作用下得到的误差轨迹

当选择的非线性耦合函数为 $g(x_j(t))=3\sin(x(t))$，系统初始值如式（6.65）所示。设控制参数 $c_1=32$，$c_2=35$，可得设置时间 $T_0\approx 1.8713$s，事实上设置时间大约为 0.1725s。图 6-4 所示为在不同控制参数的控制器［式（6.7）］的作用下复杂网络的状态。由此可见，复杂网络［式（6.1）］可固定时间同步于目标节点［式（6.2）］。

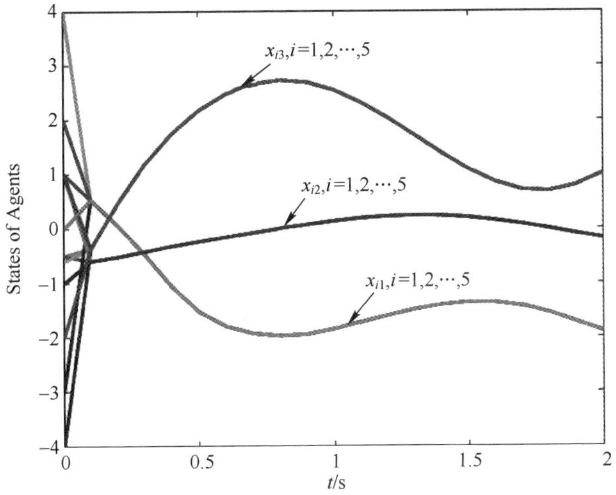

图 6-4　在不同控制参数的控制器［式（6.7）］的作用下复杂网络的状态

例 2. 在这个仿真实验中，考虑同例 1 相同的蔡氏电路耦合组成的复杂网络，其加权无向图如图 6-2 所示。每个节点的动态可以写为

$$\dot{x}_i(t)=f(t,x_i(t))+\sum_{j=1}^{5}l_{ij}g(x_j(t)) \tag{6.66}$$

式中，$x_i(t)=(x_{i1}(t),x_{i2}(t),x_{i3}(t))^{\mathrm{T}}\in\mathbb{R}^3$；$f(t,x_i(t))=\begin{bmatrix}-a & a & 0\\ 1 & -1 & 1\\ 0 & -b & 0\end{bmatrix}\begin{bmatrix}x_{i1}(t)\\ x_{i2}(t)\\ x_{i3}(t)\end{bmatrix}+\begin{bmatrix}-w(x_{i1}(t))\\ 0\\ 0\end{bmatrix}$；$w(x_{i1}(t))=mx_{i1}(t)+\dfrac{1}{2}(n-m)(|x_{i1}(t)+1|-|x_{i1}(t)-1|)$。

取 $a=9.2156$，$b=15.9946$，$m=-1.2491$，$n=-0.7574$。因此，对所有的 $x_i,y\in\mathbb{R}^3$，$i=1,2,\cdots,5$，$|f(t,x_i)-f(t,y)|\leqslant 19.1818|x_i-y|$。

为了说明所提出的状态相关脉冲控制器的有效性，假设非线性耦合函数为 $g(x_j(t))=2\sin(x_j(t))$，$j=1,2,\cdots,5$，每个节点的初始值为

$$\boldsymbol{x}_1(0)=[4\quad -1\quad -4]^{\mathrm{T}},\quad \boldsymbol{x}_2(0)=[1\quad -1\quad -0.5]^{\mathrm{T}}$$
$$\boldsymbol{x}_3(0)=[2\quad -0.5\quad -0.6]^{\mathrm{T}},\quad \boldsymbol{x}_4(0)=[-3\quad 1\quad 1]^{\mathrm{T}}$$
$$\boldsymbol{x}_5(0)=[0\quad -1\quad -2]^{\mathrm{T}},\quad \boldsymbol{y}(0)=[5\quad 5\quad -3]^{\mathrm{T}}$$

则状态相关脉冲控制误差网络为

$$\begin{cases}\dot{e}_i = f(t,x_i) - f(t,y) + 2\sum_{j=1}^{5} l_{ij}(\sin(x_j) - \sin(y)), & t \neq \theta_k + \tau_k(e_i) \\ \Delta e_i|_{t=\theta_k+\tau_k(e_i)} = J_k(t,e_i), & k \in \mathbb{Z}_+\end{cases} \tag{6.67}$$

选取 $\theta_k = 0.2k$，$\tau_k(e_i) = \arctan(e_{i1})^2/(4\pi)$，$J_k(t,e_i) = b_k e_i$，且$-1<b_k<1$。经过简单的计算，可得 $l_\tau = 1/(4\pi)$，$0 \leqslant \tau_k(e_i(t)) \leqslant \pi l_\tau = 1/4 = \nu$，$l_J = |b_k| < 1$。另外：

$$\begin{aligned}&\tau_k(e_i+J_k(t,e_i))-\tau_k(e_i)\\ &=\frac{1}{4\pi}[\arctan((1+b_k)e_{i1})]^2-\frac{1}{4\pi}[\arctan(e_{i1})]^2\\ &=\frac{1}{4\pi}[\arctan(|(1+b_k)e_{i1}|)]^2-\frac{1}{4\pi}[\arctan(|e_{i1}|)]^2\\ &=\frac{1}{4\pi}[\arctan(|(1+b_k)e_{i1}|)+\arctan(|e_{i1}|)]\cdot[\arctan(|(1+b_k)e_{i1}|)-\arctan(|e_{i1}|)]\\ &\leqslant 0\end{aligned} \tag{6.68}$$

即 $\tau_k(e_i+J_k(t,e_i)) \leqslant \tau_k(e_i)$，则假设 6.4 与假设 6.5 成立。因此式（6.67）的每一个解 $e_i(t):\mathbb{R}_+ \to \mathbb{G}$ 与脉冲面 $\Gamma_k = \{(t,e_i(t)) \in \mathbb{R}_+ \times \mathbb{G} : t \neq 0.2k + 1/(4\pi)[\arctan(e_{i1})]^2\}, k \in \mathbb{Z}_+$恰好相交一次。

根据定理 6.3 提出的脉冲控制律，得到 $\lambda = \theta_{k+1} - \theta_k = 0.2$，$\mu_k = 0.0015$。通过简单计算，得到 $\alpha_1 = 55$，$\alpha_2 = 2.25\times10^{-6}$。如果设置 $\gamma_k = 12$，可得 $\alpha_1(\theta_{k+1}-\theta_k)+\ln(\alpha_2) \leqslant -\gamma_k$。

因此，在蔡氏电路耦合下，状态相关脉冲误差网络［式（6.67）］的原点是局部渐近稳定的，即带有非线性耦合项的复杂网络［式（6.4）］能够在状态相关脉冲控制下同步于目标节点［式（6.2）］，相应的状态轨迹如图 6-5 所示。

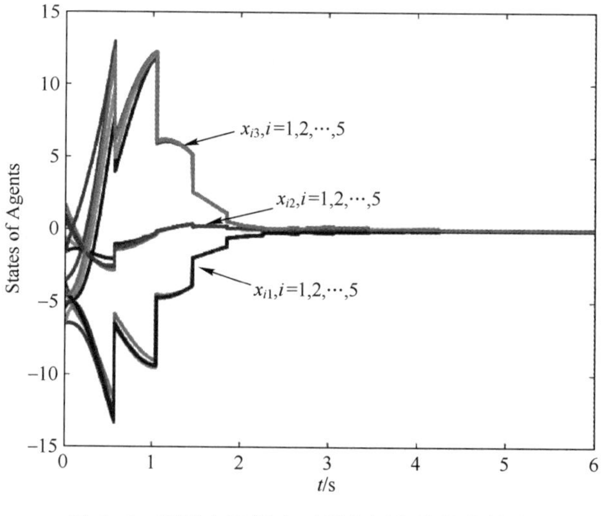

图 6-5　蔡氏电路耦合下复杂网络的状态轨迹

例 3. 在这个仿真实验中，使用混沌陈氏系统作为动态网络的节点，其加权无向图如图 6-2 所示。

每个节点的动态可以写为

$$\dot{x}_i(t)=f(t,x_i(t))+\sum_{j=1}^{5}l_{ij}g(x_j(t)) \tag{6.69}$$

式中，$f(t,x_i(t))=\begin{bmatrix}-a & a & 0\\ c-a & c & 0\\ 0 & 0 & -b\end{bmatrix}\begin{bmatrix}x_{i1}(t)\\ x_{i2}(t)\\ x_{i3}(t)\end{bmatrix}+\begin{bmatrix}0\\ -x_{i1}(t)x_{i3}(t)\\ x_{i1}(t)x_{i2}(t)\end{bmatrix}$；$x_i(t)=(x_{i1}(t),x_{i2}(t),x_{i3}(t))^{\mathrm{T}}\in\mathbb{R}^3$。

在这个仿真实验中，每个节点的状态由陈氏系统的方程（6.69）决定，取 $a=35$，$b=3$，$c=28$。因此对所有的 $x_i,y\in\mathbb{R}^3$，$i=1,2,\cdots,5$，都有 $|f(t,x_i)-f(t,y)|\leqslant 55.7507|x_i-y|$。

选择与例 1 相同的非线性耦合函数，每个节点的初始值为

$$\boldsymbol{x}_1(0)=[1.5\quad -0.3\quad 0.4]^{\mathrm{T}},\quad \boldsymbol{x}_2(0)=[-1.5\quad 2\quad 0.4]^{\mathrm{T}}$$
$$\boldsymbol{x}_3(0)=[1\quad -1.3\quad 2.4]^{\mathrm{T}},\quad \boldsymbol{x}_4(0)=[-0.5\quad 1.3\quad -0.4]^{\mathrm{T}}$$
$$\boldsymbol{x}_5(0)=[0.5\quad 1\quad -0.4]^{\mathrm{T}},\quad \boldsymbol{y}(0)=[5\quad 0.3\quad 4]^{\mathrm{T}}$$

则状态相关脉冲控制误差网络的状态为

$$\begin{cases}\dot{e}_i=f(t,x_i)-f(t,y)+2\sum_{j=1}^{5}l_{ij}(\sin(x_j)-\sin(y)), & t\neq\theta_k+\tau_k(e_i)\\ \Delta e_i|_{t=\theta_k+\tau_k(e_i)}=J_k(t,e_i), & k\in\mathbb{Z}_+\end{cases} \tag{6.70}$$

式中，$\theta_k=0.02k$，$\tau_k(e_i)=[\arctan(e_{i1})]^2/(8\pi)$，$J_k(t,e_i)=b_ke_i$，且 $-1<b_k<1$。通过简单计算，可得 $l_\tau=1/(8\pi)$，$0\leqslant\tau_k(e_i(t))\leqslant\pi l_\tau=1/8=\nu$，$l_J=|b_k|<1$。另外：

$$\begin{aligned}&\tau_k(e_i+J_k(t,e_i))-\tau_k(e_i)\\ &=\frac{1}{8\pi}[\arctan((1+b_k)e_{i1})]^2-\frac{1}{8\pi}[\arctan(e_{i1})]^2\\ &=\frac{1}{8\pi}[\arctan(|(1+b_k)e_{i1}|)]^2-\frac{1}{8\pi}[\arctan(|e_{i1}|)]^2\\ &=\frac{1}{8\pi}[\arctan(|(1+b_k)e_{i1}|)+\arctan(|e_{i1}|)]\cdot\\ &\quad[\arctan(|(1+b_k)e_{i1}|)-\arctan(|e_{i1}|)]\\ &\leqslant 0\end{aligned} \tag{6.71}$$

即 $\tau_k(e_i+J_k(t,e_i))\leqslant\tau_k(e_i)$。则假设 6.5 与假设 6.6 成立。误差网络［式（6.70）］的每一个解 $e_i(t):\mathbb{R}_+\to\mathbb{G}$ 与脉冲面 $\Gamma_k=\{(t,e_i(t))\in\mathbb{R}_+\times\mathbb{G}:t\neq 0.02k+[\arctan(e_{i1})]^2/(8\pi)\},k\in\mathbb{Z}_+$ 恰好相交一次。

根据定理 6.3 提出的脉冲控制律，得到 $\lambda=\theta_{k+1}-\theta_k=0.02$，$\mu_k=0.0015$。经过简单计算，可得 $\alpha_1=55$，$\alpha_2=1.152\times10^{-5}$。令 $\gamma_k=0.3714$，得到 $\alpha_1(\theta_{k+1}-\theta_k)+\ln(\alpha_2)\leqslant-\gamma_k$。

因此，陈氏系统耦合状态相关脉冲控制网络［式（6.70）］的原点是局部渐近稳定的，即带有非线性耦合项的复杂网络［式（6.4）］可同步于目标节点［式（6.2）］，如

图 6-6 所示。

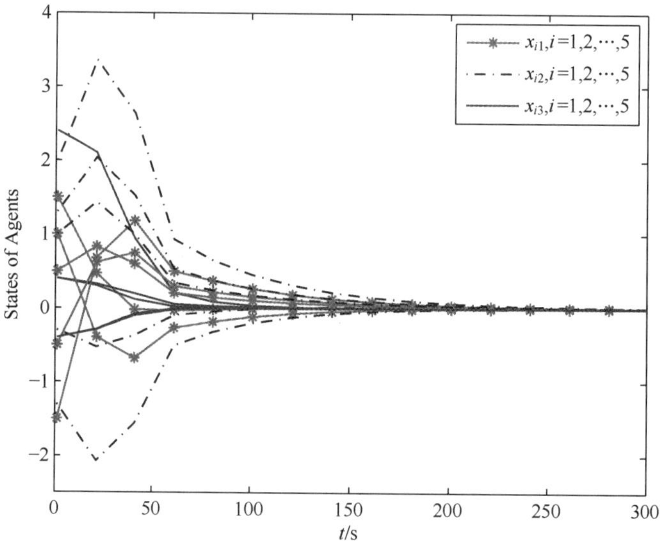

图 6-6　陈氏系统耦合复杂网络的状态轨迹

6.6　本章小结

本章首先在不加入脉冲控制器的情况下，讨论了带有非线性耦合项复杂网络的固定时间同步问题。利用图论和李雅普诺夫理论，设计了能够实现固定时间同步的状态反馈控制器。然后，在同一网络中加入状态相关脉冲控制器，研究了该复杂网络的局部同步和全局同步问题。与固定时刻脉冲控制不同，脉冲发生在撞击到扩展相空间中的超曲面上，即脉冲时刻依赖于系统的状态。其次，基于 B-等价方法，提出了几个重要的假设，以确保误差网络的每个解与每个脉冲面恰好相交一次，并将状态相关脉冲误差网络转化为固定时刻脉冲误差网络，证明了固定时刻脉冲误差网络与状态相关脉冲误差网络具有相同的稳定性。最后，利用图论、不等式理论和数学归纳法，给出了保证误差网络收敛到零点的充分条件。数值仿真先以蔡氏电路为网络的节点，得到固定时间同步的设置时间。为了说明本章所提出方法的有效性，又分别以蔡氏电路和陈氏系统为复杂网络的节点，并加入状态相关脉冲控制器，证明了所得理论结果的正确性。

参考文献

[1] LI C, YU W, HUANG T. Impulsive Synchronization Schemes of Stochastic Complex Networks with Switching Topology: Average Time Approach [J]. Neural Networks, 2014, 54: 85-94.

[2] HUANG T, LI C, DUAN S, et al. Robust Exponential Stability of Uncertain Delayed Neural Networks with

Stochastic Perturbation and Impulse Effects [J]. IEEE Transactions on Neural Networks and Learning Systems, 2012, 23 (6): 866-875.

[3] LI X, SONG S. Impulsive Control for Existence, Uniqueness and Global Stability of Periodic Solutions of Recurrent Neural Networks with Discrete and Continuously Distributed Delays [J]. IEEE Transactions on Neural Networks and Learning Systems, 2013, 24 (6): 868-877.

[4] AKHMET M. Principles of Discontinuous Dynamical Systems [M]. Berlin, Germany, Springer, 2010.

[5] LIU X, WANG Q. Stability of Nontrivial Solution of Delay Differential Equations with State-dependent Impulses [J]. Applied Mathematics and Computation, 2006, 174 (1): 271-288.

[6] Şaylı M, Yılmaz E. State-dependent Impulsive Cohen-Grossberg Neural Networks with Time-varying Delays [J]. Neurocomputing, 2016, 171: 1375-1386.

[7] YANG S, LI C, HUANG T. Synchronization of Coupled Memristive Chaotic Circuits via State-dependent Impulsive Control [J]. Nonlinear Dynamics, 2017, 88 (1): 115-129.

[8] SONG Q, YANG X, LI C, et al. Stability Analysis of Nonlinear Fractional-order Systems with Variable-time Impulses [J]. Journal of the Franklin Institute, 2017, 354 (7): 2959-2978.

[9] YANG T. Impulsive Control Theory [M]. Berlin, Germany, Springer, 2001.

[10] HONG H, YU W, WEN G, et al. Distributed Robust Fixed-time Consensus for Nonlinear and Disturbed Multiagent Systems [J]. IEEE Transactions on Systems, Man, and Cybernetics: Systems, 2017, 47 (7): 1464-1473.

[11] ZHANG W, LI H, LI C, et al. Fixed-time Synchronization Criteria for Complex Networks via Quantized Pinning Control [J]. ISA Transactions, 2019, 91: 151-156.

[12] HARDY G H, LITTLEWOOD J E, PÓLYA G. Inequalities [M]. Cambridge, Cambridge University Press, 1952.

[13] SANCHEZ E N, PEREZ J P. Input-to-state Stability (ISS) Analysis for Dynamic Neural Networks [J]. IEEE Transactions on Circuits and Systems I: Fundamental Theory and Applications, 1999, 46 (11): 1395-1398.

第 7 章

通过脉冲控制和自适应控制具有时滞和扰动项的复杂网络指数同步

7.1 引言

基于文献［1］和文献［2］的开创性工作，复杂网络引起了大量关注并得到了广泛研究。众所周知，控制器是实现网络系统同步的重要工具。人们设计了各种各样的控制方法，在现有控制方法中，自适应控制和脉冲控制可以有效减少控制成本，因此得到了大量应用。此外，现实世界中的混沌系统常常受到噪声等外部扰动的影响，其动力学行为往往会因为遭受扰动而发生变化。这类系统可用带有扰动的复杂网络来描述。复杂网络的控制信号往往因为通信信道的带宽限制而发生拥堵，为缓解信号拥堵可以在控制信号传输前对其进行量化处理。

本章设计了由脉冲控制和自适应控制组成的混合控制策略，实现了带有时滞和随机扰动项的复杂网络的指数同步，并利用量化器对控制信号进行量化，应用 1-范数分析方法和新的李雅普诺夫函数建立了复杂网络指数同步的相关条件。这些条件能够有效保证复杂网络同步于目标节点。与现有结果相比，本章的结果具有广泛的适用性。

7.2 模型描述与预备知识

考虑包含 N 个节点的 n 维时滞复杂网络：

$$\dot{\boldsymbol{x}}_i(t)=-\boldsymbol{C}\boldsymbol{x}_i(t)+\boldsymbol{A}g(\boldsymbol{x}_i(t))+\boldsymbol{B}g(\boldsymbol{x}_i(t-\tau(t)))+\sum_{j=1}^{N}\gamma_{ij}\boldsymbol{\Phi}\boldsymbol{x}_j(t)+\boldsymbol{\sigma}_i(t) \quad (7.1)$$

式中，$i\in\mathcal{N}=\{1,2,\cdots,N\}$；$\boldsymbol{x}_i(t)=(x_{i1}(t),x_{i2}(t),\cdots,x_{in}(t))^{\mathrm{T}}\in\mathbb{R}^n$表示状态变量，$n$ 是神经元的数量；$\boldsymbol{C}=\mathrm{diag}\{c_1,c_2,\cdots,c_n\}$，且 $c_j>0, j=1,2,\cdots,n$，$\tau(t)$表示时变时滞，满足 $0\leqslant\tau(t)\leqslant\tau$，其中 τ 为常数；$\boldsymbol{A}$ 和 $\boldsymbol{B}$ 分别表示赋权邻接矩阵和时滞赋权邻接矩阵；$g(\boldsymbol{x}_i(t))=(g_1(x_{i1}(t)),g_2(x_{i2}(t)),\cdots,g_n(x_{in}(t)))^{\mathrm{T}}:\mathbb{R}^n\to\mathbb{R}^n$是连续可微的非线性向量函数；常量矩阵$\boldsymbol{\Gamma}=(\gamma_{ij})_{N\times N}$表示外部耦合矩阵，满足：

$$\gamma_{ij} \geqslant 0(i \neq j) \text{ 且 } \gamma_{ii} = -\sum_{j=1,j\neq i}^{N} \gamma_{ij}$$

式中，$\gamma_{ij}>0$ 表示第 i 个节点到第 j 个节点存在连接；若不存在连接，则 $\gamma_{ij}=0$。$\boldsymbol{\Phi}=\mathrm{diag}(\phi_1,\phi_2,\cdots,\phi_n)$是内部耦合矩阵，且 $\phi_j>0$，$j=1,2,\cdots,n$。$\boldsymbol{\sigma}_i(t)=(\sigma_{i1}(t),\sigma_{i2}(t),\cdots,\sigma_{in}(t))^{\mathrm{T}}$表示第 i 个节点的未知外部扰动。式（7.1）的初始值由 $\boldsymbol{x}_i(\ell)=\boldsymbol{x}_{i0}(\ell)\in\wp([-\tau,0],\mathbb{R}^n),i\in\mathcal{N}$ 给出。

目标节点可描述为

$$\dot{\boldsymbol{y}}(t)=-\boldsymbol{C}\boldsymbol{y}(t)+\boldsymbol{A}g(\boldsymbol{y}(t))+\boldsymbol{B}g(\boldsymbol{y}(t-\tau(t)))+\boldsymbol{\sigma}(t) \tag{7.2}$$

式中，$\boldsymbol{y}(t)=(y_1(t),y_2(t),\cdots,y_n(t))^{\mathrm{T}}\in\mathbb{R}^n$表示目标节点的状态变量。$\boldsymbol{\sigma}(t)$表示目标节点的未知外部扰动。其他参数的定义与复杂网络［式（7.1）］相同。目标节点［式（7.2）］的初始状态为 $\boldsymbol{y}(\ell)=\boldsymbol{y}_0(\ell)\in\wp([-\tau,0],\mathbb{R}^n)$。

本章的证明需要下列假设。

假设 7.1：对于任意的 $\boldsymbol{y}=(y_1,y_2,\cdots,y_n)^{\mathrm{T}}\in\mathbb{R}^n$ 和 $\bar{\boldsymbol{y}}=(\bar{y}_1,\bar{y}_2,\cdots,\bar{y}_n)^{\mathrm{T}}\in\mathbb{R}^n$，存在 $l_{ij}\geqslant 0$ 使得

$$|g_i(\boldsymbol{y})-g_i(\bar{\boldsymbol{y}})|\leqslant\sum_{j=1}^{n}l_{ij}|y_j-\bar{y}_j|,\quad i,j=1,2,\cdots,n$$

假设 7.2：$\boldsymbol{\sigma}(t),\boldsymbol{\sigma}_i(t),i\in\mathcal{N}$ 连续，并存在常数 $\sigma\geqslant 0$ 和 $\sigma_i\geqslant 0$，使得$\|\boldsymbol{\sigma}(t)\|_\infty\leqslant\sigma$，以及$\|\boldsymbol{\sigma}_i(t)\|_\infty\leqslant\sigma_i$。

定义 7.1 如果存在常数 $w>0$，$\beta>0$，使得

$$\|\boldsymbol{x}_i(t)-\boldsymbol{y}(t)\|_1\leqslant\beta\mathrm{e}^{-wt},\quad t\geqslant 0,\quad i\in\mathcal{N}$$

对任意初始值 $\boldsymbol{x}_{i0}(\ell)$，$\boldsymbol{y}_0(\ell)$，$\ell\in[-\tau,0]$，$i\in\mathcal{N}$ 成立，则称复杂网络［式（7.1）］全局指数同步于目标节点［式（7.2）］。

带有控制器的复杂网络写为如下形式：

$$\begin{cases}\dot{\boldsymbol{x}}_i(t)=-\boldsymbol{C}\boldsymbol{x}_i(t)+\boldsymbol{A}g(\boldsymbol{x}_i(t))+\boldsymbol{B}g(\boldsymbol{x}_i(t-\tau(t)))+\\ \qquad\displaystyle\sum_{j=1}^{N}\gamma_{ij}\boldsymbol{\Phi}\boldsymbol{x}_j(t)+\boldsymbol{\sigma}_i(t)+\boldsymbol{U}_i(t),\quad t\neq t_k\\ \Delta\boldsymbol{x}_i(t_k)=\boldsymbol{x}_i(t_k)-\boldsymbol{x}_i(t_k^-)=\Theta_k,\qquad t=t_k,\quad k\in\mathbb{N}_+,\quad i\in\mathcal{N}\end{cases} \tag{7.3}$$

式中，$\boldsymbol{x}_i(t_k)=\boldsymbol{x}_i(t_k^+)=\lim\limits_{t\to t_k^+}\boldsymbol{x}_i(t),\boldsymbol{x}_i(t_k^-)=\lim\limits_{t\to t_k^-}\boldsymbol{x}_i(t)$；$\Theta_k\in\mathbb{R}^n$ 和 $\boldsymbol{U}_i(t)\in\mathbb{R}^n$分别表示脉冲控制器和自适应反馈控制器。脉冲时间 t_k满足 $0=t_0<t_1<t_2<\cdots<t_{k-1}<t_k<\cdots$ 和 $\lim\limits_{k\to+\infty}t_k=+\infty$。

在本章中，$q(\cdot):\mathbb{R}\to\Omega$ 表示一个量化器。其中，$\Omega=\{\pm\varpi_j:\varpi_j=\rho^j\varpi_0,j=0,\pm1,\pm2,\cdots\}\cup\{0\}$ 与$\varpi_0>0$。对于 $\forall s\in\mathbb{R}$，量化信号 $q(s)$为

$$q(s)=\begin{cases}\varpi_j, & \dfrac{1}{1+\delta}\varpi_j<s\leqslant\dfrac{1}{1-\delta}\varpi_j\\ 0, & s=0\\ -q(-s), & s<0\end{cases}$$

式中，$\delta=(1-\rho)/(1+\rho), 0<\rho<1$。从文献［3］中的分析可知，能够找到一个 Filippov 解 $\nabla\in[-\delta,\delta)$，使 $q(s)=(1+\nabla)s$。

设 $\boldsymbol{z}_i(t)=\boldsymbol{x}_i(t)-\boldsymbol{y}(t), q(\boldsymbol{z}_i(t))=(q(z_{i1}(t)), q(z_{i2}(t)), \cdots, q(z_{in}(t)))^{\mathrm{T}}$。设计的脉冲控制器为

$$\Theta_k=\theta_k q(\boldsymbol{z}_i(t_k^-)),\quad k\in\mathbb{N}_+,\quad i\in\mathcal{N} \tag{7.4}$$

式中，θ_k是待定的常数。

从式（7.3）中减去式（7.2），结合脉冲控制器［式（7.4）］得到以下误差网络：

$$\begin{cases}\dot{\boldsymbol{z}}_i(t)=-\boldsymbol{C}\boldsymbol{z}_i(t)+\boldsymbol{A}G(\boldsymbol{z}_i(t))+\boldsymbol{B}G(\boldsymbol{z}_i(t-\tau(t)))+\\ \qquad\displaystyle\sum_{j=1}^{N}\gamma_{ij}\boldsymbol{\Phi}\boldsymbol{z}_j(t)+\overline{\boldsymbol{\sigma}}_i(t)+\boldsymbol{U}_i(t),\quad t\neq t_k\\ \boldsymbol{z}_i(t_k)=\boldsymbol{z}_i(t_k^-)+\theta_k q(\boldsymbol{z}_i(t_k^-)),\qquad t=t_k,\quad k\in\mathbb{N}_+,\quad i\in\mathcal{N}\end{cases} \tag{7.5}$$

式中，$G(\boldsymbol{z}_i(t))=g(\boldsymbol{x}_i(t))-g(\boldsymbol{y}(t)), \overline{\boldsymbol{\sigma}}_i(t)=\boldsymbol{\sigma}_i(t)-\boldsymbol{\sigma}(t)$。由量化器的定义可知

$$q(\boldsymbol{z}_i(t_k^-))=(\boldsymbol{I}_n+\boldsymbol{\Lambda}_i(t))\boldsymbol{z}_i(t_k^-)$$

式中，$\boldsymbol{\Lambda}_i(t)=\mathrm{diag}(\Lambda_{i1}(t), \Lambda_{i2}(t), \cdots, \Lambda_{in}(t))$，$\Lambda_{ij}(t)\in[-\delta,\delta)$。

设计的自适应控制器为

$$\begin{cases}\boldsymbol{U}_i(t)=-\xi_i(t)\,\mathrm{sign}(q(\boldsymbol{z}_i(t)))\\ \dot{\xi}_i(t)=\mu_i\|\boldsymbol{\lambda}_i(t)\|_1,\quad i\in\mathcal{N}\end{cases} \tag{7.6}$$

式中，$\mathrm{sign}(q(\boldsymbol{z}_i(t)))=(\mathrm{sign}(q(z_{i1}(t))), \mathrm{sign}(q(z_{i2}(t))), \cdots, \mathrm{sign}(q(z_{in}(t))))^{\mathrm{T}}$。

$$\boldsymbol{\lambda}_i(t)=(\lambda_{i1}(t), \lambda_{i2}(t), \cdots, \lambda_{in}(t))^{\mathrm{T}},\quad \lambda_{ij}(t)=1$$

如果 $z_{ij}(t)\neq0$，则 $\lambda_{ij}(t)=0$。$\xi_i(t), i\in\mathcal{N}$ 的初始值是一些较小的正常数。$\mu_i>0, i\in\mathcal{N}$ 是可调常数。

注 7.1 自适应控制器［式（7.6）］的自适应律采用 1-范数形式。与文献［4］~文献［6］相比，无须计算 $z_{ij}(t), i=1,2,\cdots,N, j=1,2,\cdots,n$，的具体值，只需要知道 $z_{ij}(t)=0$ 是否成立即可。此外，量化控制器［式（7.4）和式（7.6）］比大多数现有论文中的一些控制器更实用。从定理 7.1 的分析可得 $\mathrm{sign}(q(\boldsymbol{z}_i(t)))=\mathrm{sign}(\boldsymbol{z}_i(t))$，因此自适应控制器［式（7.6）］可以用如下控制器替换：

$$\begin{cases}\boldsymbol{U}_i(t)=-\xi_i(t)\,\mathrm{sign}(\boldsymbol{z}_i(t))\\ \dot{\xi}_i(t)=\mu_i\|\boldsymbol{\lambda}_i(t)\|_1,\quad i\in\mathcal{N}\end{cases}$$

式中，$\boldsymbol{\lambda}_i(t)$，$\mu_i$和$\xi_i(t)$，$i\in\mathcal{N}$的定义参见式（7.6）。

定义 7.2[7] 若存在正整数ϱ和正常数 T_a使得下列式子成立，则脉冲序列$\varsigma=\{t_1, t_2, \cdots\}$具有平均脉冲区间 T_a，即

$$\frac{T-t}{T_a}-\varrho\leqslant N_{\varsigma}(t,T)\leqslant\varrho+\frac{T-t}{T_a}$$

对于任意 $T\geqslant t\geqslant0$，其中 $N_\zeta(t,T)$表示脉冲序列 $\zeta=\{t_1, t_2, \cdots\}$在区间$(t,T)$上的脉冲次数，常数$\varrho$称为脉冲序列的“弹性值”。

引理 7.1[8] 令 $0\leqslant\tau_i(t)\leqslant\tau$，对任意固定的 $(t,u,\bar{u}_1,\cdots,\bar{u}_{i-1},\bar{u}_{i+1},\cdots,\bar{u}_n)$，$G(t,u,\bar{u}_1,\cdots,\bar{u}_n):\mathbb{R}^+\times\underbrace{\mathbb{R}\times\cdots\times\mathbb{R}}_{n+1}\to\mathbb{R}$ 是关于 $\bar{u}_i$ 的非递减函数。$i=1,2,\cdots,n$，以及 $I_k(u):\mathbb{R}\to\mathbb{R}$ 是关于 u 的非递减函数。假设 $u(t)$，$\nu(t)$ 满足

$$\begin{cases}D^+u(t)\leqslant G(t,u(t),u(t-\tau_1(t)),\cdots,u(t-\tau_n(t))), & t\geqslant 0\\ u(t_k)\leqslant I_k(u(t_k^-)), & k\in\mathbb{N}_+\end{cases}$$

$$\begin{cases}D^+\nu(t)>G(t,\nu(t),\nu(t-\tau_1(t)),\cdots,\nu(t-\tau_n(t))), & t\geqslant 0\\ \nu(t_k)\geqslant I_k(\nu(t_k^-)), & k\in\mathbb{N}_+\end{cases}$$

式中，Dini 导数 $D^+z(t)$ 定义为 $D^+z(t)=\lim\limits_{h\to 0^+}(z(t+h)-z(t))/h$，其中 $h\to 0^+$ 表示 h 从右侧接近于零。对于 $-\tau\leqslant t\leqslant 0$，$u(t)\leqslant\nu(t)$ 成立，当 $t\geqslant 0$ 时，$u(t)\leqslant\nu(t)$。

7.3 复杂网络指数同步

在本节中，利用设计的量化控制器，基于 1-范数的分析方法和新的李雅普诺夫函数，得到了一些指数同步准则。

定理 7.1 若假设 7.1 和假设 7.2 成立，并且存在脉冲序列 $\varsigma=\{t_1,t_2,\cdots\}$ 和正整数 ϱ 和正常数 T_a 满足定义 7.2。如果下列条件成立：

$$\|\boldsymbol{I}_n+\theta_k(\boldsymbol{I}_n+\boldsymbol{\Lambda}_i(t))\|_1\leqslant\theta<1,\qquad k\in\mathbb{N}_+\tag{7.7}$$

$$-c+\|\boldsymbol{A}\|_1\|\boldsymbol{l}\|_1+\gamma_{ii}\underline{\phi}+\sum_{j=1,j\neq i}^{N}\gamma_{ji}\bar{\phi}+\frac{\ln\theta}{T_a}+\|\boldsymbol{B}\|_1\|\boldsymbol{l}\|_1\theta^{\varrho}<0,\quad i\in\mathcal{N}\tag{7.8}$$

则复杂网络［式（7.1）］在脉冲控制器［式（7.4）］与自适应控制器［式（7.6）］的作用下指数同步于目标节点［式（7.2）］，其中 $c=\min\{c_j,j=1,2,\cdots,n\}$，$\underline{\phi}=\min\{\phi_j,j=1,2,\cdots,n\}$，$\bar{\phi}=\max\{\phi_j,j=1,2,\cdots,n\}$ 和 $\boldsymbol{l}=(l_{ij})_{n\times n}$。

证明： 定义如下李雅普诺夫函数：

$$V(t)=\sum_{i=1}^{N}\|\boldsymbol{z}_i(t)\|_1+\sum_{i=1}^{N}\frac{1}{2\mu_i}\Pi_i(t)(\xi_i(t)-\chi_i)^2$$

式中，$\Pi_i(t)=\|\boldsymbol{I}_n+\theta_k(\boldsymbol{I}_n+\boldsymbol{\Lambda}_i(t))\|_1$。

脉冲控制器只能在脉冲时刻被激活，也就是说，控制增益 θ_k 在每个指定的脉冲时刻变化，并在每个脉冲区间为零。则函数 $V(t)$ 可以写为

$$V(t)=\sum_{i=1}^{N}\|\boldsymbol{z}_i(t)\|_1+\sum_{i=1}^{N}\frac{(\xi_i(t)-\chi_i)^2}{2\mu_i}$$

当 $t\in(t_{k-1},t_k)$，$k\in\mathbb{N}_+$ 时，$V(t)$ 的导数为

$$\dot{V}(t)=\sum_{i=1}^{N}\mathbf{1}_n^{\mathrm{T}}\mathrm{diag}(\mathrm{sign}(z_i(t)))[-Cz_i(t)+AG(z_i(t))+ BG(z_i(t-\tau(t)))+\sum_{j=1}^{N}\gamma_{ij}\boldsymbol{\Phi}z_j(t)+\bar{\boldsymbol{\sigma}}_i(t)- \xi_i(t)\mathrm{sign}(q(z_i(t)))]+\sum_{i=1}^{N}(\xi_i(t)-\chi_i)\|\boldsymbol{\lambda}_i(t)\|_1 \tag{7.9}$$

根据假设 7.2，显然

$$\mathbf{1}_n^{\mathrm{T}}\mathrm{diag}(\mathrm{sign}(z_i(t)))\,\bar{\boldsymbol{\sigma}}_i(t)=\sum_{j=1}^{n}\mathrm{sign}(z_{ij}(t))\,\bar{\sigma}_{ij}(t)\leqslant\sum_{j=1}^{n}|\bar{\sigma}_{ij}(t)|\lambda_{ij}(t)$$
$$\leqslant\|\bar{\boldsymbol{\sigma}}_i(t)\|_\infty\sum_{j=1}^{n}\lambda_{ij}(t)\leqslant(\sigma+\sigma_i)\|\boldsymbol{\lambda}_i(t)\|_1$$

然后

$$\sum_{i=1}^{N}\mathbf{1}_n^{\mathrm{T}}\mathrm{diag}(\mathrm{sign}(z_i(t)))\,\bar{\boldsymbol{\sigma}}_i(t)\leqslant\sum_{i=1}^{N}(\sigma+\sigma_i)\|\boldsymbol{\lambda}_i(t)\|_1 \tag{7.10}$$

由 $\delta\in(0,1)$ 可知 $\mathrm{sign}(q(z_i(t)))=\mathrm{sign}(z_i(t))$，则有

$$\mathbf{1}_n^{\mathrm{T}}\mathrm{diag}(\mathrm{sign}(z_i(t)))\xi_i(t)\mathrm{sign}(q(z_i(t)))=\xi_i(t)\|\boldsymbol{\lambda}_i(t)\|_1 \tag{7.11}$$

取 $\chi_i=(\sigma+\sigma_i)\|\boldsymbol{\lambda}_i(t)\|_1$。将式（7.10）和式（7.11）代入式（7.9）并结合假设 7.1 可得

$$\dot{V}(t)\leqslant\sum_{i=1}^{N}\Big[\Big(-c+\|A\|_1\|\boldsymbol{l}\|_1+\gamma_{ii}\underline{\phi}+\sum_{j=1,j\neq i}^{N}\gamma_{ji}\bar{\phi}\Big)\|z_i(t)\|_1+ \|B\|_1\|\boldsymbol{l}\|_1\|z_i(t-\tau(t))\|_1\Big]-\sum_{i=1}^{N}\xi_i(t)\|\boldsymbol{\lambda}_i(t)\|_1+ \sum_{i=1}^{N}(\sigma+\sigma_i)\|\boldsymbol{\lambda}_i(t)\|_1+\sum_{i=1}^{N}(\xi_i(t)-(\sigma+\sigma_i))\|\boldsymbol{\lambda}_i(t)\|_1$$
$$\leqslant\varphi V(t)+rV(t-\tau(t))$$

式中

$$\varphi=-c+\|A\|_1\|\boldsymbol{l}\|_1+\gamma_{ii}\underline{\phi}+\sum_{j=1,j\neq i}^{N}\gamma_{ji}\bar{\phi},\quad r=\|B\|_1\|\boldsymbol{l}\|_1$$

当 $t=t_k$，$k\in\mathbb{N}_+$时，根据 $V(t)$的定义和式（7.5）的第二个方程，可得

$$V(t_k)=\sum_{i=1}^{N}\|z_i(t_k)\|_1+\sum_{i=1}^{N}\frac{1}{2\mu_i}\Pi_i(t)(\xi_i(t_k)-\chi_i)^2$$
$$\leqslant\sum_{i=1}^{N}\Pi_i(t)\Big(\|z_i(t_k^-)\|_1+\frac{1}{2\mu_i}(\xi_i(t_k^-)-\chi_i)^2\Big) \tag{7.12}$$
$$\leqslant\theta V(t_k^-)$$

对于任意 $\varepsilon>0$，令 $v(t)$是以下脉冲时滞系统的唯一解：

$$\begin{cases}\dot{\nu}(t)=\varphi\nu(t)+r\nu(t-\tau(t))+\varepsilon, & t\neq t_k\\ \nu(t_k)=\theta\nu(t_k^-), & t=t_k,\quad k\in\mathbb{N}_+\\ \nu(\ell)=\sum_{i=1}^{N}\|\boldsymbol{x}_{i0}(\ell)-\boldsymbol{y}_0(\ell)\|_1, & -\tau\leqslant\ell\leqslant 0\end{cases}\tag{7.13}$$

根据 $V(\ell)=\nu(\ell)$，$-\tau\leqslant\ell\leqslant 0$，以及式（7.12）、式（7.13）和引理7.1可得

$$v(t)\geqslant V(t)\geqslant 0,\quad t\geqslant 0$$

由式（7.13）可得

$$v(t)=P(t,0)v(0)+\int_0^t P(t,s)(rv(s-\tau(s))+\varepsilon)\mathrm{d}s$$

式中，$P(t,s)(t、s\geqslant 0)$为下列线性系统的柯西矩阵

$$\begin{cases}\dot{f}(t)=\varphi f(t), & t\neq t_k\\ f(t_k)=\theta f(t_k^-), & t=t_k,\quad k\in\mathbb{N}_+\end{cases}$$

进一步可得

$$P(t,s)=\mathrm{e}^{\varphi(t-s)}\theta^{N_\xi(s,t)}\tag{7.14}$$

由式（7.7）~式（7.8）和式（7.14）可得

$$P(t,s)\leqslant\mathrm{e}^{\varphi(t-s)}\theta^{\frac{t-s}{T_a}-\varrho}=\theta^{-\varrho}\mathrm{e}^{\varphi(t-s)}\mathrm{e}^{\frac{t-s}{T_a}\ln\theta}=\theta^{-\varrho}\mathrm{e}^{-\alpha(t-s)}\tag{7.15}$$

式中，$\alpha=-(\varphi+(\ln\theta/T_a))$。

令 $\beta=\theta^{-\varrho}\sup\limits_{-\tau\leqslant\ell\leqslant 0}\sum_{i=1}^{N}\|\boldsymbol{x}_{i0}(\ell)-\boldsymbol{y}_0(\ell)\|_1$，则根据式（7.13）和式（7.15）可得

$$v(t)\leqslant\beta\mathrm{e}^{-\alpha t}+\int_0^t\theta^{-\varrho}\mathrm{e}^{-\alpha(t-s)}(rv(s-\tau(s))+\varepsilon)\mathrm{d}s\tag{7.16}$$

定义

$$h(v)=v-\alpha+\theta^{-\varrho}r\mathrm{e}^{v\tau}$$

根据式（7.8）可得 $h(0)<0$。由于 $h(+\infty)=+\infty$ 和 $h'(v)>0$，存在唯一得 $w>0$ 使得

$$w-\alpha+\theta^{-\varrho}r\mathrm{e}^{w\tau}=0\tag{7.17}$$

此外，由式（7.8）可得 $\alpha\theta^{\varrho}-r>0$。因此有

$$v(t)=\sum_{i=1}^{N}\|\boldsymbol{x}_{i0}(t)-\boldsymbol{y}_0(t)\|_1\leqslant\beta<\beta\mathrm{e}^{-wt}+\frac{\varepsilon}{\alpha\theta^{\varrho}-r},\quad -\tau\leqslant t\leqslant 0$$

接下来，证明不等式：

$$v(t)<\beta\mathrm{e}^{-wt}+\frac{\varepsilon}{\alpha\theta^{\varrho}-r},\quad t\geqslant 0\tag{7.18}$$

若不等式（7.18）不成立，则存在 $t^*>0$ 使得

$$\nu(t^*)\geqslant\beta\mathrm{e}^{-wt^*}+\frac{\varepsilon}{\alpha\theta^{\varrho}-r}\tag{7.19}$$

及

$$\nu(t)<\beta e^{-wt}+\frac{\varepsilon}{\alpha\theta^{\varrho}-r},\quad t<t^{*} \tag{7.20}$$

由式（7.16）和式（7.20）可得

$$\begin{aligned}\nu(t^{*}) &\leqslant \beta e^{-\alpha t^{*}}+\int_{0}^{t^{*}}\theta^{-\varrho}e^{-\alpha(t^{*}-s)}(r\nu(s-\tau(s))+\varepsilon)ds \\ &< e^{-\alpha t^{*}}\left\{\beta+\frac{\varepsilon}{\alpha\theta^{\varrho}-r}+\int_{0}^{t^{*}}\theta^{-\varrho}e^{\alpha s}\left[r\left(\beta e^{-w(s-\tau(s))}+\frac{\varepsilon}{\alpha\theta^{\varrho}-r}\right)+\varepsilon\right]ds\right\}\end{aligned} \tag{7.21}$$

由式（7.17）和式（7.21）可得

$$\begin{aligned}v(t^{*}) &< e^{-\alpha t^{*}}\left\{\beta+\frac{\varepsilon}{\alpha\theta^{\varrho}-r}+\theta^{-\varrho}\beta r e^{w\tau}\int_{0}^{t^{*}}e^{(\alpha-w)s}ds+\frac{\varepsilon\alpha}{\alpha\theta^{\varrho}-r}\int_{0}^{t^{*}}e^{\alpha s}ds\right\} \\ &=\beta e^{-wt^{*}}+\frac{\varepsilon}{\alpha\theta^{\varrho}-r}\end{aligned}$$

这与式（7.19）矛盾，因此式（7.18）成立。令 $\varepsilon\to 0$，可得

$$V(t)\leqslant v(t)\leqslant \beta e^{-wt},\quad t\geqslant 0$$

因此可得 $\|z_i(t)\|_1\leqslant\beta e^{-wt}, i\in\mathcal{N}$。根据定义 7.1，误差系统［式（7.5）］的解 $\boldsymbol{z}_i(t)$，$i\in\mathcal{N}$ 是指数稳定的。

注 7.2 自适应控制器［式（7.6）］会因符号函数引起控制信号抖振，进而给控制信号带来影响。为减弱控制信号抖振效应，可以采用如下控制器：

$$\begin{cases}\boldsymbol{U}_i(t)=\begin{cases}-\xi(t)\dfrac{q(\boldsymbol{z}_i(t))}{\|q(\boldsymbol{z}(t))\|_1}, & \|q(\boldsymbol{z}(t))\|_1\neq 0,\quad i\in\mathcal{N} \\ 0, & \|q(\boldsymbol{z}(t))\|_1=0\end{cases} \\ \dot{\xi}(t)=\mu\|\boldsymbol{\lambda}(t)\|_1\end{cases}$$

式中，$\boldsymbol{\lambda}(t)=(\lambda_1(t),\lambda_2(t),\cdots,\lambda_N(t))^{\mathrm{T}}$。$\lambda_i(t)$，$i\in\mathcal{N}$ 的定义见式（7.6），$\xi(t)$ 的初始值是一个较小的正常数，$\mu>0$ 是一个可调常数。结合文献［9］中的分析方法和本章的定理 7.1，可以得到一些有用的结果。

7.4 实验结果与分析

考虑以下混沌节点系统：

$$\dot{\boldsymbol{y}}(t)=-\boldsymbol{C}\boldsymbol{y}(t)+\boldsymbol{A}g(\boldsymbol{y}(t))+\boldsymbol{B}g(\boldsymbol{y}(t-\tau(t)))+\boldsymbol{\sigma}(t) \tag{7.22}$$

式中，$\boldsymbol{y}(t)=(y_1(t),y_2(t))^{\mathrm{T}}$，$\tau(t)=1$，$g_1(y_1(t))=0.5(|y_1(t)+1|-|y_1(t)-1|)$，$g_2(y_2(t))=0.5(|y_2(t)+1|-|y_2(t)-1|)$，$-\boldsymbol{\sigma}(t)=(-0.05\cos(t),0.03\sin(t))^{\mathrm{T}}$。此外，$\boldsymbol{C}=\mathrm{diag}(0.05,0.02)$ 且 $\boldsymbol{A}=\begin{bmatrix}0.1 & -0.01\\ -0.1 & 0.02\end{bmatrix}$，$\boldsymbol{B}=\begin{bmatrix}-0.05 & -0.3\\ 0.01 & -0.03\end{bmatrix}$。

通过简单计算，得到 $l_{11}=l_{22}=1$，$l_{12}=l_{21}=0$。所以假设 7.1 是满足的。

将式（7.22）的初始状态取为 $\boldsymbol{y}(t)=(-0.2,0.1)^{\mathrm{T}}$，$\forall t\in[-1,0]$。图 7-1 所示为混沌节点系统［式（7.22）］的混沌轨迹。

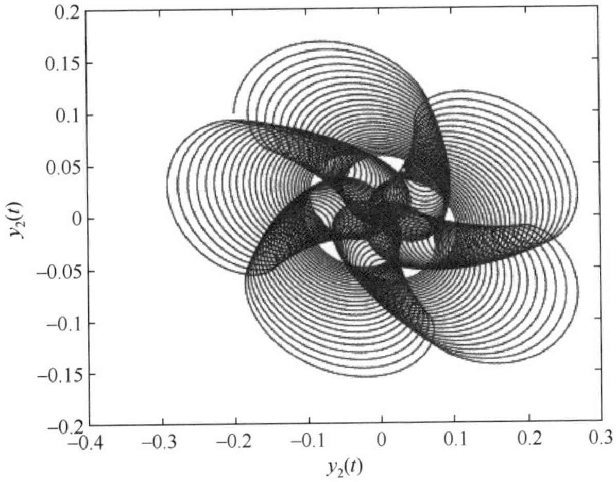

图 7-1　混沌节点系统［式（7.22）］的混沌轨迹

考虑以下受控复杂网络：

$$\begin{cases}\dot{\boldsymbol{x}}_i(t)=-\boldsymbol{C}\boldsymbol{x}_i(t)+\boldsymbol{A}g(\boldsymbol{x}_i(t))+\boldsymbol{B}g(\boldsymbol{x}_i(t-\tau(t)))+\\ \qquad\displaystyle\sum_{j=1}^{10}\gamma_{ij}\boldsymbol{\Phi}\boldsymbol{x}_j(t)+\boldsymbol{\sigma}_i(t)+\boldsymbol{U}_i(t),\quad t\neq t_k\\ \Delta\boldsymbol{x}_i(t_k)=\boldsymbol{x}_i(t_k)-\boldsymbol{x}_i(t_k^-)=\Theta_k,\qquad t=t_k,\quad k\in\mathbb{N}_+,\quad i=1,2,\cdots,10\end{cases}\tag{7.23}$$

式中

$$\boldsymbol{\Phi}=\mathrm{diag}(1,1.2)$$

$$\boldsymbol{\Gamma}=\begin{bmatrix}-1&0&0&1&0&0&0&0&0&0\\0&-2&0&0&1&0&0&0&0&1\\0&0&-3&0&1&0&1&1&0&0\\1&0&0&-3&0&0&0&1&0&1\\0&1&1&0&-3&1&0&0&0&0\\0&0&0&0&0&-1&1&0&0&0\\0&0&0&0&0&0&-2&1&0&1\\0&0&0&0&0&1&0&-2&1&0\\0&1&0&0&0&0&0&0&-1&0\\0&0&0&0&1&0&0&1&0&-2\end{bmatrix}$$

且

$$\boldsymbol{\sigma}_1(t)=\boldsymbol{\sigma}_2(t)=\boldsymbol{\sigma}_3(t)=(-0.1\cos(t),0.1\sin(t))^{\mathrm{T}}$$

$$\boldsymbol{\sigma}_4(t)=\boldsymbol{\sigma}_5(t)=\boldsymbol{\sigma}_6(t)=(-0.3\cos(t),0.2\sin(t))^{\mathrm{T}}$$

$$\boldsymbol{\sigma}_7(t)=\boldsymbol{\sigma}_8(t)=\boldsymbol{\sigma}_9(t)=\boldsymbol{\sigma}_{10}(t)=(0.05\cos(t),-0.1\sin(t))^{\mathrm{T}}$$

取 $\sigma=0.05$，$\sigma_1=\sigma_2=\sigma_3=0.1$，$\sigma_4=\sigma_5=\sigma_6=0.3$，$\sigma_7=\sigma_8=\sigma_9=\sigma_{10}=0.05$，可以验证假设 7.2 是满足的。

取步长为 0.0001，量化密度 $\rho=0.9$。式（7.23）的初始值为 $\boldsymbol{x}_1(t)=(0.5,0.9)^{\mathrm{T}}$，$\boldsymbol{x}_2(t)=(-0.8,1.2)^{\mathrm{T}}$，$\boldsymbol{x}_3(t)=(3.5,1.9)^{\mathrm{T}}$，$\boldsymbol{x}_4(t)=(-1.5,2.3)^{\mathrm{T}}$，$\boldsymbol{x}_5(t)=(-3.2,1.9)^{\mathrm{T}}$，$\boldsymbol{x}_6(t)=(-2.6,1.3)^{\mathrm{T}}$，$\boldsymbol{x}_7(t)=(-1.7,-1.9)^{\mathrm{T}}$，$\boldsymbol{x}_8(t)=(-1.1,-2.3)^{\mathrm{T}}$，$\boldsymbol{x}_9(t)=(-2.1,-0.8)^{\mathrm{T}}$，$\boldsymbol{x}_{10}(t)=(0.9,3.1)^{\mathrm{T}}$，$t\in[-1,0]$。

在文献［7］中，卢剑权等人构建的一个脉冲序列为

$$\zeta=\{\epsilon,2\epsilon,\cdots,(N_0-1)\epsilon,N_0T_a,N_0T_a+\epsilon,N_0T_a+2\epsilon,\cdots,N_0T_a+(N_0-1)\epsilon,2N_0T_a,\cdots,\}$$

式中，$\epsilon>0$ 且 $T_a>0$，N_0 为正整数。取 $N_0=2$，$\epsilon=0.02$，$T_a=0.03$。该脉冲序列满足以下特性：$\{t_k-t_{k-1}\}=0.02,\sup\limits_{k\in\mathbb{N}_+}\{t_k-t_{k-1}\}=0.04$，$\varrho=1$。取 $\theta_k=-0.4,k\in\mathbb{N}_+$，脉冲序列如图 7-2 所示。取 $\theta-|1+(1-\delta)\theta_k|=0.6211$，则式（7.7）和式（7.8）都满足。

对于 $t\in[-1,0]$，一些初始参数为 $\mu_1=\mu_2=0.2$，$\xi_1(t)=\xi_2(t)=1$。图 7-3 描述了误差 $z_i(t),i=1,2,\cdots,10$ 的状态演化轨迹，随着时间的推移，误差状态将趋近于零。图 7-4 所示为 $q(z_i(t)),i=1,2,\cdots,10$ 的时间响应曲线。

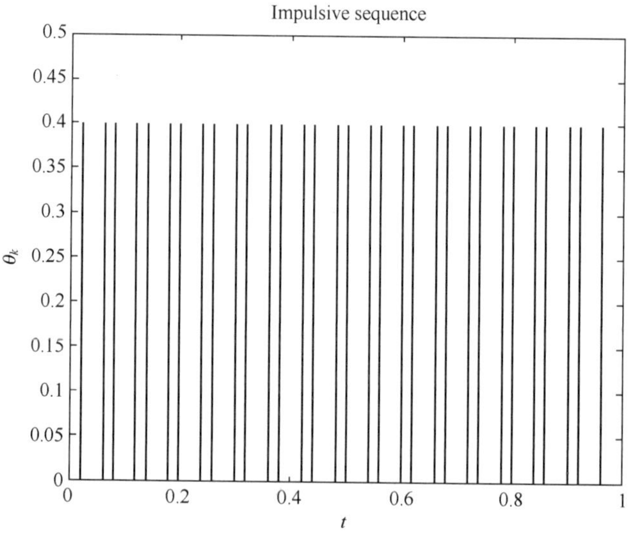

图 7-2　脉冲序列

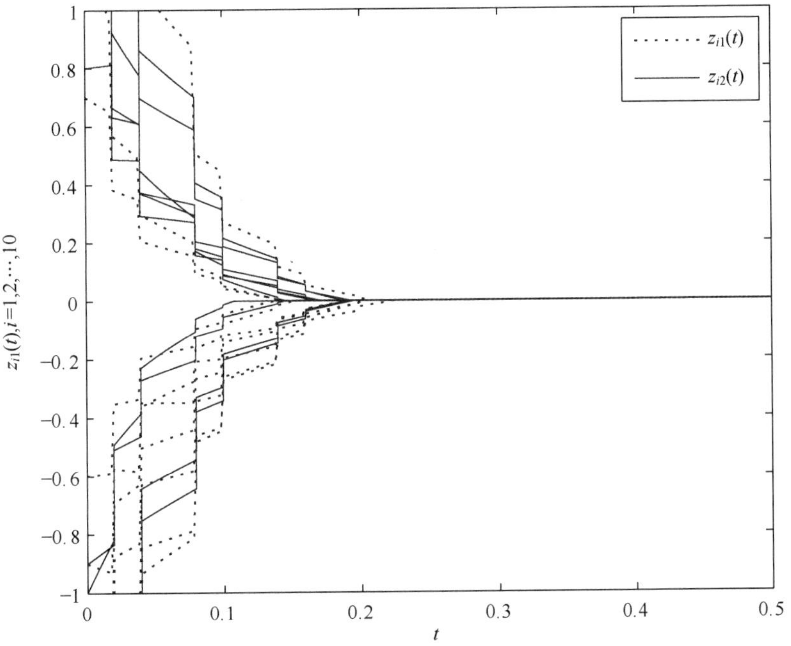

图 7-3 误差 $z_i(t)$, $i=1,2,\cdots,10$ 的状态演化轨迹

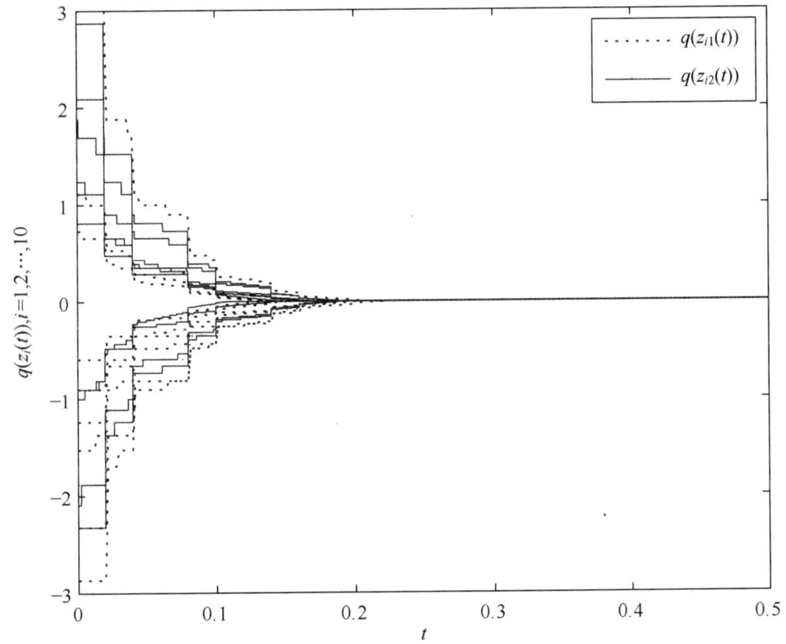

图 7-4 $q(z_i(t))$, $i=1,2,\cdots,10$ 的时间响应曲线

7.5 本章小结

本章研究了时滞复杂网络的指数同步。采用量化自适应控制和量化脉冲控制结合的混合控制策略，采用1-范数分析方法，并结合设计的李雅普诺夫函数，建立了指数同步准则，确保所考虑的复杂网络能够同步于给定的目标节点状态，并利用数值仿真实验验证了理论结果的正确性和有效性。

参考文献

[1] WATTS D J, STROGATZ S H. Collective Dynamics of Small-world Networks [J]. Nature, 1998, 393: 440-442.

[2] STROGATZ S H. Exploring Complex Networks [J]. Nature, 2001, 410: 268-276.

[3] XU C, YANG X, LU J, et al. Finite-time Synchronization of Networks via Quantized Intermittent Pinning Control [J]. IEEE Transactions on Cybernetics, 2017, 48 (10): 3021-3027.

[4] YANG X, CAO J, LU J. Stochastic Synchronization of Complex Networks with Nonidentical Nodes via Hybrid Adaptive and Impulsive Control [J]. IEEE Transactions on Circuits & Systems I Regular Papers, 2012, 59 (2): 371-384.

[5] YANG X, CAO J, LONG Y, et al. Adaptive Lag Synchronization for Competitive Neural Networks with Mixed Delays and Uncertain Hybrid Perturbations [J]. IEEE Transactions on Neural Networks, 2010, 21 (10): 1656-1667.

[6] ZHAO J. Adaptive Q-S Synchronization Between Coupled Chaotic Systems with Stochastic Perturbation and Delay [J]. Applied Mathematical Modelling, 2012, 36 (7): 3312-3319.

[7] LU J Q, HO D W C, CAO J. A Unified Synchronization Criterion for Impulsive Dynamical Networks [J]. Automatica, 2010, 46 (7): 1215-1221.

[8] YANG Z, XU D. Stability Analysis and Design of Impulsive Control Systems with Time Delay [J]. IEEE Transactions on Automatic Control, 2007, 52 (8): 1448-1454.

[9] ZHANG W, YANG X, XU C, et al. Finite-time Synchronization of Discontinuous Neural Networks with Delays and Mismatched Parameters [J]. IEEE Transactions on Neural Networks and Learning Systems, 2017, 29 (8): 3761-3771.

第 8 章

T-S 模糊耦合网络的实用有限时间同步

8.1 引言

耦合网络通过多个相互作用的节点，描绘了复杂系统的拓扑结构及其随时间演化的动态行为。耦合网络可分为线性耦合网络和非线性耦合网络。虽然许多文献经常讨论线性耦合网络，但实际应用中的耦合网络往往是非线性耦合网络。非线性耦合网络可分为两种：非线性相对状态耦合网络和非线性绝对状态耦合网络。在 Wei 等人[1]、Xu 等人[2]和其他一些文献中可以看到，相对状态耦合是指直接检测子系统之间的相对状态，而绝对状态耦合是指相邻子系统之间绝对信息的传递。在实际应用中的不同工程场景下，可能会得到不同的耦合。耦合的切换总是随机的，可用随机变量来描述，通常采用伯努利随机变量来描述。例如，Feng 等人[3]用伯努利随机变量表示节点是否受到攻击；Cai 等人[4]用伯努利随机变量描述随机时滞。

在动态系统的同步过程中，自发达到同步状态并非易事，通常需借助额外的控制策略。控制策略可分为连续控制和不连续控制，不连续控制包括采样控制、事件触发控制、脉冲控制和间歇控制等。不连续控制无须持续作用，控制技术更为简便、易于实现，且不连续控制能有效节省控制资源。间歇控制是一种兼具灵活性与经济性的不连续控制方法，其控制策略是在指定的控制区间内实施控制，在非控制区间内不施加任何控制（参见文献［5］~文献［7］等）。为了更加适应于实际应用，学者们还提出了许多改进的间歇控制方法，如间歇牵制控制、半间歇控制和自适应间歇控制。其中，半间歇控制沿袭了间歇控制的基本思想，其特征在于为确保控制目标达成，即使在非控制区间内也需进行一定的控制。

本章研究了具有不同耦合方式的 T-S 模糊耦合网络的实用有限时间同步问题，主要内容为：构建了一个既包含线性耦合又包含非线性耦合的系统，其中非线性耦合可表示为非线性相对状态耦合和非线性绝对状态耦合；改进并推导了一个实用有限时间稳定性引理，与以往研究中系统误差精确到原点的结论不同，此引理确保系统实现实用有限时间同步，即系统误差进入并维持在一个固定的区间范围内。本章设计了含有双曲正切函数的两个新型半间歇控制器，用以帮助系统在有限时间内实现同步目标。

8.2 模型描述与预备知识

本章考虑的 T-S 模糊耦合网络可表示为

模糊规则：如果 $z_1(t)$ 属于 M_{s1}，$z_2(t)$ 属于 M_{s2}，$\cdots$，$z_q(t)$ 属于 M_{sq}，那么

$$
\begin{aligned}
\dot{\boldsymbol{\chi}}_i(t) = \sum_{s=1}^{m}\vartheta_s(z(t))\Big[&\boldsymbol{A}_s\boldsymbol{\chi}_i(t) + \boldsymbol{B}_s f(\boldsymbol{\chi}_i(t)) + \beta(t)\gamma(t)\sum_{j=1,j\neq i}^{N} c_{ij}\boldsymbol{D}(\boldsymbol{\chi}_j(t) - \boldsymbol{\chi}_i(t)) + \\
&(1-\beta(t))\gamma(t)\sum_{j=1,j\neq i}^{N} c_{ij}\boldsymbol{D}h(\boldsymbol{\chi}_j(t) - \boldsymbol{\chi}_i(t)) + \\
&(1-\gamma(t))\sum_{j=1,j\neq i}^{N} c_{ij}\boldsymbol{D}(\psi(\boldsymbol{\chi}_j(t)) - \psi(\boldsymbol{\chi}_i(t))) + \boldsymbol{\mathfrak{R}}_i^s(t)\Big]
\end{aligned}
\tag{8.1}
$$

式中，$i\in\zeta_N$；$\boldsymbol{\chi}_i(t)=(\chi_{i1}(t),\chi_{i2}(t),\cdots,\chi_{in}(t))^{\mathrm{T}}\in\mathbb{R}^n$是状态向量；矩阵$\boldsymbol{A}_s\in\mathbb{R}^{n\times n}$和$\boldsymbol{B}_s\in\mathbb{R}^{n\times n}$为已知常数矩阵；$f(\boldsymbol{\chi}_i(t))=(f_1(\chi_{i1}(t)),f_2(\chi_{i2}(t)),\cdots,f_n(\chi_{in}(t)))^{\mathrm{T}}\in\mathbb{R}^n$是连续的。对于两个连续非线性耦合函数，其中：$h(\boldsymbol{\chi}_j(t)-\boldsymbol{\chi}_i(t))\in\mathbb{R}^n$为非线性相对状态耦合，满足当且仅当$\boldsymbol{\chi}_i(t)=\boldsymbol{\chi}_j(t)$时，$h(\boldsymbol{\chi}_i(t)-\boldsymbol{\chi}_j(t))=0$；而$\psi(\boldsymbol{\chi}_j(t))-\psi(\boldsymbol{\chi}_i(t))\in\mathbb{R}^n$则为非线性绝对状态耦合。$\beta(t)$和$\gamma(t)$是伯努利随机变量，有$P\{\beta(t)=1\}=\mathcal{E}[\beta(t)]=\beta$及$P\{\beta(t)=0\}=1-\beta$；$P\{\gamma(t)=1\}=\mathcal{E}[\gamma(t)]=\gamma$及$P\{\gamma(t)=0\}=1-\gamma$，其中，$\beta$和$\gamma$是常数且分别满足以下不等式：$0\leqslant\beta\leqslant1$和$0\leqslant\gamma\leqslant1$。对于内部耦合矩阵$\boldsymbol{D}=\mathrm{diag}(d_1,d_2,\cdots,d_n)$，其所有对角元素$d_l>0(l\in\zeta_n)$；外部耦合矩阵$\boldsymbol{C}=(c_{ij})_{N\times N}$满足$c_{ij}\geqslant0$（$i\neq j$），$c_{ii}=-\sum_{j=1,j\neq i}^{N}c_{ij}$及$c_{ij}=c_{ji}$。$\boldsymbol{\mathfrak{R}}_i^s(t)\in\mathbb{R}^n$为待设计的控制器。T-S 模糊耦合网络［式（8.1）］的初始值为$\boldsymbol{\chi}_i(0)\in\mathbb{R}^n$。向量$z(t)=(z_1(t),z_2(t),\cdots,z_q(t))^{\mathrm{T}}$是前提变量，$M_{sj}(s\in\zeta_m,j\in\zeta_q)$是模糊集合。此外

$$
\vartheta_s(z(t))=\frac{w_s(z(t))}{\sum_{s=1}^{m}w_s(z(t))},\quad w_s(z(t))=\prod_{j=1}^{q}M_{sj}(z_j(t))
$$

式中，$w_s(z(t))\geqslant0$，$\sum_{s=1}^{m}w_s(z(t))>0$，$s\in\zeta_m$。对于$t\in\mathbb{R}^+$，有$\sum_{s=1}^{m}\vartheta_s(z(t))=1$，$\vartheta_s(z(t))\geqslant0$。

注 8.1 由于不同的伯努利随机变量值可得到不同的耦合，因此，T-S 模糊耦合网络［式（8.1）］可分为以下几种情况。

（1）$(\beta(t),\gamma(t))=(1,1)$，T-S 模糊耦合网络表现为线性耦合。

（2）$(\beta(t),\gamma(t))=(1,0)$，T-S 模糊耦合网络表现为非线性绝对状态耦合。

（3）$(\beta(t),\gamma(t))=(0,1)$，T-S 模糊耦合网络表现为非线性相对状态耦合。

（4）$(\beta(t),\gamma(t))=(0,0)$，T-S 模糊耦合网络表现为非线性绝对状态耦合。

采用如下目标系统

$$\dot{\wp}(t)=\sum_{s=1}^{m}\vartheta_s(z(t))[\boldsymbol{A}_s\wp(t)+\boldsymbol{B}_sf(\wp(t))] \tag{8.2}$$

目标系统［式（8.2）］的初始值为$\wp(0)\in\mathbb{R}^n$。

令$\boldsymbol{\mu}_i(t)=\boldsymbol{\chi}_i(t)-\wp(t)$，$\bar{f}(\boldsymbol{\mu}_i(t))=f(\boldsymbol{\chi}_i(t))-f(\wp(t))$，$\bar{\psi}(\boldsymbol{\mu}_j(t))=\psi(\boldsymbol{\chi}_j(t))-\psi(\wp(t))$。对于 T-S 模糊耦合网络［式（8.1）］和目标系统［式（8.2）］，误差系统可表示为

$$\begin{aligned}\dot{\boldsymbol{\mu}}_i(t)=\sum_{s=1}^{m}\vartheta_s(z(t))\Big[&\boldsymbol{A}_s\boldsymbol{\mu}_i(t)+\boldsymbol{B}_s\bar{f}(\boldsymbol{\mu}_i(t))+\beta(t)\gamma(t)\sum_{j=1}^{N}c_{ij}\boldsymbol{D}\boldsymbol{\mu}_j(t)+\\&(1-\beta(t))\gamma(t)\sum_{j=1}^{N}c_{ij}\boldsymbol{D}h(\boldsymbol{\mu}_j(t)-\boldsymbol{\mu}_i(t))+\\&(1-\gamma(t))\sum_{j=1}^{N}c_{ij}\boldsymbol{D}\bar{\psi}(\boldsymbol{\mu}_j(t))+\boldsymbol{\Re}_i^s(t)\Big]\end{aligned} \tag{8.3}$$

基于文献［8］，本章给出了实用有限时间同步的定义。

定义 8.1　若存在常数 $\Lambda>0$ 和稳定时间 $T_1>0$，使得$\lim\limits_{t\to T_1}\mathcal{E}[\|\boldsymbol{\mu}_i(t)\|]\leqslant\Lambda$，且对于任意 $t>T_1$，有 $\mathcal{E}[\|\boldsymbol{\mu}_i(t)\|]\leqslant\Lambda$，则称 T-S 模糊耦合网络［式（8.1）］与目标系统［式（8.2）］达到实用有限时间同步。

为了进一步推导，本节给出以下假设和引理 .

假设 8.1　对于函数$f(\cdot)$和$\psi(\cdot)$，存在正常数 L_1 和 L_2，使得

$$\|f(\boldsymbol{\chi})-f(\wp)\|\leqslant L_1\|\boldsymbol{\chi}-\wp\|,\|\psi(\boldsymbol{\chi})-\psi(\wp)\|\leqslant L_2\|\boldsymbol{\chi}-\wp\|,\forall\boldsymbol{\chi},\wp\in\mathbb{R}^n$$

假设 8.2[1]　假设非线性函数$h(\boldsymbol{\chi}_i(t)-\boldsymbol{\chi}_j(t))$满足以下性质：

（1）$h(\boldsymbol{\chi}_i(t)-\boldsymbol{\chi}_j(t))=-h(\boldsymbol{\chi}_j(t)-\boldsymbol{\chi}_i(t))$。

（2）$\epsilon_1(\boldsymbol{\chi}_i(t)-\boldsymbol{\chi}_j(t))^{\mathrm{T}}(\boldsymbol{\chi}_i(t)-\boldsymbol{\chi}_j(t))\leqslant(\boldsymbol{\chi}_i(t)-\boldsymbol{\chi}_j(t))^{\mathrm{T}}h(\boldsymbol{\chi}_i(t)-\boldsymbol{\chi}_j(t))$
$\leqslant\epsilon_2(\boldsymbol{\chi}_i(t)-\boldsymbol{\chi}_j(t))^{\mathrm{T}}(\boldsymbol{\chi}_i(t)-\boldsymbol{\chi}_j(t))$，$0<\epsilon_1\leqslant\epsilon_2$。

引理 8.1[9]　如果 $\theta_1,\theta_2,\cdots,\theta_n\geqslant0,0<v\leqslant1$，那么以下不等式成立

$$\sum_{i=1}^{n}\theta_i^v\geqslant\Big(\sum_{i=1}^{n}\theta_i\Big)^v$$

引理 8.2　假设存在时间序列$\{t_k\}_{k\in\mathbb{N}}$，满足 $0=t_0<t_1<\cdots<t_k<\cdots$和$\lim\limits_{k\to+\infty}t_k=+\infty$，$\mathcal{V}(t)$：$[0,+\infty)\to[0,+\infty)$为 C-正则的，且满足以下条件：

$$\dot{\mathcal{V}}(t)\leqslant\begin{cases}-\phi_1\mathcal{V}(t)-\phi_2\mathcal{V}^{\varpi}(t)+\phi_0, & t\in\overline{\mathfrak{T}}_k\\ \phi_3\mathcal{V}(t)+\phi_0, & t\in\mathfrak{T}_k\end{cases} \tag{8.4}$$

式中，$t\in[0,+\infty)$，$\varpi\in(0,1)$，ϕ_0、ϕ_1、ϕ_2 和 ϕ_3 都是正常数。若存在 $k\in\mathbb{N}$ 使得

$$Y(k)=(\Theta(k-1)+\Delta o)\mathrm{e}^{-\sigma_1\overline{\mathcal{T}}_k}-\Delta o\leqslant0$$

则对于 $t>T_1$，存在 $T_1>0$ 使 $\mathcal{V}(t)\leqslant\left(\dfrac{\phi_0}{\phi_2(1-\rho)}\right)^{\frac{1}{\varpi}}$且

$$T_1=t_{2k_*}+\frac{1}{\sigma_1}\ln\left(\frac{1}{\Delta o}\Theta(k_*-1)+1\right)$$

式中，$\sigma_1=(1-\varpi)\phi_1$，$\sigma_2=(1-\varpi)\phi_2\rho$，$\sigma_3=(1-\varpi)\phi_3$，$\sigma_4=(1-\varpi)\phi_2$，$\rho\in(0,1)$，$o_1=\frac{\sigma_2}{\sigma_1}$，$o_2=\frac{\sigma_4}{\sigma_3}$，$o_1>o_2$，$\Delta o=o_1-o_2$，$\Theta(k-1)=(\mathcal{V}^{1-\varpi}(0)+o_1)\mathrm{e}^{\sum_{i=0}^{k-1}(-\sigma_1\overline{T}_i+\sigma_3\widetilde{T}_i)}$，$t_{-2}=t_{-1}=t_0=0$，$k_*=\min\{k\in\mathbb{N}:Y(k)\leqslant 0\}$。

证明 对于$\rho\in(0,1)$，不等式（8.4）可改写为

$$\dot{\mathcal{V}}(t)\leqslant\begin{cases}-\phi_1\mathcal{V}(t)-\rho\phi_2\mathcal{V}^{\varpi}(t)-(1-\rho)\phi_2\mathcal{V}^{\varpi}(t)+\phi_0, & t\in\overline{\mathfrak{T}}_k\\ \phi_3\mathcal{V}(t)+\phi_2\mathcal{V}^{\varpi}(t)-(1-\rho)\phi_2\mathcal{V}^{\varpi}(t)+\phi_0, & t\in\underline{\mathfrak{T}}_k\end{cases}\tag{8.5}$$

定义两个集合：$\Omega_1=\left\{t\,|\,\mathcal{V}^{\varpi}(t)\leqslant\frac{\phi_0}{\phi_2(1-\rho)}\right\}$和$\Omega_2=\left\{t\,|\,\mathcal{V}^{\varpi}(t)>\frac{\phi_0}{\phi_2(1-\rho)}\right\}$。

情况1：若$t\in\Omega_2$，则不等式（8.5）可改写为

$$\dot{\mathcal{V}}(t)\leqslant\begin{cases}-\phi_1\mathcal{V}(t)-\rho\phi_2\mathcal{V}^{\varpi}(t), & t\in\overline{\mathfrak{T}}_k\\ \phi_3\mathcal{V}(t)+\phi_2\mathcal{V}^{\varpi}(t), & t\in\underline{\mathfrak{T}}_k\end{cases}\tag{8.6}$$

此时，式（8.4）的证明转化为式（8.6）的证明。

考虑如下比较系统：

$$\begin{cases}\dot{v}(t)=\begin{cases}-\phi_1 v(t)-\rho\phi_2 v^{\varpi}(t), & t\in\overline{\mathfrak{T}}_k\\ \phi_3 v(t)+\phi_2 v^{\varpi}(t), & t\in\underline{\mathfrak{T}}_k\end{cases}\\ v(0)=\mathcal{V}(0)\end{cases}\tag{8.7}$$

由于$0\leqslant\mathcal{V}(t)\leqslant v(t)$，若存在$T_1>0$，使$v(T_1)=0$且对于$t\geqslant T_1$，有$v(t)\equiv 0$，则对于$t\geqslant T_1$，有$V(t)\equiv 0$。因此，只需要证明比较系统［式（8.7）］零解的稳定性即可。

令$W(t)=v^{1-\varpi}(t)$，有

$$\begin{cases}\dot{W}(t)=\begin{cases}-\sigma_1 W(t)-\sigma_2, & t\in\overline{\mathfrak{T}}_k\\ \sigma_3 W(t)+\sigma_4, & t\in\underline{\mathfrak{T}}_k\end{cases}\\ W(0)=v^{1-\varpi}(0)\end{cases}$$

可计算出

$$W(t)=\begin{cases}(W(t_{2k})+o_1)\mathrm{e}^{-\sigma_1(t-t_{2k})}-o_1, & t\in\overline{\mathfrak{T}}_k\\ (W(t_{2k+1})+o_2)\mathrm{e}^{\sigma_3(t-t_{2k+1})}-o_2, & t\in\underline{\mathfrak{T}}_k\end{cases}\tag{8.8}$$

当$t\in\overline{\mathfrak{T}}_k$时，根据式（8.8）可得如下结论：

$$\begin{aligned}W(t)&=(W(t_{2k})+o_1)\mathrm{e}^{-\sigma_1(t-t_{2k})}-o_1\\&=((W(t_{2k-1})+o_2)\mathrm{e}^{\sigma_3\widetilde{T}_{k-1}}+\Delta o)\mathrm{e}^{-\sigma_1(t-t_{2k})}-o_1\\&=(((W(t_{2k-2})+o_1)\mathrm{e}^{-\sigma_1\overline{T}_{k-1}+\sigma_3\widetilde{T}_{k-1}}-\Delta o\mathrm{e}^{\sigma_3\widetilde{T}_{k-1}}+\Delta o)\mathrm{e}^{-\sigma_1(t-t_{2k})}-o_1\\&\ \ \vdots\\&=\left((W(0)+o_1)\mathrm{e}^{\sum_{i=0}^{k-1}(-\sigma_1\overline{T}_i+\sigma_3\widetilde{T}_i)}-\Delta o\sum_{j=1}^{k-1}\left[(\mathrm{e}^{\sigma_3\widetilde{T}_{j-1}}-1)\mathrm{e}^{\sum_{i=j}^{k-1}(-\sigma_1\overline{T}_i+\sigma_3\widetilde{T}_i)}\right]-\Delta o\mathrm{e}^{\sigma_3\widetilde{T}_{k-1}}+\Delta o\right)\mathrm{e}^{-\sigma_1(t-t_{2k})}-o_1\end{aligned}$$

由于 $o_1>o_2$，因此 $-\Delta o e^{\sigma_3\tilde{T}_{k-1}}<0$ 且 $-\Delta o(e^{\sigma_3\tilde{T}_{j-1}}-1)<0$，$j\in\zeta_{k-1}$，则

$$\begin{aligned}W(t) &\leqslant ((W(0)+o_1)e^{\sum_{i=0}^{k-1}(-\sigma_1\bar{T}_i+\sigma_3\tilde{T}_i)}+\Delta o)e^{-\sigma_1(t-t_{2k})}-o_1\\ &<(\Theta(k-1)+\Delta o)e^{-\sigma_1(t-t_{2k})}-\Delta o\end{aligned} \tag{8.9}$$

同样地，当 $t\in\underline{\mathfrak{T}}_k$ 时，由式（8.8）得

$$\begin{aligned}W(t) &= (W(t_{2k+1})+o_2)e^{\sigma_3(t-t_{2k+1})}-o_2\\ &= \Bigg[\bigg((W(0)+o_1)e^{\sum_{i=0}^{k-1}(-\sigma_1\bar{T}_i+\sigma_3\tilde{T}_i)}-\Delta o\sum_{j=1}^{k-1}[(e^{\sigma_3\tilde{T}_{j-1}}-1)e^{\sum_{i=j}^{k-1}(-\sigma_1\bar{T}_i+\sigma_3\tilde{T}_i)}]\\ &\quad -\Delta o e^{\sigma_3\tilde{T}_{k-1}}+\Delta o\bigg)e^{-\sigma_1\bar{T}_k}-\Delta o\Bigg]e^{\sigma_3(t-t_{2k+1})}-o_2\\ &\leqslant (\Theta(k-1)+\Delta o)e^{-\sigma_1\bar{T}_k}-\Delta o)e^{\sigma_3(t-t_{2k+1})}-o_2\\ &<(\Theta(k-1)+\Delta o)e^{-\sigma_1\bar{T}_k}-\Delta o)e^{\sigma_3(t-t_{2k+1})}\end{aligned} \tag{8.10}$$

因此，从式（8.9）和式（8.10）可推出

$$W(t)<\begin{cases}(\Theta(k-1)+\Delta o)e^{-\sigma_1(t-t_{2k})}-\Delta o, & t\in\overline{\mathfrak{T}}_k\\ ((\Theta(k-1)+\Delta o)e^{-\sigma_1\bar{T}_k}-\Delta o)e^{\sigma_3(t-t_{2k+1})}, & t\in\underline{\mathfrak{T}}_k\end{cases}$$

采用与文献［7］相同的分析方法，借助如下比较系统，可得存在唯一的 $k_*\in\mathbb{N}$ 和 $T_1\in\overline{\mathfrak{T}}_{k_*}$ 使得 $W(T_1)=0$

$$S(t)=\begin{cases}(\Theta(k-1)+\Delta o)e^{-\sigma_1(t-t_{2k})}-\Delta o, & t\in\overline{\mathfrak{T}}_k\\ ((\Theta(k-1)+\Delta o)e^{-\sigma_1\bar{T}_k}-\Delta o)e^{\sigma_3(t-t_{2k+1})}, & t\in\underline{\mathfrak{T}}_k\end{cases} \tag{8.11}$$

然后估计稳定时间 T_1，该时间属于区间 $\overline{\mathfrak{T}}_{k_*}$。令 $S(T_1)=0$，由式（8.11）得

$$(\Theta(k_*-1)+\Delta o)e^{-\sigma_1(T_1-t_{2k_*})}=\Delta o$$

解上述方程，可得

$$T_1=t_{2k_*}+\frac{1}{\sigma_1}\ln\left(\frac{1}{\Delta o}\Theta(k_*-1)+1\right)$$

情况 2：若 $t\in\Omega_1$，根据情况 1，$\mathcal{V}(t)$ 有界，此时 T_1 仍是一个有效的估计。证毕。

注 8.2　引理 8.2 用于研究间歇控制系统的实用有限时间同步问题，具有广泛的适用性。通过 ϕ_0、ϕ_2、ϖ 和 ρ 来确定集合 Ω_1 和 Ω_2，以确定收敛范围。在此情况下，需要满足 $\phi_0>0$。此时，如果 $Y(k)\leqslant 0$，那么 $\mathcal{V}(t)$ 能收敛到区间 $\left[0,\left(\frac{\phi_0}{\phi_2(1-\rho)}\right)^{\frac{1}{\varpi}}\right]$，并实现实用有限时间同步。而当 $\phi_0=0$ 时，就意味着引理 8.2 将转化为文献［7］所示的形式，且能实现有限时间同步。

8.3　基于量化半间歇控制的实用有限时间同步

本节将设计两种控制器，建立两个实用有限时间同步准则。为了说明本章研究结果的

优点，将给出一些比较。设计一个控制器为

$$\mathcal{R}_i^s(t)=\begin{cases}-\mathfrak{I}_i^s g(\boldsymbol{\mu}_i(t))-\xi_1\mathrm{diag}(\mathrm{sgn}(\boldsymbol{\mu}_i(t)))\,|g(\boldsymbol{\mu}_i(t))|^{\ell} \\ -\xi_2\tanh(\omega g(\boldsymbol{\mu}_i(t))), & t\in\overline{\mathfrak{T}}_k \\ -\mathfrak{I}_i^s g(\boldsymbol{\mu}_i(t))-\xi_2\tanh(\omega g(\boldsymbol{\mu}_i(t))), & t\in\underline{\mathfrak{T}}_k\end{cases}\tag{8.12}$$

式中，$\mathfrak{I}_i^s>0$，$s\in\zeta_m$ 为控制增益；$\xi_1>0$，$\xi_2>0$，$\omega\gg1$，$0<\ell<1$ 是可调常数。对于量化器 $\mathfrak{g}(\cdot)$，有 $g(\boldsymbol{\mu}_i(t))=(\mathfrak{g}(\mu_{i1}(t)),\mathfrak{g}(\mu_{i2}(t)),\cdots,\mathfrak{g}(\mu_{in}(t)))^{\mathrm{T}}$，$|g(\boldsymbol{\mu}_i(t))|^{\ell}=(|\mathfrak{g}(\mu_{i1}(t))|^{\ell},|\mathfrak{g}(\mu_{i2}(t))|^{\ell},\cdots,|\mathfrak{g}(\mu_{in}(t))|^{\ell})^{\mathrm{T}}$。$\mathrm{sgn}(\boldsymbol{\mu}_i(t))=\mathrm{sign}(\boldsymbol{\mu}_i(t))\,|\boldsymbol{\mu}_i(t)|$。

根据控制器［式（8.12）］，建立定理8.1，实现T-S模糊耦合网络［式（8.1）］和目标系统［式（8.2）］的实用有限时间同步。

定理 8.1 若假设8.1、假设8.2成立，若控制器［式（8.12）］的控制增益满足以下条件

$$\mathfrak{I}_i^s\geqslant\frac{1}{2(1-\varrho)}(2\|\boldsymbol{A}_s\|+2\|\boldsymbol{B}_s\|L_1+2\beta\gamma\lambda_{\max}(\overline{\boldsymbol{C}})+2(1-\gamma)L_2\lambda_{\max}(\widetilde{\boldsymbol{C}})+1)\tag{8.13}$$

且存在常数 $\varpi\in(0,1)$，$\rho\in(0,1)$，$\phi_0>0$，$\phi_1>0$，$\phi_2>0$，$\phi_3>0$ 和 $k\in\mathbb{N}$ 使得

$$\Upsilon(k)=(\Theta(k-1)+\Delta o)\mathrm{e}^{-\sigma_1\overline{T}_k}-\Delta o\leqslant0\tag{8.14}$$

则T-S模糊耦合网络［式（8.1）］和目标系统［式（8.2）］在有限的时间内实现实用同步，同步时间估计为

$$\mathrm{T}_1=t_{2k_*}+\frac{1}{\sigma_1}\ln\left(\frac{1}{\Delta o}\Theta(k_*-1)+1\right)\tag{8.15}$$

式中，$\hat{\boldsymbol{C}}=(\hat{c}_{ij})_{N\times N}$，$\hat{c}_{ij}=d_{\max}c_{ij}$，$\hat{c}_{ii}=d_{\min}c_{ii}$，$\check{\boldsymbol{C}}=(\check{c}_{ij})_{N\times N}$，$\check{c}_{ij}=\hat{c}_{ij}$，$\check{c}_{ii}=d_{\min}|c_{ii}|$，且 $d_{\max}=\max\{d_1,d_2,\cdots,d_n\}$，$d_{\min}=\min\{d_1,d_2,\cdots,d_n\}$；$\overline{\boldsymbol{C}}=\frac{1}{2}(\hat{\boldsymbol{C}}+\hat{\boldsymbol{C}}^{\mathrm{T}})$，$\widetilde{\boldsymbol{C}}=\frac{1}{2}(\check{\boldsymbol{C}}+\check{\boldsymbol{C}}^{\mathrm{T}})$；$\phi_0=\frac{nN\xi_2}{\omega(1-\varrho)}$，$\phi_1=1$，$\phi_2=2^{\frac{\ell+1}{2}}\xi_1(1-\varrho)^{\ell}$，$\varpi=\frac{\ell+1}{2}$；$\sigma_1$、$\sigma_2$、$\sigma_3$、$\sigma_4$、$o_1$、$o_2$、$\Delta o$、$\Theta(k-1)$、$k_*$ 的定义同引理8.2。

证明 考虑如下李雅普诺夫函数：

$$\mathcal{V}(t)=\frac{1}{2}\sum_{i=1}^{N}\boldsymbol{\mu}_i^{\mathrm{T}}(t)\boldsymbol{\mu}_i(t)\tag{8.16}$$

接着利用李雅普诺夫函数［式（8.16）］，给出两种情况讨论。

情况1：当 $t\in\overline{\mathfrak{T}}_k$，$k\in\mathbb{N}$ 时，根据误差系统［式（8.3）］和控制器［式（8.12）］，对 $\mathcal{V}(t)$ 求导得

$$\begin{aligned}\mathcal{LV}(t)=\sum_{i=1}^{N}\boldsymbol{\mu}_i^{\mathrm{T}}(t)\Bigg[&\sum_{s=1}^{m}\vartheta_s(\boldsymbol{z}(t))(\boldsymbol{A}_s\boldsymbol{\mu}_i(t)+\boldsymbol{B}_s\bar{f}(\boldsymbol{\mu}_i(t))+\beta(t)\gamma(t)\sum_{j=1}^{N}c_{ij}\boldsymbol{D}\boldsymbol{e}_j(t)+\\&(1-\beta(t))\gamma(t)\sum_{j=1}^{N}c_{ij}\boldsymbol{D}h(\boldsymbol{\mu}_j(t)-\boldsymbol{\mu}_i(t))+(1-\gamma(t))\sum_{j=1}^{N}c_{ij}\boldsymbol{D}\bar{\psi}(\boldsymbol{\mu}_j(t))-\\&\mathfrak{I}_i^s g(\boldsymbol{\mu}_i(t))-\xi_1\mathrm{diag}(\mathrm{sgn}(\boldsymbol{\mu}_i(t)))\,|g(\boldsymbol{\mu}_i(t))|^{\ell}-\xi_2\tanh(\omega g(\boldsymbol{\mu}_i(t))))\Bigg]\end{aligned}\tag{8.17}$$

显然，可得下式

$$\sum_{s=1}^{m}\vartheta_s(z(t))\sum_{i=1}^{N}\boldsymbol{\mu}_i^{\mathrm{T}}(t)\boldsymbol{A}_s\boldsymbol{\mu}_i(t) \leqslant \sum_{s=1}^{m}\vartheta_s(z(t))\|\boldsymbol{A}_s\|\sum_{i=1}^{N}\|\boldsymbol{\mu}_i(t)\|^2 \tag{8.18}$$

利用假设 8.1，可推导出

$$\sum_{s=1}^{m}\vartheta_s(z(t))\sum_{i=1}^{N}\boldsymbol{\mu}_i^{\mathrm{T}}(t)\boldsymbol{A}_s\boldsymbol{\mu}_i(t) \leqslant \sum_{s=1}^{m}\vartheta_s(z(t))\|\boldsymbol{A}_s\|\sum_{i=1}^{N}\|\boldsymbol{\mu}_i(t)\|^2 \tag{8.19}$$

可得

$$\begin{aligned}\sum_{i=1}^{N}\sum_{j=1}^{N}\boldsymbol{\mu}_i^{\mathrm{T}}(t)c_{ij}\boldsymbol{D}\boldsymbol{e}_j(t) &\leqslant \sum_{i=1}^{N}c_{ii}d_{\min}\boldsymbol{\mu}_i^{\mathrm{T}}(t)\boldsymbol{\mu}_i(t)+\sum_{i=1}^{N}\sum_{j=1,j\neq i}^{N}c_{ij}d_{\max}\|\boldsymbol{\mu}_i(t)\|\|\boldsymbol{\mu}_j(t)\|\\ &=\sum_{i=1}^{N}\hat{c}_{ii}\boldsymbol{\mu}_i^{\mathrm{T}}(t)\boldsymbol{\mu}_i(t)+\sum_{i=1}^{N}\sum_{j=1,j\neq i}^{N}\hat{c}_{ij}\|\boldsymbol{\mu}_i(t)\|\|\boldsymbol{\mu}_j(t)\|\\ &\leqslant \sum_{i=1}^{N}\lambda_{\max}(\overline{\boldsymbol{C}})\|\boldsymbol{\mu}_i(t)\|^2\end{aligned} \tag{8.20}$$

同样地，根据假设 8.1 有

$$\begin{aligned}&\sum_{i=1}^{N}\sum_{j=1}^{N}\boldsymbol{\mu}_i^{\mathrm{T}}(t)c_{ij}\boldsymbol{D}\overline{\psi}(\boldsymbol{\mu}_j(t))\\ &\leqslant \sum_{i=1}^{N}|c_{ii}|d_{\min}L_2\boldsymbol{\mu}_i^{\mathrm{T}}(t)\boldsymbol{\mu}_i(t)+\sum_{i=1}^{N}\sum_{j=1,j\neq i}^{N}c_{ij}d_{\max}L_2\|\boldsymbol{\mu}_i(t)\|\|\boldsymbol{\mu}_j(t)\|\\ &=\sum_{i=1}^{N}\check{c}_{ii}L_2\boldsymbol{\mu}_i^{\mathrm{T}}(t)\boldsymbol{\mu}_i(t)+\sum_{i=1}^{N}\sum_{j=1,j\neq i}^{N}\check{c}_{ij}L_2\|\boldsymbol{\mu}_i(t)\|\|\boldsymbol{\mu}_j(t)\|\\ &\leqslant \sum_{i=1}^{N}L_2\lambda_{\max}(\widetilde{\boldsymbol{C}})\|\boldsymbol{\mu}_i(t)\|^2\end{aligned} \tag{8.21}$$

根据假设 8.2，利用 $c_{ij}=c_{ji}$ 和 $\boldsymbol{\mu}_j(t)-\boldsymbol{\mu}_i(t)=\boldsymbol{\chi}_j(t)-\boldsymbol{\chi}_i(t)$，可推得

$$\begin{aligned}&\sum_{i=1}^{N}\sum_{j=1}^{N}\boldsymbol{\mu}_i^{\mathrm{T}}(t)c_{ij}\boldsymbol{D}h(\boldsymbol{\mu}_j(t)-\boldsymbol{\mu}_i(t))\\ &=\frac{1}{2}\sum_{i=1}^{N}\sum_{j=1}^{N}(\boldsymbol{\mu}_i(t)-\boldsymbol{\mu}_j(t))^{\mathrm{T}}c_{ij}\boldsymbol{D}h(\boldsymbol{\mu}_j(t)-\boldsymbol{\mu}_i(t))\\ &=-\frac{1}{2}\sum_{i=1}^{N}\sum_{j=1}^{N}(\boldsymbol{\mu}_i(t)-\boldsymbol{\mu}_j(t))^{\mathrm{T}}c_{ij}\boldsymbol{D}h(\boldsymbol{\mu}_i(t)-\boldsymbol{\mu}_j(t))\\ &\leqslant-\frac{1}{2}\sum_{i=1}^{N}\sum_{j=1}^{N}\epsilon_1(\boldsymbol{\mu}_i(t)-\boldsymbol{\mu}_j(t))^{\mathrm{T}}c_{ij}d_{\min}(\boldsymbol{\mu}_i(t)-\boldsymbol{\mu}_j(t))\\ &\leqslant 0\end{aligned} \tag{8.22}$$

易得

$$-\sum_{s=1}^{m}\vartheta_s(z(t))\sum_{i=1}^{N}\boldsymbol{\mu}_i^{\mathrm{T}}(t)\mathfrak{I}_i^s g(\boldsymbol{\mu}_i(t))\leqslant-\sum_{s=1}^{m}\vartheta_s(z(t))\sum_{i=1}^{N}(1-\varrho)\mathfrak{I}_i^s\|\boldsymbol{\mu}_i(t)\|^2 \tag{8.23}$$

借助引理 8.1，可推导出

$$\begin{aligned}-\xi_2\sum_{i=1}^{N}\boldsymbol{\mu}_i^{\mathrm{T}}(t)\tanh(\omega g(\boldsymbol{\mu}_i(t)))&\leqslant-\xi_2\sum_{i=1}^{N}\sum_{j=1}^{n}(\mu_{ij}(t)\tanh(\omega(1-\varrho)\mu_{ij}(t)))\\&\leqslant\xi_2\left(\frac{nN\iota}{\omega(1-\varrho)}-\sum_{i=1}^{N}\sum_{j=1}^{n}|\mu_{ij}(t)|\right)\\&\leqslant-\sqrt{2}\xi_2\left(\frac{1}{2}\sum_{i=1}^{N}\|\boldsymbol{\mu}_i(t)\|^2\right)^{\frac{1}{2}}+\frac{nN\xi_2}{\omega(1-\varrho)}\end{aligned} \tag{8.24}$$

根据 $0<\ell<1$，显然有 $0<\frac{\ell+1}{2}<1$。由引理 8.1 得

$$\begin{aligned}-\xi_1\sum_{i=1}^{N}\boldsymbol{\mu}_i^{\mathrm{T}}(t)\mathrm{diag}(\mathrm{sgn}(\boldsymbol{\mu}_i(t)))|g(\boldsymbol{\mu}_i(t))|^{\ell}&\leqslant-\xi_1(1-\varrho)^{\ell}\sum_{i=1}^{N}\sum_{j=1}^{n}|\mu_{ij}(t)|^{\ell+1}\\&\leqslant-\xi_1(1-\varrho)^{\ell}\left(\sum_{i=1}^{N}\sum_{j=1}^{n}\mu_{ij}^2(t)\right)^{\frac{\ell+1}{2}}\\&=-2^{\frac{\ell+1}{2}}\xi_1(1-\varrho)^{\ell}\left(\frac{1}{2}\sum_{i=1}^{N}\|\boldsymbol{\mu}_i(t)\|^2\right)^{\frac{\ell+1}{2}}\end{aligned} \tag{8.25}$$

把不等式（8.18）~不等式（8.25）代入式（8.17），易得

$$\begin{aligned}\mathcal{LV}(t)\leqslant&\sum_{s=1}^{m}\vartheta_s(z(t))\sum_{i=1}^{N}[\|\boldsymbol{A}_s\|+L_1\|\boldsymbol{B}_s\|+\beta(t)\gamma(t)\lambda_{\max}(\overline{\boldsymbol{C}})+\\&(1-\gamma(t))L_2\lambda_{\max}(\widetilde{\boldsymbol{C}})-(1-\varrho)\mathfrak{I}_i^s]\|\boldsymbol{\mu}_i(t)\|^2-2^{\frac{\ell+1}{2}}\xi_1\times\\&(1-\varrho)^{\ell}\left(\frac{1}{2}\sum_{i=1}^{N}\|\boldsymbol{\mu}_i(t)\|^2\right)^{\frac{\ell+1}{2}}-\sqrt{2}\xi_2\left(\frac{1}{2}\sum_{i=1}^{N}\|\boldsymbol{\mu}_i(t)\|^2\right)^{\frac{1}{2}}+\frac{nN\xi_2}{\omega(1-\varrho)}\end{aligned} \tag{8.26}$$

此外，对式（8.26）的两边取数学期望，基于式（8.13），进而可得

$$\begin{aligned}\mathcal{E}[\mathcal{LV}(t)]\leqslant&\mathcal{E}\left[\frac{1}{2}\sum_{s=1}^{m}\vartheta_s(z(t))\sum_{i=1}^{N}((2\|\boldsymbol{A}_s\|+2L_1\|\boldsymbol{B}_s\|+2\beta\gamma\lambda_{\max}(\overline{\boldsymbol{C}})+\right.\\&2(1-\gamma)L_2\lambda_{\max}(\widetilde{\boldsymbol{C}})-2(1-\varrho)\mathfrak{I}_i^s+1)\|\boldsymbol{\mu}_i(t)\|^2-\|\boldsymbol{\mu}_i(t)\|^2)-2^{\frac{\ell+1}{2}}\xi_1\times\\&\left.(1-\varrho)^{\ell}\left(\frac{1}{2}\sum_{i=1}^{N}\|\boldsymbol{\mu}_i(t)\|^2\right)^{\frac{\ell+1}{2}}-\sqrt{2}\xi_2\left(\frac{1}{2}\sum_{i=1}^{N}\|\boldsymbol{\mu}_i(t)\|^2\right)^{\frac{1}{2}}+\frac{nN\xi_2}{\omega(1-\varrho)}\right]\\\leqslant&-\mathcal{E}[\mathcal{V}(t)]-\phi_2\mathcal{E}[\mathcal{V}(t)]^{\frac{\ell+1}{2}}+\phi_0\end{aligned} \tag{8.27}$$

情况 2：当 $t\in\underline{\mathfrak{T}}_k$，$k\in\mathbb{N}$ 时，可得如下不等式：

$$\begin{aligned}\mathcal{E}[\mathcal{L}\mathcal{V}(t)] \leqslant \mathcal{E}\Bigg[&\frac{1}{2}\sum_{s=1}^{m}\vartheta_s(z(t))\sum_{i=1}^{N}(2\|\boldsymbol{A}_s\|+2L_1\|\boldsymbol{B}_s\|+2\beta\gamma\lambda_{\max}(\overline{\boldsymbol{C}})+\\&2(1-\gamma)L_2\lambda_{\max}(\widetilde{\boldsymbol{C}})-2(1-\varrho)\mathfrak{I}_i^s-\phi_3)\|\boldsymbol{\mu}_i(t)\|^2+\\&\phi_3\left(\frac{1}{2}\sum_{s=1}^{m}\vartheta_s(z(t))\sum_{i=1}^{N}\|\boldsymbol{\mu}_i(t)\|^2\right)-\sqrt{2}\xi_2\left(\frac{1}{2}\sum_{i=1}^{N}\|\boldsymbol{\mu}_i(t)\|^2\right)^{\frac{1}{2}}+\frac{nN\xi_2}{\omega(1-\varrho)}\Bigg]\\\leqslant{}&\phi_3\mathcal{E}[\mathcal{V}(t)]+\phi_0\end{aligned} \tag{8.28}$$

基于不等式（8.27）、不等式（8.28）和引理 8.2，能够得到在有限时间 T_1 内，$\mathcal{V}(t)$ 的期望值范围为 $\mathcal{E}[\mathcal{V}(t)]\leqslant\left(\frac{\phi_0}{\phi_2(1-\rho)}\right)^{\frac{2}{1+\ell}}$。也就是说，可以计算出系统误差的期望值范围为 $\mathcal{E}[\|\boldsymbol{\mu}_i(t)\|]\leqslant\sqrt{2}\left(\frac{\phi_0}{\phi_2(1-\rho)}\right)^{\frac{1}{1+\ell}}$。根据定义 8.1，可以实现实用有限时间同步。稳定时间 T_1 可由等式（8.15）计算得到。证毕。

自适应控制的一些控制参数会根据系统的状态自动调整，从而在一定程度上节省控制成本。考虑到自适应控制的优点，设计如下控制器：

$$\boldsymbol{\mathfrak{R}}_i^s(t)=\begin{cases}-\mathfrak{I}_i^s(t)g(\boldsymbol{\mu}_i(t))-\xi_1\mathrm{diag}(\mathrm{sgn}(\boldsymbol{\mu}_i(t)))\,|g(\boldsymbol{\mu}_i(t))|^{\ell}- & t\in\overline{\mathfrak{T}}_k\\ \xi_2\tanh(\omega g(\boldsymbol{\mu}_i(t))), & \\ -\mathfrak{I}_i^s(t)g(\boldsymbol{\mu}_i(t))-\xi_2\tanh(\omega g(\boldsymbol{\mu}_i(t))), & t\in\underline{\mathfrak{T}}_k\end{cases} \tag{8.29}$$

自适应法则为

$$\dot{\mathfrak{I}}_i^s(t)=\begin{cases}\frac{1-\varrho}{(1+\varrho)^2}\alpha_i\vartheta_s(z(t))(g(\boldsymbol{\mu}_i(t)))^{\mathrm{T}}g(\boldsymbol{\mu}_i(t))-\eta_i(\mathfrak{I}_i^s(t)-\overline{\mathfrak{I}}_i^s)- & t\in\overline{\mathfrak{T}}_k\\ \varphi_i\mathrm{sgn}(\mathfrak{I}_i^s(t)-\overline{\mathfrak{I}}_i^s)\,|\mathfrak{I}_i^s(t)-\overline{\mathfrak{I}}_i^s|^{\ell}, & \\ \frac{1-\varrho}{(1+\varrho)^2}\alpha_i\vartheta_s(z(t))(g(\boldsymbol{\mu}_i(t)))^{\mathrm{T}}g(\boldsymbol{\mu}_i(t))-\eta_i(\mathfrak{I}_i^s(t)-\overline{\mathfrak{I}}_i^s), & t\in\underline{\mathfrak{T}}_k\end{cases}$$

式中，α_i、η_i 和 φ_i 为正常数，其他参数与控制器［式（8.12）］中的参数相同。

定理 8.2 令假设 8.1、假设 8.2 成立，若存在常数 $\varpi\in(0,1)$，$\rho\in(0,1)$，$\phi_0>0$，$\overline{\phi}_1>0$，$\overline{\phi}_2>0$，$\overline{\phi}_3>0$ 和 $k\in\mathbb{N}$ 使

$$\overline{Y}(k)=(\overline{\Theta}(k-1)+\Delta\overline{o})\mathrm{e}^{-\overline{\sigma}_1(\overline{T}_k)}-\Delta\overline{o}\leqslant 0, \tag{8.30}$$

则基于自适应控制器［式（8.29）］可得 T-S 模糊耦合网络［式（8.1）］与目标系统［式（8.2）］在 T_1 内实现实用有限时间同步，其中，$\overline{\sigma}_1=(1-\varpi)\overline{\phi}_1$，$\overline{\sigma}_3=(1-\varpi)\overline{\phi}_3$，$\overline{\sigma}_2=(1-\varpi)\overline{\phi}_2\rho$，$\overline{\sigma}_4=(1-\varpi)\overline{\phi}_2$，$\overline{o}_1=\frac{\overline{\sigma}_2}{\overline{\sigma}_1}$，$\overline{o}_2=\frac{\overline{\sigma}_4}{\overline{\sigma}_3}$，$\Delta\overline{o}=\overline{o}_1-\overline{o}_2>0$，$\overline{\Theta}(k-1)=(\mathcal{V}^{1-\varpi}(0)+\overline{o}_1)\mathrm{e}^{\sum_{i=0}^{k-1}(-\overline{\sigma}_1(\overline{T}_i)+\overline{\sigma}_3(\widetilde{T}_i))}$，$\overline{\phi}_1=\min\{1,2\eta_m\}$，$\overline{\phi}_2=\min\{2^{\frac{\ell+1}{2}}\xi_1(1-\varrho)^{\ell},\varsigma\}$，$\eta_m=\min\limits_{i\in\mathbf{N}}\{\eta_i\}$，$\varsigma=\min\limits_{i\in\mathbf{N}}\{2^{\frac{\ell+1}{2}}\varphi_i\alpha_i^{\frac{\ell-1}{2}}\}$，$\phi_0$ 和ϖ的值与定理 8.1 相同。

证明 定义以下李雅普诺夫函数：

$$\mathcal{V}(t)=\mathcal{V}_1(t)+\mathcal{V}_2(t) \tag{8.31}$$

式中

$$\mathcal{V}_1(t)=\frac{1}{2}\sum_{i=1}^{N}\boldsymbol{\mu}_i^{\mathrm{T}}(t)\boldsymbol{\mu}_i(t),\quad \mathcal{V}_2(t)=\sum_{s=1}^{m}\sum_{i=1}^{N}\frac{1}{2\alpha_i}(\mathfrak{I}_i^s(t)-\overline{\mathfrak{I}}_i^s)^2$$

当 $t\in\overline{\mathfrak{T}}_k$，$k\in\mathbb{N}$ 时，结合误差系统［式（8.3）］，控制器［式（8.29）］和 $\mathcal{V}_1(t)$ 的导数，并根据不等式（8.18）~不等式（8.25），易推导出

$$\begin{aligned}\mathcal{L}\mathcal{V}_1(t)\leqslant&\sum_{s=1}^{m}\vartheta_s(z(t))\sum_{i=1}^{N}[\|\boldsymbol{A}_s\|+L_1\|\boldsymbol{B}_s\|+\beta(t)\gamma(t)\lambda_{\max}(\overline{\boldsymbol{C}})+(1-\gamma(t))L_2\lambda_{\max}(\widetilde{\boldsymbol{C}})-\\&(1-\varrho)\mathfrak{I}_i^s(t)]\|\boldsymbol{\mu}_i(t)\|^2-2^{\frac{\ell+1}{2}}\xi_1(1-\varrho)^{\ell}\left(\frac{1}{2}\sum_{i=1}^{N}\|\boldsymbol{\mu}_i(t)\|^2\right)^{\frac{\ell+1}{2}}-\\&\sqrt{2}\xi_2\left(\frac{1}{2}\sum_{i=1}^{N}\|\boldsymbol{\mu}_i(t)\|^2\right)^{\frac{1}{2}}+\frac{nN\iota\xi_2}{\omega(1-\varrho)}\end{aligned} \tag{8.32}$$

计算 $\mathcal{V}_2(t)$ 的导数，可得

$$\begin{aligned}\mathcal{L}\mathcal{V}_2(t)=&\sum_{s=1}^{m}\sum_{i=1}^{N}(\mathfrak{I}_i^s(t)-\overline{\mathfrak{I}}_i^s)\left(\vartheta_s(z(t))\frac{1-\varrho}{(1+\varrho)^2}(g(\boldsymbol{\mu}_i(t)))^{\mathrm{T}}g(\boldsymbol{\mu}_i(t))-\right.\\&\left.\frac{\eta_i}{\alpha_i}(\mathfrak{I}_i^s(t)-\overline{\mathfrak{I}}_i^s)-\frac{\varphi_i}{\alpha_i}\mathrm{sgn}(\mathfrak{I}_i^s(t)-\overline{\mathfrak{I}}_i^s)|\mathfrak{I}_i^s(t)-\overline{\mathfrak{I}}_i^s|^{\ell}\right)\\\leqslant&\sum_{s=1}^{m}\vartheta_s(z(t))\sum_{i=1}^{N}\left((1-\varrho)\mathfrak{I}_i^s(t)-\frac{(1-\varrho)^3}{(1+\varrho)^2}\overline{\mathfrak{I}}_i^s\right)\|\boldsymbol{\mu}_i(t)\|^2+\\&\sum_{s=1}^{m}\sum_{i=1}^{N}\left(-\frac{\eta_i}{\alpha_i}(\mathfrak{I}_i^s(t)-\overline{\mathfrak{I}}_i^s)^2-\frac{\varphi_i}{\alpha_i}|\mathfrak{I}_i^s(t)-\overline{\mathfrak{I}}_i^s|^{\ell+1}\right)\end{aligned} \tag{8.33}$$

进而得不等式

$$\begin{aligned}-\sum_{s=1}^{m}\sum_{i=1}^{N}\frac{\eta_i}{\alpha_i}(\mathfrak{I}_i^s(t)-\overline{\mathfrak{I}}_i^s)^2&=-2\sum_{i=1}^{N}\eta_i\frac{1}{2\alpha_i}(\mathfrak{I}_i^s(t)-\overline{\mathfrak{I}}_i^s)^2\\&\leqslant-2\eta_m\sum_{s=1}^{m}\sum_{i=1}^{N}\frac{1}{2\alpha_i}(\mathfrak{I}_i^s(t)-\overline{\mathfrak{I}}_i^s)^2\end{aligned} \tag{8.34}$$

$$\begin{aligned}-\sum_{s=1}^{m}\sum_{i=1}^{N}\frac{\varphi_i}{\alpha_i}|\mathfrak{I}_i^s(t)-\overline{\mathfrak{I}}_i^s|^{\ell+1}&\leqslant-\sum_{s=1}^{m}\sum_{i=1}^{N}2^{\frac{\ell+1}{2}}\varphi_i\alpha_i^{\frac{\ell-1}{2}}\left(\frac{1}{2\alpha_i}(\mathfrak{I}_i^s(t)-\overline{\mathfrak{I}}_i^s)^2\right)^{\frac{\ell+1}{2}}\\&\leqslant-\varsigma\left(\sum_{s=1}^{m}\sum_{i=1}^{N}\frac{1}{2\alpha_i}(\mathfrak{I}_i^s(t)-\overline{\mathfrak{I}}_i^s)^2\right)^{\frac{\ell+1}{2}}\end{aligned} \tag{8.35}$$

将式（8.34）和式（8.35）代入式（8.33），计算可得

$$
\begin{aligned}
\mathcal{L}\mathcal{V}_2(t) \leqslant & \sum_{s=1}^{m} \vartheta_s(z(t)) \sum_{i=1}^{N} \left((1-\varrho)\,\mathfrak{I}_i^s(t) - \frac{(1-\varrho)^3}{(1+\varrho)^2} \bar{\mathfrak{I}}_i^s \right) \|\boldsymbol{\mu}_i(t)\|^2 - \\
& 2\eta_m \sum_{s=1}^{m} \sum_{i=1}^{N} \frac{1}{2\alpha_i} (\mathfrak{I}_i^s(t) - \bar{\mathfrak{I}}_i^s)^2 - \varsigma \left(\sum_{s=1}^{m} \sum_{i=1}^{N} \frac{1}{2\alpha_i} (\mathfrak{I}_i^s(t) - \bar{\mathfrak{I}}_i^s)^2 \right)^{\frac{\ell+1}{2}}
\end{aligned} \tag{8.36}
$$

根据式（8.31）、式（8.32）和式（8.36）可得

$$
\begin{aligned}
\mathcal{E}[\mathcal{L}\mathcal{V}(t)] \leqslant \mathcal{E}\Bigg[& \frac{1}{2} \sum_{s=1}^{m} \vartheta_s(z(t)) \sum_{i=1}^{N} \big((2\|\boldsymbol{A}_s\| + 2L_1\|\boldsymbol{B}_s\| + 2\beta(t)\gamma(t)\lambda_{\max}(\bar{\boldsymbol{C}}) + \\
& 2(1-\gamma(t))L_2\lambda_{\max}(\widetilde{\boldsymbol{C}}) - 2\frac{(1-\varrho)^3}{(1+\varrho)^2} \bar{\mathfrak{I}}_i^s) \|\boldsymbol{\mu}_i(t)\|^2 \big) + \frac{nN\xi_2}{\omega(1-\varrho)} - \\
& 2^{\frac{\ell+1}{2}} \xi_1 (1-\varrho)^{\ell} \left(\frac{1}{2} \sum_{i=1}^{N} \|\boldsymbol{\mu}_i(t)\|^2 \right)^{\frac{\ell+1}{2}} - \sqrt{2}\xi_2 \left(\frac{1}{2} \sum_{i=1}^{N} \|\boldsymbol{\mu}_i(t)\|^2 \right)^{\frac{1}{2}} - \\
& 2\eta_m \sum_{s=1}^{m} \sum_{i=1}^{N} \frac{1}{2\alpha_i} (\mathfrak{I}_i^s(t) - \bar{\mathfrak{I}}_i^s)^2 + \varsigma \left(\sum_{s=1}^{m} \sum_{i=1}^{N} \frac{1}{2\alpha_i} (\mathfrak{I}_i^s(t) - \bar{\mathfrak{I}}_i^s)^2 \right)^{\frac{\ell+1}{2}} \Bigg]
\end{aligned}
$$

令$\bar{\mathfrak{I}}_i^s = \dfrac{(1+\varrho)^2}{2(1-\varrho)^3}(2\|\boldsymbol{A}_s\| + 2L_1\|\boldsymbol{B}_s\| + 2\beta\gamma\lambda_{\max}(\bar{\boldsymbol{C}}) + 2(1-\gamma)L_2\lambda_{\max}(\widetilde{\boldsymbol{C}}) + 1)$，有

$$
\begin{aligned}
\mathcal{E}[\mathcal{L}\mathcal{V}(t)] & \leqslant -\mathcal{E}[\mathcal{V}_1(t)] - 2^{\frac{\ell+1}{2}}\xi_1(1-\varrho)^{\ell}\mathcal{E}[\mathcal{V}_1(t)]^{\frac{\ell+1}{2}} - 2\eta_m\mathcal{E}[\mathcal{V}_2(t)] + \\
& \quad \varsigma\mathcal{E}[\mathcal{V}_2(t)]^{\frac{\ell+1}{2}} - \sqrt{2}\xi_2\mathcal{E}[\mathcal{V}_1(t)]^{\frac{1}{2}} + \phi_0 \\
& \leqslant -\bar{\phi}_1\mathcal{E}[\mathcal{V}(t)] - \bar{\phi}_2\mathcal{E}[\mathcal{V}(t)]^{\frac{\ell+1}{2}} + \phi_0
\end{aligned} \tag{8.37}
$$

情况 2：当 $t \in \underline{\mathfrak{T}}_k$，$k \in \mathbb{N}$ 时，采用同样的推导方法可得

$$
\begin{aligned}
\mathcal{E}[\mathcal{L}\mathcal{V}(t)] \leqslant \mathcal{E}\Bigg[& \frac{1}{2} \sum_{s=1}^{m} \vartheta_s(z(t)) \sum_{i=1}^{N} \big((2\|\boldsymbol{A}_s\| + 2L_1\|\boldsymbol{B}_s\| + 2\beta(t)\gamma(t)\lambda_{\max}(\bar{\boldsymbol{C}}) + \\
& 2(1-\gamma(t))L_2\lambda_{\max}(\widetilde{\boldsymbol{C}}) - 2\frac{(1-\varrho)^3}{(1+\varrho)^2} \bar{\mathfrak{I}}_i^s) \|\boldsymbol{\mu}_i(t)\|^2 \big) - \\
& \sqrt{2}\xi_2 \left(\frac{1}{2} \sum_{i=1}^{N} \|\boldsymbol{\mu}_i(t)\|^2 \right)^{\frac{1}{2}} - 2\eta_m \sum_{s=1}^{m} \sum_{i=1}^{N} \frac{1}{2\alpha_i} (\mathfrak{I}_i^s(t) - \bar{\mathfrak{I}}_i^s)^2 + \frac{nN\xi_2}{\omega(1-\varrho)} \Bigg] \\
\leqslant & (-1-\bar{\phi}_3)\mathcal{E}[\mathcal{V}_1(t)] + \bar{\phi}_3\mathcal{E}[\mathcal{V}_1(t)] - (2\eta_m + \bar{\phi}_3)\mathcal{E}[\mathcal{V}_2(t)] + \bar{\phi}_3\mathcal{E}[\mathcal{V}_2(t)] - \\
& \sqrt{2}\xi_2\mathcal{E}[\mathcal{V}_1(t)]^{\frac{1}{2}} + \phi_0 \\
\leqslant & \bar{\phi}_3\mathcal{E}[\mathcal{V}(t)] + \phi_0
\end{aligned} \tag{8.38}
$$

基于不等式（8.37）、不等式（8.38）和引理 8.2，采用与定理 8.1 相同的分析方法，可以实现实用有限时间同步。证毕。

注 8.3　在控制器［式（8.12）］和控制器［式（8.29）］中，含双曲正切函数的项 $-\xi_2\tanh(\omega g(\boldsymbol{\mu}_i(t)))$ 在实用有限时间同步中起着重要的作用，可在 Liu 等人[10]的文献中看

到。此外，在运用引理 8.1 推导时，会产生冗余项 $-\sqrt{2}\xi_2\left(\frac{1}{2}\sum_{i=1}^{N}\|\boldsymbol{\mu}_i(t)\|^2\right)^{\frac{1}{2}}$，可用于处理系统扰动问题（见文献［11］等），控制器中的$-\mathfrak{I}_i^s(t)g(\boldsymbol{\mu}_i(t))$和$-\xi_1\text{diag}(\text{sgn}(\boldsymbol{\mu}_i(t)))|g(\boldsymbol{\mu}_i(t))|^{\ell}$的作用能在文献［5］中看到。

8.4 数值仿真

本节将利用两个数值仿真来验证定理 8.1 和定理 8.2 的理论结果。考虑目标系统［式（8.2）］中$\boldsymbol{\wp}(t)=(\wp_1(t),\wp_2(t),\wp_3(t))^{\mathrm{T}}$。令 $m=2$，则 $s=1,2$，$\vartheta_1(z(t))=\cos^2(z(t))$，$\vartheta_2(z(t))=\sin^2(z(t))$，$z(t)=(\wp_1(t),\wp_1(t),\wp_1(t))^{\mathrm{T}}$且

$$\boldsymbol{A}_1=\begin{bmatrix}-0.42 & -0.29 & -0.06\\ -0.08 & 0.13 & 0.3\\ 0.13 & -0.31 & 0.06\end{bmatrix},\quad \boldsymbol{B}_1=\begin{bmatrix}0.07 & 0 & 0\\ 0 & 0 & 0\\ 0 & 0 & 0\end{bmatrix}$$

$$\boldsymbol{A}_2=\begin{bmatrix}-0.23 & -0.31 & 0.07\\ 0.13 & -0.07 & 0.21\\ 0.04 & -0.23 & -0.13\end{bmatrix},\quad \boldsymbol{B}_2=\begin{bmatrix}0.06 & 0 & 0\\ 0 & 0 & 0\\ 0 & 0 & 0\end{bmatrix}$$

此外，$f_p(\wp_p(t))=\frac{1}{2}(|\wp_p(t)+1|-|\wp_p(t)-1|)$，$p\in\zeta_3$。目标系统［式（8.2）］的初始值为$\boldsymbol{\wp}(0)=(0.64,0.78,0.85)^{\mathrm{T}}$时，其混沌轨迹如图 8-1 所示。

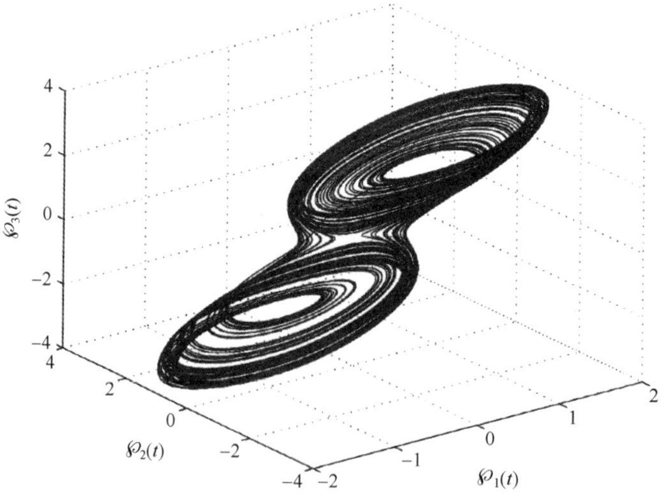

图 8-1　目标系统［式（8.2）］的混沌轨迹

对于 T-S 模糊耦合网络［式（8.1）］，其中 $N=6$，$n=3$，$\boldsymbol{D}=\text{diag}([1,0.1,1])$，外部耦合矩阵 $\boldsymbol{C}$ 为

$$C=\begin{bmatrix}-6.2 & 3 & 0 & 0.1 & 1 & 2.1\\ 3 & -5.2 & 1.2 & 1 & 0 & 0\\ 0 & 1.2 & -6.4 & 3.2 & 0 & 2\\ 0.1 & 1 & 3.2 & -6.3 & 2 & 0\\ 1 & 0 & 0 & 2 & -5.5 & 2.5\\ 2.1 & 0 & 2 & 0 & 2.5 & -6.6\end{bmatrix}$$

分别取伯努利随机变量 $\beta(t)$ 和 $\gamma(t)$ 的期望为 $\beta=0.85$ 和 $\gamma=0.8$，并在图 8-2 中绘制伯努利随机序列。对于非线性相对状态耦合，选择函数 $\psi_p(\mathcal{X}_{jp}(t))=2\mathcal{X}_{jp}(t)+\sin(\mathcal{X}_{jp}(t))$；对于非线性绝对状态耦合，选取 $h_p(\mathcal{X}_{jp}(t)-\mathcal{X}_{ip}(t))=(\mathcal{X}_{jp}(t)-\mathcal{X}_{ip}(t))(3-\cos(\mathcal{X}_{jp}(t)-\mathcal{X}_{ip}(t)))$。经计算，当 $L_1=1$，$L_2=3$ 时，假设 8.1 成立；当 $\epsilon_1=2$，$\epsilon_2=4$ 时，假设 8.2 成立。取量化器参数 $\aleph=0.9$，则 $\varrho=\dfrac{1}{9}$。间歇控制中控制和非控制区间的时间序列 $\{t_k\}_{k\in\mathbf{N}}$ 满足 $\overline{\mathcal{T}}_k=0.08$，$\widetilde{\mathcal{T}}_k=0.02$，如图 8-3 所示。

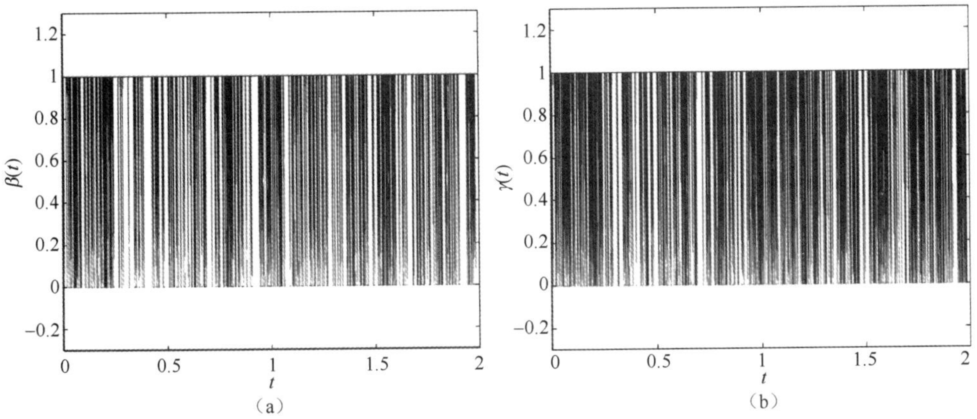

图 8-2　$\beta=0.85$ 和 $\gamma=0.8$ 的伯努利随机序列

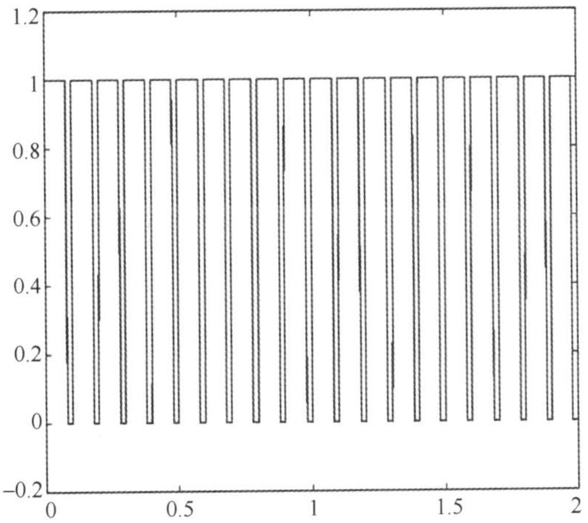

图 8-3　间歇控制中控制和非空值区间的时间序列 $\{t_k\}_{k\in\mathbf{N}}$

首先验证定理 8.1. 经计算可得$\Im_i^1=9.9129$，$\Im_i^2=9.7935$，$i\in\zeta_6$，此时式（8.13）成立。取$\ell=\frac{1}{5}$，$\rho=0.9$，$\xi_1=10$，$\xi_2=1$，$\omega=100$ 及 $\phi_3=2$。经计算，可得如下参数值：$\varpi=0.6$，$\sigma_1=0.4$，$\sigma_2=5.3295$，$\sigma_3=0.8$，$\sigma_4=5.9217$，$\phi_0=0.0564$，$\phi_2=14.8043$。此外，还可得 $o_1=13.3239$，$o_2=7.4021$，满足 $o_1>o_2$；且 $k_*=289$，$Y(289)=-0.0014<0$ 使得式（8.14）成立。李雅普诺夫函数的初始值为$\mathcal{V}(0)=93.9696$，根据式（8.15）可得时间 $T_1=28.9794$。在控制器［式（8.12）］的控制下，$\|\boldsymbol{\mu}_i(t)\|$和$\|g(\boldsymbol{\mu}_i(t))\|$的状态轨迹如图 8-4 所示。经数学计算，可推导出$\mathcal{V}(t)\leqslant 0.0043$，以及$\mathcal{E}[\|\boldsymbol{\mu}_i(t)\|]\leqslant\Lambda=0.0929$。也就是说，T-S 模糊耦合网络［式（8.1）］和目标系统［式（8.2）］的误差随着时间的推移收敛到一个小的区间，$\mathcal{E}[\|\boldsymbol{\mu}_i(t)\|]$逐渐稳定到一个精确的范围$[0,0.0929]$。因此，基于控制器［式（8.12）］，T-S 模糊耦合网络［式（8.1）］和目标系统［式（8.2）］在 T_1 内实现实用有限时间同步，如图 8-4 所示。

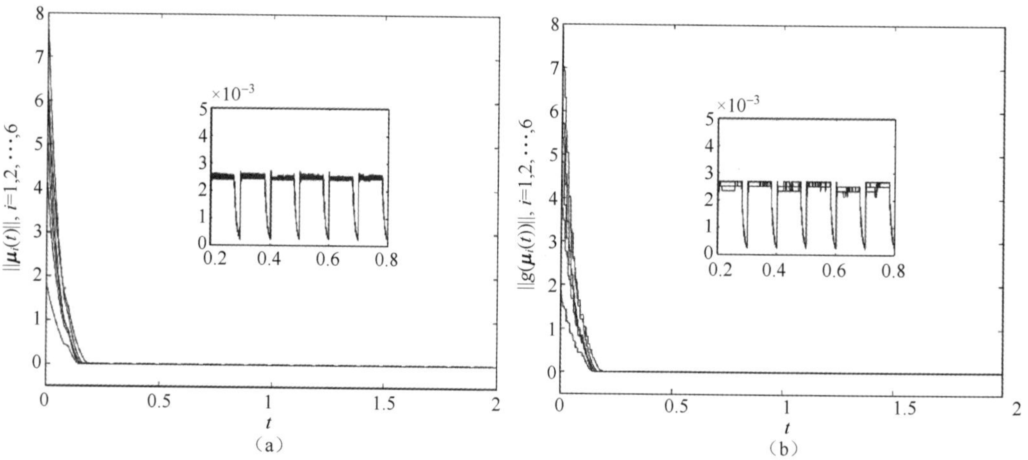

（a）（b）

图 8-4　在控制器［式（8.12）］的控制下$\|\boldsymbol{\mu}_i(t)\|$和$\|\boldsymbol{g}(\boldsymbol{\mu}_i(t))\|$的状态轨迹

接着验证定理 8.2，取自适应法则的相关参数为 $\alpha_i=0.4$，$\eta_i=0.8$ 和 $\varphi_i=0.8$，$i\in\zeta_6$。令 $\ell=\frac{1}{5}$，$\rho=0.9$，$\xi_1=10$，$\xi_2=1$，$\omega=100$，并取$\bar{\phi}_3=2$，由已知条件计算得到$\varpi=0.6$，$\bar{\sigma}_1=0.4$，$\bar{\sigma}_2=0.6298$，$\bar{\sigma}_3=0.8$，$\bar{\sigma}_4=0.6998$，$\phi_0=0.0564$，$\bar{\phi}_1=1$ 和$\bar{\phi}_2=1.7494$。因此，$\bar{o}_1=1.5744$ 和$\bar{o}_2=0.8747$，满足$\bar{o}_1>\bar{o}_2$；$k_*=446$，$\bar{Y}(446)=-0.0003288<0$，则式（8.30）成立。此外，经计算得 $\mathcal{V}(t)\leqslant 0.1516$，并验证得 $\mathcal{E}[\|\boldsymbol{\mu}_i(t)\|]\leqslant\Lambda=0.5506$ 在有限时间内有效。在控制器［式（8.29）］的控制下，$\|\boldsymbol{\mu}_i(t)\|$和$\|g(\boldsymbol{\mu}_i(t))\|$的状态轨迹如图 8-5 所示，T-S 模糊耦合网络［式（8.1）］和目标系统［式（8.2）］的误差在有限时间内进入并维持到一个区间。

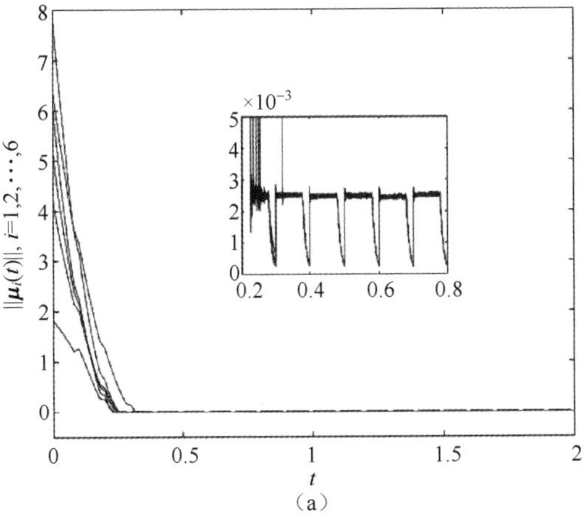

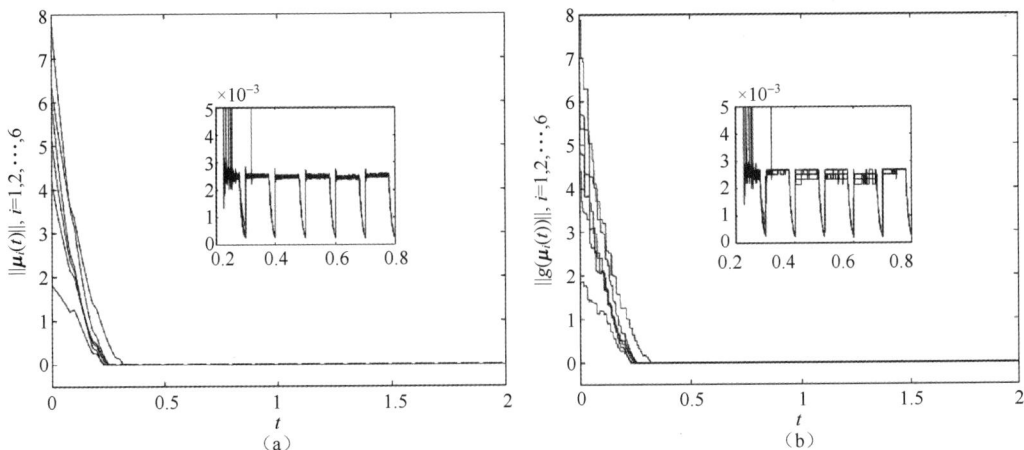

图 8-5　在控制器［式（8.29）］的控制下 $\|\boldsymbol{\mu}_i(t)\|$ 和 $\|g(\boldsymbol{\mu}_i(t))\|$ 的状态轨迹

8.5　本章小结

在本章中，采用两种半间歇控制器，得到了 T-S 模糊耦合网络实用有限时间同步的充分判据。给出了一个新的实用有限时间稳定性结果，用于保证系统实现同步目标。设计了状态反馈和自适应两种量化半间歇控制器，实现了系统实用有限时间同步，并比较了不同控制策略下理论结果的优点。最后通过仿真实例验证了理论结果的有效性。

参考文献

［1］WEI B, XIAO F, SHI Y. Fully Distributed Synchronization of Dynamic Networked Systems with Adaptive Nonlinear Couplings［J］. IEEE Transactions on Cybernetics, 2020, 50 (7): 2926-2934.

［2］XU Y, SUN J, WANG G, et al. Dynamic Triggering Mechanisms for Distributed Adaptive Synchronization Control and Its Application to Circuit Systems［J］. IEEE Transactions on Circuits and Systems I: Regular Papers, 2021, 68 (5): 2246-2256.

［3］FENG J W, XIE J M, WANG J Y, et al. Secure Synchronization of Stochastic Complex Networks Subject to Deception Attack with Nonidentical Nodes and Internal Disturbance［J］. Information Sciences, 2021, 547: 514-525.

［4］CAI X, SHI K B, SHE K, et al. New Results for T-S Fuzzy Systems with Hybrid Communication Delays［J］. Fuzzy Sets and Systems, 2022, 438: 1-24.

［5］ZHOU Y, WAN X X, HUANG C X, et al. Finite-time Stochastic Synchronization of Dynamic Networks with Nonlinear Coupling Strength via Quantized Intermittent Control［J］. Applied Mathematics and Computation, 2020, 376: 125157.

［6］XU D S, SONG S T, SU H. Fixed-time Synchronization of Large-scale Systems via Aperiodically

Intermittent Control [J]. Chaos, Solitons & Fractals, 2023, 173: 113613.

[7] TANG R Q, YANG X S, SHI P, et al. Finite-time L2 Stabilization of Uncertain Delayed T-S Fuzzy Systems via Intermittent Control [J]. IEEE Transactions on Fuzzy Systems, 2024, 32 (1): 116-125.

[8] LOUODOP P, KOUNTCHOU M, FOTSIN H, et al. Practical Finite-time Synchronization of Jerk Systems: Theory and Experiment [J]. Nonlinear Dynamics, 2014, 78: 597-607.

[9] HARDY G H, LITTLEWOOD J E, PÓLYA G. Inequalities [M]. Cambridge: Cambridge University Press, 1952.

[10] LIU J, RAN G T, WU Y B, et al. Dynamic Event-triggered Practical Fixed-time Consensus for Nonlinear Multiagent Systems [J]. IEEE Transactions on Circuits and Systems II: Express Briefs, 2022, 69 (4): 2156-2160.

[11] LIU J, YU Y, HE H B, et al. Team-triggered Practical Fixed-time Consensus of Double-integrator Agents with Uncertain Disturbance [J]. IEEE Transactions on Cybernetics, 2021, 51 (6): 3263-3272.

第 9 章 不连续耦合网络的有限时间同步

9.1 引言

有限时间同步是一种在有限时间内实现稳定的同步，它具有最优的收敛特性和良好的扰动抑制特性。但是在有限时间同步中，通过自适应控制精确估计稳定时间往往不容易实现，现有的一些文献对稳定时间的估计通常忽略了控制增益从初始状态到理论值所需的时间。本章通过设计的间歇自适应控制器来建立有限时间同步准则，而不是通过间歇自适应控制器实现预设时间同步。

具有不连续激活函数的复杂网络和系统在处理大规模复杂网络时，由于外界因素的影响，通信信道经常受到干扰，导致通信失败。特别是在节点数量较多的复杂网络和系统中，当发生不成功通信时，信道中只有部分节点的信号是有效的。文献 [1]~文献 [3] 等提出了一些针对部分信息传输问题的解决方案，但这些研究仅考虑了不成功通信的判定，并未充分反映实际复杂网络中通信失败的复杂性。实际上，通信失败可能是随机发生的，可以用一个随机变量来描述。本章将讨论通信失败的非线性耦合网络的情况。

本章将利用随机变量实现线性耦合、非线性耦合或部分通信网络的切换，研究基于不连续激活函数的一类不连续耦合网络的有限时间同步。考虑自适应间歇控制器来建立系统的有限时间同步准则，并设计状态反馈控制器实现系统预设时间同步，最后，利用仿真实验验证所得结果的有效性。

9.2 模型描述与预备知识

本章所考虑的一类不连续耦合网络表示为

$$\begin{aligned}\dot{\boldsymbol{\nu}}_i(t)=&\boldsymbol{A}\boldsymbol{\nu}_i(t)+\boldsymbol{B}f(\boldsymbol{\nu}_i(t))+\epsilon(t)\mathfrak{K}(t)\sum_{j=1,j\neq i}^{M}g_{ij}\boldsymbol{\mathfrak{X}}(\boldsymbol{\nu}_j(t)-\boldsymbol{\nu}_i(t))+\\&(1-\epsilon(t))\mathfrak{K}(t)\sum_{j=1,j\neq i}^{M}g_{ij}\boldsymbol{\mathfrak{X}}\boldsymbol{K}_{ij}(\boldsymbol{\nu}_j(t)-\boldsymbol{\nu}_i(t))+\\&(1-\mathfrak{K}(t))\sum_{j=1,j\neq i}^{M}g_{ij}\boldsymbol{\mathfrak{X}}(\boldsymbol{w}(\boldsymbol{\nu}_j(t))-\boldsymbol{w}(\boldsymbol{\nu}_i(t)))+\boldsymbol{u}_i(t)\end{aligned}\tag{9.1}$$

式中，$i\in \boldsymbol{M}=\{1,2,\cdots,M\}$；$\boldsymbol{\nu}_i(t)=(\nu_{i1}(t),\nu_{i2}(t),\cdots,\nu_{im}(t))^{\mathrm{T}}\in\mathbb{R}^m$为状态向量；$f(\boldsymbol{\nu}_i(t))\in\mathbb{R}^m$为不连续函数；$\boldsymbol{A}=(a_{lr})_{m\times m}\in\mathbb{R}^{m\times m}$，$\boldsymbol{B}=(b_{lr})_{m\times m}\in\mathbb{R}^{m\times m}$都是常数矩阵；$\boldsymbol{\epsilon}(t)$和$\mathfrak{K}(t)$为伯努利随机变量，且 $\mathrm{Prob}\{\boldsymbol{\epsilon}(t)=1\}=\mathcal{E}[\boldsymbol{\epsilon}(t)]=\boldsymbol{\epsilon}$，$\mathrm{Prob}\{\boldsymbol{\epsilon}(t)=0\}=1-\boldsymbol{\epsilon}$，$\mathrm{Prob}\{\mathfrak{K}(t)=1\}=\mathcal{E}[\mathfrak{K}(t)]=\mathfrak{K}$，$\mathrm{Prob}\{\mathfrak{K}(t)=0\}=1-\mathfrak{K}$，其中，$0\leqslant\boldsymbol{\epsilon}\leqslant1$，$0\leqslant\mathfrak{K}\leqslant1$。$\boldsymbol{\mathfrak{X}}=\mathrm{diag}(\mathfrak{x}_1,\mathfrak{x}_2,\cdots,\mathfrak{x}_m)$，表示内部耦合矩阵，其中，$\mathfrak{x}_r>0(r=1,2,\cdots,m)$。$\boldsymbol{G}=(g_{ij})_{M\times M}$为外耦合矩阵，如果从节点$j$到节点$i(j\neq i)$存在连接，那么$g_{ij}>0$，否则$g_{ij}=0$，$g_{ii}=-\sum\limits_{j=1,j\neq i}^{M}g_{ij}$。$\boldsymbol{K}_{ij}=\mathrm{diag}(k_{ij}^1,k_{ij}^2,\cdots,k_{ij}^m)$表示信道矩阵，定义为：如果第$r$个通道可以将信息从节点$j$传输到节点$i$，那么$k_{ij}^r=1$；否则$k_{ij}^r=0$。$\boldsymbol{w}(\boldsymbol{\nu}_i(t))=(w_1(\boldsymbol{\nu}_{i1}(t)),w_2(\boldsymbol{\nu}_{i2}(t)),\cdots,w_m(\boldsymbol{\nu}_{im}(t)))^{\mathrm{T}}$是一个非线性函数且满足：对于任意$z_1,z_2\in\mathbb{R}$，$0<\mathcal{P}_r\leqslant\dfrac{w_r(z_2)-w_r(z_1)}{z_2-z_1}\leqslant\widetilde{\psi}_r$，其中，$\mathcal{P}_r>0$，$\widetilde{\psi}_r>0$。$\boldsymbol{u}_i(t)$为待设计的控制器。$\boldsymbol{\nu}_i(0)\in\mathbb{R}^m$为不连续耦合网络［式（9.1）］的初始值。

注 9.1

（1）当$\mathfrak{K}(t)=0$时，不连续耦合网络［式（9.1）］为具有非线性耦合的网络。

（2）当$\mathfrak{K}(t)=1$且$\boldsymbol{\epsilon}(t)=0$时，不连续耦合网络［式（9.1）］为包含部分通信失败节点的网络。

（3）当$\mathfrak{K}(t)=1$且$\boldsymbol{\epsilon}(t)=1$时，不连续耦合网络［式（9.1）］为具有线性耦合的网络系统。

通过伯努利随机变量，不连续耦合网络［式（9.1）］可以实现三个不同网络之间的切换。

为处理不连续耦合网络的不连续激活函数，给出以下相关定义和假设。

定义 9.1[4]　$f(v)$在$v\in\mathbb{R}^m$处的 Filippov 集值映射定义为

$$\mathcal{F}(v)=\bigcap_{\tilde{\iota}>0}\bigcap_{\bar{\varrho}(\Theta)=0}\overline{\mathrm{co}}[f(\mathfrak{B}(v,\tilde{\iota})\backslash\Theta)],$$

式中，$\mathfrak{B}(v,\tilde{\iota})=\{x\in\mathbb{R}^m:\|x-v\|\leqslant\tilde{\iota}\}$，$\bar{\varrho}(\Theta)$是$\Theta$的勒贝格测度。

假设 9.1　非线性函数$f(\cdot)$在$\mathbb{R}^m$中连续，除可数个不连续的孤立点外，存在有限的左右极限。

假设 9.2　存在非负常数$\hat{p}$和$\hat{q}$满足

$$\|\boldsymbol{x}_1-\boldsymbol{x}_2\|\leqslant\hat{p}\|\boldsymbol{\nu}_1-\boldsymbol{\nu}_2\|+\hat{q}$$

式中，$\boldsymbol{\nu}_1,\boldsymbol{\nu}_2\in\mathbb{R}^m$，$\boldsymbol{x}_1\in\mathcal{F}(\boldsymbol{\nu}_1)$，$\boldsymbol{x}_2\in\mathcal{F}(\boldsymbol{\nu}_2)$。

考虑到本章所需的间歇策略，首先假定控制子区间$[t_s,\natural_s)$和$[\natural_s,t_{s+1})$满足假设 9.2。间歇区间$[t_s,t_{s+1})$包括控制区间$[t_s,\natural_s)$和非控制区间$[\natural_s,t_{s+1})$，$t_0=0$，$s=0,1,2,\cdots$，其中t_s是第s段控制的开始时间，$\natural_s$和t_{s+1}分别是第s段控制的结束时间和第s段非控制的结束时间。

假设 9.3　本章间歇区间端点满足条件

$$\begin{cases}\inf\limits_{s}(\natural_s - t_s) = \tilde{\hbar}_1 \\ \sup\limits_{s}(t_{s+1} - t_s) = \tilde{\hbar}_2 < +\infty\end{cases}$$

式中，$0<\tilde{\hbar}_1<\tilde{\hbar}_2$ 为两个常数。定义 $\bar{\zeta}=\lim\limits_{s\to\infty}\sup\dfrac{t_{s+1}-\natural_s}{t_{s+1}-t_s}$，$\bar{\zeta}\leqslant 1-\dfrac{\tilde{\hbar}_1}{\tilde{\hbar}_2}$。

利用定义 9.1、微分包含理论和文献［5］中的可测选择定理，存在一个可测函数 $\boldsymbol{\alpha}_i(t)\in\mathcal{F}(\boldsymbol{\nu}_i(t))$ 满足

$$\begin{aligned}\dot{\boldsymbol{\nu}}_i(t) = {} & \boldsymbol{A}\boldsymbol{\nu}_i(t) + \boldsymbol{B}\boldsymbol{\alpha}_i(t) + \epsilon(t)\mathfrak{K}(t)\sum_{j=1,j\neq i}^{M} g_{ij}\mathfrak{X}(\boldsymbol{\nu}_j(t) - \boldsymbol{\nu}_i(t)) + \\ & (1-\epsilon(t))\mathfrak{K}(t)\sum_{j=1,j\neq i}^{M} g_{ij}\mathfrak{X}\boldsymbol{K}_{ij}(\boldsymbol{\nu}_j(t) - \boldsymbol{\nu}_i(t)) + \\ & (1-\mathfrak{K}(t))\sum_{j=1,j\neq i}^{M} g_{ij}\mathfrak{X}(\boldsymbol{w}(\boldsymbol{\nu}_j(t)) - \boldsymbol{w}(\boldsymbol{\nu}_i(t))) + \boldsymbol{u}_i(t)\end{aligned} \tag{9.2}$$

令 $\boldsymbol{C}_{ij}=g_{ij}\boldsymbol{K}_{ij}\triangleq\mathrm{diag}(c_{ij}^1,c_{ij}^2,\cdots,c_{ij}^m)$ $(i\neq j)$ 且 $\boldsymbol{C}_{ii}=-\sum\limits_{j=1,j\neq i}^{M}\boldsymbol{C}_{ij}$，可得

$$\begin{aligned}\dot{\boldsymbol{\nu}}_i(t) = {} & \boldsymbol{A}\boldsymbol{\nu}_i(t) + \boldsymbol{B}\boldsymbol{\alpha}_i(t) + \epsilon(t)\mathfrak{K}(t)\sum_{j=1}^{M} g_{ij}\mathfrak{X}\boldsymbol{\nu}_j(t) + (1-\epsilon(t))\mathfrak{K}(t)\sum_{j=1}^{M}\mathfrak{X}\boldsymbol{C}_{ij}\boldsymbol{\nu}_j(t) + \\ & (1-\mathfrak{K}(t))\sum_{j=1}^{M} g_{ij}\mathfrak{X}\boldsymbol{w}(\boldsymbol{\nu}_j(t)) + \boldsymbol{u}_i(t)\end{aligned} \tag{9.3}$$

本章考虑目标网络

$$\dot{\boldsymbol{z}}(t)=\boldsymbol{A}\boldsymbol{z}(t)+\boldsymbol{B}f(\boldsymbol{z}(t)) \tag{9.4}$$

其初始值为 $\boldsymbol{z}(0)\in\mathbb{R}^m$。类似于系统［式（9.3）］，目标网络［式（9.4）］可写为

$$\dot{\boldsymbol{z}}(t)=\boldsymbol{A}\boldsymbol{z}(t)+\boldsymbol{B}\boldsymbol{\beta}(t) \tag{9.5}$$

式中，$\boldsymbol{\beta}(t)\in\mathcal{F}(\boldsymbol{z}(t))$。

定义 $\boldsymbol{e}_i(t)=\boldsymbol{\nu}_i(t)-\boldsymbol{z}(t)$，由式（9.3）和式（9.5）可推导出相应的误差系统：

$$\begin{aligned}\dot{\boldsymbol{e}}_i(t) = {} & \boldsymbol{A}\boldsymbol{e}_i(t) + \boldsymbol{B}\boldsymbol{\gamma}_i(t) + \epsilon(t)\mathfrak{K}(t)\sum_{j=1}^{M} g_{ij}\mathfrak{X}\boldsymbol{e}_j(t) + (1-\epsilon(t))\mathfrak{K}(t)\sum_{j=1}^{M}\mathfrak{X}\boldsymbol{C}_{ij}\boldsymbol{e}_j(t) + \\ & (1-\mathfrak{K}(t))\sum_{j=1}^{M} g_{ij}\mathfrak{X}\boldsymbol{w}(\boldsymbol{e}_j(t)) + \boldsymbol{u}_i(t)\end{aligned} \tag{9.6}$$

式中，$\boldsymbol{\gamma}_i(t)=\boldsymbol{\alpha}_i(t)-\boldsymbol{\beta}(t)$，$\boldsymbol{w}(\boldsymbol{e}_j(t))=\boldsymbol{w}(\boldsymbol{\nu}_j(t))-\boldsymbol{w}(\boldsymbol{z}(t))$。

为有效处理矩阵 $\boldsymbol{C}_{ij}$，给出以下引理 9.1。

引理 9.1[6]　假定 $\boldsymbol{D}=(d_{ij})_{M\times M}\in\mathbb{R}^{M\times M}$。若：

（1）$d_{ij}\geqslant 0$，$i\neq j$，$d_{ii}=-\sum\limits_{j=1,j\neq i}^{M}d_{ij}$，$i=1,2,\cdots,M$。

（2）矩阵 $\boldsymbol{D}$ 不可约。

则可得：

(1) 矩阵 $\boldsymbol{D}$ 的秩为 $M-1$，即 0 是矩阵 $\boldsymbol{D}$ 的特征值，重数为 1。此外，矩阵 $\boldsymbol{D}$ 的所有非零特征值都具有负实部。

(2) 取 $\widetilde{\boldsymbol{\lambda}}=(\widetilde{\lambda}_1,\widetilde{\lambda}_2,\cdots,\widetilde{\lambda}_M)^{\mathrm{T}}\in\mathbb{R}^M$ 是矩阵 $\boldsymbol{D}$ 的左特征向量，其特征值 0 满足 $\sum_{i=1}^{M}\widetilde{\lambda}_i=1$。因此，对于 $i=1,2,\cdots,M$，$\widetilde{\lambda}_i>0$。

(3) 取 $\mathfrak{Y}=\mathrm{diag}(\widetilde{\lambda}_1,\widetilde{\lambda}_2,\cdots,\widetilde{\lambda}_M)$，则 $\mathfrak{Y}\boldsymbol{D}+\boldsymbol{D}^{\mathrm{T}}\mathfrak{Y}$ 是对称的，其特征值 η_1，η_2，$\cdots$，η_M 都是实数，满足 $0=\eta_1>\eta_2\geqslant\cdots\geqslant\eta_M$。

定义矩阵 $\boldsymbol{C}_r$ 为

$$\boldsymbol{C}_r=\begin{bmatrix} c_{11}^r & c_{12}^r & \cdots & c_{1M}^r \\ c_{21}^r & c_{22}^r & \cdots & c_{2M}^r \\ \vdots & \vdots & \ddots & \vdots \\ c_{M1}^r & c_{M2}^r & \cdots & c_{MM}^r \end{bmatrix},\quad r\in\{1,2,\cdots,m\}$$

式中，$i,j\in\boldsymbol{M},c_{ij}^r$ 是矩阵 $\boldsymbol{C}_{ij}$ 的第 r 个元素，且矩阵 $\boldsymbol{C}_r$ 描述了第 r 个信道的连接。更进一步，可以得到 0 为矩阵 $\boldsymbol{C}_r$ 的一个特征值。本章假设矩阵 $\boldsymbol{C}_r$ 是不可约的，$\widetilde{\boldsymbol{\lambda}}_r=(\widetilde{\lambda}_{r1},\widetilde{\lambda}_{r2},\cdots,\widetilde{\lambda}_{rM})^{\mathrm{T}}$ 是矩阵 $\boldsymbol{C}_r$ 关于特征值 0 的归一化左特征向量，且 $\sum_{i=1}^{M}\widetilde{\lambda}_{ri}=1$。根据对文献［1］的分析，取 $\mathfrak{Y}_r=\mathrm{diag}(\widetilde{\lambda}_{r1},\widetilde{\lambda}_{r2},\cdots,\widetilde{\lambda}_{rM})>0$，$\boldsymbol{Y}_i=\mathrm{diag}(\widetilde{\lambda}_{1i},\widetilde{\lambda}_{2i},\cdots,\widetilde{\lambda}_{mi})>0$，$\widetilde{\lambda}_{\max}=\max\limits_{\{1\leqslant r\leqslant m,1\leqslant i\leqslant M\}}\{\widetilde{\lambda}_{ri}\}$，$\widetilde{\lambda}_{\min}=\min\limits_{\{1\leqslant r\leqslant m,1\leqslant i\leqslant M\}}\{\widetilde{\lambda}_{ri}\}$。$\mathfrak{Y}_r\boldsymbol{C}_r+\boldsymbol{C}_r^{\mathrm{T}}\mathfrak{Y}_r$ 的特征值定义为 η_{r1}，η_{r2}，$\cdots$，η_{rM} 且 $\eta_{\min}=\min\limits_{\{1\leqslant r\leqslant m\}}\{\eta_{rM}\}$，则由引理 9.1 可得 $0=\eta_{r1}>\eta_{r2}\geqslant\cdots\geqslant\eta_{rM}$。

定义 9.2 若存在常数 $T_f>0$，满足

$$\lim_{t\to T_f}\mathcal{E}[\|\boldsymbol{e}_i(t)\|]=0,\quad \mathcal{E}[\|\boldsymbol{e}_i(t)\|]\equiv 0,\quad t>T_f,\quad i\in\boldsymbol{M}$$

则称不连续耦合网络［式 (9.1)］和目标网络［式 (9.4)］在有限时间内达到同步。

定义 9.3 若存在常数 $T_p>0$（T_p 与系统初始值、控制器和系统的参数无关），满足

$$\lim_{t\to T_p}\mathcal{E}[\|\boldsymbol{e}_i(t)\|]=0,\mathcal{E}[\|\boldsymbol{e}_i(t)\|]\equiv 0,\quad t>T_p,\quad i\in\boldsymbol{M}$$

则称不连续耦合网络［式 (9.1)］和目标网络［式 (9.4)］在预设时间内达到同步。

引理 9.2[7] 若 $\overline{\omega}_1,\overline{\omega}_2,\cdots,\overline{\omega}_n\geqslant 0$，$0<\varsigma_1\leqslant 1$，$\varsigma_2>1$，则下列不等式成立

$$\sum_{i=1}^{n}\overline{\omega}_i^{\varsigma_1}\geqslant\left(\sum_{i=1}^{n}\overline{\omega}_i\right)^{\varsigma_1},\quad \sum_{i=1}^{n}\overline{\omega}_i^{\varsigma_2}\geqslant n^{1-\varsigma_2}\left(\sum_{i=1}^{n}\overline{\omega}_i\right)^{\varsigma_2}$$

引理 9.3[8] 设非负连续函数 $\mathcal{V}(t)$ 满足

$$\dot{\mathcal{V}}(t)\leqslant\begin{cases}-\ell_1\mathcal{V}^{\varpi_1}(t)-\ell_2\mathcal{V}^{\varpi_2}(t), & t\in[t_s,\natural_s)\\ 0, & t\in[\natural_s,t_{s+1})\end{cases}$$

式中，$t\in[0,+\infty)$，$t_0=0$，$s=1,2,\cdots$。常数 $\ell_1>0$，$\ell_2>0$，$\varpi_1>1$，$0<\varpi_2<1$。那么，当下列条

件满足时，$\mathcal{V}(t)\equiv 0$

$$t\geqslant\frac{1}{\ell_1(1-\bar{\zeta})(\varpi_1-1)}+\frac{1}{\ell_2(1-\bar{\zeta})(1-\varpi_2)}$$

式中，$\bar{\zeta}=\lim\limits_{s\to\infty}\sup\frac{t_{s+1}-\natural_s}{t_{s+1}-t_s}$。

9.3　基于自适应间歇控制的有限时间同步

本节设计了自适应间歇控制器，建立了有限时间同步准则，并给出了无法实现预设时间同步的原因。

设计的自适应间歇控制器为

$$\boldsymbol{u}_i(t)=\begin{cases}-\xi_i(t)\boldsymbol{e}_i(t)-l_i(t)\operatorname{sgn}(\boldsymbol{e}_i(t))-\tilde{\rho}_1\dfrac{T_d}{T_p}\operatorname{diag}(\operatorname{sgn}(\boldsymbol{e}_i(t)))\,|\boldsymbol{e}_i(t)|^{\chi_1}- & t\in[t_s,\natural_s)\\ \qquad\tilde{\rho}_2\dfrac{T_d}{T_p}\operatorname{diag}(\operatorname{sgn}(\boldsymbol{e}_i(t)))\,|\boldsymbol{e}_i(t)|^{\chi_2}, & \\ -\xi_i(t)\boldsymbol{e}_i(t)-l_i(t)\operatorname{sgn}(\boldsymbol{e}_i(t)), & t\in[\natural_s,t_{s+1})\end{cases}\tag{9.7}$$

式中，$\operatorname{sgn}(\boldsymbol{e}_i(t))=\operatorname{sign}(\boldsymbol{e}_i(t))\,|\boldsymbol{e}_i(t)|$。

自适应法则为

$$\begin{cases}\dot{\xi}_i(t)=\mathcal{G}_i\boldsymbol{e}_i^{\mathrm{T}}(t)\boldsymbol{Y}_i\boldsymbol{e}_i(t)-\dfrac{T_d}{T_p}\operatorname{sgn}(\xi_i(t)-\bar{\xi}_i)\,|\xi_i(t)-\bar{\xi}_i|^{\chi_1}-\\ \qquad\dfrac{T_d}{T_p}\operatorname{sgn}(\xi_i(t)-\bar{\xi}_i)\,|\xi_i(t)-\bar{\xi}_i|^{\chi_2}\\ \dot{l}_i(t)=\tau_i\sum\limits_{j=1}^{m}\tilde{\lambda}_{ji}\,|e_{ij}(t)|-\dfrac{T_d}{T_p}\operatorname{sgn}(l_i(t)-\bar{l}_i)\,|l_i(t)-\bar{l}_i|^{\chi_1}-\\ \qquad\dfrac{T_d}{T_p}\operatorname{sgn}(l_i(t)-\bar{l}_i)\,|l_i(t)-\bar{l}_i|^{\chi_2}\end{cases}\tag{9.8}$$

式中，$\tilde{\rho}_1>0$，$\tilde{\rho}_2>0$，$\mathcal{G}_i$ 和 τ_i 都是正常数。$\bar{\xi}_i\geqslant\frac{1}{\tilde{\lambda}_{\min}}(\tilde{\lambda}_{\max}\|\boldsymbol{A}\|+\hat{p}\tilde{\lambda}_{\max}\|\boldsymbol{B}\|-\frac{1}{2}(1-\epsilon)\,\mathfrak{K}\mathfrak{x}_{\max}\eta_{\min}+\epsilon\mathfrak{K}\mathfrak{x}_{\max}\hat{\sigma}(\operatorname{sym}(\hat{\boldsymbol{G}}))+(1-\mathfrak{K})\,\mathfrak{x}_{\max}\bar{\sigma}(\operatorname{sym}(\bar{\boldsymbol{G}})))$，其中，$\mathfrak{x}_{\max}=\max\limits_{1\leqslant r\leqslant m}\{\mathfrak{x}_k\}$，$\hat{\sigma}(\operatorname{sym}(\hat{\boldsymbol{G}}))$ 和 $\hat{\sigma}(\operatorname{sym}(\bar{\boldsymbol{G}}))$ 分别为 $\operatorname{sym}(\hat{\boldsymbol{G}})$ 和 $\operatorname{sym}(\bar{\boldsymbol{G}})$ 的最大特征值，$\bar{l}_i\geqslant\frac{\hat{q}\tilde{\lambda}_{\max}\|B\|}{\tilde{\lambda}_{\min}}\geqslant 0$。此外，$\hat{\boldsymbol{G}}=(\hat{g}_{ij})_{M\times M}$，$\hat{g}_{ij}=\tilde{\lambda}_{\max}g_{ij}(j\neq i)$，$\hat{g}_{ii}=\frac{\tilde{\lambda}_{\min}\mathfrak{x}_{\min}}{\mathfrak{x}_{\max}}g_{ii}$ 且 $\bar{\boldsymbol{G}}=(\bar{g}_{ij})_{M\times M}$，$\bar{g}_{ij}=\tilde{\lambda}_{\max}\tilde{\psi}_{\max}g_{ij}(j\neq i)$，$\bar{g}_{ii}=\frac{\tilde{\lambda}_{\min}\mathfrak{x}_{\min}\mathcal{P}_{\min}}{\mathfrak{x}_{\max}}g_{ii}$，其中，$\mathfrak{x}_{\min}=\min\limits_{1\leqslant r\leqslant m}\{\mathfrak{x}_r\}$，$\mathcal{P}_{\min}=\min\limits_{1\leqslant r\leqslant m}\{\mathcal{P}_r\}$，$\tilde{\psi}_{\max}=\max\limits_{1\leqslant r\leqslant m}\{\tilde{\psi}_r\}$。$\operatorname{sgn}(\xi_i(t)-\bar{\xi}_i)=$

$\mathrm{sign}(\xi_i(t)-\bar{\xi}_i)\,|\xi_i(t)-\bar{\xi}_i|$，$\mathrm{sgn}(l_i(t)-\bar{l}_i)=\mathrm{sign}(l_i(t)-\bar{l}_i)\,|l_i(t)-\bar{l}_{ii}|$，$T_p>0$ 为给定的常数且

$$T_d=\frac{2}{\varphi_1(1-\bar{\zeta})(\chi_1-1)}+\frac{2}{\varphi_2(1-\bar{\zeta})(1-\chi_2)}$$

式中，$\bar{\zeta}$的定义与假设 9.3 一样，并且，$\chi_1>1$，$0<\chi_2<1$，$\varphi_1=3^{\frac{1-\chi_1}{2}}\varphi_2$，$\varphi_2=\min\{\Lambda_1,\Lambda_2,\Lambda_3\}$，$\Lambda_1=\min\left\{\tilde{\rho}_1 2^{\frac{1+\chi_1}{2}}(mM)^{\frac{1-\chi_1}{2}}\tilde{\lambda}_{\min}\tilde{\lambda}_{\max}^{\frac{1+\chi_1}{2}},\tilde{\rho}_2 2^{\frac{1+\chi_2}{2}}\tilde{\lambda}_{\min}\tilde{\lambda}_{\max}^{\frac{1+\chi_2}{2}}\right\}$，$\Lambda_2=\min\limits_{i\in\boldsymbol{M}}\left\{M^{\frac{1-\chi_1}{2}}\mathfrak{S}_i^{\frac{\chi_1-1}{2}},\mathfrak{S}_i^{\frac{\chi_2-1}{2}}\right\}$，$\Lambda_3=\min\limits_{i\in\boldsymbol{M}}\left\{M^{\frac{1-\chi_1}{2}}\tau_i^{\frac{\chi_1-1}{2}},\tau_i^{\frac{\chi_2-1}{2}}\right\}$。

接下来，基于自适应间歇控制器［式（9.7）］和自适应法则［式（9.8）］建立有限时间同步判据。

定理 9.1 若假设 9.1~假设 9.3 成立，则不连续耦合网络［式（9.1）］和目标网络［式（9.4）］基于自适应间歇控制器［式（9.7）］和自适应法则［式（9.8）］可实现有限时间同步。

证明 李雅普诺夫函数设计如下：

$$V(t)=V_1(t)+V_2(t)+V_3(t)$$

式中，$V_1(t)=\frac{1}{2}\sum_{i=1}^{M}\boldsymbol{e}_i^{\mathrm{T}}(t)\boldsymbol{Y}_i\boldsymbol{e}_i(t)$，$V_2(t)=\sum_{i=1}^{M}\frac{1}{2\mathfrak{S}_i}(\xi_i(t)-\bar{\xi}_i)^2$，$V_3(t)=\sum_{i=1}^{M}\frac{1}{2\tau_i}(l_i(t)-\bar{l}_i)^2$。

当$t\in[t_s,\hbar_s)$时，由误差系统［式（9.6）］可推导得

$$\begin{aligned}\mathcal{L}V_1(t)&=\sum_{i=1}^{M}\boldsymbol{e}_i^{\mathrm{T}}(t)\boldsymbol{Y}_i\dot{\boldsymbol{e}}_i(t)\\&=\sum_{i=1}^{M}\boldsymbol{e}_i^{\mathrm{T}}(t)\boldsymbol{Y}_i[\boldsymbol{A}\boldsymbol{e}_i(t)+\boldsymbol{B}\boldsymbol{\gamma}_i(t)+\epsilon(t)\mathfrak{K}(t)\sum_{j=1}^{M}g_{ij}\boldsymbol{\mathfrak{X}}\boldsymbol{e}_j(t)+\\&\quad(1-\epsilon(t))\mathfrak{K}(t)\sum_{j=1}^{M}\boldsymbol{\mathfrak{X}}\boldsymbol{C}_{ij}\boldsymbol{e}_j(t)+(1-\mathfrak{K}(t))\sum_{j=1}^{M}g_{ij}\boldsymbol{\mathfrak{X}}\boldsymbol{w}(\boldsymbol{e}_j(t))-\\&\quad\boldsymbol{\xi}_i(t)\boldsymbol{e}_i(t)-l_i(t)\mathrm{sgn}(\boldsymbol{e}_i(t))-\tilde{\rho}_1\frac{T_d}{T_p}\mathrm{diag}(\mathrm{sgn}(\boldsymbol{e}_i(t)))\,|\boldsymbol{e}_i(t)|^{\chi_1}-\\&\quad\tilde{\rho}_2\frac{T_d}{T_p}\mathrm{diag}(\mathrm{sgn}(\boldsymbol{e}_i(t)))\,|\boldsymbol{e}_i(t)|^{\chi_2}]\end{aligned}\tag{9.9}$$

式中，$\mathcal{L}V_1(t)$表示$V_1(t)$的无穷小算子。

不等式

$$\begin{aligned}\sum_{i=1}^{M}\boldsymbol{e}_i^{\mathrm{T}}(t)\boldsymbol{Y}_i\boldsymbol{A}\boldsymbol{e}_i(t)&\leqslant\sum_{i=1}^{M}\|\boldsymbol{e}_i^{\mathrm{T}}(t)\|\|\boldsymbol{Y}_i\|\|\boldsymbol{A}\|\|\boldsymbol{e}_i(t)\|\\&\leqslant\tilde{\lambda}_{\max}\|\boldsymbol{A}\|\sum_{i=1}^{M}\|\boldsymbol{e}_i(t)\|^2\end{aligned}\tag{9.10}$$

$$\begin{aligned}\sum_{i=1}^{M} \boldsymbol{e}_i^{\mathrm{T}}(t)\boldsymbol{Y}_i\boldsymbol{B}\boldsymbol{\gamma}_i(t) &\leqslant \sum_{i=1}^{M} \|\boldsymbol{e}_i^{\mathrm{T}}(t)\|\|\boldsymbol{Y}_i\|\|\boldsymbol{B}\|\|\boldsymbol{\gamma}_i(t)\| \\ &\leqslant \widetilde{\boldsymbol{\lambda}}_{\max}\|\boldsymbol{B}\|\sum_{i=1}^{M}(\hat{p}\|\boldsymbol{e}_i(t)\|^2+\hat{q}\|\boldsymbol{e}_i(t)\|)\end{aligned} \tag{9.11}$$

由 g_{ij}的定义可得

$$\begin{aligned}\sum_{i=1}^{M}\sum_{j=1}^{M} \boldsymbol{e}_i^{\mathrm{T}}(t)g_{ij}\boldsymbol{Y}_i\boldsymbol{\mathfrak{X}}\boldsymbol{e}_j(t) &= \sum_{i=1}^{M} \boldsymbol{e}_i^{\mathrm{T}}(t)g_{ii}\boldsymbol{Y}_i\boldsymbol{\mathfrak{X}}\boldsymbol{e}_i(t) + \sum_{i=1}^{M}\sum_{j=1,j\neq i}^{M} \boldsymbol{e}_i^{\mathrm{T}}(t)g_{ij}\boldsymbol{Y}_i\boldsymbol{\mathfrak{X}}\boldsymbol{e}_j(t) \\ &\leqslant \sum_{i=1}^{M} g_{ii}\widetilde{\boldsymbol{\lambda}}_{\min}\mathfrak{x}_{\min}\boldsymbol{e}_i^{\mathrm{T}}(t)\boldsymbol{e}_i(t) + \\ &\quad \sum_{i=1}^{M}\sum_{j=1,j\neq i}^{M} g_{ij}\widetilde{\boldsymbol{\lambda}}_{\max}\mathfrak{x}_{\max}\|\boldsymbol{e}_i(t)\|\|\boldsymbol{e}_j(t)\| \\ &= \hat{\boldsymbol{e}}^{\mathrm{T}}(t)\mathfrak{x}_{\max}\hat{\boldsymbol{G}}\hat{\boldsymbol{e}}(t)\end{aligned} \tag{9.12}$$

式中，$\hat{\boldsymbol{e}}(t)=(\|\boldsymbol{e}_1(t)\|,\|\boldsymbol{e}_2(t)\|,\cdots,\|\boldsymbol{e}_M(t)\|)^{\mathrm{T}}$。

经推导可得

$$\begin{aligned}&\sum_{i=1}^{M}\sum_{j=1}^{M} \boldsymbol{e}_i^{\mathrm{T}}(t)g_{ij}\boldsymbol{Y}_i\boldsymbol{\mathfrak{X}}\boldsymbol{w}(\boldsymbol{e}_j(t)) \\ &= \sum_{r=1}^{m}\widetilde{\lambda}_{ri}\,\mathfrak{x}_r\left[\sum_{i=1}^{M} g_{ii}e_{ir}(t)\boldsymbol{w}_r(e_{ir}(t)) + \sum_{i=1}^{M}\sum_{j=1,j\neq i}^{M} g_{ij}e_{ir}(t)\boldsymbol{w}_r(e_{jr}(t))\right] \\ &\leqslant \sum_{i=1}^{M} g_{ii}\widetilde{\boldsymbol{\lambda}}_{\min}\,\mathfrak{x}_{\min}\mathcal{P}_{\min}\boldsymbol{e}_i^{\mathrm{T}}(t)\boldsymbol{e}_i(t) + \sum_{i=1}^{M}\sum_{j=1,j\neq i}^{M} g_{ij}\widetilde{\boldsymbol{\lambda}}_{\max}\,\mathfrak{x}_{\max}\,\widetilde{\boldsymbol{\psi}}_{\max}\|\boldsymbol{e}_i(t)\|\|\boldsymbol{e}_j(t)\| \\ &= \hat{\boldsymbol{e}}^{\mathrm{T}}(t)\,\mathfrak{x}_{\max}\,\overline{\boldsymbol{G}}\,\hat{\boldsymbol{e}}(t)\end{aligned} \tag{9.13}$$

利用引理9.1，可得

$$\begin{aligned}\sum_{i=1}^{M}\sum_{j=1}^{M} \boldsymbol{e}_i^{\mathrm{T}}(t)\boldsymbol{Y}_i\boldsymbol{\mathfrak{X}}\boldsymbol{C}_{ij}\boldsymbol{e}_j(t) &= \sum_{r=1}^{m}\mathfrak{x}_r\,\bar{\boldsymbol{e}}_r^{\mathrm{T}}(t)\,\boldsymbol{\mathfrak{Y}}_r\boldsymbol{C}_r\,\bar{\boldsymbol{e}}_r(t) \\ &\leqslant -\frac{1}{2}\mathfrak{x}_{\max}\sum_{r=1}^{m}\bar{\boldsymbol{e}}_r^{\mathrm{T}}(t)(\boldsymbol{\mathfrak{Y}}_r\boldsymbol{C}_r+\boldsymbol{C}_r^{\mathrm{T}}\boldsymbol{\mathfrak{Y}}_r)\,\bar{\boldsymbol{e}}_r(t) \\ &\leqslant -\frac{1}{2}\mathfrak{x}_{\max}\boldsymbol{\eta}_{\min}\sum_{r=1}^{m}\bar{\boldsymbol{e}}_r^{\mathrm{T}}(t)\,\bar{\boldsymbol{e}}_r(t) \\ &= -\frac{1}{2}\mathfrak{x}_{\max}\boldsymbol{\eta}_{\min}\sum_{i=1}^{M}\boldsymbol{e}_i^{\mathrm{T}}(t)\boldsymbol{e}_i(t)\end{aligned} \tag{9.14}$$

式中，$\bar{\boldsymbol{e}}_r(t)=(e_{1r}(t),e_{2r}(t),\cdots,e_{Mr}(t))^{\mathrm{T}}\in\mathbb{R}^M$。

将不等式（9.10）~不等式（9.14）代入式（9.9），可推导出

$$\begin{aligned}\mathcal{L}V_1(t) \leqslant & \sum_{i=1}^{M}((\widetilde{\lambda}_{\max}\|\boldsymbol{A}\|+\hat{p}\,\widetilde{\lambda}_{\max}\|\boldsymbol{B}\|-\frac{1}{2}(1-\epsilon(t))\mathfrak{K}(t)\,\mathfrak{x}_{\max}\eta_{\min})\|\boldsymbol{e}_i(t)\|^2 - \\ & \xi_i(t)\boldsymbol{e}_i^{\mathrm{T}}(t)\boldsymbol{Y}_i\boldsymbol{e}_i(t)) + \sum_{i=1}^{M}\hat{q}\,\widetilde{\lambda}_{\max}\|\boldsymbol{B}\|\|\boldsymbol{e}_i(t)\| + \epsilon(t)\mathfrak{K}(t)\,\hat{\boldsymbol{e}}^{\mathrm{T}}(t)\,\mathfrak{x}_{\max}\hat{\boldsymbol{G}}\hat{\boldsymbol{e}}(t) + \\ & (1-\mathfrak{K}(t))\,\hat{\boldsymbol{e}}^{\mathrm{T}}(t)\,\mathfrak{x}_{\max}\overline{\boldsymbol{G}}\hat{\boldsymbol{e}}(t) - \sum_{i=1}^{M}\boldsymbol{e}_i^{\mathrm{T}}(t)\boldsymbol{Y}_i l_i(t)\,\mathrm{sgn}(\boldsymbol{e}_i(t)) - \\ & \widetilde{\rho}_1\frac{T_d}{T_p}\widetilde{\lambda}_{\min}\sum_{i=1}^{M}\sum_{j=1}^{m}|e_{ij}(t)|^{1+\chi_1} - \widetilde{\rho}_2\frac{T_d}{T_p}\widetilde{\lambda}_{\min}\sum_{i=1}^{M}\sum_{j=1}^{m}|e_{ij}(t)|^{1+\chi_2}\end{aligned} \tag{9.15}$$

对 $V_2(t)$ 进行微分，得

$$\begin{aligned}\mathcal{L}V_2(t) &= \sum_{i=1}^{M}\mathcal{G}_i^{-1}(\xi_i(t)-\bar{\xi}_i)\,\dot{\xi}_i(t) \\ &= \sum_{i=1}^{M}\mathcal{G}_i^{-1}(\xi_i(t)-\bar{\xi}_i)(\mathcal{G}_i\boldsymbol{e}_i^{\mathrm{T}}(t)\boldsymbol{Y}_i\boldsymbol{e}_i(t) - \frac{T_d}{T_p}\mathrm{sgn}(\xi_i(t)-\bar{\xi}_i)\,|\xi_i(t)-\bar{\xi}_i|^{\chi_1} \\ &= -\frac{T_d}{T_p}\mathrm{sgn}(\xi_i(t)-\bar{\xi}_i)\,|\xi_i(t)-\bar{\xi}_i|^{\chi_2}) \\ &= \sum_{i=1}^{M}((\xi_i(t)-\bar{\xi}_i)\boldsymbol{e}_i^{\mathrm{T}}(t)\boldsymbol{Y}_i\boldsymbol{e}_i(t) - \frac{T_d}{T_p}\mathcal{G}_i^{-1}|\xi_i(t)-\bar{\xi}_i|^{1+\chi_1} - \\ &\quad \frac{T_d}{T_p}\mathcal{G}_i^{-1}|\xi_i(t)-\bar{\xi}_i|^{1+\chi_2})\end{aligned} \tag{9.16}$$

同样，对 $V_3(t)$ 求导可得

$$\begin{aligned}\mathcal{L}V_3(t) &= \sum_{i=1}^{M}\tau_i^{-1}(l_i(t)-\bar{l}_i)\,\dot{l}_i(t) \\ &= \sum_{i=1}^{M}\tau_i^{-1}(l_i(t)-\bar{l}_i)\Big((\tau_i\sum_{j=1}^{m}\widetilde{\lambda}_{ji}|e_{ij}(t)| - \frac{T_d}{T_p}\mathrm{sgn}(l_i(t)-\bar{l}_i)\,|l_i(t)-\bar{l}_i|^{\chi_1} - \\ &\quad \frac{T_d}{T_p}\mathrm{sgn}(l_i(t)-\bar{l}_i)\,|l_i(t)-\bar{l}_i|^{\chi_2}) \\ &= \sum_{i=1}^{M}(\boldsymbol{e}_i^{\mathrm{T}}(t)\boldsymbol{Y}_i l_i(t)\,\mathrm{sgn}(\boldsymbol{e}_i(t)) - \bar{l}_i\sum_{j=1}^{m}\widetilde{\lambda}_{ji}|e_{ij}(t)| - \frac{T_d}{T_p}\tau_i^{-1}|l_i(t)-\bar{l}_i|^{1+\chi_1} - \\ &\quad \frac{T_d}{T_p}\tau_i^{-1}|l_i(t)-\bar{l}_i|^{1+\chi_2})\end{aligned} \tag{9.17}$$

基于 $\sum_{j=1}^{m}|e_{ij}(t)| \geqslant \|\boldsymbol{e}_i(t)\|$ 和 $\sum_{i=1}^{M}\boldsymbol{e}_i^{\mathrm{T}}(t)\boldsymbol{Y}_i\boldsymbol{e}_i(t) \geqslant \widetilde{\lambda}_{\min}\sum_{i=1}^{M}\|\boldsymbol{e}_i(t)\|^2$，由式（9.15）~式（9.17）可得

$$V(t)\leqslant \hat{\boldsymbol{e}}^{\mathrm{T}}(t)\Big((\widetilde{\lambda}_{\max}\|\boldsymbol{A}\|+\hat{p}\widetilde{\lambda}_{\max}\|\boldsymbol{B}\|-\frac{1}{2}(1-\epsilon(t))\mathfrak{K}(t)\mathfrak{r}_{\max}\eta_{\min}+\epsilon(t)\mathfrak{K}(t)\mathfrak{r}_{\max}\hat{\sigma}(\mathrm{sym}(\hat{\boldsymbol{G}}))+(1-\mathfrak{K}(t))\mathfrak{r}_{\max}\bar{\sigma}(\mathrm{sym}(\bar{\boldsymbol{G}}))-\bar{\xi}_i\widetilde{\lambda}_{\min}\Big)\hat{\boldsymbol{e}}(t)+\sum_{i=1}^{M}(\hat{q}\widetilde{\lambda}_{\max}\|\boldsymbol{B}\|-\bar{l}_i\widetilde{\lambda}_{\min})\|\boldsymbol{e}_i(t)\|+\mathcal{I}_1(t)+\mathcal{I}_2(t)+\mathcal{I}_3(t) \tag{9.18}$$

式中

$$\mathcal{I}_1(t)=-\hat{\rho}_1\frac{T_d}{T_p}\widetilde{\lambda}_{\min}\sum_{i=1}^{M}\sum_{j=1}^{m}|e_{ij}(t)|^{1+\chi_1}-\hat{\rho}_2\frac{T_d}{T_p}\widetilde{\lambda}_{\min}\sum_{i=1}^{M}\sum_{j=1}^{m}|e_{ij}(t)|^{1+\chi_2}$$

$$\mathcal{I}_2(t)=-\frac{T_d}{T_p}\sum_{i=1}^{M}(\mathfrak{S}_i^{-1}|\xi_i(t)-\bar{\xi}_i|^{1+\chi_1}+\mathfrak{S}_i^{-1}|\xi_i(t)-\bar{\xi}_i|^{1+\chi_2})$$

$$\mathcal{I}_3(t)=-\frac{T_d}{T_p}\sum_{i=1}^{M}(\tau_i^{-1}|l_i(t)-\bar{l}_i|^{1+\chi_1}+\tau_i^{-1}|l_i(t)-\bar{l}_i|^{1+\chi_2})$$

借助引理9.2，推导可得

$$\begin{aligned}\sum_{i=1}^{M}\sum_{j=1}^{m}|e_{ij}(t)|^{1+\chi_1}&\geqslant(mM)^{\frac{1-\chi_1}{2}}\Big(\sum_{i=1}^{M}\sum_{j=1}^{m}e_{ij}^2(t)\Big)^{\frac{1+\chi_1}{2}}\\&\geqslant(mM)^{\frac{1-\chi_1}{2}}2^{\frac{1+\chi_1}{2}}\widetilde{\lambda}_{\max}^{-\frac{1+\chi_1}{2}}\Big(\frac{1}{2}\boldsymbol{e}_i^{\mathrm{T}}(t)\boldsymbol{Y}_i\boldsymbol{e}_i(t)\Big)^{\frac{1+\chi_1}{2}}\\&=(mM)^{\frac{1-\chi_1}{2}}2^{\frac{1+\chi_1}{2}}\widetilde{\lambda}_{\max}^{-\frac{1+\chi_1}{2}}V_1^{\frac{1+\chi_1}{2}}(t)\end{aligned}$$

$$\begin{aligned}\sum_{i=1}^{M}\sum_{j=1}^{m}|e_{ij}(t)|^{1+\chi_2}&\geqslant\Big(\sum_{i=1}^{M}\sum_{j=1}^{m}e_{ij}^2(t)\Big)^{\frac{1+\chi_2}{2}}\\&\geqslant 2^{\frac{1+\chi_2}{2}}\widetilde{\lambda}_{\max}^{-\frac{1+\chi_2}{2}}V_1^{\frac{1+\chi_2}{2}}(t)\end{aligned}$$

此外，可得

$$\mathcal{I}_1(t)\leqslant-\Lambda_1\frac{T_d}{T_p}V_1^{\frac{1+\chi_1}{2}}(t)-\Lambda_1\frac{T_d}{T_p}V_1^{\frac{1+\chi_2}{2}}(t) \tag{9.19}$$

同样，根据引理9.2，可推导出

$$\begin{aligned}\mathcal{I}_2(t)&=-\frac{T_d}{T_p}\sum_{i=1}^{M}\Big(\mathfrak{S}_i^{\frac{\chi_1-1}{2}}\Big(\frac{1}{\mathfrak{S}_i}(\xi_i(t)-\bar{\xi}_i)^2\Big)^{\frac{1+\chi_1}{2}}+\mathfrak{S}_i^{\frac{\chi_2-1}{2}}\Big(\frac{1}{\mathfrak{S}_i}(\xi_i(t)-\bar{\xi}_i)^2\Big)^{\frac{1+\chi_2}{2}}\Big)\\&\leqslant-\Lambda_2\frac{T_d}{T_p}\Big(\sum_{i=1}^{M}\frac{1}{\mathfrak{S}_i}(\xi_i(t)-\bar{\xi}_i)^2\Big)^{\frac{1+\chi_1}{2}}-\Lambda_2\frac{T_d}{T_p}\Big(\sum_{i=1}^{M}\frac{1}{\mathfrak{S}_i}(\xi_i(t)-\bar{\xi}_i)^2\Big)^{\frac{1+\chi_2}{2}}\\&=-\Lambda_2\frac{T_d}{T_p}V_2^{\frac{1+\chi_1}{2}}(t)-\Lambda_2\frac{T_d}{T_p}V_2^{\frac{1+\chi_2}{2}}(t)\end{aligned} \tag{9.20}$$

且

$$
\begin{aligned}
\mathcal{I}_3(t)&=-\frac{T_d}{T_p}\sum_{i=1}^{M}\left(\tau_i^{\frac{\chi_1-1}{2}}\left(\frac{1}{\tau_i}(l_i(t)-\bar{l}_i)^2\right)^{\frac{1+\chi_1}{2}}+\tau_i^{\frac{\chi_2-1}{2}}\left(\frac{1}{\tau_i}(l_i(t)-\bar{l}_i)^2\right)^{\frac{1+\chi_2}{2}}\right)\\
&\leqslant-\Lambda_3\frac{T_d}{T_p}\left(\sum_{i=1}^{M}\frac{1}{\tau_i}(l_i(t)-\bar{l}_i)^2\right)^{\frac{1+\chi_1}{2}}-\Lambda_3\frac{T_d}{T_p}\left(\sum_{i=1}^{M}\frac{1}{\tau_i}(l_i(t)-\bar{l}_i)^2\right)^{\frac{1+\chi_2}{2}}\\
&=-\Lambda_3\frac{T_d}{T_p}V_3^{\frac{1+\chi_1}{2}}(t)-\Lambda_3\frac{T_d}{T_p}V_3^{\frac{1+\chi_2}{2}}(t)
\end{aligned}
\tag{9.21}
$$

基于不等式（9.19）~不等式（9.21），并在不等式（9.18）的左右两边取数学期望，由 $\bar{\xi}_i$ 和 $\bar{l}_i$ 的值，以及 $\mathcal{E}[\epsilon(t)]=\epsilon$，$\mathcal{E}[\mathfrak{K}(t)]=\mathfrak{K}$，能够得到

$$
\begin{aligned}
\mathcal{E}[\mathcal{L}V(t)]\leqslant&-\frac{T_d}{T_p}(\Lambda_1(\mathcal{E}[V_1(t)])^{\frac{1+\chi_1}{2}}+\Lambda_2(\mathcal{E}[V_2(t)])^{\frac{1+\chi_1}{2}}+\Lambda_3(\mathcal{E}[V_3(t)])^{\frac{1+\chi_1}{2}})-\\
&\frac{T_d}{T_p}(\Lambda_1(\mathcal{E}[V_1(t)])^{\frac{1+\chi_2}{2}}+\Lambda_2(\mathcal{E}[V_2(t)])^{\frac{1+\chi_2}{2}}+\Lambda_3(\mathcal{E}[V_3(t)])^{\frac{1+\chi_2}{2}})-\\
&\frac{T_d}{T_p}\varphi_1(\mathcal{E}[V(t)])^{\frac{1+\chi_1}{2}}-\frac{T_d}{T_p}\varphi_2(\mathcal{E}[V(t)])^{\frac{1+\chi_2}{2}}
\end{aligned}
\tag{9.22}
$$

利用类似分析方法，当 $t\in[t_s,t_{s+1})$ 时，推得

$$
\mathcal{E}[\mathcal{L}V(t)]\leqslant\mathcal{E}[\mathcal{I}_2(t)+\mathcal{I}_3(t)]\leqslant 0 \tag{9.23}
$$

根据引理 9.3，根据式（9.22）和式（9.23）可得在有限时间内 $\mathcal{E}[V(t)]\equiv 0$ 成立。进一步可以推导出在有限时间内 $\mathcal{E}[\|\boldsymbol{e}(t)\|]\equiv 0$ 成立。证毕。

注 9.2 对于复杂网络的有限时间同步，给出稳定时间十分必要。由引理 9.3 得到下面的稳定时间并不可靠，

$$
t\geqslant\frac{T_p}{T_d}\left(\frac{2}{\varphi_1(1-\bar{\zeta})(\chi_1-1)}+\frac{2}{\varphi_2(1-\bar{\zeta})(1-\chi_2)}\right)=T_p
$$

原因是：控制增益从初始状态到理论值的时间不容易估计。以 $\xi_i(t)$ 为例，它从初始状态增加到 $\frac{1}{\widetilde{\lambda}_{\min}}(\widetilde{\lambda}_{\max}\|\boldsymbol{A}\|+\hat{p}\widetilde{\lambda}_{\max}\|\boldsymbol{B}\|-\frac{1}{2}(1-\epsilon)\mathfrak{K}\mathfrak{x}_{\max}\eta_{\min}+\epsilon\mathfrak{K}\mathfrak{x}_{\max}\hat{\sigma}(\mathrm{sym}(\hat{\boldsymbol{G}}))+(1-\mathfrak{K})\mathfrak{x}_{\max}\bar{\sigma}(\mathrm{sym}(\bar{\boldsymbol{G}})))$ 的时间难以估计。因此，如果考虑自适应控制，则稳定时间 T_p 不能由引理 9.3 求得。然而，有限时间同步是可以实现的。实际上，自适应法则参数的理论值都是有限值，根据自适应法则［式（9.8）］可以在有限时间内实现。那么根据引理 9.3，在另一个有限时间 T_f 内 $V(t)\equiv 0$。

9.4 基于状态反馈控制的预设时间同步

本节设计了不带符号函数的状态反馈控制器，建立了预设时间同步的充分准则。

设计的状态反馈控制器为

$$
\boldsymbol{u}_i(t)=\begin{cases}-\xi_i\boldsymbol{e}_i(t)-\dfrac{T_d}{T_p}\theta_1\dfrac{\operatorname{diag}(\boldsymbol{e}_i(t))\,|\boldsymbol{e}_i(t)|^{\chi}}{\sum\limits_{j=1}^{M}\|\boldsymbol{e}_j(t)\|}-\widetilde{\Theta}\dfrac{\boldsymbol{e}_i(t)}{\sum\limits_{j=1}^{M}\|\boldsymbol{e}_j(t)\|}, & \sum\limits_{j=1}^{M}\|\boldsymbol{e}_j(t)\|\neq 0\\ 0, & \sum\limits_{j=1}^{M}\|\boldsymbol{e}_j(t)\|=0\end{cases}\tag{9.24}
$$

式中，$\xi_i>0$，$\theta_1>0$，$\widetilde{\Theta}=\theta_2-\dfrac{T_p-T_d}{\widetilde{\lambda}_{\min}T_p}M\theta_3$，$\theta_2>\dfrac{\hat{q}M\widetilde{\lambda}_{\max}\|\boldsymbol{B}\|}{\widetilde{\lambda}_{\min}}$，$\theta_3=\dfrac{\widetilde{\lambda}_{\min}}{M}\theta_2-\hat{q}\widetilde{\lambda}_{\max}\|\boldsymbol{B}\|$。$T_p>0$ 为预定时间且

$$
T_d=\frac{2^{\frac{\chi_1+1}{2}}}{\phi_1^{\frac{2}{\chi_1+1}}(\chi_1-1)}\left(\phi_1^{\frac{2}{\chi_1+1}}+\phi_2^{\frac{2}{\chi_1+1}}\right)^{\frac{1-\chi_1}{2}}+\frac{2}{\phi_2(1-\chi_2)}\ln\left(\frac{\phi_1+\phi_2}{\phi_1}\right)
$$

式中，$\phi_1=\min\{2^{\frac{1+\chi_1}{2}}\theta_1(Mm)^{-1-\chi_1}\widetilde{\lambda}_{\min}\widetilde{\lambda}_{\max}^{-\frac{1+\chi_1}{2}},\ 2^{\frac{1+\chi_2}{2}}\theta_1(Mm)^{-1-\chi_2}\widetilde{\lambda}_{\min}\widetilde{\lambda}_{\max}^{-\frac{1+\chi_2}{2}}\}$，$\phi_2=2^{\frac{1}{2}}\widetilde{\lambda}_{\max}^{-\frac{1}{2}}\theta_3$。此外，$\dfrac{1}{2}\sum\limits_{i=1}^{M}\boldsymbol{e}_i^{\mathrm{T}}(t)\boldsymbol{Y}_i\boldsymbol{e}_i(t)>1$，那么$\chi=\chi_1$，否则$\chi=\chi_2$，其中$\chi_1>1$，$0<\chi_2<1$。

注 9.3　由 $\theta_2>\dfrac{\hat{q}M\widetilde{\lambda}_{\max}\|\boldsymbol{B}\|}{\widetilde{\lambda}_{\min}}$ 易得 $\theta_3>0$ 且 $\theta_2>\dfrac{T_p-T_d}{\widetilde{\lambda}_{\min}T_p}M\theta_3$。事实上，根据 $\theta_2>\dfrac{T_d-T_p}{T_d}\dfrac{\hat{q}M\widetilde{\lambda}_{\max}\|\boldsymbol{B}\|}{\widetilde{\lambda}_{\min}}$ 可以得到$\dfrac{T_d}{T_p}\theta_2>-\hat{q}M\widetilde{\lambda}_{\max}\|\boldsymbol{B}\|\dfrac{T_p-T_d}{\widetilde{\lambda}_{\min}T_p}$。那么 $\theta_2>\left(1-\dfrac{T_d}{T_p}\right)\theta_2-\hat{q}M\widetilde{\lambda}_{\max}\|\boldsymbol{B}\|\dfrac{T_p-T_d}{\widetilde{\lambda}_{\min}T_p}=\dfrac{T_p-T_d}{\widetilde{\lambda}_{\min}T_p}(\theta_2\widetilde{\lambda}_{\min}-\hat{q}M\widetilde{\lambda}_{\max}\|\boldsymbol{B}\|)=\dfrac{T_p-T_d}{\widetilde{\lambda}_{\min}T_p}M\theta_3$。此外，不含符号函数的状态反馈控制器［式（2.24）］克服了由符号函数引起的抖振现象。

注 9.4　考虑$\dfrac{1}{2}\sum\limits_{i=1}^{M}\boldsymbol{e}_i^{\mathrm{T}}(t)\boldsymbol{Y}_i\boldsymbol{e}_i(t)$，节点的所有状态信息都在状态反馈控制器［式（9.24）］中得到了利用。该状态反馈控制器不连续，其控制参数χ 可以根据 $\dfrac{1}{2}\sum\limits_{i=1}^{M}\boldsymbol{e}_i^{\mathrm{T}}(t)\boldsymbol{Y}_i\boldsymbol{e}_i(t)$ 的值进行切换。文献［8］~文献［11］中的控制参数都是平稳的，将导致对参数 T_d 的估计带来较大的保守性。显然，状态反馈控制器［式（9.24）］可以克服该缺点。

基于状态反馈控制器［式（9.24）］可以推导出下面的预设时间同步

定理 9.2　令假设 9.1 和 9.2 成立，若满足下列条件，则不连续耦合网络［式（9.1）］和目标网络［式（9.4）］基于状态反馈控制器［式（9.24）］，可在一个预先分配的时间 T_p 内实现预设时间同步

$$
\begin{aligned}&\left(\widetilde{\lambda}_{\max}\|\boldsymbol{A}\|+\hat{p}\widetilde{\lambda}_{\max}\|\boldsymbol{B}\|-\frac{1}{2}(1-\epsilon)\mathfrak{K}\mathfrak{r}_{\max}\eta_{\min}\right)I_M+\epsilon\mathfrak{K}\mathfrak{r}_{\max}\operatorname{sym}(\hat{\boldsymbol{G}})+\\&(1-\mathfrak{K})\mathfrak{r}_{\max}\operatorname{sym}(\overline{\boldsymbol{G}})-\widetilde{\lambda}_{\min}\boldsymbol{\Pi}\leqslant 0\end{aligned}\tag{9.25}
$$

式中，$\boldsymbol{\Pi}=\operatorname{diag}(\xi_1,\xi_2,\cdots,\xi_M)$。此外，$\hat{\boldsymbol{G}}$、$\overline{\boldsymbol{G}}$和 $\mathfrak{r}_{\max}$的定义与式（9.8）相同。

证明 李雅普诺夫函数设计如下：

$$\mathcal{V}(t)=\frac{1}{2}\sum_{i=1}^{M}\boldsymbol{e}_i^{\mathrm{T}}(t)\boldsymbol{Y}_i\boldsymbol{e}_i(t) \tag{9.26}$$

当 $\sum_{J=1}^{M}\|\boldsymbol{e}_J(t)\|\neq 0$ 时，基于误差系统［式（9.6）］，推导出

$$\begin{aligned}\mathcal{L}\mathcal{V}(t)=&\sum_{i=1}^{M}\boldsymbol{e}_i^{\mathrm{T}}(t)\boldsymbol{Y}_i\dot{\boldsymbol{e}}_i(t)\\ =&\sum_{i=1}^{M}\boldsymbol{e}_i^{\mathrm{T}}(t)\boldsymbol{Y}_i\Big[\boldsymbol{A}\boldsymbol{e}_i(t)+\boldsymbol{B}\boldsymbol{\gamma}_i(t)+\epsilon(t)\mathfrak{K}(t)\sum_{j=1}^{M}g_{ij}\boldsymbol{\mathfrak{X}}\boldsymbol{e}_j(t)+\\ &(1-\epsilon(t))\mathfrak{K}(t)\sum_{j=1}^{M}\boldsymbol{\mathfrak{X}}\boldsymbol{C}_{ij}\boldsymbol{e}_j(t)+(1-\mathfrak{K}(t))\sum_{j=1}^{M}g_{ij}\boldsymbol{H}\boldsymbol{w}(\boldsymbol{e}_j(t))-\xi_i\boldsymbol{e}_i(t)-\\ &\frac{T_d}{T_p}\theta_1\frac{\mathrm{diag}(\boldsymbol{e}_i(t))\,|\boldsymbol{e}_i(t)|^{\chi}}{\sum_{J=1}^{M}\|\boldsymbol{e}_J(t)\|}-\left(\theta_2-\frac{T_p-T_d}{\widetilde{\lambda}_{\min}T_p}M\theta_3\right)\frac{\boldsymbol{e}_i(t)}{\sum_{J=1}^{M}\|\boldsymbol{e}_J(t)\|}\Bigg]\end{aligned} \tag{9.27}$$

根据状态反馈控制器［式（9.24）］，结合引理9.2，可得

$$\begin{aligned}\sum_{i=1}^{M}\boldsymbol{e}_i^{\mathrm{T}}(t)\boldsymbol{Y}_i\frac{\mathrm{diag}(\boldsymbol{e}_i(t))\,|\boldsymbol{e}_i(t)|^{\chi}}{\sum_{J=1}^{M}\|\boldsymbol{e}_J(t)\|}&\geqslant\widetilde{\lambda}_{\min}\frac{\sum_{i=1}^{M}\sum_{j=1}^{m}|e_{ij}(t)|^{2+\chi}}{\sum_{J=1}^{M}\|\boldsymbol{e}_J(t)\|}\\ &\geqslant(Mm)^{-1-\chi}\widetilde{\lambda}_{\min}\frac{\left(\sum_{i=1}^{M}\sum_{j=1}^{m}|e_{ij}(t)|\right)^{2+\chi}}{\sum_{i=1}^{M}\sum_{j=1}^{m}|e_{ij}(t)|}\\ &\geqslant(Mm)^{-1-\chi}\widetilde{\lambda}_{\min}\left(\sum_{i=1}^{M}\sum_{j=1}^{m}|e_{ij}(t)|\right)^{1+\chi}\\ &\geqslant(Mm)^{-1-\chi}\widetilde{\lambda}_{\min}\left(\sum_{i=1}^{M}\sum_{j=1}^{m}e_{ij}^2(t)\right)^{\frac{1+\chi}{2}}\end{aligned} \tag{9.28}$$

$$\sum_{i=1}^{M}\boldsymbol{e}_i^{\mathrm{T}}(t)\boldsymbol{Y}_i\frac{\boldsymbol{e}_i(t)}{\sum_{J=1}^{M}\|\boldsymbol{e}_J(t)\|}\geqslant\frac{\widetilde{\lambda}_{\min}}{M}\frac{\left(\sum_{i=1}^{M}\|\boldsymbol{e}_i(t)\|\right)^2}{\sum_{J=1}^{M}\|\boldsymbol{e}_J(t)\|}=\frac{\widetilde{\lambda}_{\min}}{M}\sum_{i=1}^{M}\|\boldsymbol{e}_i(t)\| \tag{9.29}$$

将不等式（9.10）~不等式（9.14）、不等式（9.28）和不等式（9.29）代入式（9.27），且对式（9.27）的左右两边取数学期望得

$$\begin{aligned}\mathcal{E}[\mathcal{L}\mathcal{V}(t)]\leqslant\mathcal{E}[\hat{\boldsymbol{e}}^{\mathrm{T}}(t)((\widetilde{\lambda}_{\max}\|\boldsymbol{A}\|+\hat{p}\widetilde{\lambda}_{\max}\|\boldsymbol{B}\|-\frac{1}{2}(1-\epsilon(t))\mathfrak{K}(t)\mathfrak{x}_{\max}\eta_{\min})I_M+\\ \epsilon(t)\mathfrak{K}(t)\mathfrak{x}_{\max}\hat{\boldsymbol{G}}+(1-\mathfrak{K}(t))\mathfrak{x}_{\max}\overline{\boldsymbol{G}}-\widetilde{\lambda}_{\min}\Pi)\hat{\boldsymbol{e}}(t)]+\end{aligned}$$

$$\mathcal{E}\left[\left(\hat{q}\,\widetilde{\lambda}_{\max}\|\boldsymbol{B}\|-\left(\theta_2-\frac{T_p-T_d}{\widetilde{\lambda}_{\min}T_p}M\theta_3\right)\frac{\widetilde{\lambda}_{\min}}{M}\right)\sum_{i=1}^{M}\|\boldsymbol{e}_i(t)\|-\frac{T_d}{T_p}\theta_1(Mm)^{-1-\chi}\,\widetilde{\lambda}_{\min}\left(\sum_{i=1}^{M}\sum_{j=1}^{m}e_{ij}^2(t)\right)^{\frac{1+\chi}{2}}\right]$$

$$=\mathcal{E}[\hat{\boldsymbol{e}}^{\mathrm{T}}(t)((\widetilde{\lambda}_{\max}\|\boldsymbol{A}\|+\hat{p}\widetilde{\lambda}_{\max}\|\boldsymbol{B}\|-\frac{1}{2}(1-\epsilon)\mathfrak{K}\mathfrak{x}_{\max}\eta_{\min})I_M+\epsilon\mathfrak{K}\mathfrak{x}_{\max}\mathrm{sym}(\hat{\boldsymbol{G}})+(1-\mathfrak{K})\mathfrak{x}_{\max}\mathrm{sym}(\overline{\boldsymbol{G}})-\widetilde{\lambda}_{\min}\boldsymbol{\Pi})\hat{\boldsymbol{e}}(t)]+$$
$$\mathcal{E}\left[\left(\hat{q}\,\widetilde{\lambda}_{\max}\|\boldsymbol{B}\|-\left(\theta_2-\frac{T_p-T_d}{\widetilde{\lambda}_{\min}T_p}M\theta_3\right)\frac{\widetilde{\lambda}_{\min}}{M}\right)\sum_{i=1}^{M}\|\boldsymbol{e}_i(t)\|-\frac{T_d}{T_p}\theta_1(Mm)^{-1-\chi}\,\widetilde{\lambda}_{\min}\left(\sum_{i=1}^{M}\sum_{j=1}^{m}e_{ij}^2(t)\right)^{\frac{1+\chi}{2}}\right]$$

根据式（9.25）和 $\theta_3=\frac{\widetilde{\lambda}_{\min}}{M}\theta_2-\hat{q}\widetilde{\lambda}_{\max}\|\boldsymbol{B}\|$，能够得到

$$\mathcal{E}[\mathcal{L}\mathcal{V}(t)]\leqslant-\frac{T_d}{T_p}\theta_3\mathcal{E}\left[\sum_{i=1}^{M}\|\boldsymbol{e}_i(t)\|\right]-\frac{T_d}{T_p}\theta_1(Mm)^{-1-\chi}\,\widetilde{\lambda}_{\min}\mathcal{E}\left[\left(\sum_{i=1}^{M}\sum_{j=1}^{m}e_{ij}^2(t)\right)^{\frac{1+\chi}{2}}\right] \tag{9.30}$$

利用引理9.2，使得

$$\begin{aligned}\sum_{i=1}^{M}\|\boldsymbol{e}_i(t)\|&\geqslant\left(\sum_{i=1}^{M}\sum_{j=1}^{m}e_{ij}^2(t)\right)^{\frac{1}{2}}\\&\geqslant 2^{\frac{1}{2}}\,\widetilde{\lambda}_{\max}^{-\frac{1}{2}}\left(\frac{1}{2}\sum_{i=1}^{M}\sum_{j=1}^{m}\widetilde{\lambda}_{ji}e_{ij}^2(t)\right)^{\frac{1}{2}}\\&=2^{\frac{1}{2}}\,\widetilde{\lambda}_{\max}^{-\frac{1}{2}}\mathcal{V}^{\frac{1}{2}}(t)\end{aligned} \tag{9.31}$$

根据χ与$\mathcal{V}(t)$相切换，考虑以下两种情况。

情况 1：当 $\mathcal{V}(t)>1$ 时，能够得到

$$\begin{aligned}\left(\sum_{i=1}^{M}\sum_{j=1}^{m}e_{ij}^2(t)\right)^{\frac{1+\chi}{2}}&=\left(\sum_{i=1}^{M}\sum_{j=1}^{m}e_{ij}^2(t)\right)^{\frac{1+\chi_1}{2}}\\&\geqslant 2^{\frac{1+\chi_1}{2}}\,\widetilde{\lambda}_{\max}^{-\frac{1+\chi_1}{2}}\left(\frac{1}{2}\sum_{i=1}^{M}\sum_{j=1}^{m}\widetilde{\lambda}_{ji}e_{ij}^2(t)\right)^{\frac{1+\chi_1}{2}}\\&=2^{\frac{1+\chi_1}{2}}\,\widetilde{\lambda}_{\max}^{-\frac{1+\chi_1}{2}}\mathcal{V}^{\frac{1+\chi_1}{2}}(t)\end{aligned} \tag{9.32}$$

此外，结合式（9.30）~式（9.32），可以推导出

$$\mathcal{E}[\mathcal{L}\mathcal{V}(t)]\leqslant-2^{\frac{1+\chi_1}{2}}\frac{T_d}{T_p}\theta_1(Mm)^{-1-\chi_1}\widetilde{\lambda}_{\min}\widetilde{\lambda}_{\max}^{-\frac{1+\chi_1}{2}}(\mathcal{E}[\mathcal{V}(t)])^{\frac{1+\chi_1}{2}}-\phi_2\frac{T_d}{T_p}(\mathcal{E}[\mathcal{V}(t)])^{\frac{1}{2}} \tag{9.33}$$

情况 2：当 $\mathcal{V}(t)\leqslant 1$ 时，可得

$$\left(\sum_{i=1}^{M}\sum_{j=1}^{m}e_{ij}^{2}(t)\right)^{\frac{1+\chi}{2}}=\left(\sum_{i=1}^{M}\sum_{j=1}^{m}e_{ij}^{2}(t)\right)^{\frac{1+\chi_2}{2}}\geqslant 2^{\frac{1+\chi_2}{2}}\widetilde{\lambda}_{\max}^{-\frac{1+\chi_2}{2}}\mathcal{V}^{\frac{1+\chi_2}{2}}(t)$$

此外

$$\begin{aligned}\mathcal{E}[\mathcal{L}\mathcal{V}(t)]\leqslant&-2^{\frac{1+\chi_2}{2}}\frac{T_d}{T_p}\theta_1(Mm)^{-1-\chi_2}\widetilde{\lambda}_{\min}\widetilde{\lambda}_{\max}^{-\frac{1+\chi_2}{2}}(\mathcal{E}[\mathcal{V}(t)])^{\frac{1+\chi_2}{2}}-\\&\phi_2\frac{T_d}{T_p}(\mathcal{E}[\mathcal{V}(t)])^{\frac{1}{2}}\end{aligned}\tag{9.34}$$

根据式（9.33）和式（9.34），可得

$$\mathcal{E}[\mathcal{L}\mathcal{V}(t)]\leqslant-\phi_1\frac{T_d}{T_p}(\mathcal{E}[\mathcal{V}(t)])^{\frac{1+\chi}{2}}-\phi_2\frac{T_d}{T_p}(\mathcal{E}[\mathcal{V}(t)])^{\frac{1}{2}}$$

为便于比较，考虑以下系统

$$\begin{cases}\dot{\mathfrak{Q}}(t)=\begin{cases}-\phi_1\dfrac{T_d}{T_p}\mathfrak{Q}^{\frac{1+\chi_1}{2}}(t)-\phi_2\dfrac{T_d}{T_p}\mathfrak{Q}^{\frac{1}{2}}(t), & 1<\mathfrak{Q}(t)\\-\phi_1\dfrac{T_d}{T_p}\mathfrak{Q}^{\frac{1+\chi_2}{2}}(t)-\phi_2\dfrac{T_d}{T_p}\mathfrak{Q}^{\frac{1}{2}}(t), & 0<\mathfrak{Q}(t)\leqslant 1\\0, & \mathfrak{Q}(t)=0\end{cases}\\\mathfrak{Q}(0)=\mathcal{E}[\mathcal{V}(0)]\end{cases}$$

那么可得 $0\leqslant\mathcal{E}[\mathcal{V}(t)]\leqslant\mathfrak{Q}(t)$。因此，若存在 $T>0$ 使得 $\mathfrak{Q}(t)\equiv0(t>T)$，则可以得到 $\mathcal{V}(t)\equiv0(t>T)$。借助文献［12］中的引理 6，可得 $T=T_1+T_2$，其中

$$\begin{aligned}T_1&=\frac{T_p}{T_d}\int_{+\infty}^{1}\frac{1}{-\phi_1 v^{\frac{1+\chi_1}{2}}-\phi_2}\mathrm{d}v\\&\leqslant\frac{T_p}{T_d}\lim_{v_0\to+\infty}\int_{1}^{v_0}\frac{1}{2^{\frac{1-\chi_1}{2}}\left(\phi_1^{\frac{2}{\chi_1+1}}v+\phi_2^{\frac{2}{\chi_1+1}}\right)^{\frac{\chi_1+1}{2}}}\mathrm{d}v\\&=\frac{T_p}{T_d}\frac{2^{\frac{\chi_1+1}{2}}}{\chi_1-1}\frac{1}{\phi_1^{\frac{2}{\chi_1+1}}}\left(\phi_1^{\frac{2}{\chi_1+1}}+\phi_2^{\frac{2}{\chi_1+1}}\right)^{\frac{1-\chi_1}{2}}\end{aligned}$$

且

$$\begin{aligned}T_2&=\frac{T_p}{T_d}\int_{1}^{0}\frac{1}{-\phi_1 v^{\frac{1+\chi_2}{2}}-\phi_2 v}\mathrm{d}v\\&=\frac{T_p}{T_d}\int_{1}^{0}\frac{2\mathrm{d}z}{(\chi_2-1)(\phi_1+\phi_2 z)}\\&=\frac{T_p}{T_d}\frac{2}{\phi_2(1-\chi_2)}\ln\left(\frac{\phi_1+\phi_2}{\phi_1}\right)\end{aligned}$$

综合可得

$$T=\frac{T_p}{T_d}\frac{2^{\frac{\chi_1+1}{2}}}{\chi_1-1}\frac{1}{\phi_1^{\frac{2}{\chi_1+1}}}(\phi_1^{\frac{2}{\chi_1+1}}+\phi_2^{\frac{2}{\chi_1+1}})^{\frac{1-\chi_1}{2}}+\frac{T_p}{T_d}\frac{2}{\phi_2(1-\chi_2)}\ln\left(\frac{\phi_1+\phi_2}{\phi_1}\right)$$

$$=\frac{T_p}{T_d}T_d=T_p$$

对于 $t>T_p$，有 $\mathcal{E}[\|\boldsymbol{e}_i(t)\|]\equiv 0$。因此，可得不连续耦合网络［式（9.1）］与目标网络［式（9.4）］在定义 9.3 下能在一个预设时间 T_p 内达到同步。证毕。

注 9.5 对定理 9.1 和定理 9.2 的比较，可得预设时间同步在状态反馈控制下可以很容易实现。然而，自适应控制在某些领域比状态反馈控制具有更大的优势。在实际应用中，人们可以选择合适的控制器来实现同步。

值得注意的是，只要 $\xi_{\min}=\min\{\xi_1,\xi_2,\cdots,\xi_M\}$ 足够大，就可以实现不连续耦合网络［式（9.1）］和目标网络［式（9.4）］的预设时间同步，可得推论 9.1。

推论 9.1 令假设 9.1 和 9.2 成立，若下列条件满足，则不连续耦合网络［式（9.1）］和目标网络［式（9.4）］在状态反馈控制器［式（9.24）］下将在稳定时间 T_p内实现预设时间同步

$$\xi_{\min}\geqslant\frac{1}{\widetilde{\lambda}_{\min}}(\widetilde{\lambda}_{\max}\|\boldsymbol{A}\|+\hat{p}\widetilde{\lambda}_{\max}\|\boldsymbol{B}\|-\frac{1}{2}(1-\epsilon)\mathfrak{K}\mathfrak{r}_{\max}\eta_{\min}+\epsilon\mathfrak{K}\mathfrak{r}_{\max}\hat{\sigma}(\mathrm{sym}(\hat{\boldsymbol{G}}))+$$
$$(1-\mathfrak{K})\mathfrak{r}_{\max}\overline{\sigma}(\mathrm{sym}(\overline{\boldsymbol{G}})))$$

注 9.6 当 $\epsilon(t)\equiv 0$ 或 $\epsilon(t)\equiv 1$ 时，则可类似得到具有线性耦合、非线性耦合和部分成功通信的非线性网络系统同步准则。

注 9.7 状态反馈控制器［式（9.24）］中的 T_d 是固定时间同步的稳定时间，它可以表明固定时间控制和预设时间控制的关系。在许多已有的文献中，都是先建立固定时间同步，本节省略了固定时间同步，主要介绍预设时间同步。

9.5 实验结果与分析

本节将给出数值算例来验证理论结果的正确性，考虑目标网络［式（9.4）］，有 $\boldsymbol{z}(t)=(z_1(t),z_2(t),z_3(t))^{\mathrm{T}}$，$f(\boldsymbol{z}(t))=(\tanh(z_1(t))+0.03\times\mathrm{sgn}(z_1(t)),1.2\times\tanh(z_2(t))-0.03\times\mathrm{sgn}(z_2(t)),0.9\times\tanh(z_3(t))+0.03\times\mathrm{sgn}(z_3(t)))^{\mathrm{T}}$。

矩阵 $\boldsymbol{A}=0.1\times\mathrm{diag}(-1,-1,-1)$ 且

$$\boldsymbol{B}=0.1\times\begin{bmatrix}1.6&2&1\\-1.9&1.7&0\\4&-18&2\end{bmatrix}$$

令目标网络［式（9.4）］的初始值为 $\boldsymbol{z}(0)=(0.3,-0.1,-0.2)^{\mathrm{T}}$，其混沌轨迹如

图 9-1 所示。

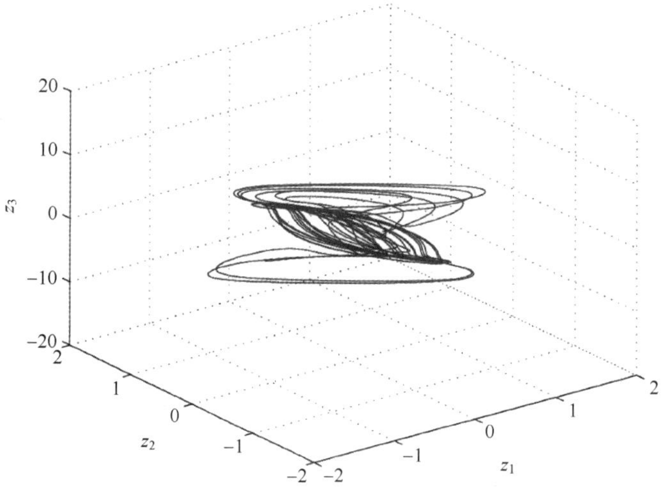

图 9-1　目标网络［式（9.4）］的混沌轨迹

考虑不连续耦合网络［式（9.1）］，其中 $M=5$，$\mathfrak{X}=\mathrm{diag}(0.2,0.2,0.2)$，$\boldsymbol{w}(\boldsymbol{\nu}_j(t))=(\nu_{j1}(t)+0.01\times\sin(\nu_{j1}(t)),\nu_{j2}(t),\nu_{j3}(t))^{\mathrm{T}}$，矩阵 $\boldsymbol{G}$ 为

$$\boldsymbol{G}=\begin{bmatrix}-6 & 3 & 2 & 0 & 1\\ 2 & -5 & 0 & 2 & 1\\ 0 & 2 & -4 & 0 & 2\\ 1 & 3 & 1 & -7 & 2\\ 1 & 0 & 3 & 2 & -6\end{bmatrix}$$

且 $\boldsymbol{K}_{12}=\mathrm{diag}(1,0,1)$，$\boldsymbol{K}_{13}=\mathrm{diag}(1,1,0)$，$\boldsymbol{K}_{15}=\mathrm{diag}(0,1,1)$，$\boldsymbol{K}_{21}=\mathrm{diag}(0,1,1)$，$\boldsymbol{K}_{24}=\mathrm{diag}(1,1,1)$，$\boldsymbol{K}_{32}=\mathrm{diag}(1,1,0)$，$\boldsymbol{K}_{35}=\mathrm{diag}(0,1,0)$，$\boldsymbol{K}_{42}=\mathrm{diag}(1,0,1)$，$\boldsymbol{K}_{43}=\mathrm{diag}(1,0,1)$，$\boldsymbol{K}_{45}=\mathrm{diag}(1,1,0)$，$\boldsymbol{K}_{51}=\mathrm{diag}(1,0,0)$，$\boldsymbol{K}_{53}=\mathrm{diag}(0,1,1)$，$\boldsymbol{K}_{54}=\mathrm{diag}(0,0,1)$。那么可得 $\mathcal{P}_{\min}=0.99$，$\widetilde{\psi}_{\max}=1.01$，

$$\boldsymbol{C}_1=\begin{bmatrix}-5 & 3 & 2 & 0 & 0\\ 0 & -2 & 0 & 2 & 0\\ 0 & 2 & -2 & 0 & 0\\ 0 & 3 & 1 & -6 & 2\\ 1 & 0 & 0 & 0 & -1\end{bmatrix},\quad \boldsymbol{C}_2=\begin{bmatrix}-3 & 0 & 2 & 0 & 1\\ 2 & -4 & 0 & 2 & 0\\ 0 & 2 & -2 & 0 & 0\\ 0 & 0 & 0 & -2 & 2\\ 0 & 0 & 3 & 0 & -3\end{bmatrix},\quad \boldsymbol{C}_3=\begin{bmatrix}-4 & 3 & 0 & 0 & 1\\ 2 & -4 & 0 & 2 & 0\\ 0 & 0 & -2 & 0 & 2\\ 0 & 3 & 1 & -4 & 0\\ 0 & 0 & 3 & 2 & -5\end{bmatrix}$$

本章的伯努利随机序列如图 9-2 所示，其事件发生概率分别为 $\mathrm{Prob}\{\epsilon(t)=1\}=0.85$ 和 $\mathrm{Prob}\{\mathfrak{K}(t)=1\}=0.8$。间歇控制与非控制时间序列 $\{t_s,s=0,1,2,\cdots\}$ 如图 9-3 所示，其中，$t_{s+1}-t_s=0.08$，$\bar{t}_s-t_s=0.06$。由此可得 $\bar{\zeta}=0.25$。

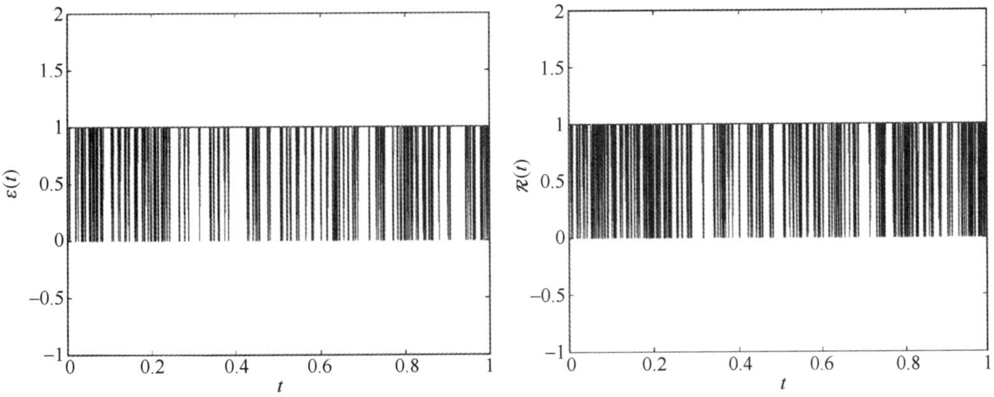

图 9-2　本章的伯努利随机序列

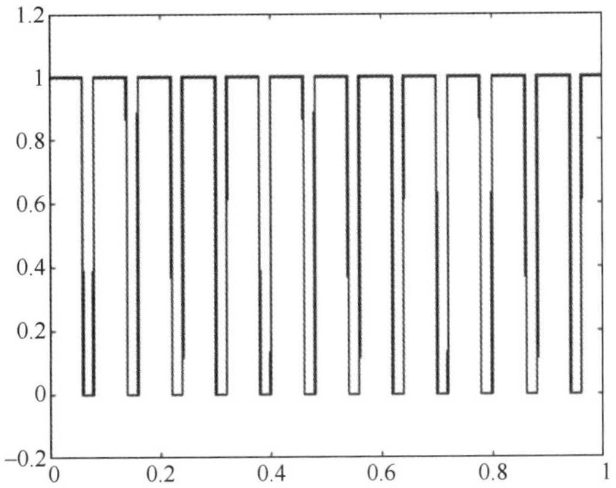

图 9-3　间歇控制与非控制时间序列$\{t_s, s=0,1,2,\cdots\}$

为验证定理 9.1，给出以下例子。经简单计算，可得 $\widetilde{\lambda}_{\min}=0.0548$，$\widetilde{\lambda}_{\max}=0.4110$，$\bar{\xi}_i \geqslant \frac{1}{\widetilde{\lambda}_{\min}}(\widetilde{\lambda}_{\max}\|\boldsymbol{A}\|+\hat{p}\widetilde{\lambda}_{\max}\|\boldsymbol{B}\|-\frac{1}{2}(1-\epsilon)\mathfrak{K}\mathfrak{r}_{\max}\eta_{\min}+\epsilon\mathfrak{K}\mathfrak{r}_{\max}\hat{\sigma}(\mathrm{sym}(\hat{\boldsymbol{G}}))+(1-\mathfrak{K})\mathfrak{r}_{\max}\bar{\sigma}(\mathrm{sym}(\bar{\boldsymbol{G}})))=32.6821$ 且 $\bar{l}_i \geqslant \frac{\hat{q}\widetilde{\lambda}_{\max}\|\boldsymbol{B}\|}{\widetilde{\lambda}_{\min}}=3.5747$。此外，$\hat{p}=1.6971$，$\hat{q}=0.2546$，假设 9.2 成立。对于 $i=1,2,\cdots,5$，取$\mathfrak{G}_i=0.01$，$\tau_i=0.01$，$\xi_i(0)=1$，$l_i(0)=0.01$。$\check{\rho}_1=\check{\rho}_2=5$，$\bar{\xi}_1=33$，$\bar{\xi}_2=33.5$，$\bar{\xi}_3=34$，$\bar{\xi}_4=34.5$，$\bar{\xi}_5=35$，$\bar{l}_1=5$，$\bar{l}_2=5.5$，$\bar{l}_3=6$，$\bar{l}_4=6.5$，$\bar{l}_5=7$。由此可得 $T_d=39.1796$。取 $T_p=15$，$\chi_1=\frac{7}{5}$且$\chi_2=\frac{1}{9}$，不连续耦合网络的初始值从$(-3,3)$区间中随机选取。根据定理 9.2.1，不连续耦合网络［式（9.1）］可以在一个有限时间内与目标网络［式（9.4）］实现有限时间同步，如图 9-4 所示。

接着验证定理 9.2。经计算可得 $\xi_{\min}\geqslant 32.6821$，$\theta_2>\frac{qM\widetilde{\lambda}_{\max}\|\boldsymbol{B}\|}{\widetilde{\lambda}_{\min}}=17.8737$ 且 $T_d=$

46.5123。取 $\theta_1=50$，$\chi_1=\frac{11}{3}$，$\chi_2=\frac{1}{13}$，$\theta_2=100$，$\xi_1=\xi_2=\cdots=\xi_5=33$，$T_p=20$。不连续耦合网络的初始值从$(-3,3)$区间中随机选取。根据定理 9.2，不连续耦合网络［式（9.1）］和目标网络［式（9.4）］可以在预设时间 T_p 内实现预设时间同步，如图 9-5 所示。

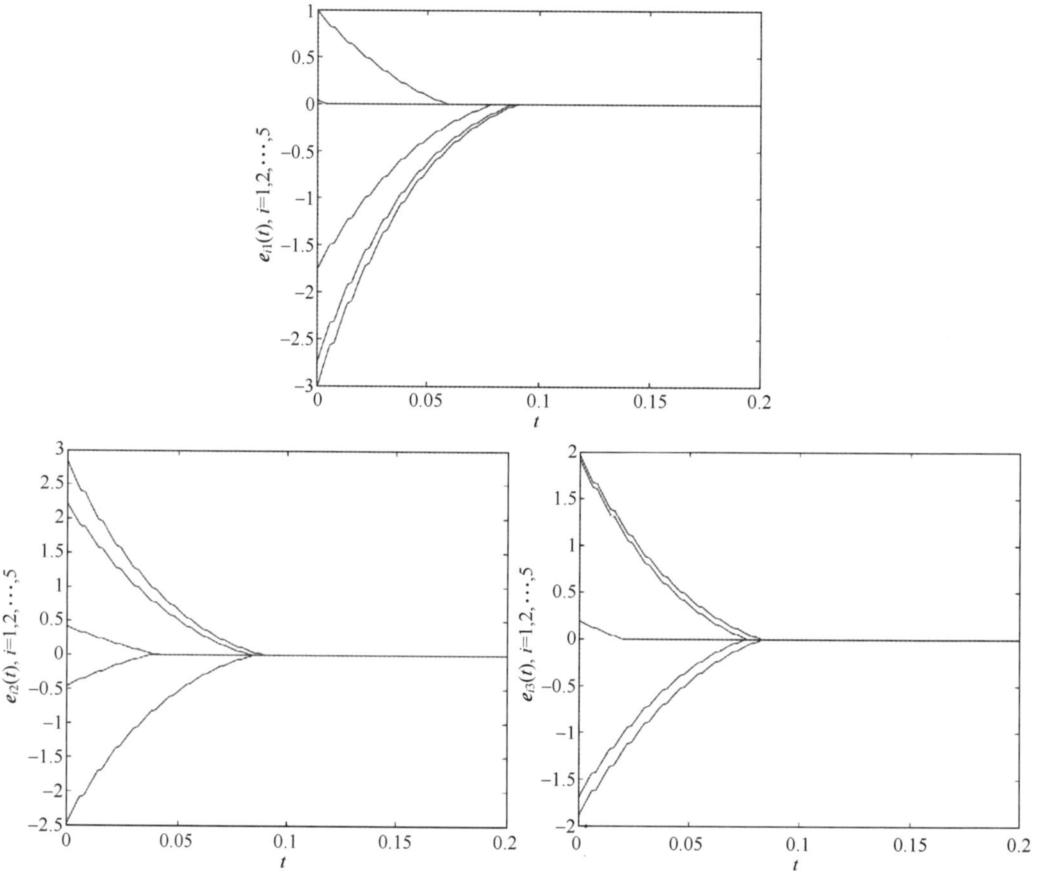

图 9-4　在自适应间歇控制器［式（9.7）］的控制下，同步误差的时间演化轨迹

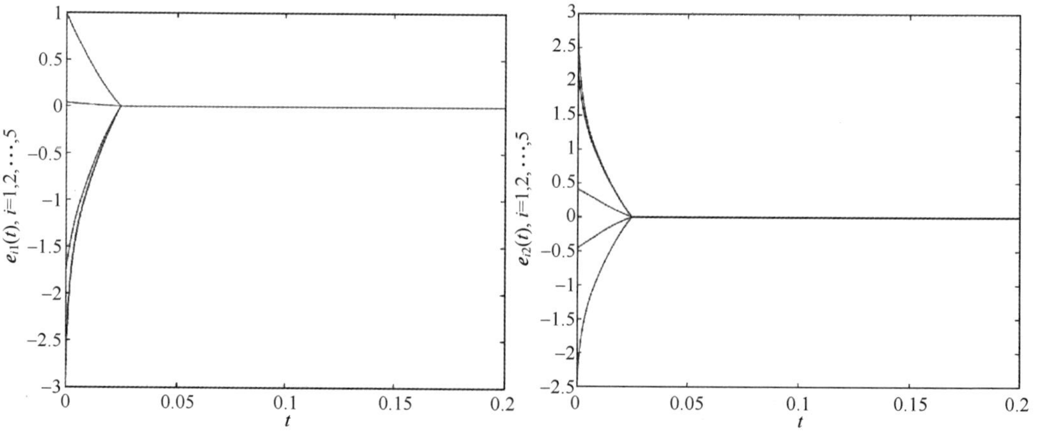

图 9-5　在状态反馈控制器［式（9.24）］的控制下，同步误差的时间演化轨迹

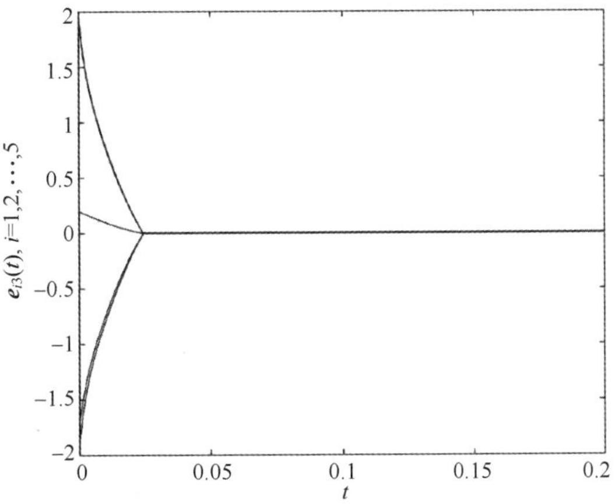

图 9-5　在状态反馈控制器［式（9.24）］的控制下，同步误差的时间演化轨迹（续）

9.6　本章小结

在本章中，研究了基于有限时间控制方法的不连续耦合网络同步。考虑了不连续激活函数、非线性耦合和有限通信。利用伯努利随机变量，系统实现了在三种不同网络控制系统之间的切换。基于微分包含理论和李雅普诺夫函数方法，建立了有限时间和预设时间同步的判据。本章对预设时间同步的稳定值未被估计的原因进行了有效的分析。此外，还提供了一些比较来展示结果的优势，并给出数值仿真来说明理论分析的有效性。

参考文献

［1］LU J，DING C，LOU J，et al. Outer Synchronization of Partially Coupled Dynamical Networks via Pinning Impulsive Controllers［J］. Journal of the Franklin Institute. 2015，352：5024-5041.

［2］HUANG C，HO D W，LU J. Partial-information-based Synchronization Analysis for Complex Dynamical Networks［J］. Journal of the Franklin Institute，2015，352（9）：3458-3475.

［3］LI X，WANG N，LU J，et al. Pinning Outer Synchronization of Partially Coupled Dynamical Networks with Complex Inner Coupling Matrices［J］. Physica A：Statistical Mechanics and its Applications，2019，515：497-509.

［4］FILIPPOV A. Differential Equations with Discontinuous Righthand Sides［M］，Kluwer Academic，Dordrecht，1988.

［5］AUBIN J，CELLINA A. Differential Inclusions［M］. Springer-Verlag，Berlin，Germany，1984.

［6］LIU B，LU W，CHEN T. Pinning Consensus in Networks of Multiagents via a Single Impulsive Controller［J］. IEEE Transactions on Neural Networks and Learning Systems，2013，24（7）：1141-1149.

［7］KHALIL H，GRIZZLE J. Nonlinear Systems［M］. Prentice-Hall，Upper Saddle River，NJ，USA，2002.

[8] CHENG L, TANG F, SHI X, et al. Finite-time and Fixed-time Synchronization of Delayed Memristive Neural Networks via Adaptive Aperiodically Intermittent Adjustment Strategy [J]. IEEE transactions on neural networks and learning systems, 2023, 34 (11): 8516-8530.

[9] YANG X, CAO J. Finite-time Stochastic Synchronization off Complex Networks [J]. Applied Mathematical Modelling, 2010, 34: 3631-3641.

[10] ZHANG X, FENG G, SUN Y. Finite-time Stabilization by State Feedback Control for a Class of Time-varying Nonlinear Systems [J]. Automatica, 2012, 48: 499-504.

[11] XIAO J, ZENG Z, WEN S, et al. A Unified Framework Design for Finite-time and Fixed-time Synchronization of Discontinuous Neural Networks [J]. IEEE transactions on cybernetics, 2021, 51 (6): 3004-3016.

[12] CUI L, JIN N, CHANG S, et al. Fixed-time ESO based Fixed-time Integral Terminal Sliding Mode Controller Design for a Missile [J]. ISA transactions, 2022, 125: 237-251.

第10章 变时刻脉冲控制有向图复杂网络的二部同步

10.1 引言

复杂网络节点间的通信拓扑结构可以是协作的，也可以是竞争的，传统无向图复杂网络中相邻节点之间的通信链路是正的。然而，也存在一些社会网络，如论文-科学家网络[1]、生产者-消费者网络[2]、演员-电影网络[3]等，其相邻节点之间的通信链路既有正的，也有负的，这类网络被称为有向图耦合复杂网络。如前面章节所述，有向图复杂网络可以表现出二部同步的性质。现有大多数成果研究的是相邻节点间正通信链路下无向图复杂网络的同步，但在理论和实践中，利用有向图分析复杂网络的动态行为已经得到了广泛的认可，其研究更具有现实意义。关于二部同步的部分研究成果参见文献［4］~文献［6］。

前面章节已经将变时刻脉冲控制方法应用在无向图复杂网络的固定时间同步中，本章将继续利用B-等价方法[7]，将复杂网络模型扩展到有向图拓扑结构中。利用B-等价方法研究不同类型非线性系统的动力学，相关文献参见文献［8］~文献［12］。本章节主要分析有向图复杂网络在变时刻脉冲控制下的二部同步问题。首先，构造变时刻脉冲控制有向图复杂网络模型，利用B-等价方法将变时刻脉冲控制复杂网络简化为固定时刻脉冲复杂网络，并估计出变时刻脉冲控制系统中跳跃算子与简化网络中跳跃算子之间的关系。然后，利用1-范数分析方法，提出几个假设保证耦合误差节点的每个解与每个不连续脉冲曲面恰好相交一次。最后，通过设计合适的控制器得到有向图复杂网络二部同步的充分条件。

10.2 模型描述与预备知识

有向图复杂网络可描述为

$$\dot{\boldsymbol{x}}_i(t)=\boldsymbol{C}\boldsymbol{x}_i(t)+\boldsymbol{B}f(\boldsymbol{x}_i(t))-\sigma\sum_{j=1}^{N}|a_{ij}|(\boldsymbol{x}_i(t)-\text{sign}(a_{ij})\boldsymbol{x}_j(t))+\boldsymbol{u}_i(t)\quad(10.1)$$

式中，$\boldsymbol{C}=[c_{ij}]_{n\times n}\in\mathbb{R}^{n\times n}$，$\boldsymbol{B}=[b_{ij}]_{n\times n}\in\mathbb{R}^{n\times n}$，$\sigma>0$ 表示耦合强度；$\boldsymbol{x}_i(t)$ 表示状态变量，

$\boldsymbol{x}_i(t)=(x_{i1}(t),x_{i2}(t),\cdots x_{in}(t))^{\mathrm{T}}\in\mathbb{R}^n(i\in N,i=1,2,\cdots,N)$；$f(\boldsymbol{x}_i(t))$是连续变量函数，$f(\boldsymbol{x}_i(t))=(f_1(x_{i1}(t)),f_2(x_{i2}(t)),\cdots,f_n(x_{in}(t)))^{\mathrm{T}}:\mathbb{R}_+\times\mathbb{R}^n\to\mathbb{R}^n$，$f_j(\cdot)$是奇函数，满足$f_j(-y)=-f_j(y)(j=1,2,\cdots,n)$。$\boldsymbol{A}=[a_{ij}]_{N\times N}\in\mathbb{R}^{N\times N}$是有向图复杂网络［式（10.1）］中的线性耦合邻接矩阵，如果该矩阵存在由节点j指向节点i的有向边，那么$a_{ij}\neq0(i\neq j)$，否则，$a_{ij}=0(i,j=1,2,\cdots N)$。如果$a_{ij}>0$，那么节点$i$和节点$j$之间的连接是合作关系，耦合项$|a_{ij}|(\boldsymbol{x}_i(t)-\mathrm{sign}(a_{ij})\boldsymbol{x}_j(t))$可表示为$a_{ij}(\boldsymbol{x}_i(t)-\boldsymbol{x}_j(t))$；如果$a_{ij}<0$，那么节点$i$和节点$j$之间的连接是竞争关系，耦合项$|a_{ij}|(\boldsymbol{x}_i(t)-\mathrm{sign}(a_{ij})\boldsymbol{x}_j(t))$可以表示为$-a_{ij}(\boldsymbol{x}_i(t)+\boldsymbol{x}_j(t))$。$\boldsymbol{u}_i(t)$表示状态反馈控制器。

如果存在二分图$\{\mathcal{E}_1,\mathcal{E}_2\}$满足$\varepsilon_1\cap\varepsilon_2=\varnothing$且$\varepsilon_1\cup\varepsilon_2=\varepsilon$，使得当$a_{ij}>0$时，$\varepsilon_i,\varepsilon_j\in\mathcal{E}_k(k\in\{1,2\})$；当$a_{ij}<0$时，$\varepsilon_i\in\varepsilon_k,\varepsilon_j\in\varepsilon_l(k\neq l,k、l\in1,2)$，其中，$\mathcal{E}=\{\varepsilon_1,\varepsilon_2,\cdots,\varepsilon_n\}$表示图$\mathcal{G}$中的节点集合。定义对角矩阵$\boldsymbol{D}=\mathrm{diag}(d_1,d_2,\cdots,d_N)$，$d_i\in\{-1,1\}$。在本章中，如果$\varepsilon_i\in\mathcal{E}_1$，则$d_i=1$，否则$d_i=-1$，$i\in N$。

注 10.1　如果有向图复杂网络［式（10.1）］的节点j与节点i之间存在有向连接，那么$a_{ij}\neq0(i\neq j)$，否则，$a_{ij}=0(i,j=1,2,\cdots N)$。本章的耦合项定义为$|a_{ij}|(\boldsymbol{x}_i(t)-\mathrm{sign}(a_{ij})\boldsymbol{x}_j(t))$。当$a_{ij}>0$时，节点$i$和节点$j$之间的连接是合作关系，耦合项取值为$a_{ij}(\boldsymbol{x}_i(t)-\boldsymbol{x}_j(t))$；当$a_{ij}<0$时，节点$i$和节点$j$之间的连接是竞争关系，耦合项取值为$-a_{ij}(\boldsymbol{x}_i(t)+\boldsymbol{x}_j(t))$。然而，在无向图复杂网络中，对于任意$i\neq j$，如果存在节点$j$与节点$i$的连接，那么$a_{ij}=a_{ji}>0$，意味着无向图复杂网络的邻接矩阵必须是对称的。

本章的目的是设计合适的控制器，使有向图复杂网络［式（10.1）］同步到如下目标节点：

$$\dot{\boldsymbol{\xi}}(t)=\boldsymbol{C}\boldsymbol{\xi}(t)+\boldsymbol{B}f(\boldsymbol{\xi}(t)) \tag{10.2}$$

式中，$\boldsymbol{\xi}(t)=(\xi_1(t),\xi_2(t),\cdots,\xi_n(t))^{\mathrm{T}}\in\mathbb{R}^n$，其他参数与有向图复杂网络［式（10.1）］一致。

定义 10.1　如果$\|\boldsymbol{x}_i(t)-d_i\boldsymbol{\xi}(t)\|=0,i=1,2,\cdots,N$成立，则有向图复杂网络［式（10.1）］二部同步于目标节点［式（10.2）］。

本章将设计两个控制器，分别是变时刻脉冲控制器$\{\tau_l+\aleph_l(\boldsymbol{x}_i(t)-d_i\boldsymbol{\xi}(t)),\boldsymbol{\Phi}_l(\boldsymbol{x}_i(t)-d_i\boldsymbol{\xi}(t))\}$和状态反馈控制器$\boldsymbol{u}_i(t)=-\boldsymbol{K}(\boldsymbol{x}_i(t)-d_i\boldsymbol{\xi}(t))$。变时刻脉冲控制复杂网络可以描述为

$$\begin{cases}\dot{\boldsymbol{x}}_i(t)=\boldsymbol{C}\boldsymbol{x}_i(t)+\boldsymbol{B}f(\boldsymbol{x}_i(t))-\sigma\sum\limits_{j=1}^{N}|a_{ij}|(\boldsymbol{x}_i(t)-\mathrm{sign}(a_{ij})\boldsymbol{x}_j(t)-\\ \qquad \boldsymbol{K}(\boldsymbol{x}_i(t)-d_i\boldsymbol{\xi}(t)),\quad t\neq\tau_l+\aleph_l(\boldsymbol{x}_i(t)-d_i\boldsymbol{\xi}(t))\\ \Delta\boldsymbol{x}_i(t)=\boldsymbol{\Phi}_l(\boldsymbol{x}_i(t)-d_i\boldsymbol{\xi}(t)),\quad t=\tau_l+\aleph_l(\boldsymbol{x}_i(t)-d_i\boldsymbol{\xi}(t)),\quad l\in\mathbb{Z}_+\end{cases} \tag{10.3}$$

式中，$\boldsymbol{K}=\mathrm{diag}(\kappa_1,\kappa_2,\cdots,\kappa_N)$表示状态反馈控制器；$\boldsymbol{\Phi}_l(\boldsymbol{x}_i(t)-d_i\boldsymbol{\xi}(t)):\mathbb{G}\to\mathbb{G}$表示跳跃算子函数；$\aleph_l(\boldsymbol{x}_i(t)-d_i\boldsymbol{\xi}(t)):\mathbb{G}\to\mathbb{R}$是连续函数。对于$i\in\mathbb{Z}_+$，满足$\boldsymbol{\Phi}_l(0)=0,\aleph_l(0)=0$。

$\tau_l+\aleph_l(\boldsymbol{x}_i(t)-d_i\boldsymbol{\xi}(t))$表示脉冲时刻，它取决于复杂网络中的第 i 个节点和目标节点［式（10.2）］的状态。$\tau=\{\tau_l\}_{l=1}^{\infty}$ 满足 $0=\tau_0<\tau_1<\tau_2<\cdots<\tau_l<\tau_{l+1}<\cdots$，$\lim\limits_{l\to\infty}\tau_l=\infty$。$\Delta x_i(t)\mid_{t=\theta_l}=\boldsymbol{x}_i(\theta_l^+)-\boldsymbol{x}_i(\theta_l)$，$\boldsymbol{x}_i(\theta_l^+)=\lim\limits_{t\to\theta_l^+}\boldsymbol{x}_i(t)$表示第 θ_l 个脉冲的跳跃时刻，满足 $\theta_l=\tau_l+\aleph_l(\boldsymbol{x}_i(\theta_l)-d_i\boldsymbol{\xi}(\theta_l))$。在脉冲点，假设 $\boldsymbol{x}_i(t)$左连续，即 $\boldsymbol{x}_i(\theta_l^-)=\lim\limits_{t\to\theta_l^-}\boldsymbol{x}_i(\theta_l)$。

假设 10.1 存在 $d_{ij}>0$ 使得对任意状态变量 $\boldsymbol{z}=(z_1,z_2,\cdots,z_n)^{\mathrm{T}}\in\mathbb{R}^n$，$\boldsymbol{\xi}=(\xi_1,\xi_2,\cdots,\xi_n)^{\mathrm{T}}\in\mathbb{R}^n$，节点函数$f_i(\cdot)$满足利普希茨条件：

$$|f_i(z)-f_i(\boldsymbol{\xi})|\leqslant\sum_{j=1}^{n}d_{ij}|z_j-\xi_j|$$

在本章中，$\boldsymbol{L}=[l_{ij}]_{N\times N}$表示与图 $\mathcal{G}$ 关联的拉普拉斯矩阵，$l_{ij}=-a_{ij}(i\neq j)$，$l_{ii}=\sum\limits_{j=1,j\neq i}^{N}|a_{ij}|$。设矩阵$\hat{\boldsymbol{\mathcal{A}}}=(\hat{a}_{ij})N\times N=(|a_{ij}|)N\times N$，令$\hat{G}$和$\hat{\boldsymbol{L}}=(\hat{l}_{ij})N\times N$分别表示与矩阵$\hat{\boldsymbol{\mathcal{A}}}$相关联的图和拉普拉斯矩阵。当 $a_{ij}<0$ 时，矩阵$\boldsymbol{L}$不能保证行元素的和为零，而矩阵$\hat{\boldsymbol{L}}$是行和为零的矩阵。

令$\hat{\boldsymbol{x}}_i(t)=d_i\boldsymbol{x}_i(t),i\in N$，由 $d_i\in\{-1,1\}$，可得 $d_i^2=1$，则对于 $i\in N$，$d_i\hat{\boldsymbol{x}}_i(t)=\boldsymbol{x}_i(t)$和 $d_if(\boldsymbol{x}_i(t))=f(\hat{\boldsymbol{x}}_i(t))$成立。根据复杂网络［式（10.3）］可得

$$\begin{cases}\dot{\hat{\boldsymbol{x}}}_i(t)=\boldsymbol{C}\hat{\boldsymbol{x}}_i(t)+\boldsymbol{B}f(\hat{\boldsymbol{x}}_i(t))-\sigma\sum\limits_{j=1}^{N}\hat{l}_{ij}\hat{\boldsymbol{x}}_j(t)-\boldsymbol{K}(\hat{\boldsymbol{x}}_i(t)-d_i\boldsymbol{\xi}(t)),\\ \qquad\qquad t\neq\tau_l+\aleph_l(\hat{\boldsymbol{x}}_i(t)-\boldsymbol{\xi}(t))\\ \Delta\hat{\boldsymbol{x}}_i(t)=\boldsymbol{\Phi}_l(\hat{\boldsymbol{x}}_i(t)-\boldsymbol{\xi}(t)),\quad t=\tau_l+\aleph_l(\hat{\boldsymbol{x}}_i(t)-\boldsymbol{\xi}(t)),\quad l\in\mathbb{Z}_+\end{cases}\tag{10.4}$$

令 $\boldsymbol{\omega}_i(t)=\hat{\boldsymbol{x}}_i(t)-\boldsymbol{\xi}(t)$，$g(\boldsymbol{\omega}_i(t))=f(\hat{\boldsymbol{x}}_i(t))-f(\boldsymbol{\xi}(t))$，变时刻脉冲误差网络可以描述为

$$\begin{cases}\dot{\boldsymbol{\omega}}_i(t)=(\boldsymbol{C}-\boldsymbol{K})\boldsymbol{\omega}_i(t)+\boldsymbol{B}g(\boldsymbol{\omega}_i(t))-\sigma\sum\limits_{j=1}^{N}\hat{l}_{ij}\hat{\boldsymbol{\omega}}_j(t),\quad t\neq\tau_l+\aleph_l(\boldsymbol{\omega}_i(t))\\ \Delta\boldsymbol{\omega}_i(t)=\boldsymbol{\Phi}_l(\boldsymbol{\omega}_i(t)),\qquad t=\tau_l+\aleph_l(\boldsymbol{\omega}_i(t)),\quad l\in\mathbb{Z}_+\end{cases}\tag{10.5}$$

假设 10.2 $\boldsymbol{\Phi}_l(\boldsymbol{\omega}_i(t))$是连续函数，存在 $\eta_1>0$ 使如下不等式成立：

$$\|\boldsymbol{\omega}_i(t)+\boldsymbol{\Phi}_l(\boldsymbol{\omega}_i(t))\|_1\leqslant\eta_1\|\boldsymbol{\omega}_i(t)\|_1$$

假设 10.3 存在常数 $\eta_2>0$，使得如下不等式成立：

$$\|f(\boldsymbol{z})-f(\boldsymbol{y})\|_2\leqslant\eta_2\|\boldsymbol{z}-\boldsymbol{y}\|_2,\quad\forall\,\boldsymbol{z}、\boldsymbol{y}\in\mathbb{R}$$

注 10.2 根据假设 10.1 可得$\|f(\boldsymbol{\omega}_i(t))\|_1\leqslant\|\boldsymbol{D}\|_1\cdot\|\boldsymbol{\omega}_i(t)\|_1$，其中$\boldsymbol{D}=(d_{ij})_{n\times n}$，该条件用来证明复杂网络的局部二部同步。根据假设 10.3 可得$\|f(\boldsymbol{\omega}_i(t))\|_2\leqslant\eta_2\cdot\|\boldsymbol{\omega}_i(t)\|_2$，该条件用来证明复杂网络的全局二部同步。由这两个假设可得 $\eta_2=n*\max\limits_{j=1}^{n}d_{ij}$。

定义 10.2[13] 如果 $\mathcal{V}(\cdot):\mathbb{R}_+\times\mathbb{R}^n\to\mathbb{R}_+$属于集合 Ω，则下列条件成立。

（1）$\mathcal{V}(\cdot)$在$(\tau_{l-1},\tau_l]\in\mathbb{R}^n$，$x\in\mathbb{R}^n,l\in\mathbb{Z}_+$上连续，存在$\lim\limits_{(t,y)\to(\tau^+,x)}\mathcal{V}(t,y)=\mathcal{V}(\tau_l^+,x)$，并且$\mathcal{V}(\tau_l^-,x)=\mathcal{V}(\tau_l,x)$。

（2）$\mathcal{V}(\cdot)$在x上满足全局利普希茨连续条件。

定义 10.3[13] 比较系统：函数$\mathcal{V}(\cdot)$属于集合Ω，假设

$$\begin{cases}D^+\mathcal{V}(t,\phi)\leqslant\Gamma(t,\mathcal{V}(t,\phi)), & t\neq\tau_l\\ \mathcal{V}(t,\phi+\Delta\phi)\leqslant S_l(\mathcal{V}(t,\phi)), & t=\tau_l\end{cases}$$

那么$\lim\limits_{(t,y)\to(\tau_l^+,\phi)}\Gamma(t,y)=\Gamma(\tau_l^+,\phi)$存在，并且$\phi\in\mathbb{R},l\in\mathbb{Z}_+,\Gamma:\mathbb{R}_+\times\mathbb{R}\to\mathbb{R}$，在$(\tau_{l-1},\tau_l)\in\mathbb{R}$上连续。$S_l(t,\phi)$在$\mathbb{R}_+\to\mathbb{R}_+$上是非递减函数，则系统

$$\begin{cases}\dot{\varpi}=\Gamma(t,\varpi), & t\neq\tau_l\\ \varpi(\tau_l^+)=S_l(\varpi(\tau_l)), & t=\tau_l\\ \varpi(t_0^+)=\varpi_0\geqslant 0\end{cases}$$

可以看作式（10.7）（后续给出）的比较系统。

引理 10.1 假设正数α、β、μ、ν满足$\frac{1}{\mu}+\frac{1}{\nu}=1$、$\mu>1$、$\nu>1$，则

$$\alpha\beta\leqslant\frac{\alpha^\mu}{\mu}+\frac{\beta^\nu}{\nu}$$

其中，当$\alpha^\mu+\beta^\nu=1$时，“=”成立。

接下来将提出以下假设来确保误差网络［式（10.5）］中第一个方程的每个解与每个不连续脉冲曲面恰好相交一次，并利用B-等价方法将误差网络［式（10.5）］简化为固定时间的方程。

假设 10.4 存在$v>0$使得$0\leqslant\|\aleph_l(\boldsymbol{\omega}_i(t))\|<v$成立，存在$\underline{\tau}>0,\bar{\tau}>0$使得$\underline{\tau}+v<\tau_{l+1}-\tau_l<\bar{\tau}-v$对所有的$l\in\mathbb{Z}_+,\boldsymbol{\omega}_i(t)\in\mathbb{G}$成立。

假设 10.5 固定j，假设$\boldsymbol{\omega}_i(t):[\tau_j,\tau_j+v]\to\mathbb{G}$是式（10.5）在$[\tau_j,\tau_j+v]$区间内的解。满足以下两个条件之一。

$$(1)\begin{cases}\dfrac{d\tau_j(\boldsymbol{\omega}_i(t))}{d\boldsymbol{\omega}_i(t)}\cdot[(\boldsymbol{C}-\boldsymbol{K})\boldsymbol{\omega}_i(t)+\boldsymbol{B}g(\boldsymbol{\omega}_i(t))-\sigma\sum\limits_{j=1}^N\hat{l}_{ij}\boldsymbol{\omega}_j(t)]>1, & \forall\boldsymbol{\omega}_i(t)\in\mathbb{G}\\ \tau_j(\boldsymbol{\omega}_i(\theta))+\Phi_j(\boldsymbol{\omega}_i(\theta))\geqslant\tau_j(\boldsymbol{\omega}_i(\theta)), & t=\theta\end{cases}$$

$$(2)\begin{cases}\dfrac{d\tau_j(\boldsymbol{\omega}_i(t))}{d\boldsymbol{\omega}_i(t)}\cdot[(\boldsymbol{C}-\boldsymbol{K})\boldsymbol{\omega}_i(t)+\boldsymbol{B}g(\boldsymbol{\omega}_i(t))-\sigma\sum\limits_{j=1}^N\hat{l}_{ij}\boldsymbol{\omega}_j(t)]<1, & \forall\boldsymbol{\omega}_i(t)\in\mathbb{G}\\ \tau_j(\boldsymbol{\omega}_i(\theta))+\Phi_j(\boldsymbol{\omega}_i(\theta))\leqslant\tau_j(\boldsymbol{\omega}_i(\theta)), & t=\theta\end{cases}.$$

其中，$t=\theta=\tau_j+\aleph_j(\boldsymbol{\omega}_i(\theta))$是式（10.5）的不连续点。

根据假设10.4、假设10.5，可以得到以下引理。

引理 10.2 如果假设10.4成立，若误差网络［式（10.5）］的所有解与曲面$Y_{\underline{k}}$和$Y_{\bar{k}}(\underline{k}<\bar{k}-1)$相交，其必定与$Y_{\bar{k}}$和$Y_{\underline{k}}$之间的所有曲面$Y_l(\underline{k}<l<\bar{k})$相交。

引理 10.3　如果假设 10.4 成立，$\boldsymbol{\omega}_i(t):\mathbb{R}_+\to\mathbb{G}$ 是误差网络［式（10.5）］的解，则 $\boldsymbol{\omega}_i(t)$ 与所有曲面 $Y_l, l\in\mathbb{Z}_+$ 相交。

引理 10.4　如果假设 10.5 成立，则误差网络［式（10.5）］的每个解 $\boldsymbol{\omega}_i(t):\mathbb{R}_+\to\mathbb{G}$ 与所有曲面 $Y_l, l\in\mathbb{Z}_+$ 最多相交一次。

证明：采用矛盾法证明引理 10.4，假设 $\boldsymbol{\omega}_i(t)$ 与曲面相交于 $(\zeta_1,\omega_i(\zeta_1))$ 和 $(\zeta_2,\omega_i(\zeta_2))$ 两点 $(\zeta_1<\zeta_2)$，且 $\boldsymbol{\omega}_i(t)$ 在 ζ_1 和 ζ_2 之间不存在不连续点，可得 $\zeta_1=\tau_j+\aleph_j(\omega_i(\zeta_1))$，$\zeta_2=\tau_j+\aleph_j(\omega_i(\zeta_2))$，由假设 10.5 可得如下两种情况。

情况一：

$$
\begin{aligned}
\zeta_2-\zeta_1 &= \aleph_j(\omega_i(\zeta_2))-\aleph_j(\omega_i(\zeta_1)) \\
&\geqslant \aleph_j(\omega_i(\zeta_2))-\aleph_j(\omega_i(\zeta_1)+\Phi_j(\omega_i(\zeta_1))) \\
&= \aleph_j(\omega_i(\zeta_2))-\aleph_j(\omega_i(\zeta_1^+)) \\
&= \left\{\frac{\mathrm{d}\aleph_j(\boldsymbol{\omega}_i(t))}{\mathrm{d}\boldsymbol{\omega}_i(t)}\cdot\left[(\boldsymbol{C}-\boldsymbol{K})\boldsymbol{\omega}_i(t)+\boldsymbol{B}g(\boldsymbol{\omega}_i(t))-\sigma\sum_{i=1}^{N}\hat{l}_{ij}\boldsymbol{\omega}_j(t)\right]\right\}(\zeta_2-\zeta_1) \\
&> \zeta_2-\zeta_1
\end{aligned}
$$

该表达式是自相矛盾的，情况二也满足假设 10.5。所以引理 10.4 成立。

注 10.3　令 $\mathfrak{R}(t)=t-\tau_l-\aleph_l(\boldsymbol{\omega}_i(t))$，可得

$$
\begin{aligned}
\frac{\mathrm{d}\mathfrak{R}(t)}{\mathrm{d}t} &= 1-\frac{\mathrm{d}\aleph_i(\boldsymbol{\omega}_i(t))}{\mathrm{d}t} \\
&= 1-\frac{\mathrm{d}\aleph_i(\boldsymbol{\omega}_i(t))}{\mathrm{d}\boldsymbol{\omega}_i(t)}\cdot\frac{\mathrm{d}\boldsymbol{\omega}_i(t)}{\mathrm{d}t} \\
&= 1-\frac{\mathrm{d}\aleph_i(\boldsymbol{\omega}_i(t))}{\mathrm{d}\boldsymbol{\omega}_i(t)}\cdot\left[(\boldsymbol{C}-\boldsymbol{K})\boldsymbol{\omega}_i(t)+\boldsymbol{B}g(\boldsymbol{\omega}_i(t))-\sigma\sum_{j=1}^{N}\hat{l}_{ij}\boldsymbol{\omega}_j(t)\right]
\end{aligned}
$$

由假设 10.5 的情况一，可得 $\dfrac{\mathrm{d}\mathfrak{R}(t)}{\mathrm{d}t}<0$，即

$$
\frac{\mathrm{d}\aleph_j(\boldsymbol{\omega}_i(t))}{\mathrm{d}\boldsymbol{\omega}_i(t)}\cdot\left[(\boldsymbol{C}-\boldsymbol{K})\boldsymbol{\omega}_i(t)+\boldsymbol{B}g(\boldsymbol{\omega}_i(t))-\sigma\sum_{j=1}^{N}\hat{l}_{ij}\boldsymbol{\omega}_j(t)\right]>1
$$

根据假设 10.5 的情况二，可得 $\dfrac{\mathrm{d}\mathfrak{R}(t)}{\mathrm{d}t}>0$，即

$$
\frac{\mathrm{d}\aleph_j(\boldsymbol{\omega}_i(t))}{\mathrm{d}\boldsymbol{\omega}_i(t)}\cdot\left[(\boldsymbol{C}-\boldsymbol{K})\boldsymbol{\omega}_i(t)+\boldsymbol{B}g(\boldsymbol{\omega}_i(t))-\sigma\sum_{j=1}^{N}\hat{l}_{ij}\boldsymbol{\omega}_j(t)\right]<1
$$

因此函数 $\mathfrak{R}(t)$ 在 $[\tau_l,\tau_l+\nu]$ 区间上是严格单调的。

由引理 10.2~引理 10.4 可知如下引理成立。

引理 10.5　如果假设 10.4 与假设 10.5 成立，则误差网络［式（10.5）］的每个解 $\boldsymbol{\omega}_i(t)$ 与曲面 $Y_l, l\in\mathbb{Z}_+$ 正好相交一次。

设 $\overline{\omega}_i(t)=\omega_i(t,\tau_l,\omega_i)$，$\widetilde{\omega}_i(\theta_l)=\overline{\omega}_i(\theta_l^+)=\overline{\omega}_i(\theta_l)+\Phi_l(\overline{\omega}_i(\theta_l))$ 是式（10.5）在 $[\tau_l,\theta_l]$ 区

间中两个不同的解。$\theta_l=\tau_l+\aleph_l(\overline{\omega}_i(\theta_l))$表示方程的解与曲面 Y_l 的相交时刻。

$\Theta_l(\omega_i)$构造原理如图 10-1 所示，由图 10-1 可得

$$
\begin{aligned}
\Theta_l(\omega_i) &= \widetilde{\omega}_i(\tau_l^+) - \omega_i \\
&= \widetilde{\omega}_i(\xi_l) - \int_{\tau_l}^{\xi_l}\Big[(\boldsymbol{C}-\boldsymbol{K})\,\widetilde{\omega}_i(s) + \boldsymbol{B}g(\widetilde{\omega}_i(s)) - \sigma\sum_{j=1}^{N}\hat{l}_{ij}\,\widetilde{\omega}_j(s)\Big]\mathrm{d}s - \overline{\omega}_i(\tau_l) \\
&= \int_{\tau_l}^{\xi_l}\Big[(\boldsymbol{C}-\boldsymbol{K})\,\overline{\omega}_i(s) + \boldsymbol{B}g(\overline{\omega}_i(s)) - \sigma\sum_{j=1}^{N}\hat{l}_{ij}\,\overline{\omega}_j(s)\Big]\mathrm{d}s + \\
&\quad \boldsymbol{\Phi}_l(\overline{\omega}_i(\tau_l)) + \int_{\tau_l}^{\xi_l}\Big[(\boldsymbol{C}-\boldsymbol{K})\,\overline{\omega}_i(s) + \boldsymbol{B}g(\overline{\omega}_i(s)) - \sigma\sum_{j=1}^{N}\hat{l}_{ij}\,\overline{\omega}_j(s)\Big]\mathrm{d}s - \\
&\quad \int_{\tau_l}^{\xi_l}\Big[(\boldsymbol{C}-\boldsymbol{K})\,\widetilde{\omega}_i(s) + \boldsymbol{B}g(\widetilde{\omega}_i(s)) - \sigma\sum_{i=1}^{N}\hat{l}_{ij}\,\widetilde{\omega}_j(s)\Big]\mathrm{d}s
\end{aligned}
\tag{10.6}
$$

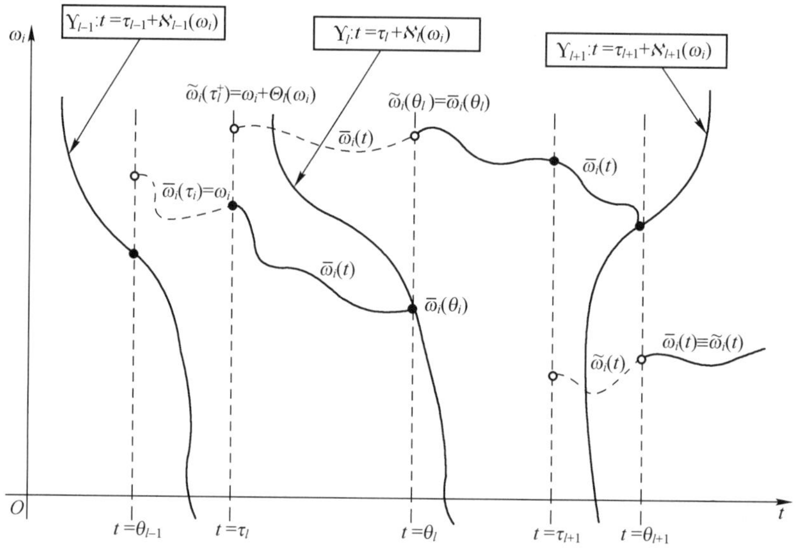

图 10-1　$\Theta_l(\omega_i)$构造原理

由 $\Theta_l(\omega_i)$的定义和图 10-1 可知：

（1）$\overline{\omega}_i(t)=\omega_i(t,\tau_l,\omega_i)$可推广为式（10.5）在$\mathbb{R}_+$中的解，$\widetilde{\omega}_i(t)=\omega_i(t,\theta_l,\overline{\omega}_i(\theta_l^+))$可推广为下列固定时刻脉冲控制系统在$\mathbb{R}_+$中的解。

$$
\begin{cases}
\dot{\boldsymbol{\omega}}_i(t) = (\boldsymbol{C}-\boldsymbol{K})\boldsymbol{\omega}_i(t) + \boldsymbol{B}g(\boldsymbol{\omega}_i(t)) - \sigma\sum_{j=1}^{N}\hat{l}_{ij}\boldsymbol{\omega}_j(t), & t\neq\tau_l \\
\Delta\boldsymbol{\omega}_i(t)\big|_{t=\tau_l} = \Theta_l\boldsymbol{\omega}_i(t)
\end{cases}
\tag{10.7}
$$

（2）对于 $l\in\mathbb{Z}_+$，在区间$(\theta_{l-1},\tau_l]$内和 $\theta_0=\tau_0$ 时，有

$$\overline{\omega}_i(t)\equiv\widetilde{\omega}_i(t)$$

$$\widetilde{\omega}_i(\tau_l^+)=\overline{\omega}_i(\tau_l)+\Theta_l(\overline{\omega}_i(\tau_l))$$

$$\widetilde{\omega}_i(\theta_l)=\overline{\omega}_i(\theta_l^+)=\overline{\omega}_i(\theta_l)+\Phi_l(\overline{\omega}_i(\theta_l))$$

（3）对于 $l\in\mathbb{Z}_+$，在区间 $(\tau_l,\theta_l]$ 内有

$$\begin{aligned}\widetilde{\omega}_i(t)-\overline{\omega}_i(t)&=\widetilde{\omega}_i(\tau_l^+)+\int_{\tau_l}^{t}\left[(\boldsymbol{C}-\boldsymbol{K})\widetilde{\omega}_i(s)+\boldsymbol{B}g(\widetilde{\omega}_i(s))-\sigma\sum_{j=1}^{N}\hat{l}_{ij}\widetilde{\omega}_j(s)\right]\mathrm{d}s-\\&\quad\left(\overline{\omega}_i(\tau_l)+\int_{\tau_l}^{t}\left[(\boldsymbol{C}-\boldsymbol{K})\overline{\omega}_i(s)+\boldsymbol{B}g(\overline{\omega}_i(s))-\sigma\sum_{j=1}^{N}\hat{l}_{ij}\overline{\omega}_j(s)\right]\mathrm{d}s\right.\\&=\Theta_l(\omega_l)+\int_{\tau_l}^{t}\left[(\boldsymbol{C}-\boldsymbol{K})(\widetilde{\omega}_l(s)-\overline{\omega}_l(s))+\boldsymbol{B}(g(\widetilde{\omega}_l(s))-g(\widetilde{\omega}_l(s)))-\right.\\&\quad\left.\sigma\sum_{i=1}^{N}\hat{l}_{ij}(\widetilde{\omega}_j(s)-\overline{\omega}_j(s))\right]\mathrm{d}s\end{aligned}\tag{10.8}$$

10.3 有向图复杂网络的二部同步

在本节中，将利用变时刻脉冲控制器将有向图复杂网络［式（10.1）］同步到目标节点［式（10.2）］。同时，还将提出稳定性条件来表示固定时刻脉冲控制系统［式（10.7）］和误差网络［式（10.5）］具有相同的性质。

定理 10.1　若假设 10.1～假设 10.5 成立，且函数 $\mathcal{V}(\cdot)\in\Omega$ 满足：

$$\begin{cases}\nu_1\|\boldsymbol{\omega}_i(t)\|_1^p\leqslant\mathcal{V}(\boldsymbol{\omega}_i(t))\leqslant\nu_2\|\boldsymbol{\omega}_i(t)\|_1^p\\D^+\mathcal{V}(\boldsymbol{\omega}_i(t))\leqslant\alpha\mathcal{V}(\boldsymbol{\omega}_i(t)),\quad t\in(\tau_l,\theta_l]\end{cases}\tag{10.9}$$

式中，$p>0,\nu_1>0,\nu_2>0,\alpha>0$，$\boldsymbol{\omega}_i(t)$ 表示在区间 $(\tau_l,\theta_l]$ 内式（10.5）中第一个方程的任意解，满足

$$\|\omega_i+\Theta_l(\omega_i)\|_1\leqslant\mu_1\|\omega_i\|_1,\quad\omega_i\in\mathbb{G}$$

$$\|\widetilde{\omega}_i(t)-\overline{\omega}_i(t)\|_1\leqslant\mu_2\|\omega_i\|_1,\quad t\in(\tau_l,\theta_l]$$

式中

$$\mu_1=(1-\lambda_{\min}[\|\boldsymbol{C}-\boldsymbol{K}\|_1I_N+\|\boldsymbol{B}\|_1\|\boldsymbol{D}\|_1\boldsymbol{I}_N+\sigma\mathcal{L}^{\vartheta}]\frac{p}{\alpha}(\nu_1^{-1}\nu_2^{\frac{1}{p}}(1-\mathrm{e}^{\frac{\alpha}{p}\upsilon}))^{-1}\eta_1(\nu_1^{-1}\nu_2)^{\frac{1}{p}}\mathrm{e}^{\frac{\alpha}{p}\upsilon}$$

$$\mu_2=(1+\mu_1)\mathrm{e}^{\lambda_{\min}[\|\boldsymbol{C}-\boldsymbol{K}\|_1\boldsymbol{I}_N+\|\boldsymbol{B}\|_1\|\boldsymbol{D}\|_1\boldsymbol{I}_N+\sigma\mathcal{L}^{\theta}]\upsilon}$$

$\overline{\omega}_i(t)=\omega_i(t,\tau_l,\omega_i)$ 表示式（10.5）第一个方程的解。在脉冲时刻 $\theta_l=\tau_l+\aleph_l(\overline{\omega}_l(\theta_l))$，$\overline{\omega}_i(t)$ 将相交于脉冲表面 Y_l。$\widetilde{\omega}_i(t)$ 是式（10.5）的另一个解，满足 $\widetilde{\omega}_i(\tau_l^+)=\omega_i+\Theta_l(\omega_i)$，$\widetilde{\omega}_i(\theta_l)=\overline{\omega}_i(\theta_l^+)=\overline{\omega}_i(\theta_l)+\Phi_l(\overline{\omega}_i(\theta_l))$，$\Theta_l(\omega_i)$ 的表达式见式（10.6）。

证明： 根据式（10.9）可得

$$[\nu_2^{-1}\mathcal{V}(\boldsymbol{\omega}_i(t))]^{\frac{1}{p}}\leqslant\|\boldsymbol{\omega}_i(t)\|_1\leqslant[\nu_1^{-1}\mathcal{V}(\boldsymbol{\omega}_i(t))]^{\frac{1}{p}}\tag{10.10}$$

$$\mathcal{V}(\boldsymbol{\omega}_i(t))\leqslant\mathcal{V}(\boldsymbol{\omega}_i(\tau_l^+))\mathrm{e}^{\alpha(t-\tau_l)}\tag{10.11}$$

由式（10.10）、式（10.11）可得

$$\begin{aligned}\|\boldsymbol{\omega}_i(t)\|_1&\leqslant[\nu_1^{-1}\mathcal{V}(\boldsymbol{\omega}_i(\tau_l^+))\mathrm{e}^{\alpha(t-\tau_l)}]^{\frac{1}{p}}\\&\leqslant(\nu_1^{-1}\nu_2)^{\frac{1}{p}}\mathrm{e}^{\frac{\alpha}{p}(t-\tau_l)}\|\boldsymbol{\omega}_i(\tau_l^+)\|_1\end{aligned}\tag{10.12}$$

由于$\overline{\omega}_i(\tau_l^+)=\overline{\omega}_i(\tau_l)=\omega_i$，$\widetilde{\omega}_i(\tau_l^+)=\overline{\omega}_i(\tau_l)+\Phi_l(\omega_i)=\omega_i+\Theta_l(\omega_i)$，则

$$\|\overline{\omega}_i(t)\|_1\leqslant(\nu_1^{-1}\nu_2)^{\frac{1}{p}}\mathrm{e}^{\frac{\alpha}{p}(t-\tau_l)}\|\omega_i\|_1 \tag{10.13}$$

$$\|\widetilde{\omega}_i(t)\|_1\leqslant(\nu_1^{-1}\nu_2)^{\frac{1}{p}}\mathrm{e}^{\frac{\alpha}{p}(t-\tau_l)}\|z_i+\Theta_l(\omega_i)\|_1 \tag{10.14}$$

根据式（10.6）、式（10.12）、式（10.13）和假设10.1、假设10.2可得

$$\begin{aligned}
\|\omega_i+\Theta_l(\omega_i)\|_1 &= \|\widetilde{\omega}_i(\tau_l^+)\|_1\\
&= \left\|\widetilde{\omega}_i(\theta_l)-\int_{\tau_l}^{\theta_l}\left[(\boldsymbol{C}-\boldsymbol{K})\widetilde{\omega}_i(s)+\boldsymbol{B}g(\widetilde{\omega}_i(s))-\sigma\sum_{j=1}^{N}\hat{l}_{ij}\widetilde{\omega}_j(s)\right]\mathrm{d}s\right\|_1\\
&\leqslant \|\overline{\omega}_i(\theta_l)+\boldsymbol{\Phi}_l(\overline{\omega}_i(\theta_l))\|_1+\\
&\quad \left\|\int_{\tau_l}^{\theta_l}\left[(\boldsymbol{C}-\boldsymbol{K})\widetilde{\omega}_i(s)+\boldsymbol{B}g(\widetilde{\omega}_i(s))-\sigma\sum_{j=1}^{N}\hat{l}_{ij}\widetilde{\omega}_j(s)\right]\mathrm{d}s\right\|_1\\
&\leqslant \eta_1\|\overline{\omega}_i(\theta_l)\|_1+\int_{\tau_l}^{\theta_l}[\|\boldsymbol{C}-\boldsymbol{K}\|_1\|\widetilde{\omega}_i(s)\|_1+\|\boldsymbol{B}\|_1\|\boldsymbol{D}\|_1\|\widetilde{\omega}_i(s)\|_1-\\
&\quad \sigma\hat{l}_{ii}\|\widetilde{\omega}_i(s)\|_1+\sigma\sum_{j=1,j\neq i}^{N}|\hat{l}_{ij}|\|\widetilde{\omega}_i(s)\|_1^{\frac{1}{2}}\|\widetilde{\omega}_j(s)\|_1^{\frac{1}{2}}]\mathrm{d}s \qquad (10.15)\\
&\leqslant \eta_1\|\overline{\omega}_i(\theta_l)\|_1+\int_{\tau_l}^{\theta_l}(\|\boldsymbol{C}-\boldsymbol{K}\|_1\boldsymbol{I}_N+\|\boldsymbol{B}\|_1\|\boldsymbol{D}\|_1\boldsymbol{I}_N+\sigma\boldsymbol{\mathcal{L}})\|\widetilde{\omega}_i(s)\|_1\mathrm{d}s\\
&\leqslant \eta_1\|\overline{\omega}_i(\theta_l)\|_1+\int_{\tau_l}^{\theta_l}\lambda_{\min}[\|\boldsymbol{C}-\boldsymbol{K}\|_1\boldsymbol{I}_N+\|\boldsymbol{B}\|_1\|\boldsymbol{D}\|_1\boldsymbol{I}_N+\\
&\quad \sigma\boldsymbol{\mathcal{L}}^{\vartheta}](\nu_1^{-1}\nu_2)^{\frac{1}{p}}\mathrm{e}^{\frac{\alpha}{p}(s-\tau_l)}\|\omega_i+\Theta_l(\omega_i)\|_1\mathrm{d}s\\
&\leqslant \eta_1(\nu_1^{-1}\nu_2)^{\frac{1}{p}}\mathrm{e}^{\frac{\alpha}{p}\upsilon}\|\omega_i\|_1+\lambda_{\min}[\|\boldsymbol{C}-\boldsymbol{K}\|_1\boldsymbol{I}_N+\|\boldsymbol{B}\|_1\|\boldsymbol{D}\|_1\boldsymbol{I}_N+\\
&\quad \sigma\boldsymbol{\mathcal{L}}^{\vartheta}]\frac{p}{\alpha}(\nu_1^{-1}\nu_2)^{\frac{1}{p}}(1-\mathrm{e}^{\frac{\alpha}{p}(\theta_l-\tau_l)})\|\omega_i+\Theta_l(\omega_i)\|_1
\end{aligned}$$

式中，$\boldsymbol{D}=(d_{ij})_{n\times n}$，$\boldsymbol{\mathcal{L}}=(\ell_{ij})_{N\times N}$，$\ell_{ii}=-\hat{l}_{ii}$，$\ell_{ij}=|\hat{l}_{ij}|(j\neq i,i,j\in\mathcal{N})$，$0\leqslant\theta_l-\tau_l=\aleph_l(\omega_i(\theta_l))<\upsilon$。

$$\begin{aligned}
&\|\omega_i+\Theta_l(\omega_i)\|_1\\
&\quad\leqslant 1-\lambda_{\min}[\|\boldsymbol{C}-\boldsymbol{K}\|_1\boldsymbol{I}_N+\|\boldsymbol{B}\|_1\|\boldsymbol{D}\|_1\boldsymbol{I}_N+\sigma\boldsymbol{\mathcal{L}}^{\vartheta}]\cdot\\
&\quad\frac{p}{\alpha}(\nu_1^{-1}\nu_2)^{\frac{1}{p}}(1-\mathrm{e}^{\frac{\alpha}{p}\upsilon})^{-1}\eta_1(\nu_1^{-1}\nu_2)^{\frac{1}{p}}\mathrm{e}^{\frac{\alpha}{p}\upsilon}\|\omega_i\|_1\\
&\quad=\mu_1\|\omega_i\|_1\mathrm{d}s
\end{aligned} \tag{10.16}$$

根据式（10.8）可得

$$\begin{aligned}
\|\widetilde{\omega}_i(t)-\overline{\omega}_i(t)\|_1 &= \|\Theta_l(\omega_i)\|_1+\int_{\tau_l}^{t}\|(\boldsymbol{C}-\boldsymbol{K})(\widetilde{\omega}_i(s)-\overline{\omega}_i(s))+\\
&\quad \boldsymbol{B}(g(\widetilde{\omega}_i(s))-g(\overline{\omega}_i(s)))-\sigma\sum_{j=1}^{N}\hat{l}_{ij}(\widetilde{\omega}_j(s)-\overline{\omega}_j(s))\|_1\mathrm{d}s\\
&\leqslant \|\Theta_l(\omega_i)\|_1+\int_{\tau_l}^{t}(\lambda_{\min}[\|\boldsymbol{C}-\boldsymbol{K}\|_1\boldsymbol{I}_N+\\
&\quad \|\boldsymbol{B}\|_1\|\boldsymbol{D}\|_1\boldsymbol{I}_N+\sigma\boldsymbol{\mathcal{L}}^{\vartheta}])\|\widetilde{\omega}_i(s)-\overline{\omega}_i(s)\|_1\mathrm{d}s
\end{aligned} \tag{10.17}$$

式中，$\|\Theta_l(\omega_i)\|_1 \leqslant (1+\mu_1)\|\omega_i\|_1$。

根据 Gronwall-Bellman 不等式，由式（10.15）可得

$$\begin{aligned}\|\widetilde{\omega}_i(t)-\overline{\omega}_i(t)\|_1 &\leqslant (1+\mu_1)\mathrm{e}^{\lambda_{\min}[\|C-K\|_1 I_N+\|B\|_1\|D\|_1 I_N+\sigma\mathcal{L}^{\vartheta}]\upsilon}\|\omega_i\|_1 \\ &=\mu_2\|\omega_i\|_1\end{aligned} \tag{10.18}$$

定理 10.1 证毕。

定理 10.2　若所有假设成立，存在正数 $\tau>0, \chi_1>0, \chi_2>0$ 使得下列条件成立，则变时刻脉冲控制有向图复杂网络［式（10.3）］局部二部同步于目标节点［式（10.2）］。

（1）$\tau=\sup\{\tau_{l+1}-\tau_l\}<\infty$。

（2）$N\chi_2\exp\left(\tau \min\limits_{1\leqslant i\leqslant N}\{\|\boldsymbol{C}-\boldsymbol{K}\|_1+\|\boldsymbol{D}\|_1\|\boldsymbol{B}\|_1-\sigma\hat{l}_{ii}+\sigma\sum\limits_{j=1,j\neq i}^{N}\|\hat{l}_{ji}\|\}\right)<\chi_1$。

（3）$\mu_1=(1-\lambda_{\min}[\|\boldsymbol{C}-\boldsymbol{K}\|_1\boldsymbol{I}_N+\|\boldsymbol{D}\|_1\|\boldsymbol{B}\|_1\boldsymbol{I}_N+\sigma\boldsymbol{\mathcal{L}}^{\vartheta}]\cdot$

$\dfrac{p}{\alpha}(\nu_1^{-1}\nu_2)^{\frac{1}{p}}(1-\mathrm{e}^{\frac{\alpha}{p}\upsilon}))^{-1}\eta_1(\nu_1^{-1}\nu_2)^{\frac{1}{p}}\mathrm{e}^{\frac{\alpha}{p}\upsilon}, 0<\mu_1<1$。

（4）$\sum\limits_{\varrho=0}^{l}(\gamma(\tau_{\varrho+1}-\tau_{\varrho})+\ln\mu_1)<-\infty, \gamma(\tau_{\varrho+1}-\tau_{\varrho})+\ln\mu_1\leqslant 0, l\in\mathbb{Z}_+$。

其中，$\boldsymbol{D}=(d_{ij})_{n\times n}$，$\gamma=\min\limits_{1\leqslant i\leqslant N}\{\|\boldsymbol{C}-\boldsymbol{K}\|_1+\|\boldsymbol{D}\|_1\|\boldsymbol{B}\|_1-\sigma\hat{l}_{ii}+\sigma\sum\limits_{j=1,j\neq i}^{N}\|\hat{l}_{ji}\|\}$，$\boldsymbol{\mathcal{L}}=(\ell_{ij})_{N\times N}$，$\ell_{ii}=-\hat{l}_{ii}$，$\ell_{ij}=|\hat{l}_{ij}|$，$i,j\in\mathcal{N}, j\neq i$。

证明：设 $\chi_2>0$ 使得 $\|\boldsymbol{\omega}_i(t)\|_1<\chi_1$ 成立；当 $t\in(\tau_l,\tau_{l+1}]$，$l\in\mathbb{Z}_+, i\in\mathcal{N}$ 时，$\|\boldsymbol{\omega}_i(\tau_l^+)\|_1<\chi_2$。否则，必存在 $\tau^0\in(\tau_l,\tau_{l+1}]$，使得当 $\|\boldsymbol{\omega}_\iota(t)\|_1<\chi_1$，$\|\boldsymbol{\omega}_i(t)\|_1<\chi_1$ 时，$\omega_\iota(\tau^0)=\chi_1(\iota\in\{1,2,\cdots,N\})$，$t\in(\tau_l,\tau^0)$ 成立。

对于 $\forall t\in(\tau_l,\tau^0]$，有

$$\boldsymbol{\omega}_i(t)=\boldsymbol{\omega}_i(\tau_l^+)+\int_{\tau_l}^{t}\left[(\boldsymbol{C}-\boldsymbol{K})\boldsymbol{\omega}_i(s)+\boldsymbol{B}g(\boldsymbol{\omega}_i(s))-\sigma\sum_{j=1}^{N}\hat{l}_{ij}\boldsymbol{\omega}_j(s)\right]\mathrm{d}s \tag{10.19}$$

定义如下李雅普诺夫函数：

$$r(t)=\sum_{i=1}^{N}\|\boldsymbol{\omega}_i(t)\|_1$$

可得

$$\dot{r}(t)=\sum_{i=1}^{N}(\mathrm{sign}(\boldsymbol{\omega}_i(t)))^{\mathrm{T}}\left[(\boldsymbol{C}-\boldsymbol{K})\boldsymbol{\omega}_i(t)+\boldsymbol{B}g(\boldsymbol{\omega}_i(t))-\sigma\sum_{j=1}^{N}\hat{l}_{ij}\boldsymbol{\omega}_j(t)\right] \tag{10.20}$$

根据假设 10.2 和矩阵$\boldsymbol{\mathcal{L}}$的定义，可得

$$(\mathrm{sign}(\boldsymbol{\omega}_i(t)))^{\mathrm{T}}\boldsymbol{B}f(\boldsymbol{\omega}_i(t))\leqslant\|\boldsymbol{D}\|_1\|\boldsymbol{B}\|_1\|\boldsymbol{\omega}_i(t)\|_1 \tag{10.21}$$

$$\begin{aligned}-(\mathrm{sign}(\boldsymbol{\omega}_i(t)))^{\mathrm{T}}\sigma\sum_{j=1}^{N}\hat{l}_{ij}\boldsymbol{\omega}_j(t)&=-\sigma\hat{l}_{ii}\|\boldsymbol{\omega}_i(t)\|_1-\sigma\sum_{j=1,j\neq i}^{N}\hat{l}_{ij}(\mathrm{sign}(\boldsymbol{\omega}_i(t)))^{\mathrm{T}}\boldsymbol{\omega}_j(t)\\&\leqslant-\sigma\hat{l}_{ii}\|\boldsymbol{\omega}_i(t)\|_1+\sigma\sum_{j=1,j\neq i}^{N}|\hat{l}_{ij}|\|\boldsymbol{\omega}_j(t)\|_1\end{aligned} \tag{10.22}$$

将不等式（10.21）、不等式（10.22）代入式（10.20），可得

$$\dot{r}(t) \leqslant \sum_{i=1}^{N}\left[\|\boldsymbol{C}-\boldsymbol{K}\|_1+\|\boldsymbol{D}\|_1\|\boldsymbol{B}\|_1-\sigma\hat{l}_{ii}+\sigma\sum_{j=1,j\neq i}^{N}|\hat{l}_{ji}|\right]\|\boldsymbol{\omega}_i(s)\|_1 \tag{10.23}$$

则

$$r(t) \leqslant r(\tau_l^+)+\int_{\tau_l}^{t}\min_{1\leqslant i\leqslant N}\left\{\|\boldsymbol{C}-\boldsymbol{K}\|_1+\|\boldsymbol{D}\|_1\|\boldsymbol{B}\|_1-\sigma\hat{l}_{ii}+\sigma\sum_{j=1,j\neq i}^{N}|\hat{l}_{ji}|\right\}r(s)\mathrm{d}s$$

根据 Gronwall-Bellman 不等式，有

$$\begin{aligned}
r(t) &\leqslant r(\tau_l^+)\exp\int_{\tau_l}^{t}\left(\min_{1\leqslant i\leqslant N}\left\{\|\boldsymbol{C}-\boldsymbol{K}\|_1+\|\boldsymbol{D}\|_1\|\boldsymbol{B}\|_1-\sigma\hat{l}_{ii}+\sigma\sum_{j=1,j\neq i}^{N}|\hat{l}_{ji}|\right\}\right)\mathrm{d}s\\
&\leqslant N\chi_2\exp\int_{\tau_l}^{\tau_{l+1}}\left(\min_{1\leqslant i\leqslant N}\left\{\|\boldsymbol{C}-\boldsymbol{K}\|_1+\|\boldsymbol{D}\|_1\|\boldsymbol{B}\|_1-\sigma\hat{l}_{ii}+\sigma\sum_{j=1,j\neq i}^{N}|\hat{l}_{ji}|\right\}\right)\mathrm{d}s\\
&\leqslant N\chi_2\exp(\tau\min_{1\leqslant i\leqslant N}\left\{\|\boldsymbol{C}-\boldsymbol{K}\|_1+\|\boldsymbol{D}\|_1\|\boldsymbol{B}\|_1-\sigma\hat{l}_{ii}+\sigma\sum_{j=1,j\neq i}^{N}|\hat{l}_{ji}|\right\})\quad (t\in(\tau_l,\tau^0])\\
&<\chi_1
\end{aligned} \tag{10.24}$$

根据式（10.24），可得

$$\sum_{\iota=1}^{N}\|\boldsymbol{\omega}_\iota(t)\|_1=r(t)\leqslant N\chi_1<\chi_1,\quad t\in(\tau_l,\tau^0]$$

显然，这与$\|\boldsymbol{\omega}_\iota(\tau^0)\|_1=\chi_1$矛盾，因此，当$\|\boldsymbol{\omega}_i(\tau_l^+)\|_1<\chi_2$时，有

$$\|\boldsymbol{\omega}_i(t)\|_1<\chi_1, t\in(\tau_l,\tau_{l+1}],\quad 及\ t\in(\tau_l,\tau_{l+1}] \tag{10.25}$$

$$r(t)\leqslant r(\tau_l^+)\exp\int_{\tau_l}^{t}(\min_{1\leqslant i\leqslant N}\{\|\boldsymbol{C}-\boldsymbol{K}\|_1+\|\boldsymbol{D}\|_1\|\boldsymbol{B}\|_1-\sigma\hat{l}_{ii}+\sigma\sum_{j=1,j\neq i}^{N}|\hat{l}_{ji}|\})\mathrm{d}s \tag{10.26}$$

如果$\|\boldsymbol{\omega}_i(\tau_0^+)\|_1\leqslant\chi_2$，则有

$$\|\boldsymbol{\omega}_i(\tau_l^+)\|_1\leqslant\chi_2 \tag{10.27}$$

表明$\|\boldsymbol{\omega}_i(t)\|_1\leqslant\chi_1$，$t\in(\tau_l,\tau_{l+1}]$。

由式（10.16）、式（10.24）可得

$$\begin{aligned}
r(t)&\leqslant r(\tau_l^+)\exp\int_{\tau_l}^{t}(\min_{1\leqslant i\leqslant N}\{\|\boldsymbol{C}-\boldsymbol{K}\|_1+\|\boldsymbol{D}\|_1\|\boldsymbol{B}\|_1-\sigma\hat{l}_{ii}+\sigma\sum_{j=1,j\neq i}^{N}|\hat{l}_{ji}|\})\mathrm{d}s\\
&\leqslant\sum_{i=1}^{N}\|\boldsymbol{\omega}_i(\tau_l)+\Theta_l(\boldsymbol{\omega}_i(\tau_l))\|_1\cdot\exp(\gamma(t-\tau_l))\\
&\leqslant\mu_1\exp(\gamma(t-\tau_l))r(\tau_l),\quad t\in(\tau_l,\tau_{l+1}]
\end{aligned} \tag{10.28}$$

式中，$\gamma=\min_{1\leqslant i\leqslant N}\{\|\boldsymbol{C}-\boldsymbol{K}\|_1+\|\boldsymbol{D}\|_1\|\boldsymbol{B}\|_1-\sigma\hat{l}_{ii}+\sigma\sum_{j=1,j\neq i}^{N}|\hat{l}_{ji}|\}$。

当$t=\tau_{l+1}$，有

$$\begin{aligned}
r(\tau_{l+1})&\leqslant\mu_1\exp(\gamma(\tau_{l+1}-\tau_l))r(\tau_l)\\
&=\exp(\gamma(\tau_{l+1}-\tau_l)+\ln\mu_1)r(\tau_l),\quad l\in\mathbb{Z}_+
\end{aligned} \tag{10.29}$$

当$t\in(\tau_{l-1},\tau_l]$时，有

$$
\begin{aligned}
r(t) &\leqslant r(\tau_{l-1}^{+})\exp\int_{\tau_{l-1}}^{t}\Big(\min_{1\leqslant i\leqslant N}\Big\{\|\boldsymbol{C}-\boldsymbol{K}\|_1+\|\boldsymbol{D}\|_1\|\boldsymbol{B}\|_1-\sigma\hat{l}_{ii}+\sigma\sum_{j=1,j\neq i}^{N}|\hat{l}_{ji}|\Big\}\Big)\mathrm{d}s \\
&\leqslant \sum_{i=1}^{N}\|\boldsymbol{\omega}_i(\tau_{l-1})+\Theta_{l-1}(\boldsymbol{\omega}_i(\tau_{l-1}))\|_1\cdot\exp(\gamma(t-\tau_{l-1})) \\
&\leqslant \mu_1\exp(\gamma(t-\tau_{l-1}))r(\tau_{l-1})
\end{aligned}
\tag{10.30}
$$

由式（10.28）可知

$$
\begin{aligned}
r(\tau_l) &\leqslant \mu_1\exp(\gamma(\tau_l-\tau_{l-1}))r(\tau_{l-1}) \\
&=\exp(\gamma(\tau_l-\tau_{l-1})+\ln\mu_1)r(\tau_{l-1}),\quad l\in\mathbb{Z}_+
\end{aligned}
\tag{10.31}
$$

由归纳法可得

$$
\begin{aligned}
r(\tau_{l+1}) &\leqslant \exp(\gamma(\tau_{l+1}-\tau_l)+\ln\mu_1)\cdot\exp(\gamma(\tau_l-\tau_{l-1})+ \\
&\quad \ln\mu_1)\cdots\exp(\gamma(\tau_1-\tau_0)+\ln\mu_1)r(\tau_0) \\
&\leqslant \exp\Big\{\sum_{\varrho=0}^{l}\gamma(\tau_{\varrho+1}-\tau_\varrho)+\ln\mu_1\Big\}r(\tau_0^{+}),\quad l\in\mathbb{Z}_+
\end{aligned}
\tag{10.32}
$$

归纳可得

$$
\begin{aligned}
r(t) &\leqslant \exp(\gamma(t-\tau_l)+\ln\mu_1)r(\tau_l) \\
&\leqslant \exp\Big\{\sum_{\varrho=0}^{l}(\gamma(\tau_{\varrho+1}-\tau_\varrho)+\ln\mu_1)\Big\}r(\tau_0^{+}),\quad t\in(\tau_l,\tau_{l+1}]
\end{aligned}
\tag{10.33}
$$

当 $\epsilon>0$ 时，存在 $Q=\min\left\{\chi_2,\dfrac{\epsilon}{N}\right\}$，根据 $\gamma(\tau_{l+1}-\tau_l)+\ln\mu_1)\leqslant 0$，可得 $\boldsymbol{\omega}_i(\tau_0^{+})$ 满足 $\|\boldsymbol{\omega}_i(\tau_0^{+})\|_0\leqslant Q$，且

$$
\begin{aligned}
\|\boldsymbol{\omega}_i(t)\|_1 &\leqslant r(t) \\
&\leqslant \exp\Big\{\sum_{\varrho=0}^{l}(\gamma(\tau_{\varrho+1}-\tau_\varrho)+\ln\mu_1)\Big\}r(\tau_0^{+}) \\
&\leqslant r(\tau_0^{+})=\sum_{i=1}^{N}\|\boldsymbol{\omega}_i(\tau_0^{+})\|_1 \\
&\leqslant NQ<\epsilon,\quad t\in(\tau_l,\tau_{l+1}],\quad l\in\mathbb{Z}_+
\end{aligned}
\tag{10.34}
$$

根据式（10.34）和定理 10.2 的条件（4），可得

$$
\begin{aligned}
0 &\leqslant \lim_{t\to\infty}\|\boldsymbol{\omega}_i(t)\|_1\leqslant \lim_{t\to\infty}r(t) \\
&\leqslant \lim_{l\to\infty}\exp\Big\{\sum_{\varrho=0}^{l}(\gamma(\tau_{\varrho+1}-\tau_\varrho)+\ln\mu_1)\Big\}r(\tau_0^{+})=0
\end{aligned}
\tag{10.35}
$$

式中，$\boldsymbol{\omega}_i(\tau_0^{+})$满足$\|\boldsymbol{\omega}_i(\tau_0^{+})\|_1\leqslant Q$。因此，误差网络［式（10.5）］最终实现了局部渐近稳定，即在变时刻脉冲控制下，有向图复杂网络［式（10.1）］二部同步于目标节点［式（10.2）］。证毕。

定理 10.3　如果假设 10.1 和假设 10.3～假设 10.5 成立，则存在正标量 $\rho>0$，$\delta_l>0$，使得：

（1）对 $\forall t\in(\tau_l,\tau_{l+1}]$，使下面不等式成立：

$$
\|\boldsymbol{C}-\boldsymbol{K}\|_2\boldsymbol{I}_N+\eta_2\|\boldsymbol{B}\|_2 I_N+\sigma\boldsymbol{\mathcal{L}}^{\vartheta}-\rho\boldsymbol{I}_N\leqslant 0
$$

（2）对于 $l\in\mathbb{Z}_+$，有

$$\rho(\tau_{l+1}-\tau_l)+2\ln\mu_1\leqslant-\delta_l$$

则在变时刻脉冲控制下，可得有向图复杂网络是全局同步的。

构造李雅普诺夫函数：

$$\mathcal{V}(t)=\sum_{i=1}^{N}\boldsymbol{\omega}_i^{\mathrm{T}}(t)\boldsymbol{\omega}_i(t)$$

对于任意 $t\neq\tau_l$，沿着式（10.7）中第一个方程的轨迹计算 $\dot{\mathcal{V}}(t)$，可得

$$\begin{aligned}\dot{\mathcal{V}}(t)&=2\sum_{i=1}^{N}\boldsymbol{\omega}_i^{\mathrm{T}}(t)\,\dot{\boldsymbol{\omega}}_i(t)\\&=2\sum_{i=1}^{N}\boldsymbol{\omega}_i^{\mathrm{T}}(t)\Big[(\boldsymbol{C}-\boldsymbol{K})\boldsymbol{\omega}_i(t)+\boldsymbol{B}g(\boldsymbol{\omega}_i(t))-\sigma\sum_{j=1}^{N}\hat{l}_{ij}\boldsymbol{\omega}_j(t)\Big]\end{aligned}$$

则

$$\begin{aligned}\dot{\mathcal{V}}(t)&\leqslant2\sum_{i=1}^{N}\Big[\|\boldsymbol{C}-\boldsymbol{K}\|_2\cdot\|\boldsymbol{\omega}_i(t)\|_2^2+\eta_2\|\boldsymbol{B}\|_2\cdot\|\boldsymbol{\omega}_i(t)\|_2^2-\sigma\hat{l}_{ii}\|\boldsymbol{\omega}_i(t)\|_2^2+\\&\quad\sigma\sum_{j=1,j\neq i}^{N}|\hat{l}_{ij}|\,\|\boldsymbol{\omega}_i(t)\|_2\cdot\|\boldsymbol{\omega}_j(t)\|_2\Big]\\&\leqslant2\hat{\boldsymbol{\omega}}_i^{\mathrm{T}}(t)\big[\|\boldsymbol{C}-\boldsymbol{K}\|_2\boldsymbol{I}_N+\eta_2\|\boldsymbol{B}\|_2\boldsymbol{I}_N+\sigma\boldsymbol{\mathcal{L}}\big]\,\hat{\boldsymbol{\omega}}_i(t)\\&\leqslant2\hat{\boldsymbol{\omega}}_i^{\mathrm{T}}(t)\big[\|\boldsymbol{C}-\boldsymbol{K}\|_2\boldsymbol{I}_N+\eta_2\|\boldsymbol{B}\|_2\boldsymbol{I}_N+\sigma\boldsymbol{\mathcal{L}}^{\vartheta}-\rho\boldsymbol{I}_N\big]\,\hat{\boldsymbol{\omega}}_i(t)+\rho\sum_{i=1}^{N}\boldsymbol{\omega}_i^{\mathrm{T}}(t)\boldsymbol{\omega}_i(t)\\&\leqslant\rho\mathcal{V}(\hat{\boldsymbol{\omega}}(t))\end{aligned}\tag{10.36}$$

式中，$\hat{\boldsymbol{\omega}}_i(t)=(\|\boldsymbol{\omega}_1(t)\|_2,\|\boldsymbol{\omega}_2(t)\|_2,\cdots,\|\boldsymbol{\omega}_N(t)\|_2)^{\mathrm{T}}$。

对于 $t=\tau_l$，根据式（10.16），可得

$$\begin{aligned}V(\tau_l^+,\boldsymbol{\omega}_i(t)+\Theta_l(\boldsymbol{\omega}_i(t)))&=\sum_{i=1}^{N}\boldsymbol{\omega}_i^{\mathrm{T}}(\tau_l^+)\boldsymbol{\omega}_i(\tau_l^+)\\&\leqslant\sum_{i=1}^{N}\big[\boldsymbol{\omega}_i(t)+\Theta_l(\boldsymbol{\omega}_i(t))\big]^{\mathrm{T}}\big[\boldsymbol{\omega}_i(t)+\Theta_l(\boldsymbol{\omega}_i(t))\big]\\&\leqslant\sum_{i=1}^{N}\mu_1^2\|\boldsymbol{\omega}_i(t)\|_2^2\\&=\mu_1^2V(\hat{\boldsymbol{\omega}}_i(t))\end{aligned}\tag{10.37}$$

建立如下比较系统：

$$\begin{cases}\dot{\varpi}(t)=\rho\varpi(t), & t\neq\tau_l\\ \varpi(\tau_l^+)=\mu_1^2\varpi(\tau_l), & t=\tau_l\\ \varpi(0)=\sum_{i=1}^{N}\hat{\boldsymbol{\omega}}_i^{\mathrm{T}}(0)\,\hat{\boldsymbol{\omega}}_i(0), & l\in\mathbb{Z}_+\end{cases}$$

根据定理 10.3 的条件（2）可知，存在 $z>0$，使得

$$\int_{\tau_l}^{\tau_{l+1}} \rho \mathrm{d}s + \int_{z}^{z\mu_1^2} \frac{1}{s} \mathrm{d}s = \rho(\tau_{l+1} - \tau_l) + 2\ln\mu_1 \leqslant -\delta_l \tag{10.38}$$

根据上述讨论和定理 10.3 可知，通过变时刻脉冲控制，误差网络［式（10.5）］全局渐近稳定，则有向图复杂网络［式（10.1）］全局同步于目标节点［式（10.2）］。证毕。

为了与前面的定理进行比较，设计下列状态反馈控制器 $\boldsymbol{u}_i(t)$ 来评估变时刻脉冲控制器的性能。

$$\boldsymbol{u}_i(t) = \kappa_i(\boldsymbol{x}_i(t) - d_i\boldsymbol{\xi}(t)) \tag{10.39}$$

可得脉冲控制器的误差网络

$$\dot{\boldsymbol{\omega}}_i(t) = \boldsymbol{C}\boldsymbol{\omega}_i(t) + \boldsymbol{B}g(\boldsymbol{\omega}_i(t)) - \sigma\sum_{j=1}^{N} |\hat{l}_{ij}| \boldsymbol{\omega}_j(t) - \kappa_i\boldsymbol{\omega}_i(t) \tag{10.40}$$

式中参数与式（10.5）相同，可得如下推论。

推论 10.1　如果假设 10.2 成立，则反馈控制增益 κ_i 满足：

$$\|\boldsymbol{C}\|_1 + \|\boldsymbol{D}\|_1 \|\boldsymbol{B}\|_1 - \sigma\hat{l}_{ii} + \sigma\sum_{j=1,j\neq i}^{N} |\hat{l}_{ij}| \leqslant \kappa_i \tag{10.41}$$

其中，$\boldsymbol{\mathcal{L}} = (\ell_{ij})_{N\times N}$，$\ell_{ii} = -\hat{l}_{ii}$，$\ell_{ij} = |\hat{l}_{ij}|(j\neq i, i, j\in\mathcal{N})$，则通过状态反馈控制器［式（10.39）］，有向图复杂网络［式（10.1）］二部同步于目标节点［式（10.2）］。

考虑李雅普诺夫函数：

$$\mathcal{V}(t) = \sum_{i=1}^{N} \|\boldsymbol{\omega}_i(t)\|_1$$

计算 $\mathcal{V}(t)$ 对时间 t 的导数，得

$$\dot{\mathcal{V}}(t) = \sum_{i=1}^{N} (\mathrm{sign}(\boldsymbol{\omega}_i(t)))^{\mathrm{T}} [\boldsymbol{C}\boldsymbol{\omega}_i(t) + \boldsymbol{B}g(\boldsymbol{\omega}_i(t)) - \sigma\sum_{j=1}^{N} |\hat{l}_{ij}| \boldsymbol{\omega}_j(t) - \kappa_i\boldsymbol{\omega}_i(t)] \tag{10.42}$$

将不等式（10.21）、不等式（10.22）代入式（10.42），得

$$\dot{\mathcal{V}}(t) \leqslant \sum_{i=1}^{N} [\|\boldsymbol{C}\|_1 + \|\boldsymbol{D}\|_1 \|\boldsymbol{B}\|_1 - \sigma\hat{l}_{ii} + \sigma\sum_{j=1,j\neq i}^{N} |\hat{l}_{ij}| - \kappa_i] \|\boldsymbol{\omega}_i(t)\|_1 \leqslant 0 \tag{10.43}$$

表明 $\lim\limits_{t\to\infty} \|\boldsymbol{x}_i(t) - d_i\boldsymbol{\xi}(t)\| = 0$，即通过状态反馈控制器［式（10.39）］，有向图复杂网络［式（10.1）］二部同步于目标节点［式（10.2）］。证毕。

注 10.4　尽管文献［9］研究了具有时变时滞的变时刻脉冲细胞神经网络的周期解问题，但这篇文献并没有给出变时刻脉冲控制器与简化后的固定时刻脉冲控制器之间的详细表达式。本章中变时刻脉冲控制器的表达式可以表示为 $\boldsymbol{\Phi}_l(\boldsymbol{\omega}_i(t))$［见式（10.5）］，简化后的固定时刻脉冲控制器可以定义为 $\Theta_l(\boldsymbol{\omega}_i)$［见式（10.6）］。给出了简化后的固定时刻脉冲控制器与原始变时刻脉冲控制器的表达式。

10.4 实验结果与分析

本节将给出两个数值仿真实验来验证变时刻脉冲控制下，有向图复杂网络的二部同步问题。

考虑 8 个节点的复杂网络，其拓扑结构如图 10-2 所示。由图 10-2 可知 $\mathcal{E}_1=\{1,2,\cdots,5\}$，$\mathcal{E}_2=\{6,7,8\}$，$\mathcal{E}=\mathrm{diag}\{1,1,1,1,1,-1,-1,-1\}$，其邻接矩阵为

$$\boldsymbol{A}=\begin{bmatrix}0&0&0&0&1&-1&0&0\\1&0&0&0&0&0&0&0\\0&1&0&0&0&0&0&0\\0&0&1&0&0&0&0&-1\\0&0&0&1&0&0&0&0\\0&0&0&0&-1&0&1&0\\0&0&0&0&0&0&0&1\\0&0&0&0&0&1&0&0\end{bmatrix}$$

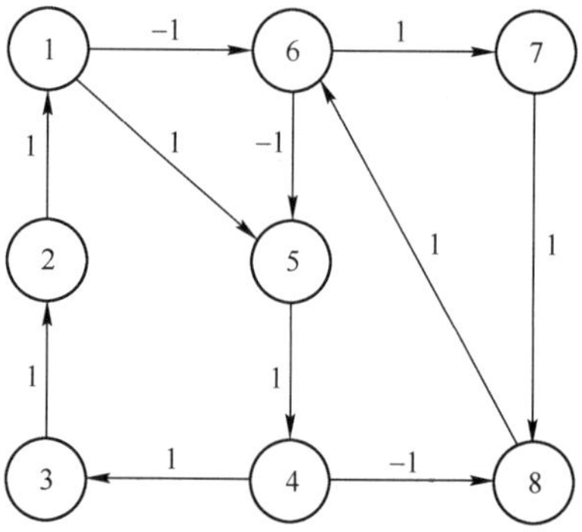

图 10-2 8 个节点的有向图复杂网络的拓扑结构

例 1：在这个例子中，网络的节点由蔡氏电路构成

$$\dot{\boldsymbol{\xi}}(t)=\boldsymbol{C}\boldsymbol{\xi}(t)+\boldsymbol{B}f(\boldsymbol{\xi}(t)) \tag{10.44}$$

式中，$\boldsymbol{\xi}(t)=(\xi_1(t),\xi_2(t),\xi_3(t))^{\mathrm{T}}$；$f(\boldsymbol{\xi}(t))=(|\xi_1(t)+1|-|\xi_1(t)-1|,0,0)^{\mathrm{T}}$ 是奇函数，可计算出 $\eta_2=2$。矩阵 $\boldsymbol{B}=\mathrm{diag}(27/7,0,0)$，$\boldsymbol{C}=\begin{bmatrix}-2.7&9&0\\1&-1&1\\0&-14.3&0\end{bmatrix}$。

变时刻脉冲控制有向图复杂网络可以描述为

$$\begin{cases}\dot{\boldsymbol{\omega}}_i(t)=\boldsymbol{C}\boldsymbol{\omega}_i(t)+\boldsymbol{B}g(\boldsymbol{\omega}_i(t))-\sigma\sum\limits_{j=1}^{8}\hat{l}_{ij}\boldsymbol{\omega}_j(t)-\kappa_i\boldsymbol{\omega}_i(t), & t\neq\tau_l+\aleph_l(\boldsymbol{\omega}_i(t))\\ \Delta\boldsymbol{\omega}_i(t)=\boldsymbol{\Phi}_l(\boldsymbol{\omega}_i(t)), & t=\tau_l+\aleph_l(\boldsymbol{\omega}_i(t))\end{cases} \tag{10.45}$$

式中，$i\in\mathcal{N}=\{1,2,\cdots,8\}$，$\boldsymbol{\omega}_i(t)=(\omega_{i1}(t),\omega_{i2}(t),\cdots,\omega_{in}(t))^{\mathrm{T}}\in\mathbb{R}^n$表示第 i 个误差节点。$g(\boldsymbol{\omega}_i(t))=(g_1(\omega_{i1}(t)),g_2(\omega_{i2}(t)),\cdots,g_n(\omega_{in}(t)))^{\mathrm{T}}$，$\tau_l=0.2l$，$\Phi_l(\omega_i(t))=\gamma_l\omega_i$，$\tau_l(\omega_i(t))=\dfrac{1}{4\pi}[\arctan(\omega_{i1}(t))]^2$。

设 $\gamma_l=0.8$，可得 $\eta_1=\dfrac{1}{4\pi}$，$0\leqslant\tau_l(\omega_i(t))\leqslant\pi\eta_1=\dfrac{1}{4}=\upsilon$，此外：

$$
\begin{aligned}
&\aleph_l(\omega_i+\Phi_l(t,\omega_i))-\aleph_l(\omega_i)\\
&=\frac{1}{8\pi}[\arctan(1+\gamma_l\omega_{i1})]^2-\frac{1}{8\pi}[\arctan(\omega_{i1})]^2\\
&=\frac{1}{8\pi}[\arctan(|(1+\gamma_l)\omega_{i1}|)]^2-\frac{1}{8\pi}[\arctan(|\omega_{i1}|)]^2\\
&=\frac{1}{8\pi}[\arctan(|(1+\gamma_l)\omega_{i1}|)+\arctan(|\omega_{i1}|)][\arctan(|(1+\gamma_l)\omega_{i1}|)-\arctan(|\omega_{i1}|)]\\
&\leqslant 0
\end{aligned}
\tag{10.46}
$$

即$\aleph_l(\omega_i+\Phi_l(t,\omega_i))\leqslant\aleph_l(\omega_i)$，则所有的假设成立。取 $\tau=\tau_{l+1}-\tau_l=0.2$，$\mu_1=0.02$。通过数值计算，可得 $\gamma=25.7160$，$\chi_1=54.71$，$\chi_2=0.04$，$\gamma(\tau_{\varrho+1}-\tau_\varrho)+\ln(\mu_1)\leqslant-11.65$。定理 10.2 的所有条件成立。另外，如果选择 $\rho=17.8$，$\delta_l=0.21$，定理 10.3 的条件也满足。图 10-3 所示为未加控制器时目标节点［式（10.44）］的混沌轨迹。

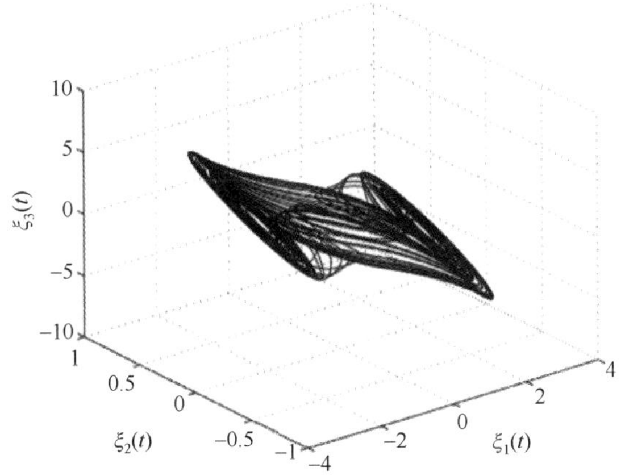

图 10-3 未加控制器时目标节点［式（10.44）］的混沌轨迹

图 10-4 所示为耦合蔡氏电路的误差网络［式（10.45）］的时间响应曲线。数值仿真实验表明，当变时刻脉冲控制器 $\Phi_l(\boldsymbol{\omega}_i(t))=0.8\boldsymbol{\omega}_i(t)$时，蔡氏电路［式（10.44）］是渐近稳定的。因此，有向图复杂网络［式（10.1）］二部同步于目标节点［式（10.2）］。从图 10-4 中可以看出，所有节点 $\omega_{i1}(t)$、$\omega_{i2}(t)$、$\omega_{i3}(t)$保持两种对称状态，即部分节点同步到$\xi_1(t)$、$\xi_2(t)$、$\xi_3(t)$，其他节点同步到相反的状态，其中虚线表示目标节点［式（10.44）］的变化情况。

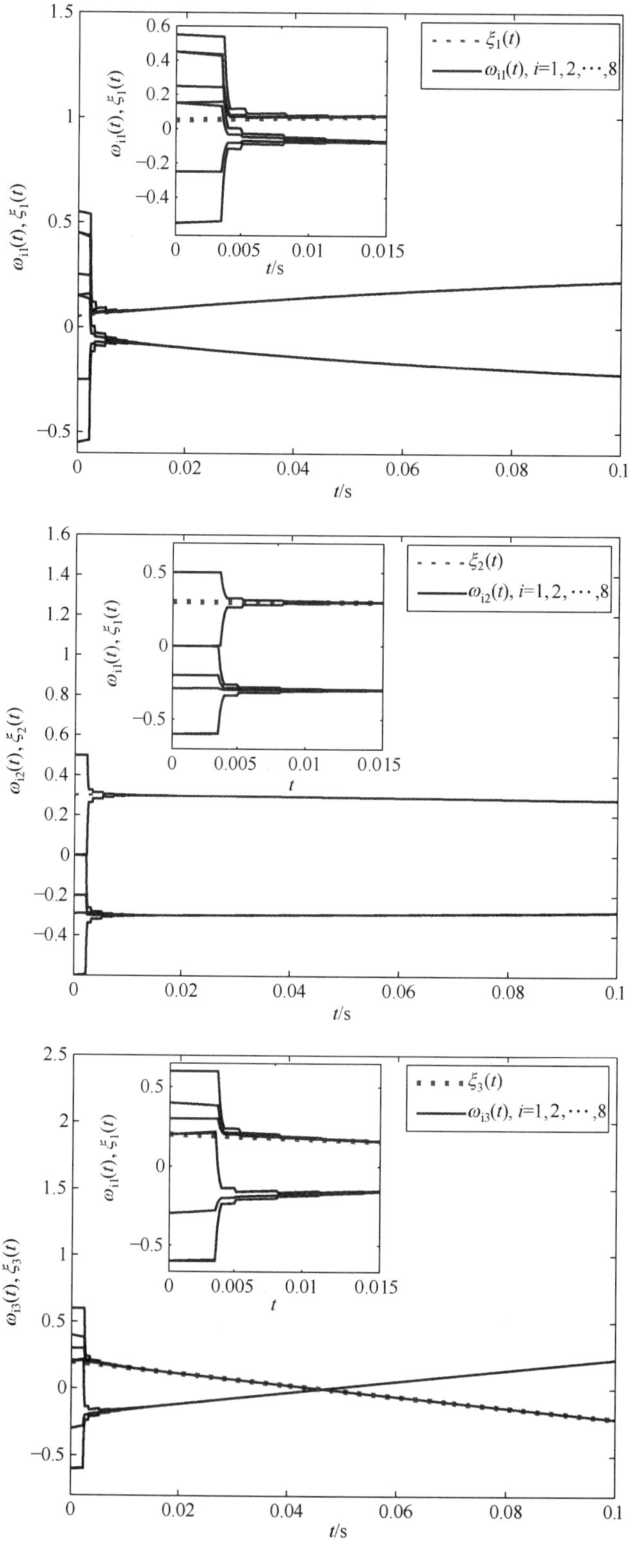

图 10-4　耦合蔡氏系统的误差网络［式（10.45）］的时间响应曲线

例 2：在本节仿真实验中，为了比较变时刻脉冲控制器的优点，考虑单节点为

$$\dot{\boldsymbol{\xi}}(t)=\boldsymbol{C}\boldsymbol{\xi}(t)+\boldsymbol{B}f(\boldsymbol{\xi}(t)) \tag{10.47}$$

式中，$\boldsymbol{\xi}(t)=(\xi_1(t),\xi_2(t),\xi_3(t))^{\mathrm{T}}$，$f(\boldsymbol{\xi}(t))=1.5\tanh(\boldsymbol{\xi}(t))$是奇函数，通过简单的计算，可得 $d_{ij}=1.5$，也就是说假设 10.2 成立，矩阵 $\boldsymbol{B}=\mathrm{diag}(3,0,0)$，矩阵 $\boldsymbol{C}=\begin{bmatrix}-2 & 10 & 0\\ 1 & -1.2 & 1\\ 0 & -14.5 & 0\end{bmatrix}$。

考虑由混沌系统耦合而成的复杂网络：

$$\dot{\boldsymbol{x}}_i(t)=\boldsymbol{C}\boldsymbol{x}_i(t)+\boldsymbol{B}g(\boldsymbol{x}_i(t))-\sigma\sum_{j=1}^{8}|a_{ij}|(\boldsymbol{x}_i(t)-\mathrm{sign}(a_{ij})\boldsymbol{x}_j(t)),\quad i=1,2,\cdots,8 \tag{10.48}$$

根据推论 10.1，由 $\kappa_i\geqslant\|\boldsymbol{C}\|_1+\|\boldsymbol{D}\|_1\|\boldsymbol{B}\|_1-\sigma\hat{l}_{ii}+\sigma\sum_{i=1}^{N}|\hat{l}_{ij}|(i=1,2,\cdots,8)$ 可得 $\kappa_i\geqslant 25.1540$。

取 $\kappa_i=26$，耦合强度 $\sigma=0.1$。根据推论 10.1，具有变时刻脉冲控制器［式（10.39）］的复杂网络［式（10.48）］二部同步于单节点［式（10.47）］。无变时刻脉冲控制的复杂网络的瞬时状态如图 10-5 所示，其中，$\xi_1(t)$、$\xi_2(t)$、$\xi_3(t)$的变化可以用实线表示，$\omega_{i1}(t)$、$\omega_{i2}(t)$、$\omega_{i3}(t)$可以用虚线表示。

注 10.5　对比这两个例子，不难发现，在变时刻脉冲控制下，复杂网络同步到目标节点的时间约为 0.01s，而状态反馈控制的同步时间约为 0.8s。同时，得到的变时刻脉冲控制条件更强、更准确。此外，例 1 中用于二部同步的复杂网络的收敛速度比例 2 中的同步速度更快。

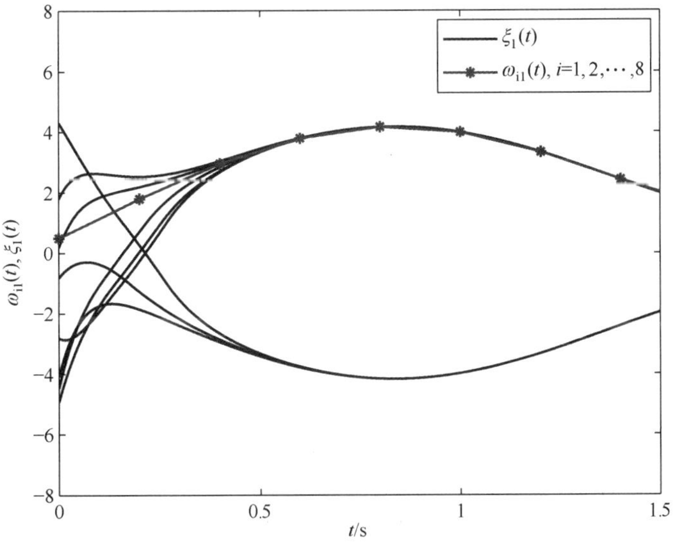

图 10-5　无变时刻脉冲控制的复杂网络的瞬时状态

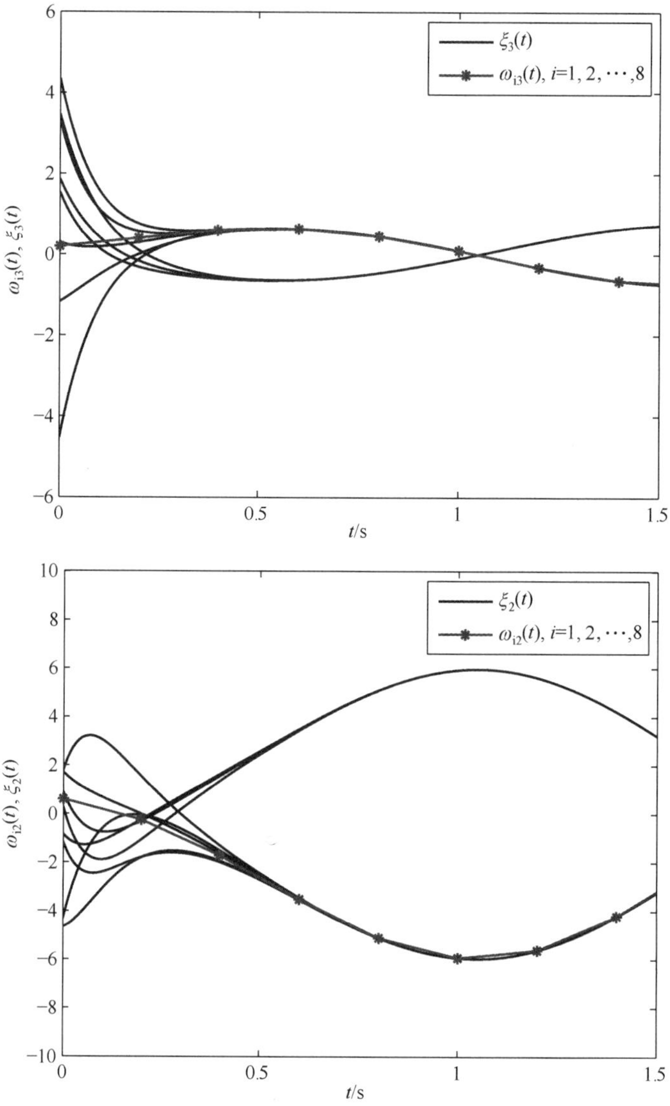

图 10-5　无变时刻脉冲控制的复杂网络的瞬时状态（续）

10.5　本章小结

本章主要分析了在变时刻脉冲控制下有向图复杂网络的二部同步问题。与传统复杂网络不同，有向图复杂网络节点间的通信拓扑结构可以是协作的，也可以是竞争的。此外，脉冲的出现总是依赖于复杂网络中的节点，而不是在固定时刻出现。利用 B-等价方法，变时刻脉冲复杂网络可以转换为固定时刻脉冲控制耦合复杂网络。固定时刻脉冲控制耦合复杂网络可以看作变时刻脉冲有向图耦合复杂网络的比较系统。利用 1-范数解析技术，提出若干假设，保证耦合误差节点的每个解与每个不连续脉冲曲面恰好相交一次，并给出了在数学归纳法下网络二部同步的充分条件。

参考文献

[1] NEWMAN M E. Scientific Collaboration Networks. II. Shortest Paths, Weighted Networks and Centrality [J]. Physical review E, 2001, 64 (1): 016132.

[2] DAHUI W, LI Z, ZENGRU D. Bipartite Producer-consumer Networks and The Size Distribution of Firms [J]. Physica A: Statistical Mechanics and its Applications, 2006, 363 (2): 359-366.

[3] WATTS D J, STROGATZ S H. Collective Dynamics of Small-world Networks [J]. Nature, 1998, 393 (6684): 440-442.

[4] ZHANG W, YANG X, YANG S, et al. Finite-time and Fixed-time Bipartite Synchronization of Complex Networks with Signed Graphs [J]. Mathematics and Computers in Simulation, 2021, 188: 319-329.

[5] GUO X, LU J, ALSAEDI A, et al. Bipartite Consensus for Multi-agent Systems with Antagonistic Interactions and Communication Delays [J]. Physica A: Statistical Mechanics and its Applications, 2018, 495: 488-497.

[6] LIU F, SONG Q, WEN G, et al. Bipartite Synchronization in Coupled Delayed Neural Networks under Pinning Control [J]. Neural Networks, 2018, 108: 146-154.

[7] AKHMET M. Principles of Discontinuous Dynamical Systems [M]. Berlin, Germany: Springer, 2010.

[8] Şaylı M, & Yılmaz E. Periodic Solution for State-dependent Impulsive Shunting Inhibitory CNNs with Time-varying Delays [J]. Neural Networks, 2015, 68: 1-11.

[9] ZHOU Y, LI C, WANG H. Stability Analysis on State-dependent Impulsive Hopfield Neural Networks via Fixed-time Impulsive Comparison System Method [J]. Neurocomputing, 2018, 316: 20-29.

[10] ZHANG Q, LI C, HE Z, et al. Fully Relative State Constraint Impulsive Consensus of Nonlinear Multi-agent Systems via State-dependent Impulsive Protocols [J]. IET Control Theory & Applications, 2021, 15 (2): 209-222.

[11] YANG S, LI C, HUANG T. Synchronization of Coupled Memristive Chaotic Circuits via State-Dependent Impulsive Control [J]. Nonlinear dynamics, 2017, 88 (1): 115-129.

[12] YANG S, LI C, HUANG T. State-dependent Impulsive Synchronisation of Complex Dynamical Networks with Non-linear Coupling [J]. IET Control Theory & Applications, 2018, 12 (9): 1189-1200.

[13] YANG T. Impulsive Control Theory [M]. Berlin, Germany: Springer, 2001.

第11章

部分耦合复杂网络的牵制脉冲控制同步及其在图像加密中的应用

11.1 引言

实际生活中的许多系统可以用相互作用节点组成的复杂网络来描述，如电网、社交网络、通信网络、交通网络等。过去对传统复杂网络动力学的研究主要关注单个复杂网络内部节点的同步，即全局耦合复杂网络的同步，并取得了大量的研究成果，详情可见文献［1］~文献［4］。由于时滞和噪声等不可避免的因素，复杂网络节点之间的通信只有部分信道能够成功传输信息，从而形成了部分耦合，即部分耦合复杂网络的同步。

根据前面章节提出的脉冲控制和文献［5］提出的牵制控制方法，本章将讨论牵制脉冲控制复杂网络的同步问题。在脉冲控制复杂网络的研究过程中，由于李雅普诺夫函数在每一个脉冲间隔内具有连续性和随时间单调衰减的性质，采用传统的李雅普诺夫函数方法得到的稳定性判据更具保守性。Leine 等人在文献［6］中提出了构造阶跃函数的方法，研究系统稳定性问题的新策略。利用该方法研究系统稳定性问题参见文献［7］~文献［9］。本章采用阶跃函数方法研究部分耦合复杂网络的牵制脉冲控制，并将脉冲控制复杂网络的每个脉冲区间视为一个跨度，根据跨度的多少，分两类来讨论系统的同步性，一类是单跨度阶跃函数，另一类是多跨度阶跃函数。本章采用重组方法和阶跃函数方法，设计出合适的牵制脉冲控制器，实现部分耦合网络同步问题。

11.2 模型描述与预备知识

部分耦合复杂网络模型描述为

$$\dot{\boldsymbol{d}}_i(t)=\boldsymbol{P}\boldsymbol{d}_i(t)+\boldsymbol{Q}y(\boldsymbol{d}_i(t))+\bar{c}\sum_{j=1,j\neq i}^{N}g_{ij}\boldsymbol{D}\boldsymbol{C}_{ij}(\boldsymbol{d}_j(t)-\boldsymbol{d}_i(t)) \tag{11.1}$$

$$\dot{\boldsymbol{r}}_i(t)=\boldsymbol{P}\boldsymbol{r}_i(t)+\boldsymbol{Q}y(\boldsymbol{r}_i(t))+\bar{c}\sum_{j=1,j\neq i}^{N}g_{ij}\boldsymbol{D}\boldsymbol{C}_{ij}(\boldsymbol{r}_j(t)-\boldsymbol{r}_i(t))+\boldsymbol{U}_i(t) \tag{11.2}$$

式中，$\boldsymbol{d}_i(t)$表示驱动网络中第 i 个节点的状态，$\boldsymbol{d}_i(t)=(d_{i1}(t),d_{i2}(t),\cdots,d_{in}(t))^{\mathrm{T}}\in\mathbb{R}^n$；$\boldsymbol{r}_i(t)$表示响应网络中第 i 个节点的状态，$\boldsymbol{r}_i(t)=(r_{i1}(t),r_{i2}(t),\cdots,r_{in}(t))^{\mathrm{T}}\in\mathbb{R}^n$；$\boldsymbol{U}_i(t)$是控制器；非线性函数 $y(\cdot):\mathbb{R}^n\to\mathbb{R}^n$满足 $y(\boldsymbol{0})=\boldsymbol{0}$。$\boldsymbol{P}=\mathrm{diag}\{p_1,p_2,\cdots,p_n\}\in\mathbb{R}^{n\times n}$，$\boldsymbol{Q}\in\mathbb{R}^{n\times n}$，耦合强度 $\bar{c}>0$，$\boldsymbol{D}=\mathrm{diag}\{d_1,d_2,\cdots,d_n\}$表示内部耦合矩阵。外部耦合矩阵 $\boldsymbol{G}=(g_{ij})\in\mathbb{R}^{n\times n}$表示网络拓扑结构，如果节点 j 与节点 i 之间存在连接，则 $g_{ij}>0(j\neq i)$；否则 $g_{ij}=0$。信道矩阵 $\boldsymbol{C}_{ij}=\mathrm{diag}\{c_{ij}^1,c_{ij}^2,\cdots,c_{ij}^n\}$，$c_{ij}^l$定义为如果节点 j 与节点 i 的第 l 层信道是连通的，则 $c_{ij}^l=1$；否则，$c_{ij}^l=0$，$l=1,2,\cdots,n$。

定义 11.1 若对任意 i，都有 $\lim\limits_{t\to\infty}\|\boldsymbol{r}_i(t)-\boldsymbol{d}_i(t)\|=0$ 成立，则部分耦合复杂网络［式（11.1）］同步于系统［式（11.2）］。

定义 $\boldsymbol{M}_{ij}=g_{ij}\boldsymbol{C}_{ij}\triangleq\mathrm{diag}\{m_{ij}^1,m_{ij}^2,\cdots,m_{ij}^n\}(i\neq j)$，则部分耦合复杂网络可重写为

$$\begin{cases}\dot{\boldsymbol{d}}_i(t)=\boldsymbol{P}\boldsymbol{d}_i(t)+\boldsymbol{Q}y(\boldsymbol{d}_i(t))+\bar{c}\sum\limits_{j=1,j\neq i}^{N}\boldsymbol{D}\boldsymbol{M}_{ij}(\boldsymbol{d}_j(t)-\boldsymbol{d}_i(t))\\ \dot{\boldsymbol{r}}_i(t)=\boldsymbol{P}\boldsymbol{r}_i(t)+\boldsymbol{Q}y(\boldsymbol{r}_i(t))+\bar{c}\sum\limits_{j=1,j\neq i}^{N}\boldsymbol{D}\boldsymbol{M}_{ij}(\boldsymbol{r}_j(t)-\boldsymbol{r}_i(t))+\boldsymbol{U}_i(t)\end{cases}\tag{11.3}$$

由于引入信道矩阵，使得部分耦合复杂网络［式（11.3）］的分析变得更加困难，本章采用重组方法对其进行处理，即从矩阵 $\boldsymbol{M}_{ij}$中提取第 l 层对角元素 $\boldsymbol{M}_{ij}^l$，将其重组为一个新的矩阵 $\boldsymbol{M}_l=(M_{ij}^l)_{N\times N}$。矩阵 $\boldsymbol{M}_l$ 反映了第 l 层的所有通信信息，且行和为 0。

定义 $\boldsymbol{e}_i(t)=\boldsymbol{r}_i(t)-\boldsymbol{d}_i(t)$，根据式（11.3），可得误差系统为

$$\dot{\boldsymbol{e}}_i(t)=\boldsymbol{P}\boldsymbol{e}_i(t)+\boldsymbol{Q}\widetilde{y}(\boldsymbol{e}_i(t))+\bar{c}\sum_{j=1}^{N}\boldsymbol{D}\boldsymbol{M}_{ij}\boldsymbol{e}_j(t)+\boldsymbol{U}_i(t)\tag{11.4}$$

式中，$\widetilde{y}(\boldsymbol{e}_i(t))=y(\boldsymbol{r}_i(t))-y(\boldsymbol{d}_i(t))$。根据定义 11.1，当 $t\to\infty$ 时，对任意 i，都有 $\|\boldsymbol{e}_i(t)\|\to 0$ 成立，部分耦合复杂网络［式（11.3）］实现同步。

设计脉冲控制器为

$$\boldsymbol{U}_i(t)=\begin{cases}\sum\limits_{\tau=1}^{\infty}-\delta(t-t_\tau)a_\tau\boldsymbol{e}_i(t),i\in W_\tau, & \natural W_\tau=h_\tau\\ 0, & i\notin W_\tau\end{cases}\tag{11.5}$$

式中，脉冲控制项 $a_\tau\in(0,1)$，$\delta(\cdot)$为狄拉克函数，脉冲时刻序列 t_τ 满足 $0=t_0<t_1<t_2<\cdots<t_\tau<\cdots$，且 $\lim\limits_{\tau\to\infty}t_\tau=+\infty$。$h_\tau$ 表示在 t_τ 时刻的可控节点数。W_τ 表示在脉冲时刻 t_τ 的情况下，将 $\boldsymbol{e}_1(t_\tau),\boldsymbol{e}_2(t_\tau),\cdots,\boldsymbol{e}_N(t_\tau)$重排为 $\|\boldsymbol{e}_{z_1}(t_\tau)\|\geqslant\|\boldsymbol{e}_{z_2}(t_\tau)\|\geqslant\cdots\geqslant\|\boldsymbol{e}_{z_{h_\tau}}(t_\tau)\|\geqslant\|\boldsymbol{e}_{z_{h_\tau+1}}(t_\tau)\|\geqslant\cdots\geqslant\|\boldsymbol{e}_{z_N}(t_\tau)\|$，那么 $W_\tau=\{z_1,z_2,\cdots,z_{h_\tau}\}$，$\natural W_\tau=h_\tau$。

令误差系统左连续，即 $\boldsymbol{e}_i(t_\tau)=\boldsymbol{e}_i(t_\tau^-)$，则

$$\begin{cases}\dot{\boldsymbol{e}}_i(t)=\boldsymbol{P}\boldsymbol{e}_i(t)+\boldsymbol{Q}\widetilde{y}(\boldsymbol{e}_i(t))+\bar{c}\sum\limits_{j=1}^{N}\boldsymbol{D}\boldsymbol{M}_{ij}\boldsymbol{e}_j(t), & t\neq t_\tau\\ \Delta\boldsymbol{e}_i(t_k)=\boldsymbol{e}_i(t_\tau^+)-\boldsymbol{e}_i(t_\tau^-)=-a_\tau\boldsymbol{e}_i(t_\tau), & i\in W_\tau,\natural W_\tau=h_\tau\end{cases}\tag{11.6}$$

假设 11.1 假设 $y(\cdot)$满足全局利普希茨条件，即存在正常数 ℓ，对任意 $\epsilon_1,\epsilon_2\in\mathbb{R}^n$，

都有$\|y(\epsilon_1)-y(\epsilon_2)\|\leqslant\ell\|\epsilon_1-\epsilon_2\|$成立。

假设 11.2 假设矩阵 $\boldsymbol{M}_l$ 不可约，其中，$l=1,2,\cdots,n$。

引理 11.1[10] 假设 $\boldsymbol{X}=\{X_{ij}\}_{i,j=1}^{N}\in\mathbb{R}^{n\times n}$。如果 $X_{ij}\geqslant 0$，当 $i\neq j$，$X_{ii}=-\sum_{j=1,j\neq i}^{N}X_{ij}$，且矩阵 $\boldsymbol{X}$ 不可约，那么：

（1）$\text{rank}(\boldsymbol{X})=N-1$，即矩阵 $\boldsymbol{X}$ 的所有非零特征值都具有负实数分量，且 0 是矩阵 $\boldsymbol{X}$ 的特征值。

（2）假设 $\boldsymbol{\phi}=(\phi_1,\phi_2,\cdots,\phi_N)^{\mathrm{T}}\in\mathbb{R}^N$ 表示矩阵 $\boldsymbol{X}$ 的 0 特征值对应的左特征向量，且 $\sum_{i=1}^{N}\phi_i=1$，那么对任意 i，都有 $\phi_i>0$ 成立。

（3）定义 $\boldsymbol{\Phi}=\text{diag}\{\phi_1,\phi_2,\cdots,\phi_N\}$，则 $\boldsymbol{\Phi X}+\boldsymbol{X}^{\mathrm{T}}\boldsymbol{\Phi}$ 为对称矩阵，其特征值为正实数，且满足 $0=\lambda_1>\lambda_2\geqslant\cdots\geqslant\lambda_N$。

定义 11.2[11] 定义如下三类函数：

（1）如果 $\varepsilon\in\mathcal{C}([0,c),[0,\infty))$ 平稳递增，则 $\varepsilon\in\mathcal{O}$。

（2）如果 $\varepsilon\in\mathcal{O}$，且 $c=\infty$，$\varepsilon(a)\to\infty$，则当 $a\to\infty$ 时，$\varepsilon\in\mathcal{O}_\infty$。

（3）如果 $\varepsilon:[0,c)\times[0,\infty)\to[0,\infty)$ 是连续的，则对于任意的固定值 t，都有 $\varepsilon(a,t)\in\mathcal{O}$。对于任意的固定值 a，$\varepsilon(a,t)$ 是递减的，且 $\varepsilon(a,t)\to 0$，当 $t\to\infty$ 时，$\varepsilon\in\mathcal{OL}$。

定义 11.3[7] 假设存在正定函数 $V(\cdot)$ 和阶跃函数 $S(t)$，定义为

$$S(t)=\begin{cases}\sup\limits_{t\in[t_0,t_1]}V(\boldsymbol{e}_i(t)), & t\in[t_0,t_1]\\ \sup\limits_{t\in(t_\tau,t_{\tau+1}]}V(\boldsymbol{e}_i(t)), & t\in(t_\tau,t_{\tau+1}],\ \tau\geqslant 1\\ 0, & t>t_\infty\end{cases}$$

满足

（1）$S(t_1)\leqslant\varepsilon(V(e_i(t_0)))$，对应一类 $\mathcal{O}$ 函数 ε。

（2）$S(t)$ 随时间 t 递减，$\lim\limits_{t\to t_\infty}S(t)=0$。

那么式（11.6）的原点是全局一致吸引稳定的，如果 $t_\infty=\infty$，则式（11.6）的原点是全局渐进稳定的。

定义 11.4[7] 假设存在正定函数 $V(\cdot)$ 和整数 $z>1$，则相应的阶跃函数 $S(t)$ 定义为

$$S(t)=\begin{cases}\sup\limits_{t\in[t_0,t_z]}V(\boldsymbol{e}_i(t)), & t\in[t_0,t_z]\\ \sup\limits_{t\in(t_{z(\tau-1)},t_{z\tau}]}V(\boldsymbol{e}_i(t)), & t\in(t_{z(\tau-1)},t_{z\tau}],\ \tau\geqslant 1\\ 0, & t>t_\infty\end{cases}$$

满足：

（1）$S(t_1)\leqslant\varepsilon(V(\boldsymbol{e}_i(t_0)))$，对应一类 $\mathcal{O}$ 函数 ε。

（2）$S(t)$ 随时间 t 递减，$\lim\limits_{t\to t_\infty}S(t)=0$。

那么式（11.6）的原点是全局一致吸引稳定的，如果 $t_\infty=\infty$，则式（11.6）的原点

是全局渐进稳定的。

11.3 基于阶跃函数方法的部分耦合复杂网络牵制脉冲控制同步

本节将使用阶跃函数方法，分析部分耦合复杂网络的牵制脉冲控制同步问题。

假设 $\boldsymbol{\phi}_l=(\phi_{l1},\phi_{l2},\cdots,\phi_{lN})^{\mathrm{T}}(l=1,2,\cdots,n)$ 表示矩阵 $\boldsymbol{M}_l$ 与 0 特征值相关的归一化左特征向量，满足 $\sum_{i=1}^{N}\phi_{li}=1$。令 $\boldsymbol{\Phi}_l=\mathrm{diag}\{\phi_{l1},\phi_{l2},\cdots,\phi_{lN}\}$，$\overline{\boldsymbol{\Phi}}_i=\mathrm{diag}\{\phi_{1i},\phi_{2i},\cdots,\phi_{ni}\}$，其中 $i=1,2,\cdots,N$。利用假设 11.2 和引理 11.1，对于任意的 i，$\phi_{li}>0(l=1,2,\cdots,n)$。令 $\phi_M=\max\limits_{1\leqslant l\leqslant n,1\leqslant i\leqslant N}\{\phi_{li}\}$，$\phi_m=\min\limits_{1\leqslant l\leqslant n,1\leqslant i\leqslant N}\{\phi_{li}\}$，基于引理 11.1，可通过 $0=\lambda_{l1}>\lambda_{l2}\geqslant\cdots\geqslant\lambda_{lN}$ 表示 $\boldsymbol{\Phi}_l\boldsymbol{M}_l+\boldsymbol{M}_l^{\mathrm{T}}\boldsymbol{\Phi}_l$ 的特征值，且令 $\lambda_N=\min\limits_{1\leqslant l\leqslant n}\{\lambda_{lN}\}$。

11.3.1 单跨阶跃函数方法的牵制脉冲控制同步

本节利用单跨阶跃函数方法研究部分耦合复杂网络的牵制脉冲控制同步，可得如下定理。

定理 11.1 若假设 11.1 和假设 11.2 成立，令 $\theta_\tau=1-h_\tau a_\tau(2-a_\tau)/N$，$\alpha_\tau=(\phi_M/\phi_m)\theta_\tau$，$\lambda=[2\phi_M(p+\ell\sqrt{\lambda_{\max}(\boldsymbol{Q}^{\mathrm{T}}\boldsymbol{Q})})-\bar{c}d\lambda_N]/\phi_m$，其中 $p=\max\limits_{1\leqslant l\leqslant n}\{|p_l|\}$，$d=\max\limits_{1\leqslant l\leqslant n}\{|d_l|\}$。

如果存在函数 $V(\cdot)$，满足以下条件：

(1) $\dot{V}(\boldsymbol{e}_i(t))\leqslant\lambda V(\boldsymbol{e}_i(t))$，$t\in(t_{\tau-1},t_\tau]$，$\tau\geqslant1$。

(2) $V(\boldsymbol{e}_i(t_\tau^+))\leqslant\alpha_\tau V(\boldsymbol{e}_i(t_\tau))$，$\tau\geqslant1$。

(3) $\beta=\sup\{\mathrm{e}^{\lambda(t-t_0)}\}<\infty$，$t\in[t_0,t_1]$。

(4) $\sup\limits_{t\in(t_\tau,t_{\tau+1}]}\alpha_\tau\mathrm{e}^{\lambda(t-t_\tau)}\leqslant\sigma<1$，$\tau\geqslant1$。

那么部分耦合复杂网络［式 (11.3)］能够实现同步。

证明：考虑如下李雅普诺夫函数：

$$V(\boldsymbol{e}_i(t))=\sum_{i=1}^{N}\boldsymbol{e}_i^{\mathrm{T}}(t)\,\overline{\boldsymbol{\Phi}}_i\boldsymbol{e}_i(t) \tag{11.7}$$

则相应的阶跃函数为

$$S(t)=\begin{cases}\sup\limits_{t\in[t_0,t_1]}V(\boldsymbol{e}_i(t)), & t\in[t_0,t_1]\\ \sup\limits_{t\in(t_\tau,t_{\tau+1}]}V(\boldsymbol{e}_i(t)), & t\in(t_\tau,t_{\tau+1}],\ \tau\geqslant1\\ 0, & t>t_\infty\end{cases} \tag{11.8}$$

当 $t\in(t_\tau,t_{\tau+1}]$时，有

$$\begin{aligned}\dot{V}(\boldsymbol{e}_i(t)) &= 2\sum_{i=1}^{N}\boldsymbol{e}_i^{\mathrm{T}}(t)\,\overline{\boldsymbol{\Phi}}_i\,\dot{\boldsymbol{e}}_i(t)\\ &= 2\sum_{i=1}^{N}\boldsymbol{e}_i^{\mathrm{T}}(t)\,\overline{\boldsymbol{\Phi}}_i[\boldsymbol{P}\boldsymbol{e}_i(t) + \boldsymbol{Q}\widetilde{y}(\boldsymbol{e}_i(t)) + \bar{c}\sum_{j=1}^{N}\boldsymbol{D}\boldsymbol{M}_{ij}\boldsymbol{e}_j(t)]\\ &= 2\sum_{i=1}^{N}\boldsymbol{e}_i^{\mathrm{T}}(t)\,\overline{\boldsymbol{\Phi}}_i\boldsymbol{P}\boldsymbol{e}_i(t) + 2\sum_{i=1}^{N}\boldsymbol{e}_i^{\mathrm{T}}(t)\,\overline{\boldsymbol{\Phi}}_i\boldsymbol{Q}\widetilde{y}(\boldsymbol{e}_i(t)) + 2\bar{c}\sum_{i=1}^{N}\sum_{j=1}^{N}\boldsymbol{e}_i^{\mathrm{T}}(t)\,\overline{\boldsymbol{\Phi}}_i\boldsymbol{D}\boldsymbol{M}_{ij}\boldsymbol{e}_j(t)\end{aligned} \tag{11.9}$$

基于假设 11.1，可得如下不等式：

$$\begin{aligned}2\sum_{i=1}^{N}\boldsymbol{e}_i^{\mathrm{T}}(t)\,\overline{\boldsymbol{\Phi}}_i\boldsymbol{P}\boldsymbol{e}_i(t) &\leqslant 2\sum_{i=1}^{N}\|\boldsymbol{e}_i^{\mathrm{T}}(t)\,\overline{\boldsymbol{\Phi}}_i\|\|\boldsymbol{P}\boldsymbol{e}_i(t)\|\\ &\leqslant 2\sum_{i=1}^{N}\phi_M\|\boldsymbol{e}_i^{\mathrm{T}}(t)\|\cdot p\|\boldsymbol{e}_i(t)\|\\ &= 2p\phi_M\sum_{i=1}^{N}\boldsymbol{e}_i^{\mathrm{T}}(t)\boldsymbol{e}_i(t)\end{aligned} \tag{11.10}$$

式中，$p=\max\limits_{1\leqslant l\leqslant n}\{|p_l|\}$。且

$$\begin{aligned}2\sum_{i=1}^{N}\boldsymbol{e}_i^{\mathrm{T}}(t)\,\overline{\boldsymbol{\Phi}}_i\boldsymbol{Q}\widetilde{y}(\boldsymbol{e}_i(t)) &\leqslant 2\sum_{i=1}^{N}\|\boldsymbol{e}_i^{\mathrm{T}}(t)\,\overline{\boldsymbol{\Phi}}_i\|\|\boldsymbol{Q}\widetilde{y}(\boldsymbol{e}_i(t))\|\\ &\leqslant 2\sum_{i=1}^{N}\phi_M\|\boldsymbol{e}_i^{\mathrm{T}}(t)\|\sqrt{\lambda_{\max}(\boldsymbol{Q}^{\mathrm{T}}\boldsymbol{Q})}\|\widetilde{y}(\boldsymbol{e}_i(t))\|\\ &\leqslant 2\sum_{i=1}^{N}\phi_M\|\boldsymbol{e}_i^{\mathrm{T}}(t)\|\sqrt{\lambda_{\max}(\boldsymbol{Q}^{\mathrm{T}}\boldsymbol{Q})}\,\ell\|\boldsymbol{e}_i(t)\|\\ &= 2\phi_M\ell\sqrt{\lambda_{\max}(\boldsymbol{Q}^{\mathrm{T}}\boldsymbol{Q})}\sum_{i=1}^{N}\boldsymbol{e}_i^{\mathrm{T}}(t)\boldsymbol{e}_i(t)\end{aligned} \tag{11.11}$$

令$\bar{\boldsymbol{e}}_l(t)=(e_{1l}(t),e_{2l}(t),\cdots,e_{Nl}(t))^{\mathrm{T}}$，根据假设 11.2 和引理 11.1，可得

$$\begin{aligned}2\bar{c}\sum_{i=1}^{N}\sum_{j=1}^{N}\boldsymbol{e}_i^{\mathrm{T}}(t)\,\overline{\boldsymbol{\Phi}}_i\boldsymbol{D}\boldsymbol{M}_{ij}\boldsymbol{e}_j(t) &= 2\bar{c}\sum_{i=1}^{N}\sum_{j=1}^{N}\sum_{l=1}^{n}e_{il}(t)\phi_{li}d_l\boldsymbol{M}_{ij}^{l}e_{jl}(t)\\ &= 2\bar{c}\sum_{l=1}^{n}d_l\sum_{i=1}^{N}\sum_{j=1}^{N}e_{il}(t)\phi_{li}\boldsymbol{M}_{ij}^{l}e_{jl}(t)\\ &= 2\bar{c}\sum_{l=1}^{n}d_l\,\bar{\boldsymbol{e}}_l^{\mathrm{T}}(t)\boldsymbol{\Phi}_l\boldsymbol{M}_l\,\bar{\boldsymbol{e}}_l(t)\\ &= \bar{c}\sum_{l=1}^{n}d_l\,\bar{\boldsymbol{e}}_l^{\mathrm{T}}(t)(\boldsymbol{\Phi}_l\boldsymbol{M}_l + \boldsymbol{M}_l^{\mathrm{T}}\boldsymbol{\Phi}_l)\,\bar{\boldsymbol{e}}_l(t)\\ &\leqslant \bar{c}d\sum_{l-1}^{n}\bar{\boldsymbol{e}}_l^{\mathrm{T}}(t)(\boldsymbol{\Phi}_l\boldsymbol{M}_l + \boldsymbol{M}_l^{\mathrm{T}}\boldsymbol{\Phi}_l)\,\bar{\boldsymbol{e}}_l(t)\\ &\leqslant -\bar{c}d\lambda_N\sum_{l=1}^{n}\bar{\boldsymbol{e}}_l^{\mathrm{T}}(t)\,\bar{\boldsymbol{e}}_l(t)\\ &= -\bar{c}d\lambda_N\sum_{i=1}^{N}\boldsymbol{e}_i^{\mathrm{T}}(t)\boldsymbol{e}_i(t)\end{aligned} \tag{11.12}$$

式中，$d=\max_{1\leqslant l\leqslant n}\{|d_l|\}$，$\lambda_N=\min_{1\leqslant l\leqslant n}\{\lambda_{lN}\}$，$\lambda_{lN}$为 $\boldsymbol{\Phi}_l\boldsymbol{M}_l+\boldsymbol{M}_l^{\mathrm{T}}\boldsymbol{\Phi}_l$ 的特征值。

利用不等式（11.10）~不等式（11.12），可重写式（11.9）为

$$\begin{aligned}\dot{V}(\boldsymbol{e}_i(t))&\leqslant[2\phi_M(p+\ell\sqrt{\lambda_{\max}\boldsymbol{Q}^{\mathrm{T}}\boldsymbol{Q}})-\bar{c}d\lambda_N]\sum_{i=1}^{N}\boldsymbol{e}_i^{\mathrm{T}}(t)\boldsymbol{e}_i(t)\\&\leqslant\frac{1}{\phi_m}[2\phi_M(p+\ell\sqrt{\lambda_{\max}\boldsymbol{Q}^{\mathrm{T}}\boldsymbol{Q}})-\bar{c}d\lambda_N]\sum_{i=1}^{N}\boldsymbol{e}_i^{\mathrm{T}}(t)\,\overline{\boldsymbol{\Phi}}_i\boldsymbol{e}_i(t)\\&=\lambda V(\boldsymbol{e}_i(t))\end{aligned}\tag{11.13}$$

对任意τ，令$\gamma_\tau=\min\{\|\boldsymbol{e}_i(t_\tau)\|:i\in W_\tau\}$，由于$a_\tau\in(0,1)$，可得$0<\theta_\tau<1$，$(1-\theta_\tau)(N-h_\tau)=[\theta_\tau-(1-a_\tau)^2]h_\tau$。基于集合 W_τ，可得

$$\begin{aligned}(1-\theta_\tau)\sum_{i\notin W_\tau}\boldsymbol{e}_i^{\mathrm{T}}(t_\tau)\boldsymbol{e}_i(t_\tau)&\leqslant(1-\theta_\tau)(N-h_\tau)\gamma_\tau^2\\&=[\theta_\tau-(1-a_\tau)^2]h_\tau\gamma_\tau^2\\&\leqslant[\theta_\tau-(1-a_\tau)^2]\sum_{i\in W_\tau}\boldsymbol{e}_i^{\mathrm{T}}(t_\tau)\boldsymbol{e}_i(t_\tau)\end{aligned}\tag{11.14}$$

这表明

$$(1-a_\tau)^2\sum_{i\in W_\tau}\boldsymbol{e}_i^{\mathrm{T}}(t_\tau)\boldsymbol{e}_i(t_\tau)+\sum_{i\notin W_\tau}\boldsymbol{e}_i^{\mathrm{T}}(t_\tau)\boldsymbol{e}_i(t_\tau)\leqslant\theta_\tau\sum_{i=1}^{N}\boldsymbol{e}_i^{\mathrm{T}}(t_\tau)\boldsymbol{e}_i(t_\tau)\tag{11.15}$$

因此，对任意τ，都有

$$\begin{aligned}V(\boldsymbol{e}_i(t_\tau^+))&=\sum_{i=1}^{N}\boldsymbol{e}_i^{\mathrm{T}}(t_\tau^+)\,\overline{\boldsymbol{\Phi}}_i\boldsymbol{e}_i(t_\tau^+)\\&=\sum_{i\in W_\tau}\boldsymbol{e}_i^{\mathrm{T}}(t_\tau^+)\,\overline{\boldsymbol{\Phi}}_i\boldsymbol{e}_i(t_\tau^+)+\sum_{i\notin W_\tau}\boldsymbol{e}_i^{\mathrm{T}}(t_\tau^+)\,\overline{\boldsymbol{\Phi}}_i\boldsymbol{e}_i(t_\tau^+)\\&=\sum_{i\in W_\tau}(1-a_\tau)^2\boldsymbol{e}_i^{\mathrm{T}}(t_\tau)\,\overline{\boldsymbol{\Phi}}_i\boldsymbol{e}_i(t_\tau)+\sum_{i\notin W_\tau}\boldsymbol{e}_i^{\mathrm{T}}(t_\tau)\,\overline{\boldsymbol{\Phi}}_i\boldsymbol{e}_i(t_\tau)\\&\leqslant\phi_M\Big(\sum_{i\in W_\tau}(1-a_\tau)^2\boldsymbol{e}_i^{\mathrm{T}}(t_\tau)\boldsymbol{e}_i(t_\tau)+\sum_{i\notin W_\tau}\boldsymbol{e}_i^{\mathrm{T}}(t_\tau)\boldsymbol{e}_i(t_\tau)\Big)\\&\leqslant\phi_M\theta_\tau\sum_{i=1}^{N}\boldsymbol{e}_i^{\mathrm{T}}(t_\tau)\boldsymbol{e}_i(t_\tau)\\&\leqslant(\phi_M/\phi_m)\theta_\tau\sum_{i=1}^{N}\boldsymbol{e}_i^{\mathrm{T}}(t_\tau)\,\overline{\boldsymbol{\Phi}}_i\boldsymbol{e}_i(t_\tau)\\&=(\phi_M/\phi_m)\theta_\tau V(\boldsymbol{e}_i(t_\tau))\\&=\alpha_\tau V(\boldsymbol{e}_i(t_\tau))\end{aligned}\tag{11.16}$$

根据式（11.13）和式（11.16），由于 $V(\boldsymbol{e}_i(t_0^+))=V(\boldsymbol{e}_i(t_0))$，当$t\in[t_0,t_1]$时，有

$$V(\boldsymbol{e}_i(t))\leqslant V(\boldsymbol{e}_i(t_0))\mathrm{e}^{\lambda(t-t_0)}\tag{11.17}$$

因此，当$t\in[t_0,t_1]$时，有

$$
\begin{aligned}
S(t) &= \sup_{t\in[t_0,t_1]} V(\boldsymbol{e}_i(t)) \\
&\leqslant V(\boldsymbol{e}_i(t_0)) \sup\{\mathrm{e}^{\lambda(t-t_0)}\} \\
&= \beta V(\boldsymbol{e}_i(t_0))
\end{aligned}
\tag{11.18}
$$

其中，$\beta=\sup\{\mathrm{e}^{\lambda(t-t_0)}\}$。

这表明定义 11.3 中的第一个条件满足。

当 $t\in(t_1,t_2]$时，有

$$
\begin{aligned}
V(\boldsymbol{e}_i(t)) &\leqslant V(\boldsymbol{e}_i(t_1^+))\mathrm{e}^{\lambda(t-t_1)} \\
&\leqslant \alpha_1 V(\boldsymbol{e}_i(t_1))\mathrm{e}^{\lambda(t-t_1)} \\
&\leqslant \sigma V(\boldsymbol{e}_i(t_1))
\end{aligned}
\tag{11.19}
$$

当 $t\in(t_2,t_3]$时，有

$$
\begin{aligned}
V(\boldsymbol{e}_i(t)) &\leqslant V(\boldsymbol{e}_i(t_2^+))\mathrm{e}^{\lambda(t-t_2)} \\
&\leqslant \alpha_2 V(\boldsymbol{e}_i(t_2))\mathrm{e}^{\lambda(t-t_2)} \\
&\leqslant \sigma V(\boldsymbol{e}_i(t_2)) \\
&\leqslant \sigma^2 V(\boldsymbol{e}_i(t_1))
\end{aligned}
\tag{11.20}
$$

相似地，当 $t\in(t_{\tau-1},t_\tau]$时，有

$$
\begin{aligned}
V(\boldsymbol{e}_i(t)) &\leqslant V(\boldsymbol{e}_i(t_{\tau-1}^+))\mathrm{e}^{\lambda(t-t_{\tau-1})} \\
&\leqslant \alpha_{\tau-1} V(\boldsymbol{e}_i(t_{\tau-1}))\mathrm{e}^{\lambda(t-t_{\tau-1})} \\
&\leqslant \sigma V(\boldsymbol{e}_i(t_{\tau-1})) \\
&\leqslant \sigma^{\tau-1} V(\boldsymbol{e}_i(t_1))
\end{aligned}
\tag{11.21}
$$

当 $t\in(t_\tau,t_{\tau+1}]$时，有

$$
\begin{aligned}
V(\boldsymbol{e}_i(t)) &\leqslant V(\boldsymbol{e}_i(t_\tau^+))\mathrm{e}^{\lambda(t-t_\tau)} \\
&\leqslant \alpha_\tau V(\boldsymbol{e}_i(t_\tau))\mathrm{e}^{\lambda(t-t_\tau)} \\
&\leqslant \sigma V(\boldsymbol{e}_i(t_\tau)) \\
&\leqslant \sigma^\tau V(\boldsymbol{e}_i(t_1))
\end{aligned}
\tag{11.22}
$$

因此，当 $t\in(t_\tau,t_{\tau+1}]$，$\tau\geqslant 1$ 时，有

$$
\begin{aligned}
S(t) &= \sup_{t\in(t_\tau,t_{\tau+1}]} V(\boldsymbol{e}_i(t)) \\
&\leqslant \sigma^\tau V(\boldsymbol{e}_i(t_1)) \\
&\leqslant \sigma^\tau \beta V(\boldsymbol{e}_i(t_0))
\end{aligned}
\tag{11.23}
$$

当 $\tau\geqslant 1$ 时，有

$$
\begin{aligned}
S(t_{\tau+1})-S(t_\tau) &= \sup_{t\in(t_\tau,t_{\tau+1}]} V(\boldsymbol{e}_i(t)) - \sup_{t\in(t_{\tau-1},t_\tau]} V(\boldsymbol{e}_i(t)) \\
&\leqslant \sigma^\tau \beta V(\boldsymbol{e}_i(t_0)) - \sigma^{\tau-1}\beta V(\boldsymbol{e}_i(t_0)) \\
&= -(1-\sigma)\sigma^{\tau-1}\beta V(\boldsymbol{e}_i(t_0)) \\
&\leqslant 0
\end{aligned}
\tag{11.24}
$$

进一步，当 $t\in(t_\tau,t_{\tau+1}]$ 时，有

$$\lim_{t\to t_\infty}S(t)\leqslant\lim_{\tau\to\infty}[\sigma^\tau\beta V(\boldsymbol{e}_i(t_0))]=0 \tag{11.25}$$

因此，定义 11.3 的第二个条件满足。此外，当 $t\to t_\infty$ 时，有 $S(t)\to 0$，这表明 $t\to t_\infty$ 时，$V(\boldsymbol{e}_i(t))\to 0$。因此，对任意 i，都有 $\lim\limits_{t\to t_\infty}\|\boldsymbol{e}_i(t)\|=0$ 成立。证毕。

若令 a_τ 和 h_τ 为常数，$t_{\tau+1}-t_\tau$ 为一个固定值，则可得以下推论。

推论 11.1　若假设 11.1 和假设 11.2 成立，$t_{\tau+1}-t_\tau=T>0$，$a_\tau=a\in(0,1)$，$h_\tau=h$。令 $\theta=1-ha(2-a)/N$，$\alpha=(\phi_M/\phi_m)\theta$，$\lambda=[2\phi_M(p+\ell\sqrt{\lambda_{\max}(\boldsymbol{Q}^{\mathrm{T}}\boldsymbol{Q})})-cd\lambda_N]/\phi_m$，其中 $p=\max\limits_{1\leqslant l\leqslant n}\{|p_l|\}$，$d=\max\limits_{1\leqslant l\leqslant n}\{|d_l|\}$。如果存在函数 $V(\cdot)$，满足以下条件：

（1）$\dot V(\boldsymbol{e}_i(t))\leqslant\lambda V(\boldsymbol{e}_i(t))$，$t\in(t_{\tau-1},t_\tau]$，$\tau\geqslant 1$。

（2）$V(\boldsymbol{e}_i(t_\tau^+))\leqslant\alpha V(\boldsymbol{e}_i(t_\tau))$，$\tau\geqslant 1$。

（3）$\beta=\sup\{\mathrm{e}^{\lambda(t-t_0)}\}<\infty$，$t\in[t_0,t_1]$。

（4）$\sup\limits_{t\in(t_\tau,t_{\tau+1}]}\alpha\mathrm{e}^{\lambda(t-t_\tau)}\leqslant\sigma<1$，$\tau\geqslant 1$。

那么部分耦合复杂网络［式（11.3）］能够实现同步。

类似地，考虑重组矩阵 $\boldsymbol{M}_l$ 为对称矩阵的情况，根据定理 11.1，可得另一个推论。基于引理 11.1，可得矩阵 $\boldsymbol{M}_l$ 的特征值为 $0=\widetilde{\lambda}_{l1}>\widetilde{\lambda}_{l2}>\cdots>\widetilde{\lambda}_{lN}$，且 $\widetilde{\lambda}_N=\min\limits_{1\leqslant l\leqslant n}\widetilde{\lambda}_{lN}$。

推论 11.2　若假设 11.1 和假设 11.2 成立，矩阵 $\boldsymbol{M}_l(l=1,2,\cdots,n)$ 对称。令 $\theta_\tau=1-h_\tau a_\tau(2-a_\tau)/N$，$\alpha_\tau=\theta_\tau$，$\lambda=2\lambda_{\max}(P)+\lambda_{\max}(\boldsymbol{Q}\boldsymbol{Q}^{\mathrm{T}})+\ell^2-\bar{c}d\widetilde{\lambda}_N$，其中，$d=\max\limits_{1\leqslant l\leqslant n}\{|d_l|\}$。如果存在一个函数 V，满足以下条件：

（1）$\dot V(\boldsymbol{e}_i(t))\leqslant\lambda V(\boldsymbol{e}_i(t))$，$t\in(t_{\tau-1},t_\tau]$，$\tau\geqslant 1$。

（2）$V(\boldsymbol{e}_i(t_\tau^+))\leqslant\alpha_\tau V(\boldsymbol{e}_i(t_\tau))$，$\tau\geqslant 1$。

（3）$\beta=\sup\{\mathrm{e}^{\lambda(t-t_0)}\}<\infty$，$t\in[t_0,t_1]$。

（4）$\sup\limits_{t\in(t_\tau,t_{\tau+1}]}\alpha_\tau\mathrm{e}^{\lambda(t-t_\tau)}\leqslant\sigma<1$，$\tau\geqslant 1$。

那么部分耦合复杂网络［式（11.3）］能够实现同步。

证明：考虑如下李雅普诺夫函数：

$$V(\boldsymbol{e}_i(t))=\sum_{i=1}^{N}\boldsymbol{e}_i^{\mathrm{T}}(t)\boldsymbol{e}_i(t) \tag{11.26}$$

则相应的阶跃函数为

$$S(t)=\begin{cases}\sup\limits_{t\in[t_0,t_1]}V(\boldsymbol{e}_i(t)), & t\in[t_0,t_1]\\ \sup\limits_{t\in(t_\tau,t_{\tau+1}]}V(\boldsymbol{e}_i(t)), & t\in(t_\tau,t_{\tau+1}],\ \tau\geqslant 1\\ 0, & t>t_\infty\end{cases} \tag{11.27}$$

当 $t\in(t_\tau,t_{\tau+1}]$ 时，有

$$
\begin{aligned}
\dot{V}(\boldsymbol{e}_i(t)) &= 2\sum_{i=1}^{N}\boldsymbol{e}_i^{\mathrm{T}}(t)\,\dot{\boldsymbol{e}}_i(t) \\
&= 2\sum_{i=1}^{N}\boldsymbol{e}_i^{\mathrm{T}}(t)\Big[\boldsymbol{P}\boldsymbol{e}_i(t)+\boldsymbol{Q}\widetilde{y}(\boldsymbol{e}_i(t))+\bar{c}\sum_{j=1}^{N}\boldsymbol{D}\boldsymbol{M}_{ij}\boldsymbol{e}_j(t)\Big] \\
&= 2\sum_{i=1}^{N}\boldsymbol{e}_i^{\mathrm{T}}(t)\boldsymbol{P}\boldsymbol{e}_i(t)+2\sum_{i=1}^{N}\boldsymbol{e}_i^{\mathrm{T}}(t)\boldsymbol{Q}\widetilde{y}(\boldsymbol{e}_i(t))+2\bar{c}\sum_{i=1}^{N}\sum_{j=1}^{N}\boldsymbol{e}_i^{\mathrm{T}}(t)\boldsymbol{D}\boldsymbol{M}_{ij}\boldsymbol{e}_j(t)
\end{aligned}
\tag{11.28}
$$

由于

$$
2\sum_{i=1}^{N}\boldsymbol{e}_i^{\mathrm{T}}(t)\boldsymbol{P}\boldsymbol{e}_i(t)\leqslant 2\lambda_{\max}(\boldsymbol{P})\sum_{i=1}^{N}\boldsymbol{e}_i^{\mathrm{T}}(t)\boldsymbol{e}_i(t)
\tag{11.29}
$$

根据假设 11.1，可得

$$
\begin{aligned}
2\sum_{i=1}^{N}\boldsymbol{e}_i^{\mathrm{T}}(t)\boldsymbol{Q}\widetilde{y}(\boldsymbol{e}_i(t)) &\leqslant \sum_{i=1}^{N}\boldsymbol{e}_i^{\mathrm{T}}(t)\boldsymbol{Q}\boldsymbol{Q}^{\mathrm{T}}\boldsymbol{e}_i(t)+\sum_{i=1}^{N}\widetilde{y}(\boldsymbol{e}_i(t))^{\mathrm{T}}\,\widetilde{y}(\boldsymbol{e}_i(t)) \\
&\leqslant \sum_{i=1}^{N}\boldsymbol{e}_i^{\mathrm{T}}(t)\boldsymbol{Q}\boldsymbol{Q}^{\mathrm{T}}\boldsymbol{e}_i(t)+\sum_{i=1}^{N}\boldsymbol{e}_i(t)^{\mathrm{T}}\ell^2\boldsymbol{e}_i(t) \\
&\leqslant (\lambda_{\max}(\boldsymbol{Q}\boldsymbol{Q}^{\mathrm{T}})+\ell^2)\sum_{i=1}^{N}\boldsymbol{e}_i^{\mathrm{T}}(t)\boldsymbol{e}_i(t)
\end{aligned}
\tag{11.30}
$$

令$\bar{\boldsymbol{e}}_l(t)=(e_{1l}(t),e_{2l}(t),\cdots,e_{Nl}(t))^{\mathrm{T}}$，基于假设 11.2 和引理 11.1，有

$$
\begin{aligned}
2\bar{c}\sum_{i=1}^{N}\sum_{j=1}^{N}\boldsymbol{e}_i^{\mathrm{T}}(t)\boldsymbol{D}\boldsymbol{M}_{ij}\boldsymbol{e}_j(t) &= 2\bar{c}\sum_{i=1}^{N}\sum_{j=1}^{N}\sum_{l=1}^{n}e_{il}(t)d_l\boldsymbol{M}_{ij}^{l}e_{jl}(t) \\
&= 2\bar{c}\sum_{l=1}^{n}d_l\sum_{i=1}^{N}\sum_{j=1}^{N}e_{il}(t)\boldsymbol{M}_{ij}^{l}e_{jl}(t) \\
&= 2\bar{c}\sum_{l=1}^{n}d_l\,\bar{\boldsymbol{e}}_l^{\mathrm{T}}(t)\boldsymbol{M}_l\,\bar{\boldsymbol{e}}_l(t) \\
&= \bar{c}\sum_{l=1}^{n}d_l\,\bar{\boldsymbol{e}}_l^{\mathrm{T}}(t)(\boldsymbol{M}_l+\boldsymbol{M}_l^{\mathrm{T}})\,\bar{\boldsymbol{e}}_l(t) \\
&\leqslant \bar{c}d\sum_{l=1}^{n}\bar{\boldsymbol{e}}_l^{\mathrm{T}}(t)(\boldsymbol{M}_l+\boldsymbol{M}_l^{\mathrm{T}})\,\bar{\boldsymbol{e}}_l(t) \\
&\leqslant -\bar{c}d\widetilde{\boldsymbol{\lambda}}_N\sum_{l=1}^{n}\bar{\boldsymbol{e}}_l^{\mathrm{T}}(t)\,\bar{\boldsymbol{e}}_l(t) \\
&= -\bar{c}d\widetilde{\boldsymbol{\lambda}}_N\sum_{i=1}^{N}\boldsymbol{e}_i^{\mathrm{T}}(t)\boldsymbol{e}_i(t)
\end{aligned}
\tag{11.31}
$$

根据不等式（11.29）~不等式（11.31），可重写式（11.28）为如下形式：

$$
\dot{V}(\boldsymbol{e}_i(t))\leqslant 2\lambda_{\max}(\boldsymbol{P})\sum_{i=1}^{N}\boldsymbol{e}_i^{\mathrm{T}}(t)\boldsymbol{e}_i(t)+(\lambda_{\max}(\boldsymbol{Q}\boldsymbol{Q}^{\mathrm{T}})+\ell^2)\sum_{i=1}^{N}\boldsymbol{e}_i^{\mathrm{T}}(t)\boldsymbol{e}_i(t)-\bar{c}d\widetilde{\boldsymbol{\lambda}}_N\sum_{i=1}^{N}\boldsymbol{e}_i^{\mathrm{T}}(t)\boldsymbol{e}_i(t)
$$

$$
\begin{aligned}
&= (2\lambda_{\max}(\boldsymbol{P}) + \lambda_{\max}(\boldsymbol{QQ}^{\mathrm{T}}) + \ell^2 - \bar{c}d\widetilde{\boldsymbol{\lambda}}_N) \sum_{i=1}^{N} \boldsymbol{e}_i^{\mathrm{T}}(t)\boldsymbol{e}_i(t) \\
&= \lambda V(\boldsymbol{e}_i(t))
\end{aligned}
\tag{11.32}
$$

进一步，对于任意 τ，令 $\gamma_\tau = \min\{\|\boldsymbol{e}_i(t_\tau)\|: i \in W_\tau\}$。由于 $a_\tau \in (0,1)$，可得 $0<\theta_\tau<1$，$(1-\theta_\tau)(N-h_\tau)=[\theta_\tau-(1-a_\tau)^2]h_\tau$。基于集合 W_τ，可得

$$
\begin{aligned}
(1-\theta_\tau)\sum_{i\notin W_\tau} \boldsymbol{e}_i^{\mathrm{T}}(t_\tau)\boldsymbol{e}_i(t_\tau) &\leqslant (1-\theta_\tau)(N-h_\tau)\gamma_\tau^2 \\
&= [\theta_\tau - (1-a_\tau)^2] a_\tau \gamma_\tau^2 \\
&\leqslant [\theta_\tau - (1-a_\tau)^2] \sum_{i\in W_\tau} \boldsymbol{e}_i^{\mathrm{T}}(t_\tau)\boldsymbol{e}_i(t_\tau)
\end{aligned}
\tag{11.33}
$$

这表明

$$
(1-a_\tau)^2 \sum_{i\in W_\tau} \boldsymbol{e}_i^{\mathrm{T}}(t_\tau)\boldsymbol{e}_i(t_\tau) + \sum_{i\notin W_\tau} \boldsymbol{e}_i^{\mathrm{T}}(t_\tau)\boldsymbol{e}_i(t_\tau) \leqslant \theta_\tau \sum_{i=1}^{N} \boldsymbol{e}_i^{\mathrm{T}}(t_\tau)\boldsymbol{e}_i(t_\tau) \tag{11.34}
$$

因此，对任意 τ，可得

$$
\begin{aligned}
V(\boldsymbol{e}_i(t_\tau^+)) &= \sum_{i=1}^{N} \boldsymbol{e}_i^{\mathrm{T}}(t_\tau^+)\boldsymbol{e}_i(t_\tau^+) \\
&= \sum_{i\in W_\tau} \boldsymbol{e}_i^{\mathrm{T}}(t_\tau^+)\boldsymbol{e}_i(t_\tau^+) + \sum_{i\notin W_\tau} \boldsymbol{e}_i^{\mathrm{T}}(t_\tau^+)\boldsymbol{e}_i(t_\tau^+) \\
&= \sum_{i\in W_\tau} (1-a_\tau)^2 \boldsymbol{e}_i^{\mathrm{T}}(t_\tau)\boldsymbol{e}_i(t_\tau) + \sum_{i\notin W_\tau} \boldsymbol{e}_i^{\mathrm{T}}(t_\tau)\boldsymbol{e}_i(t_\tau) \\
&\leqslant \theta_\tau \sum_{i=1}^{N} \boldsymbol{e}_i^{\mathrm{T}}(t_\tau)\boldsymbol{e}_i(t_\tau) \\
&= \alpha_\tau V(\boldsymbol{e}_i(t_\tau))
\end{aligned}
\tag{11.35}
$$

其余证明过程与定理 11.1 一致，故省略。证毕。

11.3.2 多跨阶跃函数方法的牵制脉冲控制同步

本节利用多跨阶跃函数方法分析部分耦合复杂网络的牵制脉冲控制同步，可得如下定理。

定理 11.2 若假设 11.1 和假设 11.2 成立，令 $\theta_\tau = 1-h_\tau a_\tau(2-a_\tau)/N$，$\alpha_\tau = (\phi_M/\phi_m)\theta_\tau$，$\lambda = [2\phi_M(p+\ell\sqrt{\lambda_{\max}(\boldsymbol{Q}^{\mathrm{T}}\boldsymbol{Q})}) - \bar{c}d\lambda_N]/\phi_m$，其中 $p = \max\limits_{1\leqslant l\leqslant n}\{|p_l|\}$，$d = \max\limits_{1\leqslant l\leqslant n}\{|d_l|\}$。如果存在函数 $V(\cdot)$ 和整数 $z>1$，满足以下条件：

(1) $\dot{V}(\boldsymbol{e}_i(t)) \leqslant \lambda V(\boldsymbol{e}_i(t))$，$t \in (t_{\tau-1}, t_\tau]$，$\tau \geqslant 1$。

(2) $V(\boldsymbol{e}_i(t_\tau^+)) \leqslant \alpha_\tau V(\boldsymbol{e}_i(t_\tau))$，$\tau \geqslant 1$。

(3) $\boldsymbol{\beta} = \max\limits_{i=1,2,\cdots,z}\left\{\sup\limits_{t\in(t_{i-1},t_i]}\left[\left(\prod\limits_{j=0}^{i-1}\alpha_j\right)\mathrm{e}^{\lambda(t-t_0)}\right]\right\} < \infty$，$\alpha_0 \triangleq 1$。

(4) $\max\limits_{i=z(\tau-1)+1,z(\tau-1)+2,\cdots,z\tau}\left\{\sup\limits_{t\in(t_{i-1},t_i]}\left[\left(\prod\limits_{j=z(\tau-1)}^{i-1}\alpha_j\right)\mathrm{e}^{\lambda(t-t_{z(\tau-1)})}\right]\right\} \leqslant \sigma < 1$，$\tau \geqslant 1$。

那么部分耦合复杂网络［式（11.3）］能够实现同步。

证明：考虑如下李雅普诺夫函数：

$$V(\boldsymbol{e}_i(t)) = \sum_{i=1}^{N} \boldsymbol{e}_i^{\mathrm{T}}(t)\ \overline{\boldsymbol{\Phi}}_i \boldsymbol{e}_i(t) \tag{11.36}$$

则相应的阶跃函数为

$$S(t)=\begin{cases} \sup\limits_{t\in[t_0,t_z]} V(\boldsymbol{e}_i(t)), & t\in[t_0,t_z] \\ \sup\limits_{t\in(t_{z(\tau-1)},t_{z\tau}]} V(\boldsymbol{e}_i(t)), & t\in(t_{z(\tau-1)},t_{z\tau}],\ \tau\geqslant 1 \\ 0, & t>t_\infty \end{cases} \tag{11.37}$$

采用同定理 11.1 一样的分析方法，可得

$$\dot{V}(\boldsymbol{e}_i(t))\leqslant\lambda V(\boldsymbol{e}_i(t)) \tag{11.38}$$

$$V(\boldsymbol{e}_i(t_\tau^+))\leqslant\alpha_\tau V(\boldsymbol{e}_i(t_\tau)) \tag{11.39}$$

由于 $V(\boldsymbol{e}_i(t_0^+))=V(\boldsymbol{e}_i(t_0))$，基于不等式（11.38）和不等式（11.39），当 $t\in[t_0,t_1]$ 时，有

$$V(\boldsymbol{e}_i(t))\leqslant V(\boldsymbol{e}_i(t_0))\mathrm{e}^{\lambda(t-t_0)} \tag{11.40}$$

$$V(\boldsymbol{e}_i(t_1))\leqslant V(\boldsymbol{e}_i(t_0))\mathrm{e}^{\lambda(t_1-t_0)} \tag{11.41}$$

当 $t\in(t_1,t_2]$ 时，有

$$\begin{aligned} V(\boldsymbol{e}_i(t)) &\leqslant V(\boldsymbol{e}_i(t_1^+))\mathrm{e}^{\lambda(t-t_1)} \\ &\leqslant \alpha_1 V(\boldsymbol{e}_i(t_1))\mathrm{e}^{\lambda(t-t_1)} \\ &\leqslant \alpha_1 V(\boldsymbol{e}_i(t_0))\mathrm{e}^{\lambda(t-t_0)} \end{aligned} \tag{11.42}$$

类似地，当 $t\in(t_{z-1},t_z]$ 时，有

$$\begin{aligned} V(\boldsymbol{e}_i(t)) &\leqslant V(\boldsymbol{e}_i(t_{z-1}^+))\mathrm{e}^{\lambda(t-t_{z-1})} \\ &\leqslant \alpha_{z-1} V(\boldsymbol{e}_i(t_{z-1}))\mathrm{e}^{\lambda(t-t_{z-1})} \\ &\leqslant \alpha_{z-1}\alpha_{z-2} V(\boldsymbol{e}_i(t_{z-2}))\mathrm{e}^{\lambda(t-t_{z-2})} \\ &\leqslant \alpha_{z-1}\alpha_{z-2}\cdots\alpha_1 V(\boldsymbol{e}_i(t_0))\mathrm{e}^{\lambda(t-t_0)} \end{aligned} \tag{11.43}$$

因此，当 $t\in[t_0,t_z]$ 时，有

$$\begin{aligned} S(t) &= \sup_{t\in[t_0,t_z]} V(\boldsymbol{e}_i(t)) \\ &\leqslant V(\boldsymbol{e}_i(t_0)) \max_{i=1,2,\cdots,z}\left\{\sup_{t\in(t_{i-1},t_i]}\left[\left(\prod_{j=0}^{i-1}\alpha_j\right)\mathrm{e}^{\lambda(t-t_0)}\right]\right\} \\ &\leqslant \beta V(\boldsymbol{e}_i(t_0)) \end{aligned} \tag{11.44}$$

这意味着定义 11.4 的条件（1）满足。

同样地，当 $t\in(t_{z(\tau-1)},t_{z(\tau-1)+1}]$ 时，有

$$\begin{aligned} V(\boldsymbol{e}_i(t)) &\leqslant V(\boldsymbol{e}_i(t_{z(\tau-1)}^+))\mathrm{e}^{\lambda(t-t_{z(\tau-1)})} \\ &\leqslant \alpha_{z(\tau-1)} V(\boldsymbol{e}_i(t_{z(\tau-1)}))\mathrm{e}^{\lambda(t-t_{z(\tau-1)})} \end{aligned} \tag{11.45}$$

$$\begin{aligned} V(\boldsymbol{e}_i(t_{z(\tau-1)+1})) &\leqslant V(\boldsymbol{e}_i(t^+_{z(\tau-1)}))\mathrm{e}^{\lambda(t_{z(\tau-1)+1}-t_{z(\tau-1)})} \\ &\leqslant \alpha_{z(\tau-1)}V(\boldsymbol{e}_i(t_{z(\tau-1)}))\mathrm{e}^{\lambda(t_{z(\tau-1)+1}-t_{z(\tau-1)})} \end{aligned} \tag{11.46}$$

当 $t\in(t_{z(\tau-1)+1},t_{z(\tau-1)+2}]$ 时，有

$$\begin{aligned} V(\boldsymbol{e}_i(t)) &\leqslant V(\boldsymbol{e}_i(t^+_{z(\tau-1)+1}))\mathrm{e}^{\lambda(t-t_{z(\tau-1)+1})} \\ &\leqslant \alpha_{z(\tau-1)+1}V(\boldsymbol{e}_i(t_{z(\tau-1)+1}))\mathrm{e}^{\lambda(t-t_{z(\tau-1)+1})} \\ &\leqslant \alpha_{z(\tau-1)+1}\alpha_{z(\tau-1)}V(\boldsymbol{e}_i(t_{z(\tau-1)}))\mathrm{e}^{\lambda(t-t_{z(\tau-1)})} \end{aligned} \tag{11.47}$$

当 $t\in(t_{z\tau-1},t_{z\tau}]$ 时，有

$$\begin{aligned} V(\boldsymbol{e}_i(t)) &\leqslant V(\boldsymbol{e}_i(t^+_{z\tau-1}))\mathrm{e}^{\lambda(t-t_{z\tau-1})} \\ &\leqslant \alpha_{z\tau-1}V(\boldsymbol{e}_i(t_{z\tau-1}))\mathrm{e}^{\lambda(t-t_{z\tau-1})} \\ &\leqslant \alpha_{z\tau-1}\alpha_{z\tau-2}V(\boldsymbol{e}_i(t_{z\tau-2}))\mathrm{e}^{\lambda(t-t_{z\tau-2})} \\ &\leqslant \alpha_{z\tau-1}\alpha_{z\tau-2}\cdots\alpha_{z(\tau-1)}V(\boldsymbol{e}_i(t_{z(\tau-1)}))\mathrm{e}^{\lambda(t-t_{z(\tau-1)})} \end{aligned} \tag{11.48}$$

因此，当 $t\in(t_{z(\tau-1)},t_{z\tau}]$，$\tau\geqslant1$ 时，有

$$\begin{aligned} S(t) &= \sup_{t\in(t_{z(\tau-1)},t_{z\tau}]}V(\boldsymbol{e}_i(t)) \\ &\leqslant V(\boldsymbol{e}_i(t_{z(\tau-1)}))\max_{i=z(\tau-1)+1,z(\tau-1)+2,\cdots,z\tau}\left\{\sup_{t\in(t_{i-1},t_i]}\left[\left(\prod_{j=z(\tau-1)}^{i-1}\alpha_j\right)\mathrm{e}^{\lambda(t-t_{z(\tau-1)})}\right]\right\} \\ &\leqslant \sigma V(\boldsymbol{e}_i(t_{z(\tau-1)})) \end{aligned} \tag{11.49}$$

则有

$$\begin{aligned} S(t_{z\tau})-S(t_{z(\tau-1)}) &= \sup_{t\in(t_{z(\tau-1)},t_{z\tau}]}V(\boldsymbol{e}_i(t))-\sup_{t\in(t_{z(\tau-2)},t_{z(\tau-1)}]}V(\boldsymbol{e}_i(t)) \\ &\leqslant \sigma V(\boldsymbol{e}_i(t_{z(\tau-1)}))-\sup_{t\in(t_{z(\tau-2)},t_{z(\tau-1)}]}V(\boldsymbol{e}_i(t)) \\ &\leqslant -(1-\sigma)V(\boldsymbol{e}_i(t_{z(\tau-1)})) \\ &\leqslant 0 \end{aligned} \tag{11.50}$$

此外，当 $t\in(t_{z(\tau-1)},t_{z\tau}]$，$\tau\geqslant1$ 时，有

$$\begin{aligned} \lim_{t\to t_\infty}S(t) &\leqslant \lim_{\tau\to\infty}[\sigma V(\boldsymbol{e}_i(t_{z(\tau-1)}))] \\ &\leqslant \lim_{\tau\to\infty}[\sigma^\tau V(\boldsymbol{e}_i(t_z))] \\ &\leqslant \lim_{\tau\to\infty}[\sigma^\tau\beta V(\boldsymbol{e}_i(t_0))] \\ &= 0 \end{aligned} \tag{11.51}$$

因此，定义 11.4 的条件（2）也满足。另外，当 $t\to t_\infty$ 时，有 $S(t)\to0$，这表明 $t\to t_\infty$ 时，$V(\boldsymbol{e}_i(t))\to0$。故对任意 i，都有 $\lim_{t\to t_\infty}\|\boldsymbol{e}_i(t)\|=0$ 成立。证毕。

若令 a_τ 和 h_τ 为常数，$t_{\tau+1}-t_\tau$ 为一个固定值，则可得以下推论。

推论 11.3 若假设 11.1 和假设 11.2 成立，$t_{\tau+1}-t_\tau=T>0$，$a_\tau=a\in(0,1)$，$h_\tau=h$。令 $\theta=1-ha(2-a)/N$，$\alpha=(\phi_M/\phi_m)\theta$，$\lambda=[2\phi_M(p+\ell\sqrt{\lambda_{\max}(\boldsymbol{Q}^{\mathrm{T}}\boldsymbol{Q})})-cd\lambda_N]/\phi_m$，其中 $p=\max_{1\leqslant l\leqslant n}$

$\{|p_l|\}$，$d=\max\limits_{1\leqslant l\leqslant n}\{|d_l|\}$。如果存在函数 $V(\cdot)$ 和整数 $z>1$，满足以下条件：

（1）$\dot{V}(\boldsymbol{e}_i(t))\leqslant\lambda V(\boldsymbol{e}_i(t))$，$t\in(t_{\tau-1},t_\tau]$，$\tau\geqslant1$。

（2）$V(\boldsymbol{e}_i(t_\tau^+))\leqslant\alpha V(\boldsymbol{e}_i(t_\tau))$，$\tau\geqslant1$。

（3）$\beta=\max\limits_{i=1,2,\cdots,z}\{\sup\limits_{t\in(t_{i-1},t_i]}[\alpha^{i-1}\mathrm{e}^{\lambda(t-t_0)}]\}<\infty$。

（4）$\max\limits_{i=z(\tau-1)+1,z(\tau-1)+2,\cdots,z\tau}\{\sup\limits_{t\in(t_{i-1},t_i]}[\alpha^{i-z(\tau-1)}\mathrm{e}^{\lambda(t-t_{z(\tau-1)})}]\}\leqslant\sigma<1$，$\tau\geqslant1$。

那么部分耦合复杂网络［式（11.3）］能够实现同步。

类似地，考虑重组矩阵 $\boldsymbol{M}_l$ 为对称矩阵的情况，根据定理 11.2，可得另一个推论。类似地，令矩阵 $\boldsymbol{M}_l$ 的特征值为 $0=\widetilde{\lambda}_{l1}>\widetilde{\lambda}_{l2}>\cdots>\widetilde{\lambda}_{lN}$，且 $\widetilde{\lambda}_N=\min\limits_{1\leqslant l\leqslant n}\widetilde{\lambda}_{lN}$。

推论 11.4 若假设 11.1 和假设 11.2 成立，矩阵 $\boldsymbol{M}_l(l=1,2,\cdots,n)$ 对称。令 $\theta_\tau=1-h_\tau a_\tau(2-a_\tau)/N$，$\alpha_\tau=\theta_\tau$，$\lambda=2\lambda_{\max}(\boldsymbol{P})+\lambda_{\max}(\boldsymbol{QQ}^{\mathrm{T}})+\ell^2-\bar{c}d\widetilde{\lambda}_N$，其中，$d=\max\limits_{1\leqslant l\leqslant n}\{|d_l|\}$。如果存在一个函数 $V(\cdot)$，满足以下条件：

（1）$\dot{V}(\boldsymbol{e}_i(t))\leqslant\lambda V(\boldsymbol{e}_i(t))$，$t\in(t_{\tau-1},t_\tau]$，$\tau\geqslant1$。

（2）$V(\boldsymbol{e}_i(t_\tau^+))\leqslant\alpha_\tau V(\boldsymbol{e}_i(t_\tau))$，$\tau\geqslant1$。

（3）$\beta=\max\limits_{i=1,2,\cdots,m}\left\{\sup\limits_{t\in(t_{i-1},t_i]}\left[\left(\prod\limits_{j=0}^{i-1}\alpha_j\right)\mathrm{e}^{\lambda(t-t_0)}\right]\right\}<\infty$，$\alpha_0\triangleq1$。

（4）$\max\limits_{i=z(\tau-1)+1,z(\tau-1)+2,\cdots,z\tau}\left\{\sup\limits_{t\in(t_{i-1},t_i]}\left[\left(\prod\limits_{j=z(\tau-1)}^{i-1}\alpha_j\right)\mathrm{e}^{\lambda(t-t_{z(\tau-1)})}\right]\right\}\leqslant\sigma<1$，$\tau\geqslant1$。

那么部分耦合复杂网络［式（11.3）］能够实现同步。

证明：考虑如下李雅普诺夫函数：

$$V(\boldsymbol{e}_i(t))=\sum_{i=1}^{N}\boldsymbol{e}_i^{\mathrm{T}}(t)\boldsymbol{e}_i(t) \tag{11.52}$$

则相应的阶跃函数为

$$S(t)=\begin{cases}\sup\limits_{t\in[t_0,t_z]}V(\boldsymbol{e}_i(t)), & t\in[t_0,t_z]\\ \sup\limits_{t\in(t_{z(\tau-1)},t_{z\tau}]}V(\boldsymbol{e}_i(t)), & t\in(t_{z(\tau-1)},t_{z\tau}],\ \tau\geqslant1\\ 0, & t>t_\infty\end{cases} \tag{11.53}$$

类似于推论 11.2 的证明，可得

$$\dot{V}(\boldsymbol{e}_i(t))\leqslant\lambda V(\boldsymbol{e}_i(t)) \tag{11.54}$$

$$V(\boldsymbol{e}_i(t_\tau^+))\leqslant\alpha_\tau V(\boldsymbol{e}_i(t_\tau)) \tag{11.55}$$

其余证明过程同定理 11.2，故省略。证毕。

11.4 实验结果与分析

本节将采用数值仿真实验来验证定理的正确性。考虑带 6 个节点的部分耦合复杂网

络，其误差网络可表示为

$$\begin{cases}\dot{\boldsymbol{e}}_i(t)=\boldsymbol{P}\boldsymbol{e}_i(t)+\boldsymbol{Q}\tilde{y}(\boldsymbol{e}_i(t))+\bar{c}\sum_{j=1}^{6}\boldsymbol{D}\boldsymbol{M}_{ij}\boldsymbol{e}_j(t), & t\neq t_\tau\\ \Delta\boldsymbol{e}_i(t_\tau)=\boldsymbol{e}_i(t_\tau^+)-\boldsymbol{e}_i(t_\tau^-)=-a_\tau\boldsymbol{e}_i(t_\tau^-), & i\in W_\tau,\natural W_\tau=h_\tau\end{cases}\tag{11.56}$$

对应的参数为

$$\boldsymbol{P}=\begin{bmatrix}0.8&0&0\\0&0.8&0\\0&0&0.8\end{bmatrix},\quad \boldsymbol{Q}=\begin{bmatrix}0.08&0&-0.1\\0&0.02&0\\-0.05&0&-0.1\end{bmatrix},\quad \boldsymbol{D}=\begin{bmatrix}0.02&0&0\\0&0.02&0\\0&0&0.02\end{bmatrix}$$

$$\boldsymbol{G}=\begin{bmatrix}-11.3&7&0&0.2&0&4.1\\4.2&-11.2&7&0&0&0\\0&4.1&-11.1&7&0&0\\0&0.1&4.1&-11.2&7&0\\0&0&0&3.9&-10.9&7\\7&0&0&0&4&-11\end{bmatrix}$$

相应的信道矩阵为

$$\boldsymbol{C}_{12}=\begin{bmatrix}0&0&0\\0&0&0\\0&0&1\end{bmatrix},\quad \boldsymbol{C}_{14}=\begin{bmatrix}1&0&0\\0&0&0\\0&0&0\end{bmatrix},\quad \boldsymbol{C}_{16}=\begin{bmatrix}1&0&0\\0&1&0\\0&0&0\end{bmatrix}$$

$$\boldsymbol{C}_{21}=\begin{bmatrix}1&0&0\\0&1&0\\0&0&0\end{bmatrix},\quad \boldsymbol{C}_{23}=\begin{bmatrix}0&0&0\\0&0&0\\0&0&1\end{bmatrix},\quad \boldsymbol{C}_{32}=\begin{bmatrix}1&0&0\\0&1&0\\0&0&0\end{bmatrix}$$

$$\boldsymbol{C}_{34}=\begin{bmatrix}0&0&0\\0&0&0\\0&0&1\end{bmatrix},\quad \boldsymbol{C}_{42}=\begin{bmatrix}0&0&0\\0&1&0\\0&0&0\end{bmatrix},\quad \boldsymbol{C}_{43}=\begin{bmatrix}1&0&0\\0&1&0\\0&0&0\end{bmatrix}$$

$$\boldsymbol{C}_{45}=\begin{bmatrix}0&0&0\\0&0&0\\0&0&1\end{bmatrix},\quad \boldsymbol{C}_{54}=\begin{bmatrix}1&0&0\\0&1&0\\0&0&0\end{bmatrix},\quad \boldsymbol{C}_{56}=\begin{bmatrix}0&0&0\\0&0&0\\0&0&1\end{bmatrix}$$

$$\boldsymbol{C}_{61}=\begin{bmatrix}0&0&0\\0&0&0\\0&0&1\end{bmatrix},\quad \boldsymbol{C}_{65}=\begin{bmatrix}1&0&0\\0&1&0\\0&0&0\end{bmatrix}$$

此外，$\bar{c}=2$，非线性函数 $y(d_i(t))=|d_i(t)+1|-|d_i(t)-1|$。因此，利普希茨常数 $\ell=2$。部分耦合复杂网络的初始值在 $[-40,40]$ 区间内随机选取。在没有控制器的约束下，误差网络 $\|\boldsymbol{e}_i(t)\|$ 的轨迹如图 11-1 所示，由此可知，该误差网络不能通过自耦合实现同步。

利用重组方法，令 $\boldsymbol{M}_{ij}=g_{ij}C_{ij}$，可得新的矩阵 $\boldsymbol{M}_l=(\boldsymbol{M}_{ij}^l)_{N\times N}$：

$$\boldsymbol{M}_1=\begin{bmatrix}-4.3 & 0 & 0 & 0.2 & 0 & 4.1\\ 4.2 & -4.2 & 0 & 0 & 0 & 0\\ 0 & 4.1 & -4.1 & 0 & 0 & 0\\ 0 & 0 & 4.1 & -4.1 & 0 & 0\\ 0 & 0 & 0 & 3.9 & -3.9 & 0\\ 0 & 0 & 0 & 0 & 4 & -4\end{bmatrix}$$

$$\boldsymbol{M}_2=\begin{bmatrix}-4.1 & 0 & 0 & 0 & 0 & 4.1\\ 4.2 & -4.2 & 0 & 0 & 0 & 0\\ 0 & 4.1 & -4.1 & 0 & 0 & 0\\ 0 & 0.1 & 4.1 & -4.2 & 0 & 0\\ 0 & 0 & 0 & 3.9 & -3.9 & 0\\ 0 & 0 & 0 & 0 & 4 & -4\end{bmatrix}$$

$$\boldsymbol{M}_3=\begin{bmatrix}-7 & 7 & 0 & 0 & 0 & 0\\ 0 & -7 & 7 & 0 & 0 & 0\\ 0 & 0 & -7 & 7 & 0 & 0\\ 0 & 0 & 0 & -7 & 7 & 0\\ 0 & 0 & 0 & 0 & -7 & 7\\ 7 & 0 & 0 & 0 & 0 & -7\end{bmatrix}$$

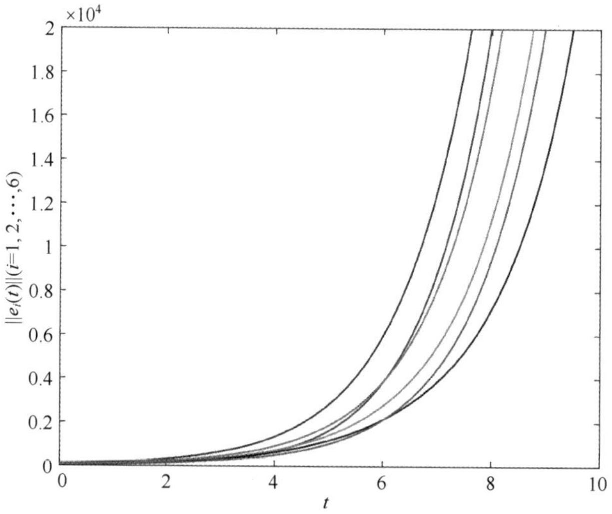

图 11-1　在没有控制器约束下，误差网络$\|e_i(t)\|$的轨迹

通过计算，可得 $\phi_m=0.1614$，$\phi_M=0.1751$，$\lambda_N=-4.6667$，$\lambda=3.5183$。采用同样的脉冲间隔 $T=0.1$，令脉冲强度 $a_\tau=0.25$，$h_\tau=5$，计算可得 $\theta_\tau=0.6354$，$\alpha_\tau=0.6894$。

首先，考虑单跨阶跃函数的情况，由于 $\lambda>0$，可得 $\beta=1.4217$，表明定理 11.1 的条件(3)满足。此外，$\sup\limits_{t\in(t_\tau,t_{\tau+1}]}\alpha_\tau e^{\lambda(t-t_\tau)}=0.9802$，表明定理 11.1 的条件(4)满足。类似地，

针对多跨阶跃函数情况，令 $z=2$，则 $\beta=\max\limits_{i=1,2,\cdots,z}\left\{\sup\limits_{t\in(t_{i-1},t_i]}\left[\left(\prod\limits_{j=0}^{i-1}\alpha_j\right)e^{\lambda(t-t_0)}\right]\right\}=1.4217$，这表明定理 11.2 的条件(3)满足，且 $\max\limits_{i=z(\tau-1)+1,z(\tau-1)+2,\cdots,z\tau}\left\{\sup\limits_{t\in(t_{i-1},t_i]}\left[\left(\prod\limits_{j=z(\tau-1)}^{i-1}\alpha_j\right)e^{\lambda(t-t_{z(\tau-1)})}\right]\right\}=0.9802$，表明定理 11.1 的条件(4)满足。因此，图 11-2 所示的误差网络［式（11.56）］可在控制器［式（11.5）］的作用下实现稳定，即部分耦合复杂网络［式（11.3）］实现了同步。此外，根据单跨阶跃函数与多跨阶跃函数的定义，可得相关阶跃函数轨迹，如图 11-3 和图 11-4 所示。

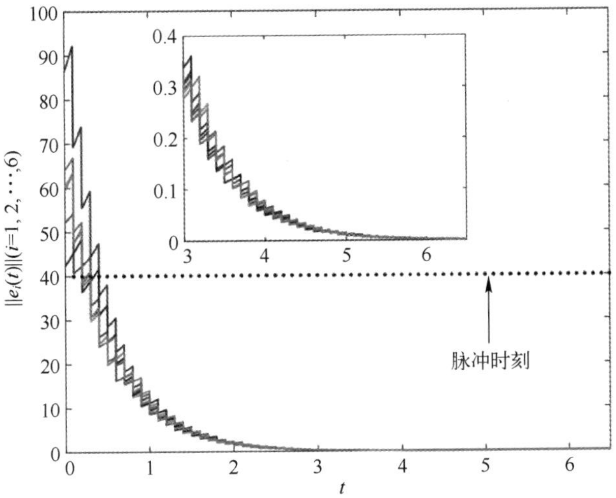

图 11-2　基于控制器［式（11.5）］的误差网络 $\|e_i(t)\|$ 的轨迹

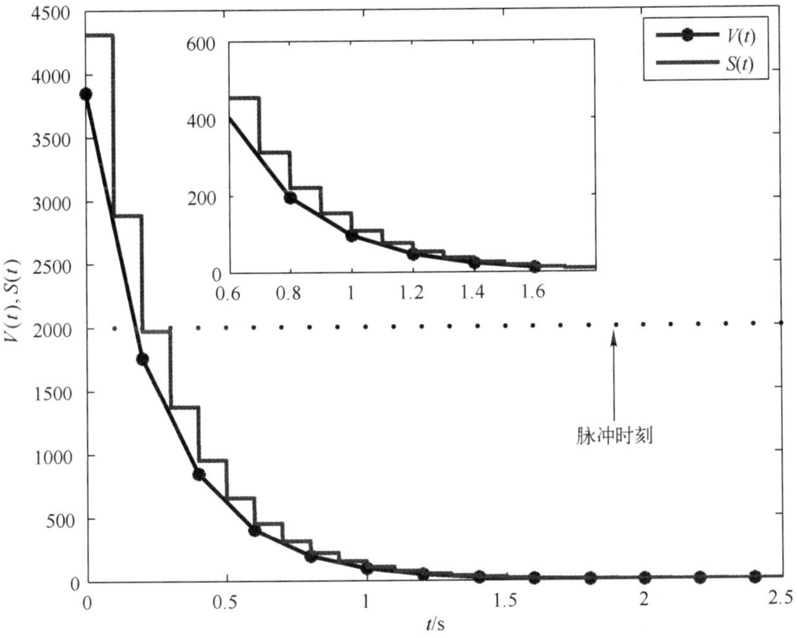

图 11-3　基于单跨阶跃函数方法的 $V(t)$ 和 $S(t)$ 的轨迹

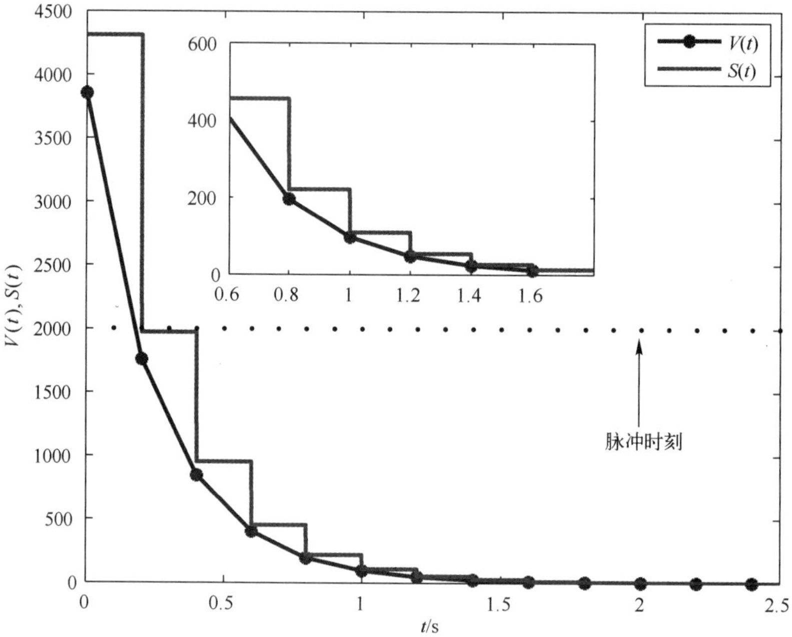

图 11-4　基于多跨阶跃函数方法的 $V(t)$ 和 $S(t)$ 的轨迹

接下来，定义新函数 $E(t)$，用于表示误差网络［式（11.56)］的总体变化，即

$$E(t)=\|\boldsymbol{e}(t)\| \tag{11.57}$$

式中，$\boldsymbol{e}(t)=(e_1(t),e_2(t),\cdots,e_6(t))^{\mathrm{T}}$。通过数值仿真实验，分析其在不同脉冲控制参数（$h_\tau/N$，$a_\tau$，$T$）下的变化，相关结果如图 11-5、图 11-6、图 11-7 所示。由此可知，h_τ/N、a_τ 和 T 共同决定了控制器使部分耦合复杂网络［式（11.3)］实现同步的能力。

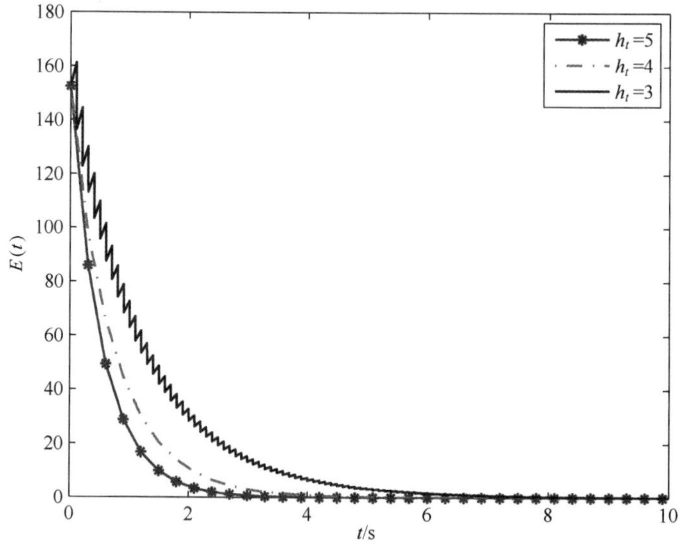

图 11-5　当 $a_\tau=0.25, T=0.10$ 时，误差网络 $E(t)$ 的轨迹

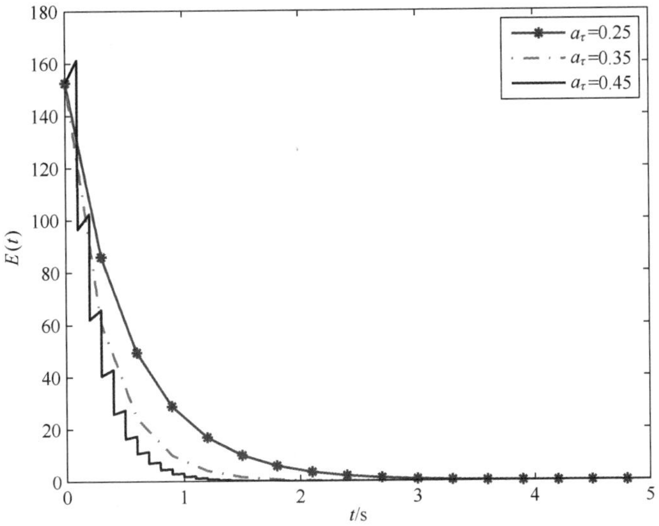

图 11-6　当 $h_\tau=5, T=0.10$ 时，误差网络 $E(t)$ 的轨迹

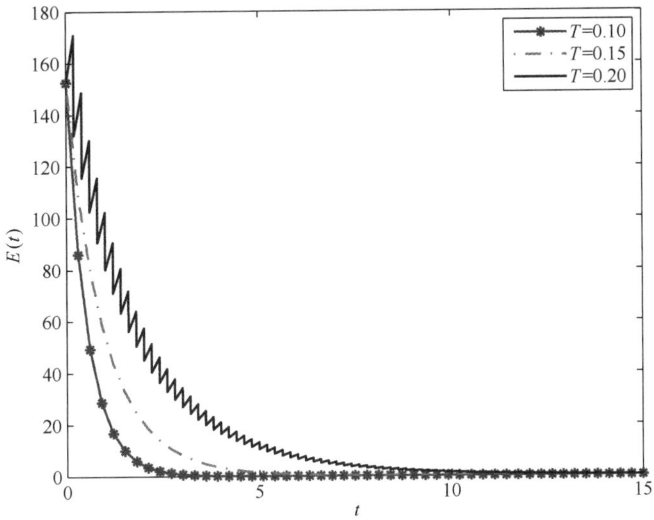

图 11-7　当 $h_\tau=5, a_\tau=0.25$ 时，误差网络 $E(t)$ 的轨迹

11.5　图像加密中的应用

根据前面的数值仿真实验，本节主要介绍了同步在图像加密和图像解密中的应用。我们采用 Baboon 的标准测试图像。具有加密和解密功能的图像处理系统通常包括发射器和接收器，其中发射器负责创建用于图像加密的加密密钥并发送加密图像，接收器负责创建解密密钥并对接收到的加密图像进行解密。为了证明同步对图像加密和图像解密的影响，分别使用复杂网络［式（11.1）和式（11.2）］创建加密密钥和解密密钥。接下来，介绍图像加密和图像解密的算法。

11.5.1 图像加密和图像解密算法

步骤1：图像预处理。原始彩色图像$\mathbb{I}$的尺寸为$A\times B\times 3$，因此，将其分为R、G、B三个分量，分别用$\mathbb{I}_R(i,j)$、$\mathbb{I}_G(i,j)$、$\mathbb{I}_B(i,j)$表示，其中$i\in\{1,2,\cdots,A\}$，$j\in\{1,2,\cdots,B\}$。

步骤2：创建加密密钥。根据本章的仿真实例，驱动网络可以产生三个混沌序列，分别为$s_1^d(t),s_2^d(t),s_3^d(t)$。由于同步在图像加密过程中是必要的，因此选取同步后混沌序列，其长度为$A\times B$，则

$$[\boldsymbol{D}_R]_{1\times AB}=[s_1^d(t)]$$
$$[\boldsymbol{D}_G]_{1\times AB}=[s_2^d(t)]$$
$$[\boldsymbol{D}_B]_{1\times AB}=[s_3^d(t)]$$

由于与彩色图像$\mathbb{I}$相关的像素矩阵的大小为$A\times B$，因此需要将$\boldsymbol{D}_R$、$\boldsymbol{D}_G$、$\boldsymbol{D}_B$转换为新的矩阵$\boldsymbol{D}_R\text{Key}(i,j)=\boldsymbol{D}_R(k)$，$\boldsymbol{D}_G\text{Key}(i,j)=\boldsymbol{D}_G(k)$，$\boldsymbol{D}_B\text{Key}(i,j)=\boldsymbol{D}_B(k)$，$k\in\{1,2,\cdots,AB\}$，其大小为$A\times B$。此外，混沌序列是不规则的，故需要对其进行规范化处理以获得加密密钥，其过程为

$$\overline{\boldsymbol{D}}_R\text{Key}=(|\boldsymbol{D}_R\text{Key}|-\lfloor|\boldsymbol{D}_R\text{Key}|\rfloor)\times 10^{11}\text{mod}256$$
$$\overline{\boldsymbol{D}}_G\text{Key}=(|\boldsymbol{D}_G\text{Key}|-\lfloor|\boldsymbol{D}_G\text{Key}|\rfloor)\times 10^{11}\text{mod}256$$
$$\overline{\boldsymbol{D}}_B\text{Key}=(|\boldsymbol{D}_B\text{Key}|-\lfloor|\boldsymbol{D}_B\text{Key}|\rfloor)\times 10^{11}\text{mod}256$$

式中，$\lfloor\cdot\rfloor$为向下取整函数。

步骤3：图像加密。通过按位异或运算，可以得到加密像素矩阵$\boldsymbol{E}_R$、$\boldsymbol{E}_G$、$\boldsymbol{E}_B$。相应的操作为

$$\boldsymbol{E}_R=\mathbb{I}_R\oplus\overline{\boldsymbol{D}}_R\text{Key}$$
$$\boldsymbol{E}_G=\mathbb{I}_G\oplus\overline{\boldsymbol{D}}_G\text{Key}$$
$$\boldsymbol{E}_B=\mathbb{I}_B\oplus\overline{\boldsymbol{D}}_B\text{Key}$$

利用这三个像素矩阵，可得到相关的加密图像。

步骤4：图像解密。解密方法类似于加密，但唯一不同的是解密序列是由响应系统产生的。根据响应网络生成的三个混沌序列$s_1^r(t)$、$s_2^r(t)$、$s_3^r(t)$，可以得到解密后的序列

$$[\boldsymbol{R}_R]_{1\times AB}=[s_1^r(t)]$$
$$[\boldsymbol{R}_G]_{1\times AB}=[s_2^r(t)]$$
$$[\boldsymbol{R}_B]_{1\times AB}=[s_3^r(t)]$$

与获取加密密钥的过程类似，将$\boldsymbol{R}_R$、$\boldsymbol{R}_G$、$\boldsymbol{R}_B$转换为新的$A\times B$矩阵$\boldsymbol{R}_R\text{Key}(i,j)=\boldsymbol{R}_R(k)$、$\boldsymbol{R}_G\text{Key}(i,j)=\boldsymbol{R}_G(k)$、$\boldsymbol{R}_B\text{Key}(i,j)=\boldsymbol{R}_B(k)$，$k\in\{1,2,\cdots,AB\}$，生成解密密钥的过程为

$$\overline{\boldsymbol{R}}_R\text{Key}=(|\boldsymbol{R}_R\text{Key}|-\lfloor|\boldsymbol{R}_R\text{Key}|\rfloor)\times 10^{11}\text{mod}256$$
$$\overline{\boldsymbol{R}}_G\text{Key}=(|\boldsymbol{R}_G\text{Key}|-\lfloor|\boldsymbol{R}_G\text{Key}|\rfloor)\times 10^{11}\text{mod}256$$

$$\overline{\boldsymbol{R}}_B\text{Key}=(\,|\boldsymbol{R}_B\text{Key}|-\lfloor\,|\boldsymbol{R}_B\text{Key}|\,\rfloor)\times10^{11}\bmod256$$

然后通过按位异或运算，得到解密像素矩阵 $\boldsymbol{P}_R$、$\boldsymbol{P}_G$、$\boldsymbol{P}_B$，其相应的操作为

$$\widetilde{\mathbb{I}}_R=\boldsymbol{E}_R\oplus\overline{\boldsymbol{R}}_R\text{Key}$$
$$\widetilde{\mathbb{I}}_G=\boldsymbol{E}_G\oplus\overline{\boldsymbol{R}}_G\text{Key}$$
$$\widetilde{\mathbb{I}}_B=\boldsymbol{E}_B\oplus\overline{\boldsymbol{R}}_B\text{Key}$$

通过这三个像素矩阵，可以获得相应的解密图像。

11.5.2　图像加解密结果

根据上述图像加解密的过程，可以使用经典的 Baboon 彩色图像得到相应的图像加解密结果，如图 11-8 所示。从图 11-8 中可以明显看出，图像加密结果是有效的，且在复杂网络同步的情况下，可以有效地将加密后的图像恢复为原始图像。

(a) 原始图像　　(b) 加密图像　　(c) 解密图像

图 11-8　同步后的图像加密、解密结果

为了证明复杂网络同步对图像加密的影响，使用相同的图像加密过程进行了进一步的实验。实验中，在创建加密、解密密钥时，选择非同步的混沌序列，得到的结果如图 11-9 所示，从图 11-9 中可以看出，在非同步的情况下，加密后的图像无法恢复为原始图像。

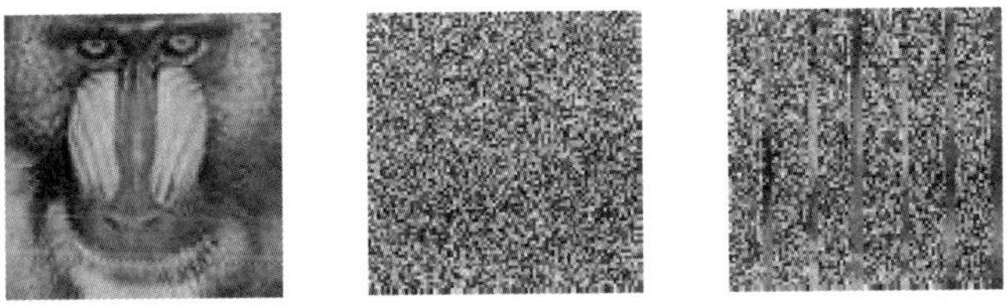

(a) 原始图像　　(b) 加密图像　　(c) 解密图像

图 11-9　同步前的图像加密、解密结果

11.5.3　安全性分析

直方图可以显示像素值的分布情况，因此我们绘制了原始图像和加密图像的直方图，分别如图 11-10 和图 11-11 所示。从图 11-10、图 11-11 中可以发现，原始图像的直方图有起伏，而加密图像的直方图是平坦的。这说明加密后的图像不能向攻击者提供任何相关信息。

除了直方图，相邻像素相关性也是分析加密图像的重要参数。加密图像中的相邻像素通常没有相关性，而原始图像中的相邻像素通常在每个方向上都有一定的关联，包括水平方向、垂直方向、正对角线方向和反对角线方向，其相关性系数的计算公式为

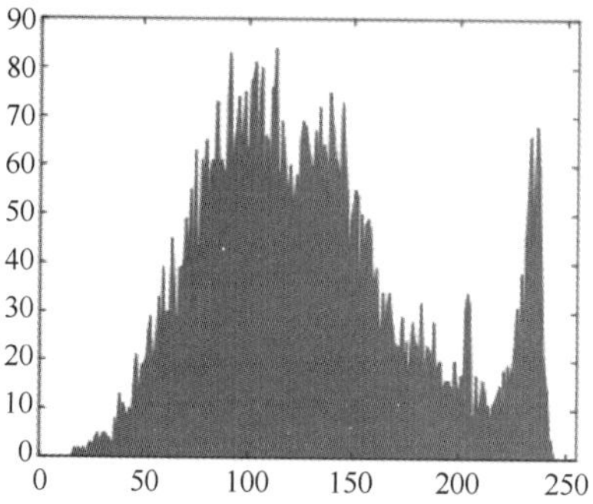

(a) R分量直方图

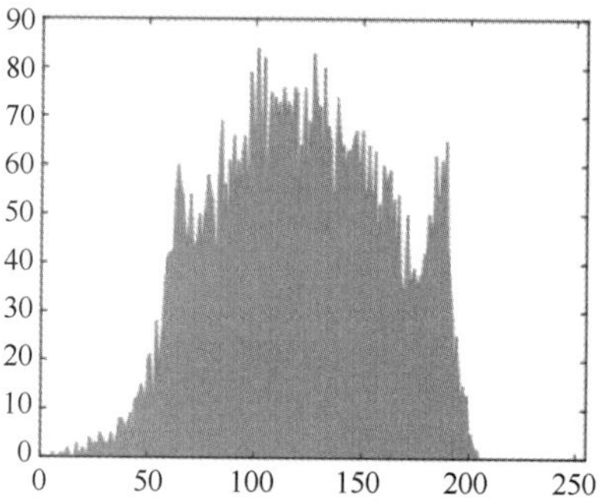

(b) G分量直方图

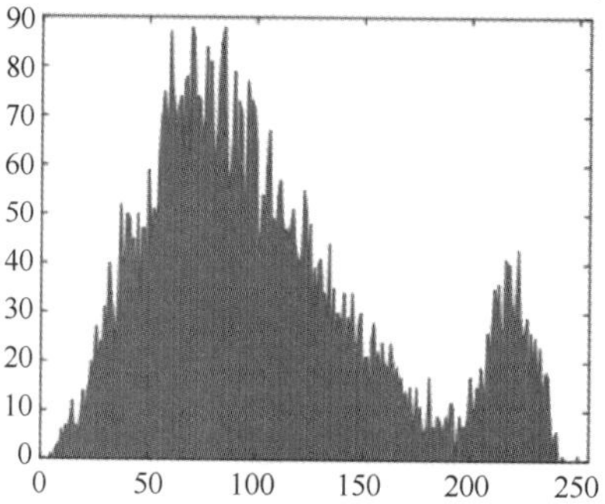

(c) B分量直方图

图 11-10　原始图像各个分量的直方图

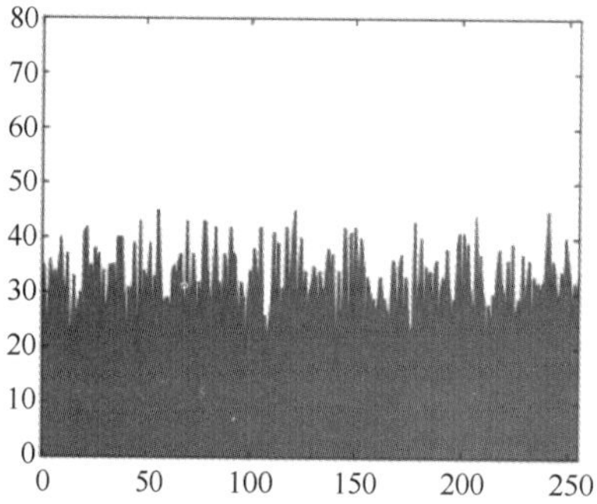

(a) R分量直方图

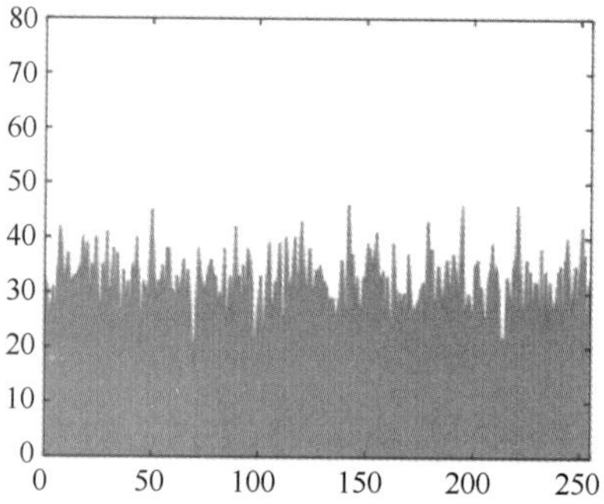

(b) G分量直方图

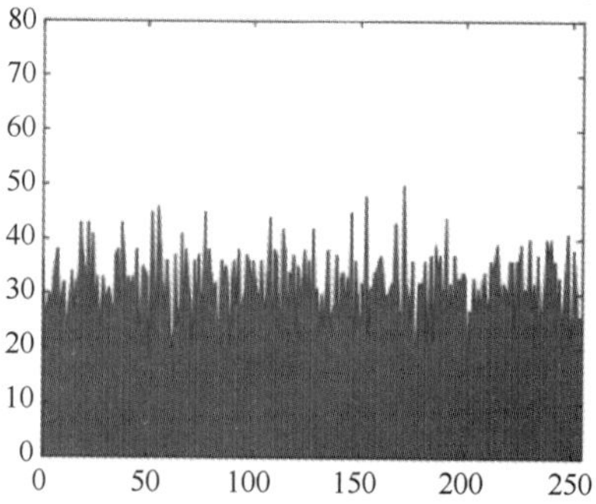

(c) B分量直方图

图 11-11　加密图像各个分量的直方图

$$\mathcal{C}=\frac{\sum_{i=1}^{\mathcal{N}}\left(\boldsymbol{v}_i-\frac{1}{\mathcal{N}}\sum_{i=1}^{\mathcal{N}}\boldsymbol{v}_i\right)\left(\boldsymbol{\nu}_i-\frac{1}{\mathcal{N}}\sum_{i=1}^{\mathcal{N}}\boldsymbol{\nu}_i\right)}{\sqrt{\sum_{i=1}^{\mathcal{N}}\left(\boldsymbol{v}_i-\frac{1}{\mathcal{N}}\sum_{i=1}^{\mathcal{N}}\boldsymbol{v}_i\right)^2\times\sum_{i=1}^{\mathcal{N}}\left(\boldsymbol{\nu}_i-\frac{1}{\mathcal{N}}\sum_{i=1}^{\mathcal{N}}\boldsymbol{\nu}_i\right)^2}} \tag{11.58}$$

式中，$\mathcal{N}$是随机选取的像素对个数，$\boldsymbol{v}_i$、$\boldsymbol{\nu}_i(i=1,2,\cdots,\mathcal{N})$分别是图像中两个相邻的像素点。通过式（11.58)，可以计算出相关系数，如表 11.1（原始图像各分量在各个方向上的相关性系数）和表 11.2（加密图像各分量在各个方向上的相关性系数）所示。表 11.2 的结果非常接近于 0，表明图像加密是有效的。

表 11.1　原始图像各分量在各个方向上的相关性系数

原始图像各分量	水平方向	垂直方向	正对角线方向	反对角线方向
R	0.9425	0.9346	0.8937	0.8996
G	0.8927	0.8643	0.7918	0.8194
B	0.9278	0.8893	0.8274	0.8565

表 11.2　加密图像各分量在各个方向上的相关性系数

加密图像各分量	水平方向	垂直方向	正对角线方向	反对角线方向
R	−0.0253	−0.0160	−0.0119	−0.0281
G	0.0037	0.0464	0.0185	0.0165
B	0.0252	0.0088	−0.0127	0.0030

原始图像与加密图像在各个方向（水平、垂直、正对角线、反对角线）的相邻像素的相关性结果如图 11-12～图 11-14 所示，从图 11-12～图 11-14 中可以看出，无论在哪个方向上，原始图像的相邻像素对都密集地排列在直线 $y=x$ 上，加密图像的相邻像素对则分散在矩形区域内，其左下角坐标为(0,0)，右上角坐标为(255,255)。这表明原始图像在各个方向上都有很强的相关性，而加密图像则没有。

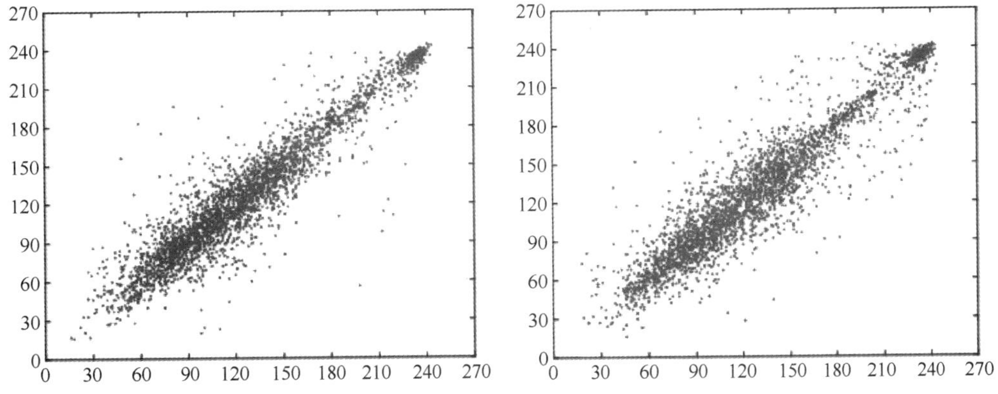

(a) 原始图像R分量水平方向相关性　(b) 原始图像R分量垂直方向相关性

图 11-12　原始图像和加密图像的 R 分量相邻像素的相关性

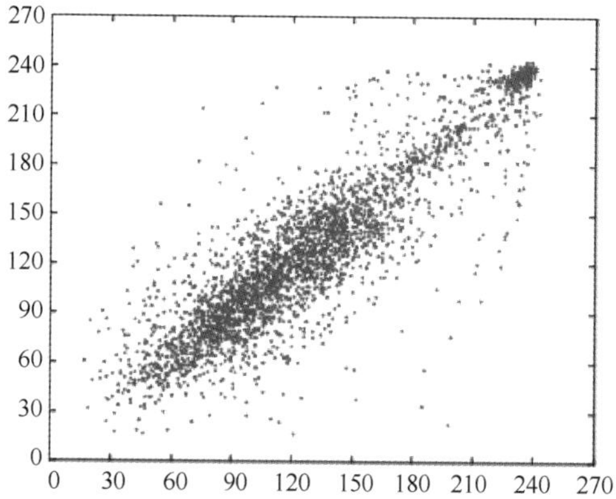

(c) 原始图像R分量正对角方向相关性

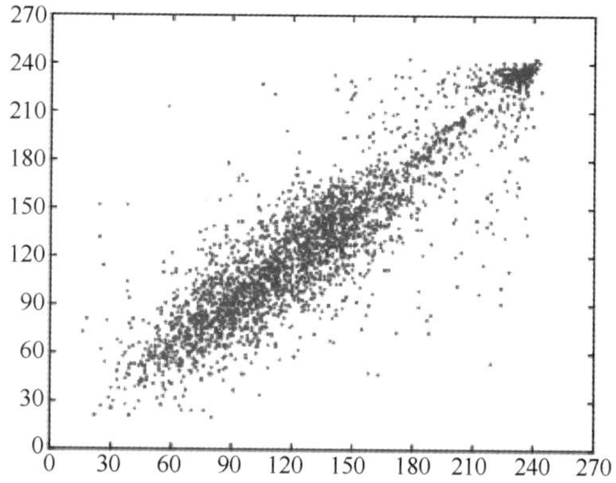

(d) 原始图像R分量反对角方向相关性

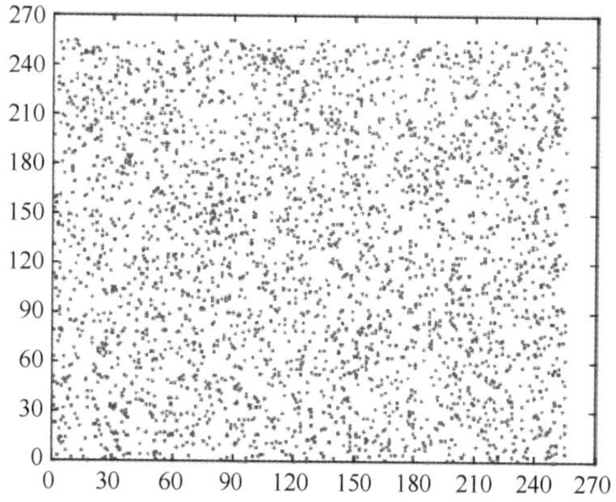

(e) 加密图像R分量水平方向相关性

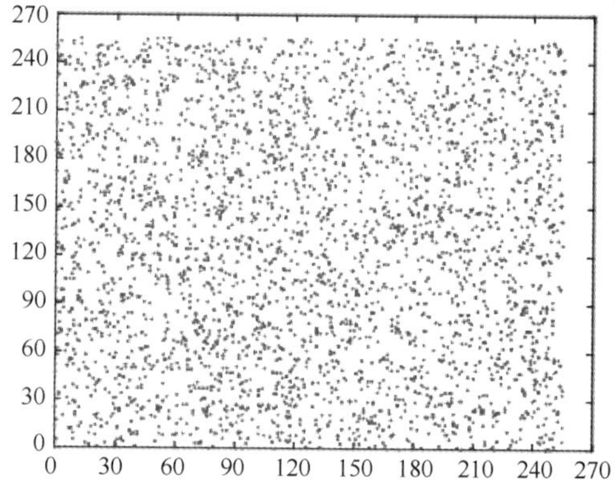

(f) 加密图像R分量垂直方向相关性

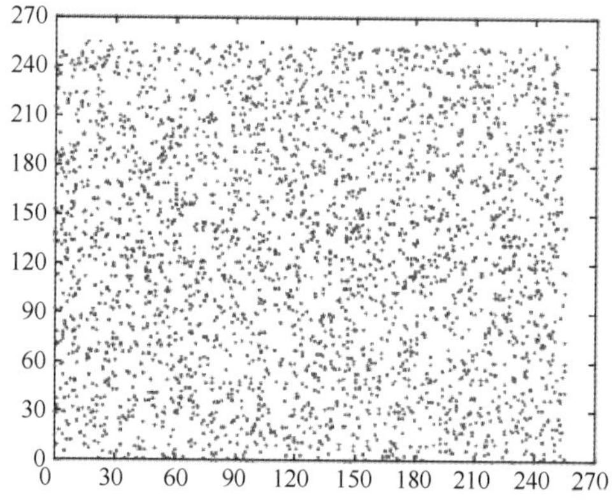

(g) 加密图像R分量正对角方向相关性

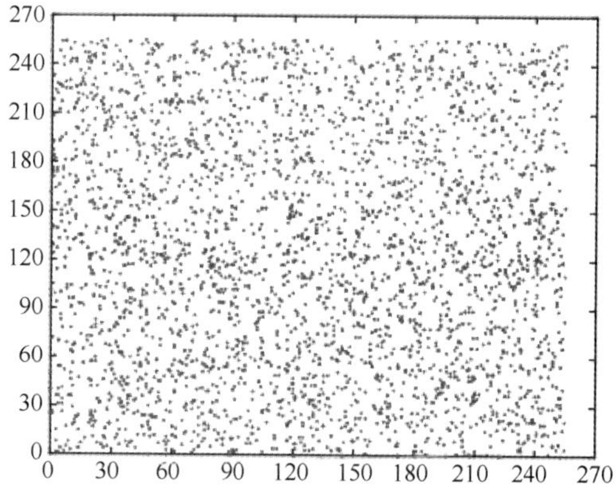

(h) 加密图像R分量反对角方向相关性

图 11-12　原始图像和加密图像的 R 分量相邻像素的相关性（续）

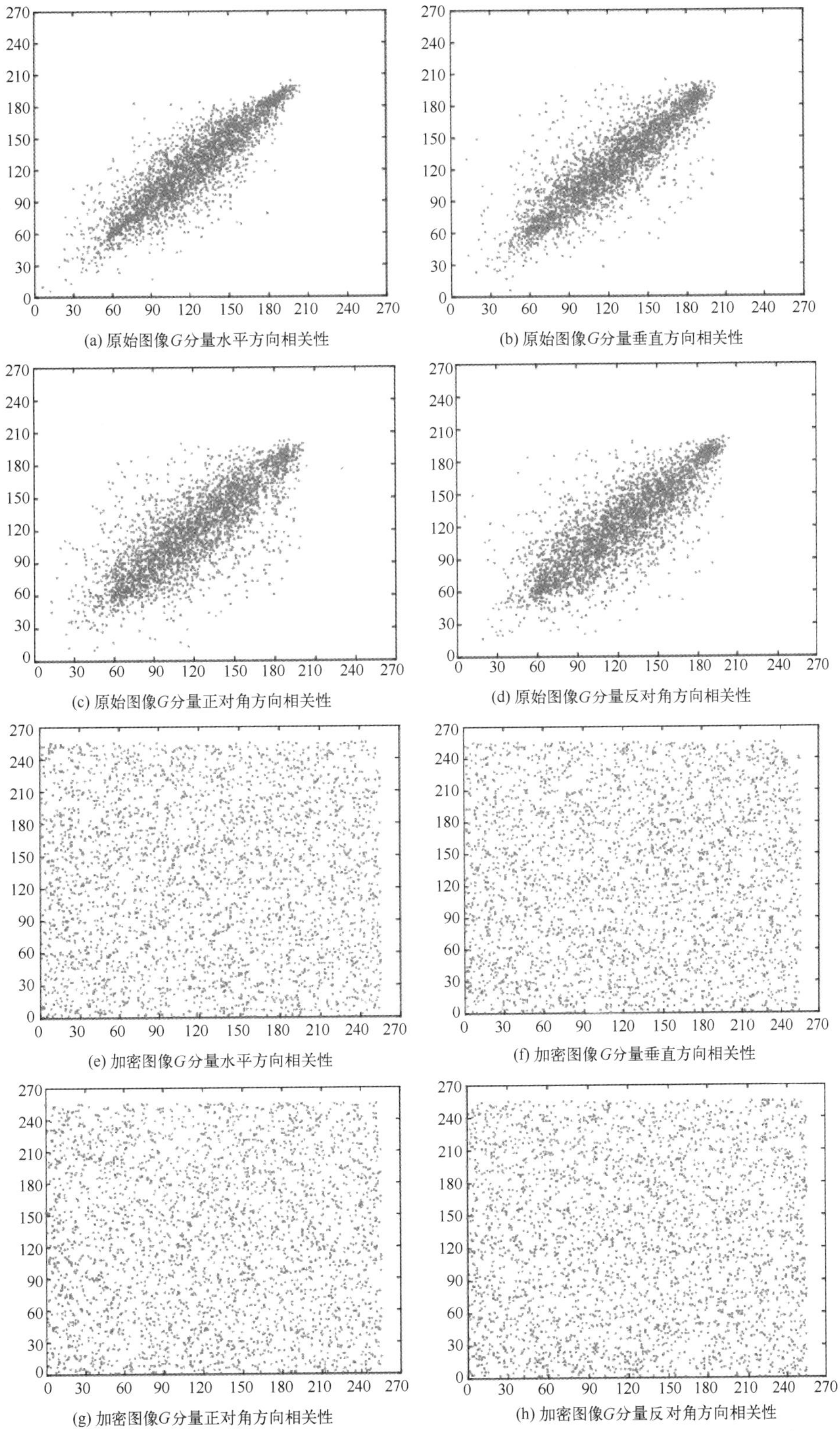

(a) 原始图像G分量水平方向相关性

(b) 原始图像G分量垂直方向相关性

(c) 原始图像G分量正对角方向相关性

(d) 原始图像G分量反对角方向相关性

(e) 加密图像G分量水平方向相关性

(f) 加密图像G分量垂直方向相关性

(g) 加密图像G分量正对角方向相关性

(h) 加密图像G分量反对角方向相关性

图 11-13　原始图像和加密图像的 G 分量相邻像素的相关性

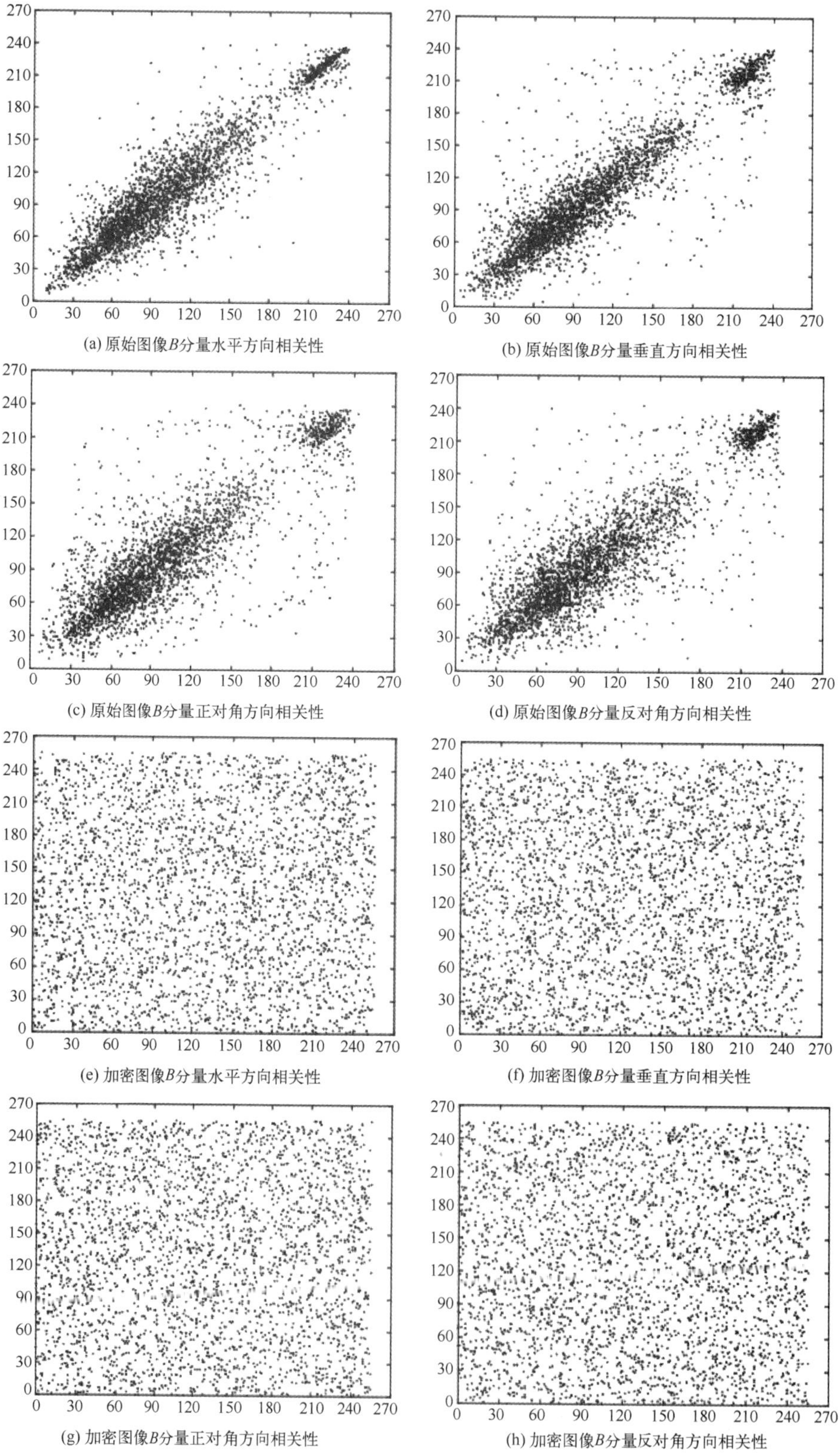

(a) 原始图像B分量水平方向相关性

(b) 原始图像B分量垂直方向相关性

(c) 原始图像B分量正对角方向相关性

(d) 原始图像B分量反对角方向相关性

(e) 加密图像B分量水平方向相关性

(f) 加密图像B分量垂直方向相关性

(g) 加密图像B分量正对角方向相关性

(h) 加密图像B分量反对角方向相关性

图 11-14　原始图像和加密图像的 B 分量相邻像素的相关性

11.6 本章小结

本章采用重组方法，分析了部分耦合复杂网络的牵制脉冲控制同步，解决了通信约束带来的问题，并选择了需要牵制控制的节点，同时，借助阶跃函数方法推导了所考虑复杂网络的同步性条件，其中阶跃函数方法包括单跨阶跃函数方法和多跨阶跃函数方法。基于阶跃函数的同步分析方法没有要求李雅普诺夫函数在每一个脉冲区间内都是单调或连续的，这使得所得到的判据更具普适性。为了验证所得定理的正确性，给出了相关数值仿真结果。最后，根据数值仿真数据实现了图像的加密和解密，并进行了安全性分析。

参考文献

[1] YU R, ZHANG H, WANG Z, et al. Synchronization Criterion of Complex Networks with Time-delay under Mixed Topologies [J]. Neurocomputing, 2018, 295: 8-16.

[2] ZHANG S, WANG L, LIANG Q, et al. Polynomial Lyapunov Functions for Synchronization of Nonlinearly Coupled Complex Networks [J]. IEEE Transactions on Cybernetics, 2022, 52 (3): 1812-1821.

[3] WANG J, WANG L, WU H. Synchronization for Complex Networks with Multiple State or Delayed State Couplings under Recoverable Attacks [J]. IEEE Transactions on Systems, Man, and Cybernetics: Systems, 2023, 53 (1): 38-48.

[4] ZHU S, ZHOU J, YU X, et al. Bounded Synchronization of Heterogeneous Complex Dynamical Networks: a Unified Approach [J]. IEEE Transactions on Automatic Control, 2021, 66 (4): 1756-1762.

[5] WANG X, CHEN G. Pinning Control of Scale-free Dynamical Networks [J]. Physica A: Statistical Mechanics and its Applications, 2002, 310 (3-4): 521-531.

[6] LEINE R, HEIMSCH T. Global Uniform Symptotic Attractive Stability of the Non-autonomous Bouncing Ball System [J]. Physica D: Nonlinear Phenomena, 2012, 241 (22): 2029-2041.

[7] QIU R, LI R, QIU J. A Novel Step-function Method for Stability Analysis of T-S Fuzzy Impulsive Systems [J]. IEEE Transactions on Fuzzy Systems, 2022, 30 (10): 4399-4408.

[8] QIU R, LI R, QIU J. Stability Analysis of Nonlinear Fuzzy Hybrid Control Systems Subject to Saturation and Delays via Step-function Method [J]. International Journal of Robust and Nonlinear Control. 2024, 34 (3): 1732-1755.

[9] SHI Y, WU H, LI C. Constrained Hybrid Control for Parametric Uncertainty Systems via Step-function Method [J]. Mathematical Biosciences and Engineering, 2022, 19 (11): 10741-10761.

[10] LIU B, LU W, CHEN T. Pinning Consensus in Networks of Multi-agents via a Single Impulsive Controller [J]. IEEE Transactions on Neural Networks and Learning Systems, 2013, 24 (7): 1141-1149.

[11] LI H, LI C, OUYANG D, et al. Impulsive Synchronization of Unbounded Delayed Inertial Neural Networks with Actuator Saturation and Sampled-data Control and Its Application to Image Encryption [J]. IEEE Transactions on Neural Networks and Learning Systems, 2021, 32 (4): 1460-1473.